Wolfgang Neuser
Gottesdienst in der Schule

Wolfgang Neuser

Gottesdienst in der Schule

Grundlagen – Erfahrungen – Anregungen

Calwer Verlag Stuttgart

Den Schülerinnen und Schülern,
den Lehrerinnen und Lehrern
des Gymnasiums Stift Keppel

Die Deutsche Bibliothek – CIP-Einheitsaufnahme

Neuser, Wolfgang:
Gottesdienst in der Schule: Grundlagen – Erfahrungen –
Anregungen / Wolfgang Neuser. – Stuttgart: Calwer Verl., 1994
   ISBN 3–7668–3267–0

Umschlaggestaltung: Ellen Steglich, Stuttgart unter Verwendung
einer Zeichnung von Martin Warlies, Radevormwald
Satz: Calwer Verlag
Druck und Bindung: Kösel, Kempten

INHALT

WIRKEN LASSEN

EINLEITUNG

Im Gegensatz zum Religionsunterricht ist der Schulgottesdienst das vernachlässigte Kind aus der längst geschiedenen Ehe von Schule und Kirche.

Jeder »Elternteil« schiebt dem anderen die Verantwortung zu, indem er diesen für zuständig erklärt: Die Lehrer und Lehrerinnen finden in der Hektik des Schulalltags zuwenig Zeit für diese institutionell zwar mögliche, aber nicht verordnete Schulveranstaltung. Außerdem weisen sie darauf hin, daß sie für den »liturgischen Akt« nicht ausgebildet seien. »Gottesdienst ist Sache der Kirche«, sagen sie. Die Pfarrer und Pfarrerinnen haben ein gerüttelt Maß an Kinder-, Jugend-, Familien-, Fest-, Kasual- und Normalgottesdiensten zu halten. Wie sollen sie sich da auch noch um den Schulgottesdienst kümmern? Außerdem verfügt nach ihrer Ansicht die Lehrerschaft über einen besseren »Draht« zu den Schülern und Schülerinnen. »Schulgottesdienst ist Sache der Schule«, denken sie.

Aufgrund dieser beiderseitigen Kompetenzverweigerung ist das »Kind« so schwach entwickelt. Am gesündesten scheint es noch da zu sein, wo sich die Religionslehrer und -lehrerinnen oder hier und da ein Schulpfarrer oder eine Schulpfarrerin unabhängig von der Ortsgemeinde seiner annehmen. Aber daß beide, Schule und Kirche, d.h. Schüler- und Lehrerschaft sowie Mitarbeiter und Mitarbeiterinnen der Kirchengemeinde, sich ihrem Sprößling zuwenden, scheitert oft schon an den Terminabsprachen.

Meine Begegnungen, die ich als Gemeindepfarrer regelmäßig mit dem Schulgottesdienst hatte, waren nicht selten ernüchternd bis beschämend. Wir schulischen und kirchlichen Mitarbeiter und Mitarbeiterinnen sind dem Zuwendungsbedürfnis dieses »Kindes« oft nicht gerecht geworden. Dabei verlangt es gar keine spektakulären erzieherischen Kunstgriffe; es will nur in seiner Spontaneität ernst- und angenommen werden. Erst nach und nach stellte sich die Entdeckung ein, daß der Schulgottesdienst nicht bloß mühsame Aufgabe, sondern zuallererst befreiende Gabe ist, daß also dieses Kind nicht nur Bürde bedeutet, sondern vor allem Freude bereitet. Beide Erfahrungen haben mich zu einer eingehenden Beschäftigung mit den Lebensumständen und vor allem den Lebensmöglichkeiten dieses von der Liturgik wie der Religionspädagogik bisher kaum beachteten »Nachwuchses« bewogen.

Ich beschränke mich dabei auf Gottesdienste mit Schülern und Schülerinnen der Sekundarstufen I und II. Das entspricht zum einen meinem Erfahrungshorizont und zum anderen der Tatsache, daß der Schulgottesdienst in der Primarstufe hinsichtlich seiner Gestaltung große Affinität zum Kindergottesdienst aufweist, für den bereits eine Fülle hilfreicher Literatur vorliegt. Dagegen sind Untersuchungen über Gottesdienste mit Jugendlichen, ob in der

Gemeinde oder in der Schule, dünn gesät. Neben der Beachtung des jugend-kulturellen und systematisch-theologischen Aspektes habe ich im wesentlichen neuere Arbeiten zu liturgischen und religionspädagogischen Fragestellungen fruchtbar zu machen gesucht.

Es liegt allerdings in der Natur der »Sache«, nämlich in der Art eines Kindes, daß für den Umgang mit ihm keine fertigen Rezepte geliefert werden können. Das schließt nicht aus, daß ich einen Orientierungsrahmen abzustecken versuche, innerhalb dessen der Schulgottesdienst frei gestaltet werden kann, ohne unversehens in sachfremde Abhängigkeiten zu geraten oder in nichtssagende Unverbindlichkeit abzugleiten. Auch diesem »Kind« dient weder ein autoritärer noch ein Laisser-faire-Erziehungsstil.

Ich nenne den zu erörternden Gottesdiensttyp bewußt »Schulgottesdienst«. Die Bezeichnung »Schülergottesdienst«, die gelegentlich anzutreffen ist,[1] könnte zu dem Mißverständnis führen, dieser Gottesdienst würde lediglich mit der Zielgruppe Schüler und Schülerinnen gefeiert. Zur Schule als Lern- und Lebensort zählen aber nicht nur die Lernenden, sondern ebenso die Lehrenden.[2] Außerdem nehmen Eltern in großer Zahl an Einschulungs- und Entlassungs-, Fest- und Trauergottesdiensten teil; einzelne kommen gelegentlich auch zu einem »normalen« Gottesdienst in die Schule. Schließlich prägen z.B. die Verwaltungsangestellten und der Hausmeister das Klima der Schule – vielleicht mehr als ihnen bewußt ist. Alle diese Menschen gehören zum Schulleben und somit in die Gemeinschaft vor Gott in diesem Lebensraum. Darum möchte ich der umfassenderen Benennung »Schulgottesdienst« eindeutig den Vorzug geben.

WAHRNEHMEN

1. Die Schulgottesdienstpraxis

Zunächst sollen drei Berichte aus der eigenen Erfahrung die Problemstellungen vor Augen führen, die sich direkt aus der Praxis ergeben. Die beiden ersten Beispiele zeigen z. T. gravierende Mängel in der Vorbereitung und Durchführung. Im dritten Exempel nehmen Planung und Verlauf des Gottesdienstes Konturen einer gelungenen sabbatlichen Feier an; aber auch hier bleiben Fragen offen.

1.1. Erstes Beispiel: Eine mißlungene »Aufführung«

Zu ersten Planungsschritten für einen Mittelstufengottesdienst begebe ich mich ins Lehrerzimmer. Obwohl wir auch schon enttäuschende Gottesdiensterfahrungen gemacht haben, ist eine Religionslehrerin gerne bereit, mit ihrer 9. Klasse die Vorbereitung zu übernehmen. Sie will sich dabei auf die Schülerinnen stützen, die in ihren Gemeinden im Kindergottesdienst helfen. Inhaltlich möchte sie sich an ihrem derzeitigen Unterrichtsthema orientieren. Ob allerdings die ganze Klasse zur Mitarbeit bereit sein wird, bezweifelt sie. Zur Not will sie sich mit den Interessierten noch ein paarmal nach Unterrichtsschluß zusammensetzen. Mir teilt sie sogleich die Ansprache zu.

Den vorgesehenen Termin sprechen wir mit dem katholischen Vikar ab, der parallel eine Meßfeier mit der viel kleineren Zahl von katholischen Schülern und Schülerinnen in der Gymnastikhalle halten wird. Zu einem ökumenischen Gottesdienst kommt es wieder einmal nicht, weil sich die gemeinsame Vorbereitung während der Unterrichtszeit kaum organisieren läßt. – Schließlich wird der Termin noch am Klassenarbeitenplan überprüft und mit der Schulleitung abgestimmt.

Aber die eigentliche Vorbereitung beginnt ja erst. Glücklicherweise haben wir nicht mehr die Qual der Themenwahl. Ich bin froh – wegen der Zeitersparnis für mich –, daß die Lehrerin im Religionsunterricht die wesentliche inhaltliche und methodische Vorbereitung durchführt. Sogar einen Verlaufsvorschlag fertigt sie an und läßt ihn mir rechtzeitig mit den Texten der Einleitung und der Rollenspiele zukommen. Ich kann dem Entwurf im großen und ganzen zustimmen, ergänze lediglich ein Eingangsgebet und ein Lied aus dem Evangelischen Kirchengesangbuch. Dabei frage ich mich allerdings, ob meine Vorstellungen auch denen der Schüler und Schülerinnen entsprechen oder ob sie ihnen auf diese Weise mit pastoraler Autorität übergestülpt werden.

Zur »Probe« in der Kirche melde ich mich an. Natürlich läßt sich jetzt inhaltlich nichts Entscheidendes mehr verändern oder korrigieren. Meine Hinweise beschränken sich auf eine langsame und deutliche Vortragsweise.

Der Verlauf und damit das Erlebnis dieses Gottesdienstes sind ernüchternd: Erst nach und nach treffen die Akteure und Akteurinnen ein. Zwei Minuten vor Beginn erfahren wir, daß ein Rollenspieler erkrankt ist. Aber die gewitzte Lehrerin hat vorsorglich für jeden Part einen »Ersatzmann« vorgesehen. Allerdings muß für ihn noch ein Text aufgetrieben werden. Nachdem das erledigt ist und noch einige weitere plötzlich notwendig erscheinende Absprachen zum Programm und zur Liederbegleitung getroffen sind – wobei der Lärmpegel in der vollbesetzten Kirche der Hektik unter den Mitarbeitern und Mitarbeiterinnen entspricht –, beginnt der Gottesdienst mit sieben Minuten Verspätung.

Ich stelle mit Überraschung fest, daß sich die Lehrerin ans Wandende der vierten Bank zurückgezogen hat. Will sie aus Bescheidenheit nicht kundtun, daß sie mit der Klasse den Gottesdienst vorbereitet hat? Ich bin etwas irritiert.

Keine Zeit, dem weiter nachzusinnen; die Orgel setzt ein. Allerdings vermag das Eingangsstück die quirlige Schar noch nicht zur Ruhe zu bringen. Erst als die erste Schülerin vors Mikrophon tritt, wird es stiller. »Wie wird sie ihre Sache machen? Was will sie uns sagen?« fragen offenbar die Aufmerksameren unausgesprochen. Wie es unter diesem plötzlichen mit Händen zu greifenden Erwartungsdruck kommen mußte, so kommt es: Die Sprecherin verhaspelt sich an der unpassendsten Stelle ihres Textes. Niemand nimmt ihr das übel, aber sie wird rot, und das Gelächter des »Publikums« bleibt nicht aus.

Das erste Lied ist offenbar zwei Dritteln der Teilnehmer und Teilnehmerinnen unbekannt. Einige reden oder kichern weiter. Von Gottesdienst ist weder inhaltlich noch atmosphärisch viel zu spüren. Weder besinnliche Hörbereitschaft noch fröhliche Feierlichkeit kommen auf. Eine Ausnahme bildet die weitgehende akustische Ruhe während des Gebets – ob es sich dabei um gesammelte Stille handelt, ist sehr zu bezweifeln. Die derweil unterdrückten, zurückgehaltenen Äußerungen brechen sich bald darauf wieder Bahn.

Es folgen nun drei Rollenspiele ohne direkt erkennbaren inhaltlichen Zusammenhang unvermittelt aufeinander, lediglich durch mehr oder weniger bekannte Lieder unterbrochen. Trotz aller vorherigen Ermahnungen sprechen die Schüler und Schülerinnen fast atemlos. Auch wer sich unter den Zuhörern und Zuhörerinnen sehr anstrengt, kann nicht alle Pointen registrieren.

Nach nur elf Minuten haben wir bereits den vorletzten Programmpunkt, »Predigt«, erreicht. Mein Konzept erscheint mir nicht mehr angemessen. Einerseits meine ich, nun die beziehungslosen Elemente zu einer inhaltlichen Einheit verbinden zu müssen, andererseits ist die Gefahr offenkundig, dadurch wieder zu langatmig zu werden und die Arbeit der Schulklasse abzuwerten. – Nach anfänglicher Aufmerksamkeit von ein paar Minuten Dauer wird es wieder unruhiger. Immer mehr schalten ab. Dennoch spreche ich fast

15 Minuten lang; zu viel erscheint mir sagenswert, und ausnahmsweise steht reichlich Zeit zur Verfügung.

Alle sind froh, als der Gottesdienst zu Ende ist. Eigentlich ist nichts gelungen. Zu einem Rückblick kommt es nicht – aus Zeitmangel und/oder der Angst aller Beteiligten vor dem Eingeständnis des Desasters. Die Defizite dieses Unternehmens sind leicht erkennbar:

○ Ein *ökumenischer* Gottesdienst scheitert daran, daß sich der Religionsunterricht beider Konfessionen stundenplantechnisch und räumlich nicht zusammenlegen läßt. Vielleicht sehen die Vertreter und Vertreterinnen beider Kirchen darin nicht einmal nur ein Negativum: So wird die Vorbereitung organisatorisch und liturgisch unkomplizierter, und die katholischen Christen können einen »vollwertigen« Gottesdienst, d.h. eine Meßfeier, unter sich halten.

○ Die *Zeitnot* aller Mitarbeitenden, besonders der Lehrerin und des Pastors, bleibt eine ständige Wegbegleiterin. Rationelles Vorgehen durch Thema- und Textvorgaben geht auf Kosten der Schülerbeteiligung. Eine Beziehung der Vorbereitenden zum gottesdienstlichen Geschehen kommt nicht zustande. An die Stelle persönlichen Angesprochenseins tritt pragmatisches Entscheiden und Proben.

○ Schulklasse und Pfarrer haben während der Vorbereitung zu wenig *Kontakt*.

○ Bei der Planungsarbeit im *Religionsunterricht* schalten mindestens 50% aus Desinteresse ab. Das demotiviert auch die anderen.

○ Die Mitarbeitenden sind nicht in der Lage, die *Funktion der Anspiele* im Kontext des Gottesdienstes zu erkennen. Das steht einer persönlichen Aneignung entgegen. Ein Text aber, der ohne innere Beteiligung gesprochen wird, kann nicht überzeugen. Dies verstärkt den Eindruck einer beziehungslosen Reihe von Einzelaussagen.

○ Die *Verkündigung* wird dem Pfarrer überlassen. Die Predigt gerät zu lang. Andere Verkündigungsformen sind gar nicht erst erwogen worden. Der Versuch, in der Predigt eine Brücke zwischen den Anspielen und dem Bibeltext zu schlagen, wirkt gequält.

○ Der häufige Sprachgebrauch »Probe« oder sogar »Generalprobe« in der Endphase der Vorbereitung verrät die Gefahr, einen *Showeffekt* erzielen zu wollen und eine geglückte theatralische Darbietung schon für einen gelungenen Gottesdienst zu halten.

○ Die neuen *Lieder* sind zu unbekannt. So kann Freude sich weder einstellen noch ausdrücken.

○ Eine »*Moderation*«, d.h. eine verbindende und erklärende Führung durch diesen »Gottesdienst in besonderer Gestalt«, fehlt.

○ *Verbale Kommunikationsformen* dominieren. Meditation, Aktion und bewußt vorgesehene symbolische Elemente fehlen völlig. Das passive »unbewegliche« Zuhören und gelegentliche Zusehen wird lediglich durch den Versuch, gemeinsam zu singen, unterbrochen.

1.2. Zweites Beispiel: Eine Projektgruppe müht sich

Anders verläuft der Weg von der Absicht über Vorbereitung und Ausführung eines Schulgottesdienstes bis zur selbstkritischen Nachbereitung in einer Arbeitsgemeinschaft. Die »Projektgruppe Gottesdienst« des Gymnasiums entsteht nach einer weitgehend gelungenen Religiösen Schulwoche (vgl. S. 184). Die Spuren dieser gemeinsamen gottesdienstlichen Erfahrung sollen sich nicht im Schulalltag verlieren. Wir nehmen uns vor, die gestiftete Gemeinschaft mit Gott und untereinander in der AG zu vertiefen und in den Schulgottesdiensten erlebbar zu machen. Teilnehmer und Teilnehmerinnen aus allen christlichen Konfessionen sind willkommen, und zwar Schüler und Schülerinnen sowie Lehrer und Lehrerinnen. Die schriftliche Einladung (zum Verteilen im Religionsunterricht) wird von einem katholischen und einem evangelischen Religionslehrer sowie dem katholischen und dem evangelischen Pfarrer unterzeichnet.

Das erste Treffen findet an einem Freitag nach der 6. Unterrichtsstunde im Lehrerarbeitsraum statt. Im Zwei-Wochen-Turnus, ggf. zu einer günstigeren Tageszeit, sollen sich die weiteren Zusammenkünfte anschließen. Zur ersten Sitzung der AG erscheinen acht Schüler und Schülerinnen mit den Altersschwerpunkten 12 und 17 Jahre. Einige weitere Schüler und Schülerinnen der höheren Klassen lassen sich entschuldigen, da sie zur selben Zeit Unterricht haben. Die Lehrerschaft ist mit sechs Personen vertreten, dazu wir zwei Pfarrer.

Nach einigen einführenden Gedanken und einem Gebet macht sich die Gruppe sogleich an die Arbeit, denn in gut fünf Wochen, in zeitlicher Nähe zum Pfingstfest, soll ein ökumenischer Gottesdienst für die Jahrgangsstufen 5 und 6 stattfinden. Es liegt nahe, sich in der Themenwahl an der Kirchenjahreszeit zu orientieren. Einige Vorschläge, die um die Themen »Heiliger Geist« und »Kirche« sowie um die Texte Gen 11 und Apg 2 kreisen, werden verhandelt. Dabei wird gleich in dieser ersten Gesprächsrunde jeder Vorschlag an der Frage geprüft, ob sich die Aussage auch anschaulich »machen« läßt. Denn etwas Greifbares, sinnlich Erfahrbares scheint uns für einen Gottesdienst mit 10 bis 11jährigen Kindern unabdingbar zu sein. Unter solchen Überlegungen vergeht die Zeit, und es bleibt kaum die Möglichkeit, den nächsten Termin festzulegen. Wieder werden einige wegen anderer Verpflichtungen nicht teilnehmen können.

Beim zweiten Treffen (zwei Wochen später) einigen wir uns zeitgedrungen schnell auf das Thema »Pfingsten – Der Heilige Geist verbindet uns«. Aber die Umsetzung dieser, auf den ersten Blick so eindeutigen Aussage in einen verständlichen, aktionellen Gottesdienst mit Kindern braucht noch einmal viel Zeit. – Beklebte Streichholzschachteln, in der Anzahl der Gottesdienstteilnehmer und -teilnehmerinnen, sollen der Gegenstand sein, den die Kinder in die Hand bekommen, um ihn zu »be-greifen«. – Schließlich gelingt es uns aber auch noch, die meisten Gottesdienstelemente in Anlehnung an einen vom Pädagogischen Institut der Evangelischen Kirche von Westfalen verbreiteten liturgischen Grundriß[1] festzulegen:

Unbekannte Lieder einüben

Eröffnung/ *Einstimmung:*	Im Namen des Vaters … Instrumentalmusik Begrüßung und Einführung ins Thema

Lied

Erzählung: Turmbaugeschichte Gen 11 (dabei wird aus Streichholzschachteln ein Turm gebaut, der schließlich einstürzt).
Kurze Erläuterung: Jeder lebt für sich …

Aktion: Schachteln verteilen – jeder schreibt seinen Vornamen auf eine Schachtel.

Anrufung: Im (Psalm-) Gebet die Trennung Gott/Mensch und Mensch/Mensch vor Gott bringen.

Lied

Verkündigung: Pfingstgeschichte Apg 2.
Ausführung: Der »Wind« Gottes weckt auf, setzt Menschen in Bewegung – aufeinander zu, sie verstehen sich.

Lied

Geschichte: »Das Fest kann nicht stattfinden«[2]
Ausführung: Jeder hat Gaben, jeder ist wichtig.

Aktion: Die Schachteln werden eingesammelt und in den Umriß eines Kirchengebäudes eingefügt (im Altarraum sichtbar aufgebaut), dabei Instrumentalmusik.

Auslegung: Die Kirche ist ein Haus aus lebendigen Steinen. Der Heilige Geist schafft Gemeinschaft.

Lied

Gebet: Fürbitten

Aktion: Die Schachteln werden verteilt – jede(r) erhält eine Schachtel mit einem anderen Namen.

Vater Unser

Segen: Segenslied und Segen

Nun bleibt nur noch eine Zusammenkunft der Arbeitsgruppe vor dem gottesdienstlichen »Ernstfall«. Deutlicher als bisher geben die Teilnehmer und Teilnehmerinnen zu erkennen, daß sie zu dieser Mittagszeit ausgelaugt sind. Auch ist der Gitarrist und Vorsänger verhindert, so daß sich das Einüben der neuen Lieder sehr mühsam gestaltet. Meine Meinung, daß im Gottesdienst erkennbar sein sollte, was gerade geschieht, daß also eine Ankündigung z. B. des gemeinsamen Betens die innere Beteiligung fördert, wird von den Schülern und Schülerinnen nicht geteilt.

Zum Verlauf des Gottesdienstes:
Das Kirchenschiff füllt sich mit den evangelischen und katholischen Schülern und Schülerinnen der beiden Jahrgangsstufen so sehr, daß auch die Empore besetzt werden muß. Die dort Sitzenden können dann allerdings nicht mehr viel vom Geschehen im Altarraum sehen, was nicht gerade zu ihrer Konzentriertheit beiträgt.

Wie vorherzusehen war, gerät das Einüben der Lieder zum Krampf, da nicht einmal wir, die Vorbereitungsgruppe, die Lieder richtig singen können. Außerdem haben wir zu viele unbekannte Songs ausgewählt. Die Unsicherheit aller bleibt so groß, daß während des Gottesdienstes sogar der Einsatz einer neuen Strophe nicht klar zu erkennen ist. Während der kurzen verbalen Verkündigungspassagen werden die Kinder recht ruhig, aber jede Handlung bewirkt ein sofortiges Anschwellen der Stimmenkulisse. Neben der inhaltlichen Fülle des Gottesdienstes, die uns zwang, die Aktionen schnell »durchzuziehen«, bleibt uns die stetige Unruhe und mangelnde Konzentration der Gottesdienstteilnehmer und -teilnehmerinnen in unangenehmer Erinnerung. Einige haben in den Streichholzschachteln sogar ein willkommenes Wurfgeschoß entdeckt. Wir verlassen die Kirche ziemlich enttäuscht in dem Bewußtsein, daß es noch manches zu bedenken und zu verbessern gibt.

Nachbereitung:
Als Arbeitsgruppe haben wir nun die Chance, kritisch zurückzublicken und aus den Erfahrungen zu lernen. Sogar Feedbackfragen an die Schüler und Schülerinnen werden erarbeitet, aber nur in einer Klasse zur Beantwortung ausgeteilt. Die 23 zurückgegebenen Fragebögen ergeben ein halbwegs zufriedenstellendes Bild (vermutlich hatten die Kinder ohnehin keine allzugroßen Erwartungen): Aktionen, Wortteile und Lieder sind mittelmäßig aufgenommen worden. Positiv hervorgehoben wird die Geschichte, auf der Negativseite schlägt die störende Unruhe zu Buche. Gewünscht werden noch mehr »Spiele und Geschichten aus dem Leben«.

Die Lehrer und Lehrerinnen in der Arbeitsgruppe resümieren, daß ein Gottesdienst mit nur einer Jahrgangsstufe wesentlich bessere Voraussetzungen hätte und der Gottesdienst in komprimierter Form nicht länger als 30 Minuten dauern dürfte. Dahinter steht der nachhaltige Eindruck der Disziplinlosigkeit während des Gottesdienstes. Man sieht sich vor die pädagogische Aufgabe gestellt, mit den Kindern über ein dem Gottesdienstraum und dem Gottesdienst angemessenes Verhalten zu sprechen.

Die großen Ferien unterbrechen die Arbeit der Projektgruppe. Zu unserem Bedauern, aber nicht gänzlich unerwartet, kommen nach der Sommerpause keine Schüler und Schülerinnen mehr. Schon vorher signalisierten sie mit ihrem immer geringeren Erscheinen und mit ihren Äußerungen, daß sie sich in einer Gruppe mit so vielen Lehrern und Lehrerinnen nicht wohlfühlen. Trotz aller Freude über das Engagement der Unterrichtenden erhebt sich im Kreis die Frage, ob die Mitarbeitenden in einer solchen Projektgruppe nicht ausschließlich Schüler und Schülerinnen sein sollten. Gleichwohl werden von uns Lehrern, Lehrerinnen und Pfarrern für das nächste Halbjahr vier weitere Gottesdienste terminiert (»The show must go on!«). Die Vorbereitungsgruppe soll aus der jeweiligen Jahrgangsstufe, für die ein Gottesdienst vorgesehen ist, gebildet werden. Dieses Verfahren entlastet auch die Lehrer und Lehrerinnen, die nun nicht mehr jeden Gottesdienst mittragen müssen.

Vorläufige Auswertung des zweiten Praxisbeispiels:
Der beschriebene Versuch, in einer Arbeitsgemeinschaft regelmäßig Schulgottesdienste vorzubereiten und zu gestalten, ist gescheitert. Es nahmen zu wenige und zunehmend weniger Schüler und Schülerinnen teil. Die Gründe liegen einmal in der Schwierigkeit, daß sich bei einem 8-Schulstunden-Tag und vielen Fahrschülern und -schülerinnen nie ein Termin finden ließ, den alle Interessierten wahrnehmen konnten bzw. zu dem die Teilnehmenden einigermaßen ausgeruht und konzentriert gewesen wären. Zum anderen wurden die Schüler und Schülerinnen durch die Anwesenheit der Lehrerschaft gehemmt. Sobald jene etwas vorschlugen oder einwendeten, folgte oft genug sogleich der fachkundige und womöglich kritische Kommentar einer Lehrperson. Das Wissen und die Vorstellungen der Lehr- und Fach-»Kräfte« erdrückte bisweilen die Ideen und Akzentuierungsversuche der Schüler und Schülerinnen.

Daß der fröhliche und engagierte Anfang immer mehr zu einem müden verkrampften Bemühen um Thema und Gestaltung verkümmerte, muß auch noch andere Gründe haben: Z. B. stellten wir fest, daß inhaltliche Überlegungen schon bald von methodischen Fragen überlagert oder gar verdrängt wurden. Manchmal gab es schon Vorschläge zur visuellen oder aktionellen Gestaltung, wenn Aussage und Absicht des Gottesdienstes noch gar nicht geklärt waren. Die Reihenfolge der Vorbereitungsschritte ist folglich von Bedeutung: Soll sich die Methode aus dem Inhalt ergeben oder umgekehrt?

Ferner fehlte den Zusammenkünften ein Erlebniswert. Nach einem anstrengenden Unterrichtsvormittag zur Essenszeit einen weiteren Termin »abhaken«, muß über kurz oder lang jegliche Motivation ersticken. In der Gruppe konnte kaum Gemeinschaft erfahren werden. Das Fragen nach Terminen und Gestaltungsformen dominierte so sehr, daß den Teilnehmenden keine Möglichkeit blieb, selber zu empfangen und so aus der eigenen Betroffenheit heraus etwas zu sagen zu haben.

Was das Benehmen der Schüler und Schülerinnen im Gottesdienst angeht, so handelt es sich hier nach Auskunft der katholischen Gruppenteilnehmer und -teilnehmerinnen um ein vorwiegend »evangelisches« Problem. Verhaltensformen, wie z.B. die möglichen Körperhaltungen beim Beten, bedürfen der Erläuterung und Einübung, da vom Elternhaus her offenbar immer weniger vorausgesetzt werden kann. Die andächtige Stille, die für katholische Christen im sakralen Raum eine Selbstverständlichkeit ist, muß im ökumenischen Schulgottesdienst erst herbeigeführt werden. Die schon vor und zu Beginn des Gottesdienstes wirksamen nonverbalen Ausdrucksformen wie Raumgestaltung, Musik, Kleidung und Bewegungen der Akteure und Akteurinnen sind zu wenig bedacht worden.

Aus all diesen Vorbereitungs- und Vollzugsdefiziten zeigt das dritte Praxisbeispiel einen gangbaren, aber zeitaufwendigen Ausweg.

1.3. Drittes Beispiel: Ein Gottesdienst wird erlebt

Ein evangelischer und ein katholischer Religionslehrer laden Schüler und Schülerinnen der Oberstufe zu einer Kurzfreizeit von Freitagmittag bis Samstagmittag (einschließlich Übernachtung) ein. In dieser Zeit des intensiven Zusammenseins – nicht nur beim Arbeiten – soll ein Schulgottesdienst für die Oberstufe (Klasse 11–13) entstehen, der schon am darauffolgenden Dienstagmorgen gefeiert werden soll. 16 Schüler und Schülerinnen nehmen gerne an diesem erlebnisträchtigen Arbeitstreffen teil. Dazu kommen die beiden Religionspädagogen. Pastorale Begleitung ist nicht vorgesehen und auch nicht nötig. Ich bin lediglich zeitweise als interessierter, lernwilliger Beobachter dabei.

Am Anfang steht die unvermeidliche Themasuche, bei der aber gar nicht erst der Verdacht aufkommt, die Lehrer würden den Grundgedanken des Gottesdienstes den Schülern und Schülerinnen überstülpen. Allerdings müssen schon in dieser frühen Vorbereitungsphase Lehrer, Schüler und Schülerinnen eine erste Durststrecke durchstehen. Auch in dieser Runde taucht die Frage auf, ob man bedenkenlos mittels irgendeines, oft schon methodischen Einfalles – z.B.: »jenes Dia« oder »dieses Rollenspiel gefällt mir!« – auf die richtige Fährte zu einem aussagekräftigen Gottesdienst gelangt, oder ob nicht grundsätzlich ein Bibeltext am Anfang der Überlegungen stehen sollte. Schließlich einigt man sich auf das Thema »Sich selbst erkennen«. Die Inhalts- und Zielformulierung bleiben verschwommen.

In fünf Untergruppen zu den Gottesdienstteilen *Einstimmung, Eröffnung, Anrufung, Verkündigung* sowie *Segen* und *Sendung* werden daraufhin die Gottesdienstelemente gesammelt bzw. entworfen. Als erschwerend empfinden die Teilnehmer und Teilnehmerinnen den Mangel an Fundgruben für Texte, Bilder, Gebete etc. Beim Zusammentragen des Erarbeiteten diskutiert man über eine Phase der Stille im Gottesdienst: An welcher Stelle soll sie vorgesehen werden? Soll sie überhaupt einen Platz im Gottesdienst erhalten? »Ja«, meinen die meisten, »gerade weil heute die Angst vor der Stille, vor der Begegnung mit dem ungeschminkten Selbst, zunimmt.«

Die Gruppe »Verkündigung« berichtet, daß sie bei der Vorbereitung einer Pantomime eine Antwort entdeckt habe: Die Selbstfindung/Selbstliebe ist ohne Nächstenliebe (und Gottesliebe) nicht möglich. Im weiteren Gespräch greifen die Religionslehrer ausnahmsweise einmal mit einer Kurskorrektur ein, indem sie darauf hinweisen, daß Selbsterkenntnis und Selbstpräsentation nicht dasselbe sind.

Nebenbei fällt mir auf, daß die Schüler und Schülerinnen einen Text als Gebet ausgewählt haben, der nicht als solches erkennbar ist, weil die Anrede an Gott fehlt. Der Gebetsvorschlag wird während des Nachdenkens über Inhalt und Form der Verkündigung geäußert, so daß ich mich des Eindrucks nicht erwehren kann, daß der Verkündigungsteil entweder nur umschlichen wird wie der berüchtigte »heiße Brei«, oder er ist wirklich »nur« in Gestalt der Pantomime vorgesehen. Zwei vorgeschlagene kurze Schriftlesungen (1. Kor 3,16; Spr 26,23) werden von der Gruppe ersatzlos gestrichen. Ich frage mich: Bieten wir Theologen und Theologinnen immer zu schnell fertige Lösungen an, womöglich Antworten auf Fragen, die gar nicht gestellt wurden, und ersticken damit jegliche Motivation? Rauben wir die freudige Spannung einer Entdeckungsreise, die sich bis zum Gottesdienstvollzug erstreckt?

Ausgelassene Geselligkeit und konzentrierte Arbeit stehen in dieser 24stündigen Vorbereitungstagung in guter Relation. Das gemeinsame Singen und Essen, Suchen und Finden macht allen Freude. Schon die Vorbereitung ist ein Erlebnis, und bis zum Dienstagmorgen ist ein Gottesdienst konzipiert, der Anfang und Ende hat und seine Botschaft mit unterschiedlichsten Mitteln durchaus verständlich macht, ja, die Gottesdienstteilnehmer und -teilnehmerinnen erlebend an ihr teilhaben läßt.

Die Atmosphäre des Gottesdienstes wird von meditativer Stille bestimmt. Erzeugt durch entsprechende Gitarrenmusik und nachdenkliche Lieder macht diese besinnliche Grundstimmung selbst die Verlesung eines schwierigen, z.T. spröden theologischen Diskurses über Abbilder und Ebenbildlichkeit noch erträglich. Und auch die Pantomime findet ungeteilte Aufmerksamkeit. Im Anschluß daran wird mit leiser musikalischer Untermalung ein Buchausschnitt (leider) sehr schnell und unbetont vorgelesen. Ist das die Verkündigung? Jedenfalls enthält der Text mit dem Hinweis auf die Liebe und den Namen Gottes eine brauchbare, weiterführende Antwort auf die Ausgangsfrage: »Wie finde ich zu mir selbst?«

Während des gesamten Gottesdienstes zieht eine overhead-projizierte Maske, später dann ein Gesicht ohne Maske, die Aufmerksamkeit der Augen auf sich. Daß die Gottesdienstteilnehmer und -teilnehmerinnen kognitiv und affektiv erreicht und in ein Erleben hineingenommen werden, zeigt sich darin, daß sie nicht sogleich nach dem Schlußlied den »Saal« verlassen. Man steht und sitzt noch ungezwungen zusammen und singt klatschend und wippend. – Dieses Gottesdiensterlebnis in der ersten Schulstunde wird die Teilnehmenden wohltuend durch den Tag begleiten.

Nach dieser Erfahrung aus der Distanz des an der Vorbereitung Unbeteiligten notiere ich mir: »Wir evangelischen Pfarrer werden im wesentlichen aufs Predigen vorbereitet, und auch das können wir nicht (zumindest nicht zu Schülern und Schülerinnen, die außer dem Schulgottesdienst keinen Gottesdienst besuchen). Predigt und Gebet sind anscheinend die langweiligsten bzw.

anstößigsten traditionellen Elemente, die von Schülervorbereitungsgruppen als erste eliminiert oder transformiert werden. Verkündigung des Evangeliums kann auch anders geschehen, aber wie vollzieht sich das Gespräch mit Gott? – Was ist konstitutiv für einen Gottesdienst? Welche Gestaltung stiftet Gemeinschaft mit Gott und untereinander?«

1.4. Probleme heutiger Schulgottesdienstarbeit in Stichworten

Folgende Frage- und Problemstellungen ergeben sich aus den dargestellten Praxisbeispielen:

○ *Organisation der Vorbereitung:* Im Religionsunterricht leidet die Arbeit unter der zeitlichen Begrenzung, dem Desinteresse etlicher und der unterrichtlichen Atmosphäre. Die Arbeitsgemeinschaft findet keinen geeigneten Zeitpunkt für ihre Treffen. Das gemeinsame Vorbereitungswochenende fordert einen erheblichen zeitlichen und organisatorischen Aufwand.
○ *Motivation:* Assoziieren wir mit Schulgottesdienst Gestaltungs-»arbeit« oder Erlebnis? Läßt sich die Vorbereitung auf eine Weise gestalten, die den Schulgottesdienst für Schüler und Schülerinnen, Lehrer und Lehrerinnen, Pfarrer und Pfarrerinnen von einer zusätzlichen Last zu einer willkommenen Lust erhebt?
○ *Ökumenizität:* Soll der Schulgottesdienst grundsätzlich oder zumindest gelegentlich ökumenisch gefeiert werden?
○ *Konzeption:* Nach welchen Zielvorstellungen soll sich die Gestaltung des Schulgottesdienstes ausrichten: Ist er Aktion, Besinnung, Feier oder Lernprozeß? Soll er stabilisieren, missionieren oder mobilisieren …? Der Schulgottesdienst steht in der Gefahr, in eine Theatervorstellung mit Showcharakter abzugleiten oder als eine Art Lehrveranstaltung »mit Liedgarnierung« (W. Herrenbrück) über die Köpfe hinwegzutönen. Wie werden aus Zuschauenden und Zuhörenden Beteiligte?
○ *Verkündigung:* Welchen Stellenwert und welche Form soll sie haben? Die beschriebenen Gottesdienstbeispiele haben allesamt die Absicht, eine Aussage zu vermitteln. Damit steht die Vorbereitung von Anfang an unter einem doppelten Leistungsdruck: Es muß nicht nur in begrenzter Zeit ein stimmiger Gottesdienst »produziert« werden, er soll auch eine Botschaft »an den Mann und die Frau bringen«.
○ *Gebet:* Das Beten ist insbesondere älteren Schülern und Schülerinnen fremd geworden.
○ *Unruhe:* Desinteresse, Unkonzentriertheit samt dem entsprechenden Lautstärkepegel können mühevollste Vorbereitungen zunichte machen und das gottesdienstliche Geschehen zu einer Farce werden lassen. – Oder sind diese Erscheinungen »lediglich« ein unverkennbares Symptom der langweiligen Belanglosigkeit des »Dargebotenen«?
○ *»Moderation«:* Ihr gänzliches Fehlen (erstes Beispiel) läßt die Gottesdienstteilnehmer und -teilnehmerinnen »im Regen« unvermittelt aufeinanderfol-

gender Botschaften stehen. Besteht die Moderation dagegen nur aus nichts-sagendem Geplapper, so ist sie höchst überflüssig und störend.

o *Spiritualität:* Sie fehlt überall da, wo Zeit- und Leistungsdruck sowohl die Vorbereitung als auch die Durchführung des Gottesdienstes beeinträchti-gen, aber auch da, wo die Kommunikation mit Gott und untereinander von einer Wörterflut oder Effekthascherei erstickt wird. »Gerade Schulgottes-dienste verbreiten oft eine quälende und gequälte Atmosphäre.«[3]

o *Gottesdienst im Alltag:* Alle drei beschriebenen Gottesdienste enden nach Vorbereitung und Feier mit dem Verlassen der Kirche bzw. einem Feed-back zum Verlauf. Sie lassen die gewichtige Frage offen, ob christlicher Gottesdienst mit dem Amen im Gottesdienstraum ab-geschlossen wird, oder ob er a priori eine Fortsetzung im Alltag der Schule und der Welt ein-schließt, ja geradezu auf-schließt.

Zwei weitere Fragen sollen nun noch etwas genauer skizziert werden: Das Problem der freiwilligen Teilnahme und das der Abendmahlsfeier im Schul-gottesdienst.

Kommen Schüler und Schülerinnen freiwillig?

Entsprechend der gerichtlichen Entscheidung über die Teilnahme am Schulge-bet,[4] kann auch niemand zum Besuch des Schulgottesdienstes gezwungen werden. Dennoch ist die Freiwilligkeit nicht so selbstverständlich wie bei je-dem anderen Gottesdienst. Die Tatsache, daß der Schulgottesdienst den Charakter einer Schulveranstaltung trägt (vgl. S. 37), läßt die Lehrer- und Schülerschaft eine gewisse Verpflichtung zur Teilnahme empfinden. Dieses Gefühl würde von einer Schulleitung massiv verstärkt, die den Fernbleiben-den den Besuch einer Alternativveranstaltung zur Pflicht macht. Das Gros der desinteressierten bzw. lustlosen Schüler und Schülerinnen erwartet dann von den (»schauspielerischen«) »Darbietungen« ihrer Mitschüler und Mitschülerin-nen im Schulgottesdienst mehr Kurzweil als von einem ggf. unterrichtsähnli-chen Ersatzprogramm. Aber auch wenn die Teilnahme völlig freigestellt ist, kann die Verkehrssituation – besonders in ländlichen Gegenden – zum Gottes-dienstbesuch veranlassen, indem z. B. etliche der wenig Interessierten, die ohnehin mit dem Schulbus zur ersten Stunde anreisen müssen, zum Schul-gottesdienst gehen, weil sie mit ihrer Zeit nichts Besseres anzufangen wissen. Die gänzlich abgeneigten Schüler und Schülerinnen der Oberstufe können da-gegen eher die Möglichkeit nutzen, zu Hause zu bleiben oder sich ander-weitig zu unterhalten.

Im ganzen gesehen unterliegen Lehrer und Lehrerinnen, Schüler und Schü-lerinnen also keinem Zwang zur Teilnahme am Schulgottesdienst, aber sie sind in ihrer Entscheidung faktisch auch nicht völlig frei. Es erscheint aller-dings fragwürdig, in der dadurch bedingten Anwesenheit einer Anzahl glau-benskritischer Zeitgenossen die besondere missionarische Gelegenheit zu erblicken, nach dem Motto: So bekommen wir sie bis zum Alter von 16 Jah-ren, in vielen Fällen bis 19 Jahre, »vor die Flinte«,[5] wir brauchen nur »abzudrücken«. Situations- und evangeliumsgemäßer dagegen wäre etwa die Haltung der Gastfreundschaft.

Damit stellt sich die ekklesiologische Frage: Versammelt sich im Schulgottesdienst die Gemeinde? Praktisch relevant wird dies z. B. bei dem eigentlich selbstverständlichen Vorhaben, im Gottesdienst das Credo zu sprechen. Dies ist aber gar nicht mehr so selbstverständlich, wenn das Bekenntnis des Glaubens den mehr oder weniger »unfreiwilligen« Besuchern und Besucherinnen nicht aufgezwungen werden soll. Auch andere gottesdienstliche Elemente, wie z. B. das Gebet, erscheinen in Anbetracht desinteressierter Teilnehmer und Teilnehmerinnen in einem gedämpfteren Licht. Am bedrängendsten wird die Frage im Blick auf Abendmahlsfeiern im Schulgottesdienst (s. u.).

Die eingeschränkte Freiwilligkeit stellt ferner ein pädagogisches Problem dar. Gerade den religionspädagogischen Zielvorgaben, nach denen die Schüler und Schülerinnen bewußt nicht zu Entscheidungen in Glaubensdingen gedrängt werden sollen, würde der Schulgottesdienst als Quasi-Pflichtveranstaltung widersprechen.

Ein psychologischer Aspekt des Problems schließlich mag darin zu sehen sein, daß sich Schüler und Schülerinnen neben den kirchlichen Maßgaben zum Gottesdienstbesuch (im evangelischen Bereich besonders während der Konfirmandenzeit) nun auch noch schulischem Druck ausgesetzt sehen. Eine ohnehin gehegte Aversion gegen den Gottesdienst wird so noch verstärkt. Positive Erfahrungen freilich bewirken das Gegenteil. Dieser Ausweg aus dem Dilemma »Freiwillige Pflicht« drängt sich geradezu auf, denn »wo Schulgottesdienst zum Zwang wird, hat er im Grunde schon seine Relevanz verloren; er lebt nicht mehr aus den spirituellen Kräften, die Schüler und Lehrer einbringen, sondern von einer günstigen Erlaßlage und einer Verpflichtung, die nur die Gewöhnung als Kriterium hat«.[6]

Das Abendmahlsproblem

Wenn der Schulgottesdienst ein »vollwertiger« Gottesdienst ist bzw. sein soll und nicht nur eine Vorform oder Abart des »eigentlichen« Gemeindegottesdienstes darstellt, dann gehört die Abendmahlsfeier zentral hinein in das Nachdenken über Begründung und Gestaltung dieses Gottesdiensttyps. Nicht nur die dogmatische Frage nach der Konstitutivität des Abendmahls für den Gottesdienst, sondern auch der liturgische Aspekt des Mahles als Symbolhandlung machen die Problematik unumgänglich.

Die Eucharistiefeier unter der spezifischen Fragestellung des Schulgottesdienstes zu bedenken, verschärft noch die ohnehin schon in der Abendmahlsdiskussion seit der Reformationszeit bestehenden Kontroversen. Denn die Schule ist ein Lebensort, an dem Christen der verschiedensten Konfessionen – für die Dauer ihrer Schulzeit – wesentlich enger zusammenleben als z. B. die Glieder der diversen Gemeinden an ihrem Wohnort. Darum wird die Trennung der Katholiken und Protestanten am Tisch des Herrn hier noch schmerzlicher empfunden. Schülerinnen und Schüler können und wollen nicht einsehen, daß die weithin selbstverständliche Gottesdienstgemeinschaft nicht auch in der gemeinsamen Abendmahlsfeier sinnenfälligen Ausdruck finden kann. Und das, wo doch gerade katholischerseits ein Gottesdienst ohne Eucharistiefeier als »Nur«-Wortgottesdienst gegenüber dem »vollständigen« Meßgottesdienst abgewertet wird. Das Unverständnis ist trotz aller dogmengeschichtlichen Erklärungsversuche unter den Jugendlichen weit verbreitet, und die Glaubwürdigkeit der Versöhnungsbotschaft im Schulgottesdienst leidet empfindlich darunter.

Ein Lichtblick tut sich auch nicht darin auf, daß evangelischerseits die problemlose Zulassung etwa anwesender Katholiken betont wird. Diese sind zwar wie jeder und jede andere herzlich eingeladen. Nur löst die einseitige eucharistische Gastfreundschaft das Problem nicht, sie verschärft es vielmehr, weil damit die katholische Position in den Augen der Gottesdienstteilnehmer und -teilnehmerinnen noch schwerer erträglich werden muß. Auch darf die Zusammenarbeit mit den katholischen Christen in der Schule nicht durch eine überhebliche Verurteilung der amtskirchlichen Haltung noch mehr belastet werden.[7]

Aber die ausgeschlossene Ökumenizität ist nicht das einzige Problem des Abendmahls im Schulgottesdienst. Auch innerhalb des Protestantismus gehen die Meinungen zur Abendmahlsteilnahme auseinander. Mancherorts ist die Position evangelikaler Gruppierungen in der Schüler- und Lehrerschaft deutlich vertreten, daß nämlich nur »wirkliche«, also wiedergeborene Kinder Gottes, das Abendmahl einsetzungsgemäß feiern können. Schon die volkskirchliche Abendmahlsfeier innerhalb des Sonntagsgottesdienstes ist für einige nicht akzeptabel, weil hier Ungläubige, nur durch einen gewissen Gruppendruck veranlaßt, teilnehmen (und so nach 1. Kor 11, 27–29 Brot und Kelch zum Gericht empfangen) könnten. Tatsächlich muß hinsichtlich des Schulgottesdienstes weit mehr als im Blick auf den Gemeindegottesdienst bedacht werden, ob eine integrierte, womöglich zentrale Abendmahlsfeier für die (vielen?) distanzierten bis ablehnenden Gottesdienstteilnehmer und -teilnehmerinnen nicht einem unzumutbaren »liturgischen Überfall« gleichkommt. Hinzu kommt, daß gerade im evangelischen Bereich die Zahl der ungetauften Schüler und Schülerinnen zunimmt.

Ferner ist zu bedenken, daß der Einzugsbereich einer weiterführenden Schule sicherlich in fast allen Fällen Gemeinden mit der Möglichkeit zur Teilnahme von Kindern am Abendmahl ebenso umfaßt wie solche, die bewußt und traditionell die admissio an die Konfirmation koppeln. Soll der Schulgottesdienst, trotz aller Eigenständigkeit, die Ortsgemeinden mit ihren Gottesdiensten nicht völlig ignorieren, so wird man diese unterschiedlichen Regelungen für die Noch-nicht-Konfirmierten nicht übersehen dürfen.

All diese Schwierigkeiten und nicht zuletzt das Zeitproblem – in einem auf eine Unterrichtsstunde begrenzten Schulgottesdienst – sind die Gründe dafür, daß faktisch das Abendmahl trotz aller gegenteiliger Wünsche und Sehnsüchte äußerst selten im Schulgottesdienst gefeiert wird.[8] Gibt es Mittel und Wege, diesem Notstand abzuhelfen, oder muß es bei C. Grethleins resignierter Feststellung bleiben: »Gottesdienste, die wirklich der Schule als ganzer gelten, sind notgedrungen Wortgottesdienste«?[9]

Intentionen veröffentlichter Modelle[10]

Die vorliegenden Entwürfe lassen das Bemühen erkennen, die Gottesdienst-teilnehmer und -teilnehmerinnen aktiv in das gottesdienstliche Geschehen einzubeziehen. Aktion als exemplarische oder gemeinschaftliche Symbolhand-lung scheint das bevorzugte Mittel zu sein, um Langeweile und Teilnahmslo-sigkeit zu verhindern. Mit Ausnahme von J. Gauer und den westfälischen Modellen, die in Verbindung damit durchweg verbale Verkündigungsele-mente, meistens in Form einer Ansprache, beibehalten, ist in den übrigen Entwürfen in der Regel die Predigt aus ihrer zentralen Position im evangeli-schen Gottesdienst verdrängt. An ihre Stelle treten Spiel- und Sprechszenen, Bildbetrachtungen und Zeichenhandlungen sowie Festelemente verschie-denster Art. Die Modellsammlung von H. Nitschke enthält einige Entwürfe, in denen anstelle der Ansprache ein Gespräch versucht wird.[11]

Häufig fehlt ein Eingangsgebet, oder es wird durch eine meditative Übung ersetzt.[12] Anscheinend sollen Anklänge an den lehrhaften Religionsunterricht sowie an einen traditionellen Gemeindegottesdienst möglichst vermieden werden. So beklagt G. Müller die Erfahrung eines wenig veränderten Sonn-tagsgottesdienstes in der Schule: »Die Schüler lassen den Gottesdienst des Pfarrers über sich ergehen, wenn er ein bestimmtes Zeitmaß nicht überschrei-tet. Keiner profitiert. Einem schlechten alten Brauch ist genüge getan.«[13]

Entsprechend fordern M. Bartmann/I. Vrsovsky programmatisch: »In Schulgottesdiensten sollte es immer auch etwas zum Sehen, Schmecken, Rie-chen oder Fühlen geben: Nicht nur das Hören, sondern der ganze Mensch ist eingeladen, teilzunehmen an Gottes gutem Handeln und unserem versuchs-weisen Tun!«[14] – Dieses Anliegen zieht sich auch durch die übrigen Beispiel-sammlungen.

Aber auch die andere Gefahr, daß der Schulgottesdienst mit einer Auffüh-rung der Theater-AG verwechselt werden könnte, wird wenigstens ange-deutet: »Die Verkündigung im Schulgottesdienst darf damit weder Religi-onsunterricht, noch Bibelstunde, weder Sonntagspredigt, noch Talk-Show, weder Kasperletheater, noch trockene Belehrung sein.«[15]

E. Domay/R. Kirste nehmen sich in ihren Vorüberlegungen und Gestal-tungsvorschlägen besonders der ökumenischen Frage und der Abendmahls-problematik an.[16] Auch E. Lade setzt sich in seinen Werkstattberichten mit diesen Aspekten auseinander.[17] Der katholische Pastoralreferent M. Bart-mann und die evangelische Religionspädagogin I. Vrsovsky haben mit ihrem Titel »Licht, von dem wir leben« ausnahmslos ökumenische Schulgottesdien-ste vorgelegt. Leider, aber auch bezeichnenderweise, wird hier das Thema Abendmahl in Reflexion und Praxis völlig ausgeklammert. Autor und Autorin entscheiden sich für die Form des Wortgottesdienstes, um »die Schüler über-haupt erst wieder zur Kirche und zum Gottesdienst hinzuführen«.[18] Das damit angedeutete Problem der Entfremdung vieler Jugendlicher vom Got-tesdienst steht auch hinter den Bemühungen der anderen Verfasser und Verfasserinnen um eine schülergemäße Gestaltung der Schulgottesdienste.

Die in der Reflexion der eigenen Praxis hervorgetretenen Gestaltungsprobleme sind in den publizierten, meist erprobten Modellen nicht mehr erkennbar. Lediglich J. Gauer läßt z. B. eine Erfahrung mit dem Zeitproblem erahnen, wenn er gelegentlich weniger arbeitsintensive Alternativvorschläge zur Gestaltung anbietet.[19] Neben den genannten Übereinstimmungen hinsichtlich der Schülerbeteiligung und der sinnenansprechenden Gestaltung divergieren die Entwürfe vor allem in der Gewichtung der verbalen Kommunikationselemente Verkündigung und Gebet.

2. Andere religiöse Formen: Schulgebet und Schulandacht

Nicht alle christlich-liturgischen Veranstaltungen in der Schule sind schon Schulgottesdienst. Am weitesten davon entfernt ist das *Schulgebet*. Darunter ist im wesentlichen das Gebet im Klassenverband zu Beginn einer Unterrichtsstunde oder des Schultages zu verstehen. Es kann in der Form des Einzelgebetes gehalten werden, das eine Lehrerin oder ein Schüler übernimmt. Denkbar ist aber auch, daß die Klasse einen Gebetstext gemeinsam spricht oder singt.

Das Schulgebet in diesen Versionen wird allerdings in den Sekundarstufen I und II weithin nicht mehr durchgeführt, höchstens noch im Religionsunterricht. Zwar wurde der Schulgebetsstreit der 60er und 70er Jahre zugunsten dieser religiösen Betätigung, auch an bekenntnisfreien Schulen, entschieden.[20] Er hat aber auch gezeigt, daß die Sitte des gemeinsamen Betens, wenn sie im Elternhaus nicht mehr gepflegt wird, in der Schule schwerlich durchgehalten werden kann. Christlicher Glaube kann längst nicht mehr selbstverständlich vorausgesetzt werden und vielfältige andere religiös-weltanschauliche Orientierungen sind hinzugetreten, so daß das traditionelle Schulgebet nicht mehr zeitgemäß erscheint.

Allerdings hat sich in vielen Schulen eine andere Art des gemeinsamen Gebetes etabliert: das Schulpausengebet, das meist den Namen »Schülergebetskreis« trägt. Dieser entsteht aus der Initiative einiger Schüler und Schülerinnen, denen das gemeinschaftliche Beten, häufig aufgrund ihrer evangelikalen Herkunft, ein Anliegen ist. Sie erhoffen sich von diesem Angebot auch eine missionarische Ausstrahlung in die Schule. Man trifft sich meist in einer großen Pause, tauscht kurz die Betroffenheiten und aktuellen Anliegen aus und bringt diese dann in einer Gebetsgemeinschaft vor Gott. Eine alternative Einstiegsform ist das Lesen eines biblischen oder anderen meditativen Textes. Statt des gemeinschaftlichen freien Gebetes wird natürlich auch hier und da im Wechsel von einem Vorbeter oder einer Vorbeterin und gemeinsam gesprochenen bzw. gesungenen Gebetsrufen gebetet.

In seltenen Fällen wird das Gebet im Schülerkreis als zwanghaft und lästig empfunden. Dann nimmt die Beteiligung ab, und der Schülergebetskreis löst sich auf. Viel häufiger aber erfahren die Jugendlichen hier die ermutigende und gemeinschaftsstiftende Kraft des Gebetes. In Zeiten schulischer oder politischer Krisen werden auch andere auf diese Art von Aktion aufmerksam (Not lehrt beten!?).[21] Daß Beten und Handeln zusammengehören, braucht man den meisten im Gebet engagierten Schülern und Schülerinnen nicht mehr zu sagen. Für die Schulgottesdienste haben die Schülergebetskreise durch ihre Fürbitte und ihre Bereitschaft zur Mitarbeit eine nicht zu unterschätzende Bedeutung.

Gegenüber dem Schulgebet, in welcher Gestalt auch immer, hat die *Schulandacht* eine größere Nähe zum Schulgottesdienst. Sie wird in der 3. Aufl. der RGG als »kurze Sonderform des Gemeindegottesdienstes«[22] noch z.T. synonym mit dem Schulgottesdienst verstanden. Dennoch sind heute die beiden liturgischen Formen deutlich voneinander zu unterscheiden. Zunächst der zeitliche Aspekt: Eine Schulandacht dauert in der Regel nicht länger als 15 Minuten, während der Schulgottesdienst mindestens eine Unterrichtsstunde von 45 Minuten ausfüllt. Die Andacht hat – wo sie üblich ist – entweder ihren festen Platz zu Schulbeginn, also auf Kosten der Unterrichtszeit, oder sie wird vor Unterrichtsbeginn angeboten. Sie findet häufig im wöchentlichen Turnus statt, es gibt aber auch tägliche Schulandachten. Ihre Gestaltung übernehmen Lehrer und Lehrerinnen sowie Schüler und Schülerinnen. Auf Dauer läßt erfahrungsgemäß die Bereitschaft zur Mitarbeit nach, so daß den verbleibenden wenigen treuen Mitarbeitenden die fortwährende Vorbereitung und Durchführung zur Last werden kann.

Abhilfe vermag eine liturgische Form zu schaffen, die das Gewicht von der Einzelperson, die eine Andacht »hält«, auf die Versammelten verlagert, die gemeinsam singen, beten und hören. Beispielsweise müssen bei gleichbleibenden Gesängen und Gebeten lediglich die Schriftlesung variiert und Gebetsanliegen aktualisiert werden. Die Tagzeitengebete der Kommunitäten – im Blick auf Jugendliche vor allem Taizé – lehren eine solche schlichte und dennoch mit tiefer innerer Beteiligung vollzogene Liturgie.

Inhaltlich unterscheidet sich die Schulandacht vom Schulgottesdienst also durch ihre Konzentration auf Besinnung und Gebet, während im Schulgottesdienst (im allgemeinen) Verkündigungselemente und der Aspekt des Feierns im Vordergrund stehen. Eine Abendmahlsfeier z.B. hätte nur im Rahmen eines Gottesdienstes genügend Raum. Dem größeren Gestaltungsaufwand entsprechend können Schulgottesdienste erheblich seltener durchgeführt werden als Andachten. Ferner hat die Schulandacht an den meisten Schulen einen noch deutlicheren Angebotscharakter als der Schulgottesdienst.

Schulgebet bzw. Schülergebet und Schulandacht sind Diminutivformen des Schulgottesdienstes. Sie haben neben diesem ihr volles Existenzrecht, sind aber kein gleichartiger Ersatz im gottesdienstlichen Leben der »Schulgemeinde«.

3. Schule und Gottesdienst

3.1. Zur Geschichte

Der Schulgottesdienst ist keine neuzeitliche Erfindung wie etwa der Jugend- und der Familiengottesdienst. Es gab ihn, wenn auch in wechselnder Form und Verbreitung, von den Klosterschulen des Mittelalters über den liturgischen Katechismusunterricht der Reformationszeit bis zur neuerlichen gesetzlichen Festschreibung im Nachkriegs-Deutschland.

Ein näherer Vergleich mit der Synagoge zur Zeit des Neuen Testaments erübrigt sich, da das tertium comparationis lediglich in der Vereinigung von Lernen und Gottesanbetung an einem Ort besteht. Die Synagoge fungierte primär als gottesdienstliche Versammlungsstätte der jüdischen Gemeinde; die Unterweisung der Kinder in der Tora kam hinzu.[23] Demgegenüber dient die Schule in der Geschichte des Abendlandes vorrangig der Allgemeinbildung, was in staatskirchlichen Gesellschaftsordnungen die Gottesdienstfeier einschloß und bisweilen dominieren ließ.

Die enge Verflechtung von Schule und Gottesdienst blieb durch die Kirchengeschichte hindurch eine Selbstverständlichkeit, zumindest bis ins 19. Jahrhundert.[24] In vorkonstantinischer Zeit gab es nur das heidnische Bildungssystem als offizielle Schule auch für christliche Kinder. Die im Untergrund lebende christliche Kirche unterhielt daneben eigene christliche »Schulen«, aus denen in der Zeit der Reichskirche die Klosterschulen wurden. Im germanischen bzw. deutschen Raum vollzog sich dann der klösterliche Unterricht wesentlich als liturgische Ausbildung. »Auch die im Laufe der Zeit entstehenden Ratsschulen (scholae senatoriae) ... standen (meist) unter Aufsicht des Scholasticus, also des ›Schulreferenten‹ der kirchlichen bzw. klösterlichen Schule ...«[25] In den im 14. Jahrhundert aufkommenden Schreibschulen mit wirtschaftspraktischer Ausbildung ging die liturgische Ausrichtung zurück.

Die Reformation bringt nicht etwa das Ende der Ehe von Schule und Kirche, sie weitet vielmehr das kirchlich »durchseelte« Schulwesen aus. Zum Schultag gehören die Stundengebete wie zur Woche die Wochen- und Sonntagsgottesdienste. Die wesentlichen Elemente innerhalb der Woche sind nach der Braunschweiger Kirchenordnung von 1543: Antiphone, Psalmengesang, lateinisch gesungene Lesungen und dasselbe deutsch gelesen sowie Gebete.[26]

Auch nachdem Ende des 18. Jahrhunderts im Preußischen Landrecht die Schulen dem Staat unterstellt werden, bleibt »die geistliche Schulaufsicht in mehr oder weniger ausgeprägter Form bis zum I. Weltkrieg erhalten. Schulgebet und Gottesdienste gehören zum Schulbesuch dazu.«[27] Wie sehr selbst die Bestallung eines Lehrers nicht nach pädagogischen, sondern nach »gottesdienstlichen« Kriterien erfolgte, mag folgender Bericht über eine Lehrerwahl in einem Siegerländer Dorf Anfang des 19. Jahrhunderts auf amüsante Weise illustrieren:

»In acht Tagen hatten sich drei Subjekte für die vakante Stelle gemeldet, die nach damaliger Sitte alle an einem Sonntag eine Predigt vorlasen. Unter ihnen war einer, der ohne Buch erschien. Tausend! Als er anfing zu predigen, gab es große Augen. Er predigte ›gewaltig und nicht wie die Schriftgelehrten‹! Er zog durch seine Predigt die Herzen so stark an, daß nachher bei der Wahl keine einzige Stimme für ihn fehlte. ›Den müssen wir haben‹, so schallte es aus allen Winkeln hervor, ›der ist mehr als ein Schulmeister, der ist ja Pastor!‹ Er wurde also gemietet.«[28]

Trotz dieser besonderen Ausprägung von »Basisdemokratie« wuchs das Aufbegehren der Lehrer gegen die geistliche Schulaufsicht,[29] und mit der zunehmenden Emanzipation der Unterrichtsfächer von ihrer liturgischen Ausrichtung nahm auch die Zahl und Bedeutung der Schulgottesdienste ab.

Die Rückbesinnung auf das Evangelium durch die Entwicklung der Dialektischen Theologie vermochte die Schulgottesdienstarbeit nur ansatzweise neu zu beleben, bis diese schließlich in der Zeit des Nationalsozialismus ganz verboten und durch staatliche Feiern ersetzt wurde. Im Gegenzug führte man nach dem II. Weltkrieg mit dem Religionsunterricht (und in manchen Bundesländern den Konfessionsschulen) auch den Schulgottesdienst nachdrücklich wieder ein und gab ihm eine rechtliche Verankerung.[30] Die Evangelische Unterweisung wurde nun beherrschende Konzeption des Religionsunterrichts im evangelischen Raum. Vor allem Helmuth Kittel machte sich für eine Ergänzung dieser generell belehrenden Unterrichtsform durch Schulgottesdienste stark.[31] Diese sollten am Wochenschluß als Vorbereitung auf den Sonntagsgottesdienst und am Wochenanfang zum Auftakt der Arbeitswoche gefeiert werden.[32] Sein Liturgievorschlag fällt denkbar schlicht aus, enthält aber gleichwohl wesentliche Gottesdienstelemente: Gemäß einer dreigliedrigen Grundstruktur, bestehend aus Anfang, Höhepunkt und Ausklang, sieht er Choral, Schriftlesung, Gebet und Choral vor; die Lesung kann durch eine Auslegung des Textes ergänzt werden.[33]

Infolge der Abwendung von der Konfessionsschule und von der die Schülersituation zu wenig berücksichtigenden Evangelischen Unterweisung nahm in den 60er Jahren die Zahl der Schulgottesdienste ab. K. Wegenast beschreibt seine Erfahrung folgendermaßen:

»1962 gaben wir es auf. Es war nicht mehr so interessant, und das Kulturklima war anders geworden in Deutschland. Gottesdienst und Schule gehörten eigentlich nicht mehr zusammen, und für viele Gymnasiasten war Christentum im Grunde nur noch ein Wechselbegriff für Ideologie, Entmündigung, Demokratiefeindlichkeit, Inquisition, Verdummung, Langeweile ...«[34]

Mit den Impulsen, die von den Gottesdiensten in neuer Gestalt, vor allem den Jugendgottesdiensten, ausgingen, haben die Schulgottesdienste inzwischen in vielen Schulen (der alten Bundesrepublik) wieder einen festen Platz erhalten. Gegenwärtig deutet die zunehmende Publikation von Schulgottesdienstmodellen auf ein wachsendes Interesse vornehmlich innerhalb der Schulen hin.

3.2. Sonntagsschule / Kindergottesdienst

Auch hier treffen wir auf eine Verflechtung von Schule und Gottesdienst im 19. Jahrhundert, nun aber nicht im staatlichen (und kirchlich beaufsichtigten) Raum der Schule, sondern als ein im weitesten Sinne kirchliches Angebot. Die Wurzeln der Sonntagsschule reichen ins 18. Jahrhundert zurück.[35] Der dem Methodismus nahestehende englische Buchdrucker und Verleger Robert Raikes wurde in London von der Not der durch die industrielle Revolution verwahrlosten Kinder so angerührt,[36] daß er diese ab 1780 sonntags von der Straße holte und im Lesen und Schreiben unterrichten ließ. Die *Sonntagsschule* war also zunächst das, was der Name sagt: schulähnlicher elementar-pädagogischer Unterricht am Sonntag. Denn die Stadtkinder hatten keine andere Gelegenheit, eine Schule zu besuchen, da sie alle Werktage in der Fabrik arbeiten mußten. Der Sonntagsschulunterricht fand im Anschluß an den gemeinsamen Gottesdienstbesuch statt, und man benutzte als Lehr- und Lernmittel vorwiegend Bibel und Katechismus. Die Absicht einer *religiösen Erziehung* ist unverkennbar.

Zu ähnlichen Initiativen kam es 1770 im elsässischen Steintal durch Oberlin und 1790 in Hamburg, wobei letztere aber noch keine Breitenwirkung in Deutschland und auch keinen Bestand hatte. Dagegen verhalf Francis Ashbury – angeregt durch das englische Beispiel – in den USA der Sonntagsschule zum Durchbruch, indem er die biblisch-religiöse Unterweisung in ihren Mittelpunkt stellte. »Zielgruppe sind nun nicht nur die armen Kinder, sondern die gesamte Jugend der christlichen Gemeinden.«[37] Nach diesem Vorbild wiederum initiierte der amerikanische Kaufmann Albert Woodruff mit seinem Dolmetscher in Deutschland ab 1854 die Sonntagsschularbeit. Auch hier war nun die elementar-pädagogische Arbeit in den Hintergrund getreten.

Anfänglich witterte die Amtskirche in dieser reinen, z.T. freikirchlich orientierten Laienbewegung eine sektiererische Konkurrenz[38], machte sich aber schon bald die Arbeit zu eigen, indem weithin die Pfarrer die Leitung übernahmen und die Bezeichnung »Kindergottesdienst« zum besseren Verständnis eingeführt wurde. Damit war nicht nur eine »Klerikalisierung« (Grethlein) der Sonntagsschularbeit eingetreten, dem Namenswechsel entsprechend war auch der Akzent von ihrer katechetischen Ausrichtung auf die liturgische Nähe zum Gemeindegottesdienst verschoben worden.

Neben dem so entstandenen *Kindergottesdienst* hat sich in pietistisch geprägten Regionen mancherorts die Sonntagsschule in der Trägerschaft pietistisch-evangelikaler Verbände[39] gehalten – nicht immer ohne Spannung zu einem gelegentlich parallel veranstalteten Kindergottesdienst der Kirchengemeinde im selben Ort. Inhaltlich-methodisch sind beide nicht grundsätzlich voneinander unterschieden: Biblische Texte und Themen bilden den Ausgangspunkt für eine kindgemäß-abwechslungsreiche Gestaltung mit kreativen Phasen, wobei die Sonntagsschule wohl etwas mehr rezeptiv vorgeht, während im Kindergottesdienst liturgische Gestaltungsformen ein größeres Gewicht haben.

Der Kindergottesdienst pendelt konzeptionell seit seinen Anfängen zwischen der katechetischen Zielsetzung auf der einen und einer gottesdienstlich-festlichen Dimension auf der anderen Seite. In diesem Zusammenhang ist die Diskussion darüber zu erwähnen, ob der Kindergottesdienst ein Recht auf eigenständige Existenz hat,[40] oder ob er nur eine möglichst bald zu überwindende Vorstufe zum altersübergreifenden Gemeindegottesdienst[41] darstellt.

Gegenwärtig bemüht sich die Kindergottesdienstarbeit verstärkt, die Gestaltungsform Feier mit all ihren sinnlich-leibhaften und gemeinschaftsstiftenden Implikationen zu praktizieren. Dabei finden die Festzeiten des Kirchenjahres besondere Beachtung.

Trotz aller Flexibilität und Kreativität hat der Kindergottesdienst seit einigen Jahren mit sinkenden Teilnehmerzahlen zu kämpfen. »Während 1963 noch etwa ein Drittel der 5- bis 10jährigen den Kindergottesdienst besuchte, waren es 1983 nur noch rund 17% ...«[42] Dies kann nicht nur auf die geburtenschwachen Jahrgänge zurückgeführt werden. Hinzu kommt sicher, was die EKD-Studie dazu erläutert: »Anders als noch vor zehn Jahren empfindet mancher es inzwischen als autoritär, ein Kind zum Kindergottesdienst ›hinzuschicken‹ oder zu sagen ›es soll gehen‹ – man will die Entscheidung lieber dem Kinde selbst überlassen.«[43]

Demgegenüber ist einmal mehr der Tatsache Beachtung zu schenken, daß am Schulgottesdienst ein hoher Prozentsatz von Kindern und sogar Jugendlichen teilnimmt. Diese Erfahrung hat H.R. Preuß dazu bewogen, den Schulgottesdienst an die Stelle des Kindergottesdienstes treten zu lassen: »Als auch verschiedene Werbemaßnahmen die Besucherfrequenz nicht erhöhen konnten, wurde der Kindergottesdienst eingestellt und stattdessen eine Arbeit mit Schulgottesdiensten für Grundschüler begonnen. Leitender Gedanke dabei war, daß es Aufgabe der Kirchengemeinde sei, allen in ihrem Gebiet wohnenden evangelischen Kindern zu dienen.«[44] Folgerichtig wird auch die Raumfrage allein unter dem Gesichtspunkt der Teilnehmerzahlen beantwortet: Versammlungsort ist das Schulgebäude, denn die Kirche sei vielen Kindern und Eltern fremd geworden.[45]

Es erscheint sehr fraglich, ob dieses Beispiel »Schule machen« sollte, bei allem Verständnis für die Arbeitserleichterung und das Argument der höheren Beteiligung. Letzteres spricht selbstverständlich für das Feiern von Schulgottesdiensten, aber nicht gegen den Kindergottesdienst am Tag des Herrn, auch wenn nur zwei oder drei versammelt wären.

Kirchliche Praxis muß in erster Linie theologisch begründet werden, in diesem Falle ganz entscheidend mit der regelmäßigen Feier der Auferstehung Jesu als angemessene Sonntagsgestaltung auch für Kinder. Wenn soziologische Erwägungen bestimmend werden – wie es die besorgten Reaktionen auf die Mitgliedschaftsstudie der EKD glauben machen können –, schaufelt sich die Kirche selbst ihr Grab.

Der Kindergottesdienst und ebenso die Sonntagsschule erfüllen eine wesentliche missionarische und damit gemeindebauende Aufgabe. Die 2. EKD-Umfrage stellte fest: »Jeder Zweite, der angibt, als Kind regelmäßig den Kindergottesdienst besucht zu haben, betrachtet sich mit der Kirche ›sehr‹

oder ›ziemlich‹ verbunden (53%). 17% in dieser Gruppe geben an, fast jeden Sonntag zur Kirche zu gehen. Wer selten die Kinderkirche besucht hat, bekundet seine Nähe nur in Ausnahmefällen (11%) und geht ganz selten (2%) fast jeden Sonntag zum Gottesdienst.«[46]

Für den Schulgottesdienst schaffen Kindergottesdienst und Sonntagsschule in wenigstens zwei Punkten entscheidende Voraussetzungen: Zum einen sind die vielen jugendlichen ehrenamtlichen Helferinnen und Helfer häufig die bereitwilligsten und fähigsten Mitarbeiterinnen und Mitarbeiter im Schulgottesdienst. Zum anderen gibt das Bemühen um ein ganzheitliches Erleben der Gottesdienstfeier durch eine weitestmögliche Beteiligung der Kinder auch dem Schulgottesdienst wertvolle Gestaltungsimpulse.

Der Schulgottesdienst ist also weder Konkurrenz noch Ersatz des Kindergottesdienstes, sondern eher eine eigenständige Fortentwicklung mit einer breiteren Altersskala und anderen Umfeldbedingungen.

3.3. Die Schule als Gottesdienstort

Lernort und Lebensort Schule

In erster Linie ist die Schule ein Raum des Lehrens und Lernens. Die allermeisten Kinder und Jugendlichen werden das Bildungsangebot nicht so sehr als eine willkommene Bereicherung ihres Daseins begrüßen, als vielmehr – entsprechend der Gesetzeslage – mehr oder weniger willig der Pflicht zum Schulbesuch nachkommen. Im Vordergrund steht der eigene Wunsch, aber auch der massive Erwartungsdruck seitens der Eltern, Lehrer und Lehrerinnen, einen Lernerfolg zu erzielen, der zur weiteren (beruflichen) Lebensgestaltung hinreicht.

Die Schule ist damit ein Ort, an dem frohstimmende und seelisch verletzende Erfahrungen gemacht werden wie in vielen anderen Bereichen menschlichen Zusammenlebens und -arbeitens auch. Während den einen Anerkennung widerfährt, brechen andere innerlich unter dem vernichtenden Urteil zusammen: Du bist an der falschen Schule. Aber auch das Verhalten der Schüler und Schülerinnen untereinander beeinflußt ihr Lebensgefühl: Wer kann es z. B. ohne weiteres verkraften, von den anderen gemieden zu werden, weil diese einen als »Streber« er- bzw. verkennen. Der durch die alltäglichen Anforderungen verursachte Konkurrenzkampf geht einher mit Neidgefühlen, Übervorteilung oder auch Schmeichelei und Lüge. Auf der anderen Seite ruft der Leidensdruck Hilfsbereitschaft, Trost und Fürsprache hervor. Wie weit allerdings der Religionsunterricht zu solchen mitmenschlichen Verhaltensweisen motiviert, ist fraglich. Jedenfalls wirkt die Tatsache sehr ernüchternd, daß er bei den Lieblingsfächern der Schüler und Schülerinnen weit abgeschlagen am unteren Rand rangiert, nur noch von der klassischen Philologie unterboten.[47]

Die Schule prägt die Lebenswelt der Schüler und Schülerinnen mit Freud und Leid weit über die effektive Anwesenheit in der Schule hinaus. Trotz aller geforderten Arbeit wird sie von vielen Schülern und Schülerinnen nicht als »Lernfabrik« erlebt – der Begriff muß ja ohnehin nicht abwertend klingen, wenn er nämlich einen Raum bezeichnet, in dem mit Freuden etwas Sinnvolles fabriziert wird. Das Arbeitsklima schließt eine Atmosphäre der Freundlichkeit und gegenseitigen Akzeptanz seitens der Lehrerschaft wie der Schülerschaft nicht aus. Kann der Schulgottesdienst einen Beitrag zur Menschlichkeit am Lebensort Schule leisten?

Jugendliche und der Gottesdienst

Ein verbreitetes Desinteresse junger Menschen an Gott und Gottesdienst läßt sich nicht leugnen. Es scheint sich nicht nur hartnäckig zu halten, sondern eher noch zu verstärken.[48] Als ein Symptom solcher Indifferenz kann der sogenannte Traditionsabbruch gelten. Mit einer deutlichen Steigerung von der Land- zur Stadtbevölkerung ist eine zunehmende Unerfahrenheit der Jugendlichen im christlichen Glauben zu beobachten. Das betrifft sowohl sein Fundament, die biblische Überlieferung, als auch seinen Vollzug in gottesdienstlichen liturgischen Formen.[49]

Jugendsoziologische Erhebungen, z. B. die Shell-Studie »Jugend '85«[50], die Arbeiten von Ingrid und Wolfgang Lukatis[51] sowie Andreas Feige[52] bestätigen diese Entwicklung. 62% der 15–17jährigen und 71% der 18–20jährigen besuchen innerhalb von vier Wochen den Gottesdienst gar nicht.[53] Die Abendmahlsteilnahme wird »von fast 40% der jungen evangelischen Befragten ... völlig verneint«.[54] Zwar geben mehr Jugendliche (43% der 15–17jährigen) an, regelmäßig zu beten,[55] aber dabei ist beachtenswert, daß diese »immer noch zur Hälfte eine Teilnahme am Gottesdienst verneinen«.[56]

Die Aversionen gegen den Sonntagsgottesdienst aufgrund schlechter Erfahrungen sind bei Jugendlichen so evident, daß sie nicht weiter ohne Einfluß auf die Gestaltung der Gottesdienste bleiben dürfen, schon gar nicht der Schulgottesdienste.

Die von Konfirmanden immer wieder angeführten Gründe für ihre Gottesdienstunlust, mit denen sich H. Siegel auseinandersetzt, wirken da noch vergleichsweise harmlos: »Einmal in der Woche möchte ich ausschlafen!«; »Sonntags habe ich meistens etwas anderes vor!«; »Warum soll gerade ich zum Gottesdienst gehen?!«; »Im Gottesdienst ist es immer so langweilig!«.[57]

Beunruhigender klingen folgende Stellungnahmen, die den Eindruck vermitteln, daß der Gottesdienst den Jugendlichen wie eine fremde Welt vorkommt: »Wenn man in die Kirche kommt, fängt alles auf die alte Art und Weise an wie vor Jahrhunderten.« »Der Inhalt der Predigt ist oft ganz leer, weil die Pfarrer so altmodische Worte anwenden, die man so schwer verstehen kann.« »Wenn alles vorbei ist, empfinde ich es als eine Befreiung, wieder in die frische Luft zu kommen.« »Das Beste von allem ist das Ende.«[58]

Vollends wachrütteln müßte der Befund von A. Feige, der im Gottesdienst den Ort ausmacht, »wo Sprachlosigkeit entsteht«.[59] Er zitiert z. B. folgende Berichte junger Erwachsener: »Also einmal habe ich es in der Kirche gebracht: da habe ich mein Gesangbuch genommen, habe einen Roman genommen, habe den da dann reingelegt, habe den solange reden lassen und habe in Ruhe lesen können. Soweit war ich manchmal, total abgeschaltet. Ab und zu habe ich dann mal aufgehorcht, um zu merken, wie weit er ist und ob er nicht bald fertig ist.«[60] – »Aber das ist doch so, also eineinhalb Stunden Zeit sitzt man da so 'rum, und man muß immer ganz ruhig sein; früher als Junge fiel einem das ja schwer, husten und so, also da wurde man ja gleich angestoßen und so. Also, man konnte so überhaupt nichts machen. Ich fand das richtig schlimm damals.«[61]

Natürlich werden auch positivere Meinungen dokumentiert.[62] Diese vermögen aber kaum das düstere Gesamtbild aufzuhellen, das Jugendliche vom Gottesdienst der Gemeinde haben. Neben der häufig genannten Entschuldigung, am Sonntag einmal ausschlafen zu wollen (72,9%), richtet sich die Kritik im wesentlichen gegen folgendes: »(1) ›Da wird nicht über die Themen geredet, die die Leute interessieren und bei denen sie nach Antworten suchen‹ (34,8%). (2) ›Es geschieht zu wenig, woran man sich beteiligen kann‹ (30%). (3) ›Das wirkt alles so feierlich-ernst: beten, singen, Bekenntnis usw.‹ (26,4%). (4) ›Es werden zu selten praktische Hilfen für das Leben gegeben‹ (22%).«[63]

Gottesdienste in besonderer Gestalt sind nur eine Teilantwort auf die häufig begründete, gottesdienstliche Abstinenz vieler Jugendlicher.[64] Wichtiger ist, daß der »normale« Gemeindegottesdienst wieder einladender und ansprechender mit Jugendlichen und Erwachsenen gefeiert wird. Spezielle Jugendgottesdienste, aber eben auch Schulgottesdienste können dazu wertvolle Impulse liefern. Unter keinen Umständen darf der Schulgottesdienst von den Jugendlichen als »Aufguß« aus Elementen des für sie »lahmen« Sonntagsgottesdienstes empfunden werden.

Hinter oder neben der von jungen Menschen zuweilen nur demonstrierten religiösen Bedürfnislosigkeit ist zugleich ein reges Interesse bis hin zu einem religiösen Aufbruch zu konstatieren. Auf der Suche nach Lebenssinn – sicher schon immer ein Plus des Jugendalters gegenüber einer angepaßten Erwachsenenwelt – fragen die Jugendlichen zwar nicht zuerst nach dem Glauben der Väter, aber sie wenden sich auch nicht ausdrücklich gegen ihn. Darum warnt Elisabeth Roth zu Recht vor einem »Herbeisprechen« des Traditionsabbruches und empfiehlt statt dieser destruktiven Ausdrucksweise eine konstruktivere Vorsilbenwahl, also von »Umbruch« oder eben »Aufbruch« zu sprechen.[65] Der Schulgottesdienst wird somit Unkenntnis und Zurückhaltung der Jugendlichen gegenüber traditionellen Formen und Inhalten zu beachten haben, hat es aber in den seltensten Fällen mit völlig areligiösen Menschen zu tun. Er bleibt für viele möglicherweise auf lange Zeit die einzige gottesdienstliche Berührung mit dem christlichen Glauben. Die Chance und die Verantwortung, die für Schule und Kirche daraus erwachsen, liegen auf der Hand.

Lehrer und Lehrerinnen

Welche Einstellungen und Gefühle haben die Lehrer und Lehrerinnen gegenüber dem Schulgottesdienst? Es gibt wohl keine Schule, nicht einmal eine in kirchlicher Trägerschaft, in der die gesamte Lehrerschaft Schulgottesdienste ohne Vorbehalte unterstützt. Lehrer oder Lehrerinnen mit ideologisch bedingten Aversionen gegen jede christliche bzw. religiöse Beeinflussung ihrer Schüler und Schülerinnen werden nicht verhindern können, daß ihre Klasse an einem Schulgottesdienst teilnimmt, aber sie werden ihre Schützlinge (soweit es sich um die niedrigeren Jahrgangsstufen handelt) höchstens bis zum Gottesdienstraum begleiten und sich dann ins Lehrerzimmer zurückziehen. Die meisten ablehnenden Pädagogen und Pädagoginnen werden allerdings aus Gründen der Aufsicht und der Solidarität mit Schülern und Schülerinnen sowie Kollegen und Kolleginnen – mehr oder weniger widerwillig – an der Veranstaltung teilnehmen. Das heißt, das Vorbereitungsteam hat mit der Anwesenheit kritischer, manchmal atheistischer Lehrkräfte zu rechnen.

Das Spektrum der Einstellungen reicht von absoluter Negierung über distanzierte und interessierte Beobachtung bis zu engagierter Beteiligung. Im ganzen scheint mir bei den nicht mitarbeitenden Lehrern und Lehrerinnen eine wohlwollende Erwartungshaltung zu überwiegen. Man erhofft sich vom Schulgottesdienst einen Beitrag auf dem Weg zu einer menschlicheren Schule und sieht in ihm die Chance eines auch tiefere Seelenschichten erfassenden Erlebnisses, das der im allgemeinen kognitiv ausgerichtete Unterricht nicht zu vermitteln vermag. Besonders die Religionspädagogen und -pädagoginnen begrüßen den Schulgottesdienst als Gelegenheit, das mehrdimensionale Beziehungsgeschehen des Glaubens, von dem sie im Unterricht gemeinhin nur sprechen können, miteinander zu vollziehen.[66] Ob ihre Erwartungen erfüllt werden, hängt mit davon ab, wieweit sie auch außerhalb des gottesdienstlichen Anlasses wissen und zulassen, daß zur Erziehung ebenfalls Beziehungen emotionaler Art gehören. Daß zumindest die meisten Schulpfarrer und Schulpfarrerinnen zur Übernahme dieser Rolle als Vertrauensperson bereit sind, belegt die Umfrage von C. Grethlein: »Die Religionslehrer verstehen sich bewußt als Seelsorger der Schüler, die nach ihrer Unterrichtstätigkeit für die Schüler Verantwortung tragen und diese auch wahrnehmen wollen.«[67]

E. Lade weist mit Recht darauf hin, daß der Lehrer bzw. die Lehrerin bei aller gebotenen Distanz eine Vater-, Freundes- und Partnerrolle übernimmt.[68] Wollte man allerdings die Vermittlung der lebensnotwendigen Liebe allein vom Schulgottesdienst fordern, so wäre er zweifellos überfordert.

Die Religionspädagogen und -pädagoginnen sind durch ihre theologische Ausbildung, ihre Unterrichtserfahrungen und nicht zuletzt durch ihr hoffentlich nicht nur theoretisches Wissen um das Doppelgebot der Liebe prädestiniert für die Gestaltung von Schulgottesdiensten. Aber deshalb sind noch längst nicht alle bereit, über ihr reguläres Stundenkontingent hinaus in diese Aufgabe Zeit und Kraft zu investieren. Dafür finden sich andere Fachlehrer und Lehrerinnen, die aus ihrem lebendigen Glauben heraus hier ein ihnen angemessenes Betätigungsfeld erblicken.

Erstaunlicherweise befällt gerade den einen Religionslehrer oder die andere Religionslehrerin eine akute Schwellenangst im Blick auf den Gottesdienst. Obwohl sie es gewöhnt sind, vor anderen Menschen zu sprechen, trauen sie sich einen »Auftritt« im Schulgottesdienst nicht zu. Ist es der (sakrale) Raum, ist es eine falsche Ehrfurcht vor dem kirchlichen Amtsträger, der sich in dieser »liturgischen Atmosphäre« scheinbar allein richtig benehmen kann? Oder ist es das (unter-)bewußte Empfinden, daß hier mehr als Belehrung gefragt ist? Daraus könnte allerdings die verständliche Scheu resultieren, sich vor vielen Menschen über existentielle, d.h. persönlich-intime (Glaubens-) Dinge auszulassen. Vielleicht ist es aber auch einfach die weitaus größere Zuhörerschaft verglichen mit der Schülerzahl einer Klasse. Die Bereitschaft und Fähigkeit zur Mitarbeit im Schulgottesdienst ist sicherlich eng mit der Teilnahme bzw. der Mitarbeit am ortskirchlichen Gemeindeleben verknüpft.[69]

Der Schulgottesdienst braucht die Teilnahme und die Mitarbeit von Lehrerinnen und Lehrern, sonst geht er an der Schulwirklichkeit, am Schulalltag vorbei. Ob auch das Umgekehrte gilt, daß die Lehrerschaft den Schulgottesdienst braucht, bleibt zu fragen. Jedenfalls sind sie als Gottesdienstteilnehmer und -teilnehmerinnen wahr- und ernst zu nehmen.

Die Eltern

Auch sie gehören zu den einflußnehmenden Personen. Zumindest in den Schulanfänger- und Entlassungsgottesdiensten sind sie in der Regel eingeladene und willkommene Teilnehmer und Teilnehmerinnen. Und warum sollten sie dann nicht auch an der Vorbereitung und Gestaltung beteiligt werden? Eltern haben zu einem beginnenden oder endenden Lebensabschnitt ihrer Kinder aus persönlicher Betroffenheit etwas zu sagen. Der Gottesdienst kann dadurch nur an Lebensnähe gewinnen.

Und wenn dieser Schritt einmal getan ist, ist auch der nächste denkbar, nämlich die Mitarbeit von Eltern in normalen Schulgottesdiensten. Die Erfahrung einer religiösen Schulwoche, die in intensiver Zusammenarbeit mit Eltern konzipiert und durchgeführt wurde, war hier äußerst ermutigend (vgl. S. 184). Der organisatorische Aufwand, beginnend mit den Terminabsprachen, wird allerdings noch größer. Der Hauptgrund, warum Eltern sehr selten mit der Schulgemeinschaft Gottesdienste feiern bzw. gestalten, liegt naturgemäß darin, daß die Vormittagszeit für die meisten ungelegen ist.

Eine Grundschule hat zusammen mit der Kirchengemeinde daraus die Konsequenz gezogen, den Schulgottesdienst auf den Nachmittag zu verlegen. Dies hat den zusätzlichen Vorteil, daß der Gottesdienst vom Diktat des Stundengongs befreit ist. Man ver-sammelt sich als Schulgemeinde zum Gottesdienst, nicht zu einer Abwechslung vom Unterrichtseinerlei. Ob das allerdings für die Sekundarstufen-Altersgruppen, deren Nachmittage durch Schul- und Freizeitprogramme weitgehend verplant sind, ein praktikabler Weg ist, erscheint sehr fraglich.

Die Eltern können aber auch durch ihre ablehnende oder befürwortende Grundeinstellung zum Schulgottesdienst diesen indirekt beeinflussen, z.B. indem sie vor ihren Kindern abfällig oder zustimmend auf deren Berichte reagieren. Auch brauchen die jüngeren Schüler und Schülerinnen das Einverständnis ihrer Eltern, wenn sie nach dem regulären Unterrichtsschluß noch Zeit und Kraft für die Gottesdienstvorbereitung aufwenden. Schließlich können die Elternvertreter und -vertreterinnen in der Schulkonferenz und speziell der Fachkonferenz Religion die Schulgottesdienstarbeit entweder unterstützen oder auch behindern. Hier dürfte gelegentlich die Rechtsgrundlage für einen Schulgottesdienst als Schulveranstaltung angefragt werden, es kann aber auch um inhaltliche Probleme oder Gestaltungsfragen gehen. Die von evangelikal-fundamentalistisch denkenden Eltern geübte Kritik am Religionsunterricht wird nach meinen Erfahrungen nicht automatisch auf den Schulgottesdienst ausgeweitet, im Gegenteil: Der Gottesdienst genießt einen großen Vertrauensvorschuß und findet auch von solchen Elternkreisen Unterstützung.[70]

Abgesehen von einigen gleichgültigen Eltern, die froh sind, daß ihre Kinder tagsüber »von der Straße sind«, indem sie von der Schule »verwahrt« werden[71], begleiten immer mehr Eltern aufmerksam und kritisch den Schulalltag ihrer Kinder. Die Zeiten der fraglosen Autoritätsgläubigkeit gegenüber der Lehrerschaft und mit Einschränkungen auch gegenüber der Pfarrerschaft sind vorbei. Dies mag in Einzelfällen als lästig empfunden werden, stellt aber grundsätzlich eine Chance für die Wahrnehmung des Erziehungs- und Bildungsauftrages in Schule und Gemeinde dar.

Schließlich möchte ich die Bedeutung der Fürbitte hervorheben, mit der die Eltern hilfreich für den Schulgottesdienst eintreten können.

Es gibt also genügend Gründe, im Erlebnisraum Schulgottesdienst auch die Eltern bewußt wahrzunehmen.

Pfarrer und Pfarrerinnen

Wie bei den Lehrern und Lehrerinnen gibt es auch bei der Pfarrerschaft Vorbehalte gegenüber dem Schulgottesdienst, wenn auch aus anderen Gründen. Mancher Pfarrer und manche Pfarrerin hat schon von seinen bzw. ihren disziplinlosen Konfirmanden »die Nase voll« und sehnt sich nicht danach, nun auch noch unter der Woche mit einer zusammenbeorderten lautstarken und zappeligen Schülerschar einen Gottesdienst »über die Runden zu bringen«. Ich habe den Eindruck, daß die Mehrzahl der Pfarrer und Pfarrerinnen froh ist, wenn sie von der Schule in Sachen Schulgottesdienst in Ruhe gelassen wird. Das nicht etwa aus Mißachtung der schulischen Arbeit, sondern weil sie sich ohnehin einer Erwartungshaltung von allen Seiten gegenüber sehen. Sie können nur »überleben«, d. h. den vielfältigen Aufgaben in ihrer Gemeinde halbwegs gerecht werden, wenn sie in Bereichen wie gerade der Kinder- und Jugendarbeit, für die es am ehesten engagierte Mitarbeiter und Mitarbeiterinnen gibt, Aufgaben delegieren.

Ein weiteres Problem kann in einem abgeschlossenen Denken hinsichtlich der Gottesdienstordnung liegen. Es versperrt den Zugang zu einer unkonventionellen Gestaltung und nimmt die Freude am Experimentieren. Der etwas abgewandelte Sonntagsgottesdienst ist noch kein Schulgottesdienst. Mit agendarischer Liturgie, mit Responsorien und Sündenbekenntnis können die Schüler und Schülerinnen – ohne Hinführung jedenfalls – nichts anfangen, und auch die »Eingeweihten« würden die traditionellen Stücke hier deplaziert finden. Selbstverständlich lassen sich nicht Gebete und schon gar nicht die Predigt aus einem Gemeindegottesdienst übernehmen bzw. wie für einen solchen formulieren. Sie blieben ohne Beziehung zur Situation und zu etwaigen Schülerbeiträgen. Ja, gerade die der Pfarrerschaft wohl wichtigsten Elemente des Gottesdienstes werden von Jugendlichen grundsätzlich hinterfragt.

Ich sehe aber auch die Gefahr des anderen Extrems. Wer übereifrig mit einer Häufung von markigen Sprüchen und Videoclip-Effekten hinter dem jeweiligen Trend herjagt, könnte den Schulgottesdienst zu einem im doppelten Sinne »geistlosen« Happening mißraten lassen.

Einerseits müssen Pfarrer und Pfarrerinnen bei Schülern und Schülerinnen sowie Lehrern und Lehrerinnen in die Schule gehen – im wörtlichen und übertragenen Sinne –, um die Vorbereitung und Durchführung von Schulgottesdiensten zu lernen. Andererseits braucht die Schule die Gottesdienst-Kompetenz der Theologen und Theologinnen. Auf diese Weise bereichert der Schulgottesdienst alle.

Die Rechtslage des Schulgottesdienstes

Die unterschiedlichen rechtlichen Regelungen in den Ländern der Bundesrepublik reichen von dem Fehlen gesetzlicher Bestimmungen in Norddeutschland und (vorerst noch) in den östlichen Bundesländern bis zu einem weit gesteckten Rahmen, z.B. in Nordrhein-Westfalen.[72] Erlasse der Kultusbehörden existieren in folgenden Ländern: Baden-Württemberg, Bayern, Hessen, Nordrhein-Westfalen, Rheinland Pfalz und Saarland. Hier ist im allgemeinen für Schulgottesdienste so viel Raum geschaffen worden, daß sich an den wenigsten Orten genügend Mitarbeiter und Mitarbeiterinnen finden, um die vom Gesetzgeber eröffneten Möglichkeiten auszuschöpfen.

Die Regelungen in diesen Bundesländern haben ihren gemeinsamen Nenner darin, daß der Schulgottesdienst eine Schulveranstaltung darstellt, die in regelmäßigen Abständen während der Unterrichtszeit stattfinden kann. Die organisatorische Verantwortung trägt die Schule, die inhaltliche wird der Kirche zugewiesen. Für Nordrhein-Westfalen z.B. legt ein Runderlaß des Kultusministers vom 13.4.65 u. a. folgendes fest:

»1. Die Schulgottesdienste ... sind Schulveranstaltungen. 2. Für allgemeinbildende Schulen und berufsbildende Vollzeitschulen, in deren Stundentafeln Religionslehre als Unterrichtsfach aufgenommen ist, wird Gelegenheit zum Schulgottesdienst gegeben. Dieser Schulgottesdienst erscheint in der Regel als eine erste Stunde im Stundenplan und tritt nicht an die Stelle einer der in den Stundentafeln vorgesehenen Unterrichtsstunden. Er darf einmal wöchentlich stattfinden. Ein weiterer Schulgottesdienst kann einmal wöchentlich an einem Werktag außerhalb der Unterrichtszeit gehalten werden. Ferner können Schulgottesdienste auch aus besonderen Anlässen stattfinden ... 5. Die Schulleiter legen die Zeiten für die Schulgottesdienste nach Fühlungnahme mit den Religionslehrern und im Einvernehmen mit den für den Gottesdienstraum zuständigen kirchlichen Stellen fest.«[73]

Dazu wird aufgrund zahlreicher Anfragen durch eine »Rundverfügung des Schulkollegiums beim Regierungspräsidenten in Münster vom 12.12.1984« u. a. folgendes erläuternd bekräftigt:

»Die Frage, ob und in welchem Rahmen Schulgottesdienst abgehalten wird, fällt nicht in die Entscheidungsbefugnis der Schulkonferenz. Bei dem Schulgottesdienst handelt es sich um eine religiöse Veranstaltung; daher dürfen staatliche Aufsichtsmaßnahmen in die Gestaltung des Gottesdienstes nicht einwirken. Es muß ein Leiter des Gottesdienstes vorhanden sein, der die inhaltliche Gestaltung des Gottesdienstes gegenüber den kirchlichen Oberbehörden verantwortet.«[74]

Dieser vorgegebene Rahmen kann von Schule und Kirche in gemeinsamer Verantwortung gefüllt werden. Beide ziehen daraus für ihre jeweiligen Arbeitsbereiche Nutzen, wobei die eigentlichen Nutznießer hoffentlich die Schüler und Schülerinnen sind. In den Ländern ohne rechtliche Voraussetzungen dürfte eine Schulgottesdienstinitiative – von wem auch immer – zwar auf mehr Zurückhaltung bei Schulleitungen stoßen, aber angesichts der lauter werdenden Forderung nach rituellen Erlebnisräumen am Lebensort Schule nicht aussichtslos sein.

4. Schulgottesdienst und Religionsunterricht

Der Blick in die Geschichte zeigte die enge Verschränkung von Religionsunterricht und Schulgottesdienst durch die Jahrhunderte. Religionsunterricht bestand weithin in liturgischer Unterweisung und dem Aneignen des Katechismus. So wurde auch der Alltag gottesdienstlich durchdrungen. Der Katechismus lieferte die Maßstäbe für das, was zu glauben und zu tun (bzw. zu lassen) war.

Im ausgehenden 19. und beginnenden 20. Jahrhundert lockerte sich diese enge Verbindung, indem im Zuge liberaler und kulturprotestantischer Theologie der Bildungsauftrag des Religionsunterrichts hervorgehoben wurde: persönlichkeitsbildend im Sinne des Jesusbildes (Niebergall), religiös im Sinne der dem Menschen angeborenen Religion (Kabisch).[75]

Die Dialektische Theologie verstärkte diese Trennung zunächst noch. Trotz des nun völlig anderen Ansatzes – das Wort Gottes als Gegenüber zum Menschen – nahm z. B. Bohne keinen Bezug auf den Zusammenhang zwischen dem Evangelium im Bildungsprozeß und dem Gemeindeleben.[76] Dagegen wurde zunächst von Rang und Hammelsbeck (1939) und dann programmatisch von Kittel (1947) vom selben Ansatz der »Wort-Gottes-Theologie« her die Evangelische Unterweisung entworfen. Diese Konzeption lebt geradezu aus der organischen Verbindung von christlicher Lehre und gottesdienstlichem Vollzug. Allerdings engte sie die Lehr- und Lernmittel des Religionsunterrichts auf Bibel, Gesangbuch und Katechismus ein. Ob die Religionslehre damit inhaltlich und methodisch noch dem wissenschaftlichen Anspruch an ein »ordentliches« Unterrichtsfach einer öffentlichen Schule gerecht werden konnte, wurde und wird zu Recht gefragt.[77]

Danach entstanden eine Reihe weiterer Konzeptionen, von denen z.B. der problemorientierte (Kaufmann, Nipkow) und der therapeutische (Stoodt) Religionsunterricht bewußte Gegenpositionen zur Evangelischen Unterweisung darstellen. Nach einer empirischen Untersuchung in Niedersachsen durch A. Feige erfährt gegenwärtig der »Schülerorientierte RU« die größte Akzeptanz, gefolgt vom »Problemorientierten RU«.[78] Der Schulgottesdienst ist in diesen Programmen nicht mehr unbedingt vorgesehen. Dennoch fallen die nach wie vor vorhandenen Bezugspunkte ins Auge. Im Unterricht liegt das Gewicht auf der Reflexion (der christlichen Tradition in Verbindung mit den Gegenwartsproblemen bzw. umgekehrt)[79], im Gottesdienst auf dem Vollzug des Glaubens. Demzufolge sind beide aufeinander angewiesen.

4.1. Lernen im Religionsunterricht

Die Verknüpfung der christlichen Überlieferung mit der Erlebniswelt der Schüler und Schülerinnen ist zugleich Auftrag und Ziel des Religionsunterrichts. Ziel ist nicht die Vermittlung des Glaubens. Gleichwohl hat »glauben« viel mit »lernen« zu tun. Denn »lernen« kann nur ganzheitlich verstanden werden. Es ist kein auf das Denken oder eine andere menschliche Funktion beschränkter Vorgang. Vielmehr haben wir darunter einen Erkenntniszuwachs zu verstehen, der sich im Beziehungsgeflecht von geistiger, emotionaler und körperlicher Lebensbewältigung ereignet. Mal wird er von der einen, mal von der anderen Komponente menschlicher Existenz ausgelöst. E. Rosenboom beschreibt den – Prozeß zurückgreifend auf Heidegger – so: »Lernen – das haben wir heute wieder zu lernen! – ist also ein Vorgang, der uns Menschen mit der Wirklichkeit verbindet, uns mit ihr und sie mit uns so verbindet, daß wir mit unserem Tun und Lassen tatsächlich der Wirklichkeit entsprechen und darin unser Wesen als Menschen realisieren ... In ihm vollzieht sich auch die grundsätzliche Lebensorientierung eines Menschen.«[80]

Es wäre also immer noch verkürzend, würde man das Lernen als Weiterentwicklung menschlicher Fähigkeiten lediglich in seiner kognitiven, affektiven und sozialen Dimension erfassen. Der Mensch ist auch ein auf Sinn und Wert angelegtes Wesen. Erst dieser Wesenszug macht ihn zum Menschen als Ebenbild Gottes. Leben in diesem Vollsinn des Wortes hat der Schöpfer dem Menschen zugedacht. Lernen, wenn es denn fürs Leben und nicht »nur für die Schule« erfolgen soll, muß also bis in diese »grundsätzliche Lebensorientierung des Menschen«[81] reichen.

Daraus ergibt sich, daß nicht nur der Glaube des Lernens bedarf, sondern auch das Lernen des Glaubens.[82] Allgemeiner ausgedrückt: Zur Persönlichkeitsentwicklung des jungen Menschen gehört die Offenheit einer Transzendenz gegenüber. Wert- und Sinnerziehung ist nicht allein Sache des Religionsunterrichts, hat aber sicher hier in besonderem Maße ihren Ort. Das christliche Bekenntnis bietet zu solcher Lebens-erziehung den geeigneten Orientierungsrahmen. In der Spannung von Freiheit und bewußter Bindung an Gott kann sich der Mensch zu verantwortlichem Denken und Handeln gegenüber sich selbst und seinen Mitgeschöpfen entfalten.

Der Glaube an einen personal verstandenen Gott, christlich gesprochen: das Vertrauen, »im Leben und im Sterben Jesus Christus zu gehören« (Heidelberger Katechismus, Frage 1), läßt sich weder anerziehen noch lehren. Dennoch kann diese persönliche Gottesbeziehung – wenn sie denn kein »blinder Glaube« sein soll – ohne Lernen nicht entstehen. Bevor ich mein Vertrauen auf einen Menschen setze, muß ich ihn kennen; bevor ich mein Leben Gott anvertraue, muß ich wissen, wer er ist und wie er zu mir steht sowie wer ich bin und wie ich vor ihm stehe. Die biblische Botschaft beantwortet diese Fragen mit dem Evangelium von Jesus Christus. Es konfrontiert uns mit dem Zuspruch und Anspruch Gottes, und umgekehrt muß sich das Evangelium durch die Lebenswirklichkeit der Schüler und Schülerinnen befragen lassen. Dieser Lernprozeß, der auch durch historische, human- und sozialwissenschaftliche Erkenntnisse gefördert wird, schafft die unabdingbare Grundlage des persönlichen Glaubens. Somit läßt sich zwar nicht der Glaube zum Lernziel erklären, wohl aber lassen sich die Voraussetzungen des Glaubens lehren und erlernen.

K. Dienst resümiert diesen Erkenntnisstand als Ergebnis seiner Untersuchung über »Die lehrbare Religion« noch sehr vorsichtig:

»Die Behauptung, daß eine ›Erziehung zum Glauben‹, daß eine ›lehrbare Religion‹ eine pure Illusion sei, weicht langsam der Auffassung, daß z.B. pädagogische und anthropologisch-psychologische Vorgaben für das Hineinwachsen(-können) in den Glauben wichtig sind.«[83]

Deutlicher differenziert äußert sich E. Rosenboom: »Glaube ist nicht lernbar als persönliches Vertrauensverhältnis zwischen Gott und dem Menschen ... Er ist lernbar, weil es sich um einen Vorgang in Zeit und Raum handelt ... Er ist lernbar, insofern er sich im Wort- und Tatbekenntnis äußert ... Lernbar ist auch, dafür Verständnis zu gewinnen, welche Bedeutung der Glaube für das Zusammenleben der Menschen hat ... Lernbar ist die Bibel, die Beteiligung am Leben der Kirche, ...«[84]

Umgekehrt schließt der Glaube nicht etwa das Lernen ab, sondern initiiert Lernprozesse, z.B. indem er den Menschen aus seiner narzißtischen Nabelschau befreit zur Auseinandersetzung mit den Herausforderungen seiner jeweiligen Lebenswirklichkeit. Auch der Glaubende bleibt Lernender. Entsprechend folgert E. Feifel, »daß Lernverweigerung geradezu als Unglaube charakterisiert werden muß«.[85]

Trotz dieser engen Bezogenheit von Lernen und Glauben bereits im religionspädagogischen Prozeß ist vor dem Hintergrund des Schulgottesdienstes als Ort des gemeinschaftlichen Glaubensvollzugs nun zu fragen, ob der Religionsunterricht auch Glaubenserfahrung ermöglichen kann.

Die Komplexität des Lernvorgangs fordert, daß sich das Lehren nicht auf kognitive Wissensvermittlung beschränkt. Der Unterrichtsgegenstand soll die Schüler und Schülerinnen bewegen, in Bewegung setzen; er muß ihnen auf den Leib rücken und gleichsam unter die Haut gehen, damit das Unternehmen nicht folgenlos bleibt: »Der RU müßte ein RU zum Anfassen, zum Sehen, Hören, Fühlen, Schmecken und Riechen werden.«[86]

Vieles ist praktikabel: »Learning by doing« haben wohl die Pädagogen und Pädagoginnen zu allen Zeiten bewußt als Methode angewandt. Auch die Impulse der Reformpädagogik oder z.B. der Montessori-Schule gehen in Richtung »des entdeckenden Lernens, des Selber-suchen-Lassens«[87]; das emotionale und leibhafte Sensorium wird angesprochen, damit sich das Kind ganzheitlich entfalten kann.

Diesbezügliche religionspädagogische Arbeitshilfen haben meist nur den Primarbereich im Auge. Neuere, auf die Erfahrung zielende Lehr- und Lernmethoden, wie etwa das Bibliodrama, sind eher für den gemeindepädagogischen (Seminar-)Bereich konzipiert. H. Lenhard sieht aber auch für den Mittel- und Oberstufenunterricht der Schule die Chance, mittels sinnlicher Erfahrungen Lernprozesse in Gang zu bringen. Als Beispiel beschreibt er ein Dritte-Welt-Projekt, in dem die Schüler und Schülerinnen »beunruhigende Erfahrungen mit einer befreienden Geschichte«[88] gemacht haben. Grundsätzlich plädiert er dafür, »der erfahrungsöffnenden Dynamik des biblischen Zeugnisses von der Wirklichkeit Gottes dies zuzutrauen«, daß sie zu »Erfahrungen befreit«.[89]

Hier und da wird auch der Versuch unternommen, im Miteinander-Essen ein elementares Gemeinschaftserlebnis zu vermitteln, das in den Mahlzeiten Jesu mit anderen eine tiefe geistliche Sinndeutung erfährt. Einem solchen Unterfangen wie auch dem zuvor skizzierten sind natürlich deutliche Grenzen gesetzt, nicht nur zeitlich-räumlicher Art,[90] sondern auch inhaltlich-prinzipieller Natur: Der Gegenstand des Religionsunterrichts ist die Verknüpfung von biblischer Tradition und Schülersituation. Dabei kann manches sinnenfällig gestaltet werden. Jedoch läßt sich die Erfahrbarkeit Gottes nicht methodisieren. Er entzieht sich der letzten Greifbarkeit. Allerdings entschwindet damit die Gotteserfahrung nicht völlig in die Sphäre der Kontingenz. Gott will uns begegnen in seinem Wort und in anderen Menschen, konkreter noch in der Gemeinschaft der Christen. Mehr Chancen, sinn- und beziehungsstiftende Erfahrungen zu machen, bietet der Schulgottesdienst. Er ergänzt den Religionsunterricht. Auch ein nicht auf Erfahrungen abzielender Religionsunterricht, wie etwa der problemorientierte, kann aus der Horizonterweiterung, die den Schülern und Schülerinnen durch den Glaubensvollzug zuteil wird, schöpfen.

4.2. Erfahren im Schulgottesdienst

Im Religionsunterricht wird immer wieder die reflektierende Verstandesarbeit in den Vordergrund treten, während Gottesdienst geradezu als Feier definiert werden muß: Die Zuwendung Gottes veranlaßt die Gemeinde, ihn »mit Herzen, Mund und Händen« zu loben.

Schulgottesdienst darf demnach nicht als der verlängerte Arm des informierenden Unterrichts mißverstanden werden, wie es etwa im Kommentar eines Lehrers zu einem Schulgottesdienst am Reformationsfest zum Ausdruck kam: »Der Pastor hat es denen (den Schülern und Schülerinnen) noch mal richtig gesagt.« Die Gottesdienstteilnehmer und -teilnehmerinnen waren offenbar einer Lehrpredigt über die Wiederentdeckung des Wortes (hilflos) ausgeliefert. Und der Lehrer scheint sich darüber noch gefreut zu haben in der Hoffnung, daß die Schüler und Schülerinnen jetzt endlich die Bedeutung des Reformationsfestes »kapiert« hätten. Hier liegt ein eklatantes Mißverständnis des Schulgottesdienstes vor, als könnte das, was der Religionsunterricht wegen der Sprödigkeit des Wissensstoffes nicht zu vermitteln vermag, in der sakralen Atmosphäre des Gottesdienstraumes, unterstützt durch pastorale Autorität, noch »an den Mann« gebracht werden.

Gerade nicht auf der Lehre, sondern auf dem Vollzug des Glaubens liegt im Gottesdienst der Akzent. Was im Religionsunterricht an Beziehungen, Symbolen und Leibhaftigkeit nur ansatzweise erlebt werden kann, hat hier seinen prädestinierten Spielraum. Das Erfahrungspotential des Gottesdienstes soll nur kurz angedeutet werden; es ist ja Aufgabe der gesamten Erörterung, die vielfältigen Gestaltungs- und Erlebnismöglichkeiten im einzelnen darzustellen.

Der Gottesdienst vollzieht sich in Begegnungen. Die Verkündigung, ob in Predigt, Lesung, Spiel oder Dialogform, hat nicht in erster Linie belehrenden Charakter, sondern bildet die eine Richtung der vertikalen Beziehung, nämlich die Anrede Gottes an uns. Ihr entspricht unsere Antwort in Gebet, Lied und Bekenntnis. Kommunikation – verbal und nonverbal – ereignet sich aber auch horizontal, indem die Gottesdienstteilnehmer und -teilnehmerinnen miteinander singen, beten und bekennen, oder indem sie sich bei den Händen fassen, ein Netz aus Wollfäden knüpfen, Fürbitten notieren, das Abendmahl miteinander feiern oder auf andere Weise miteinander essen. Eine Dialogpredigt etwa oder das gemeinsame Mahl machen besonders deutlich erfahrbar, wie sehr die beiden Beziehungsrichtungen zugleich ineinander verflochten sind. Eigentlich ist jedes Wort, jedes Tun Teil des Beziehungsgeflechts zwischen Gott und Mensch und den Feiernden untereinander. Auch der Gottesdienstraum – sei er eine Kirche oder eine Sporthalle – und seine Gestaltung, die Art und Helligkeit des Lichtes, ferner Phasen der Bewegung und der Stille, der Aktion und der Kontemplation sind Komponenten der gottesdienstlichen Erfahrung im seelischen wie im körperlichen, im geistigen wie im emotionalen Bereich.

Das komplexe Begegnungsgeschehen Gottesdienst ermöglicht die Erfahrung des Angenommenseins durch Gott, des Geborgenseins in seiner Gemeinschaft, des Trostes, der Hoffnungsstärkung und der Sinnfindung.

Gleichwohl: In ähnlichem Maße, wie der Religionsunterricht nicht gänzlich ohne spirituelle Erfahrungen auskommen kann und muß, bleibt der Schulgottesdienst nicht ohne Lernerfolge. Dieter Trautwein hat den Gottesdienst, speziell die »Gottesdienste in neuer Gestalt«, unter diesem Aspekt untersucht und legt ausführlich dar, daß und wie sich der gesamte Gottesdienst als Lernprozeß vollzieht[91] (vgl. S. 193f). Lernen und erfahren sind hier wie da aufeinander bezogen.

Im Schulgottesdienst wird das vollzogen, was im Religionsunterricht zur Diskussion steht. So sehr der christliche Glaube auch Gegenstand unseres Nachdenkens und der wissenschaftlichen Analyse sein kann und muß, so wenig wird dadurch sein tiefstes Wesen erschlossen. Aber auch wenn der Religionsunterricht zu befreienden Erfahrungen aus dem Evangelium führen will, wie z. B. der bibelorientierte Ansatz (Baldermann), vergrößert der Schulgottesdienst die Erfahrungsmöglichkeiten, denn die biblische Überlieferung zielt auf Glauben(svollzug). Gottesdienst bietet Raum für das Erlebnis der göttlichen Zuwendung, für Lobpreis und Klage; Gottesdienst ist der genuine Ort geistlicher Erfahrung. Hier brauchen die Schüler und Schülerinnen keine (Lern-) Leistungen zu bringen, ihnen wird Gottes Leistung für uns, das Evangelium, gebracht. Sie können aus- und aufatmen, sie empfangen – *umsonst*.

5. Versammelte Schulgemeinde

5.1. Die offenen Türen des Gottesdienstes

Was berechtigt die hier zu erörternde Schulveranstaltung, den Namen »Gottesdienst« zu führen? Nicht nur, daß fast immer die Sakramente fehlen; ein Hauptunterschied zum sonntäglichen »Normalgottesdienst« liegt auch in der unterschiedlichen Motivation der Versammelten. Diese indifferenten Voraussetzungen hat der Schulgottesdienst gemein mit anderen gottesdienstlichen Sonderformen (z. B. anläßlich von Jubiläen, Tagungen usw.). Ein wesentliches Merkmal solcher Gottesdienstformen ist das der »offenen Tür« für alle – gleich, welche kirchlich-religiösen Voraussetzungen sie mitbringen.[92]

Daß die apostolische Verkündigung, vor allem die des Paulus, nicht nur den Christen galt, sondern sich ebenso an Juden und Heiden in den Synagogen und auf den Plätzen richtete, liegt auf der Hand. »Sein euangelizesthai kennt keine Grenze.«[93] Dabei handelte es sich allerdings noch nicht um Gottesdienste, sondern zunächst um ausgesprochen evangelistische Vorträge (vgl. z. B. Röm 15,18f).

Von einem Gemeindegottesdienst ist jedoch die Rede, wenn Paulus die in Zungen redenden Korinther daran erinnert, daß ja auch Unkundige und Ungläubige potentielle Versammlungsteilnehmer und -teilnehmerinnen sind (1. Kor 14,23–25). Sie durften wie in der Synagoge als Gäste am Gottesdienst teilnehmen.[94] Der Gottesdienst soll so vollzogen werden, daß Außenstehende durch den heiligen Geist erkennen können: Hier ist Gott anwesend. Ferner ist zu beachten, daß den Christen die Gastfreundschaft (philoxenia, xenos – der Fremde) aufgetragen wird (Röm 12,13; Hebr 13,2).

Jesu Sympathie gilt gerade den »Fernen«; zu ihnen sendet er die »Nahen«. Keiner darf zum Gottesdienstbesuch gezwungen werden, aber wenn denn die schulischen Gegebenheiten so sind, daß nicht allein das Lustprinzip über den

Gang zum Gottesdienst entscheidet, dann erwächst daraus eine Chance und Verantwortung vor dem Evangelium und keine ekklesiologische Peinlichkeit.

Die Frage lautet nicht, kann oder darf es neben der Ortsgemeinde bzw. den vielen Ortsgemeinden, aus denen die Schüler und Schülerinnen kommen, noch so etwas wie eine Schulgemeinde geben, sondern sie muß heißen: Geschieht hier in Gestalt des Schulgottesdienstes Gemeinde oder »nur« Schule? Die Frage ist auch nicht, wie viele Gläubige und wie viele Ungläubige hier versammelt sind, sondern nur: Was geschieht hier?

Es geschieht die Gegenwart Gottes. Das entscheidende Kriterium ist der Name des dreieinigen Gottes: »Wo zwei oder drei versammelt sind in meinem Namen, da bin ich mitten unter ihnen« (Mt 18,20). Der Name Gottes ist die Klammer und die Seele der Grundelemente des Gottesdienstes (Gesang, Gebet, Verkündigung, Abendmahl). Wo sich Menschen in seinem Namen versammeln, ereignet sich Kirche, ob im Gefängnis, in der Schule oder anderswo: »Die an einem konkreten Ort zu einer konkreten Zeit sich ›versammelnde‹ ›Gemeinde‹ ist wirklich die je konkrete Gestalt der Kirche ...«[95]

Dieses Ereignis reicht freilich über die Versammlung hinaus, aber in ihr kristallisiert es sich. Gottesdienst ist elementar Gemeinde, nicht eine Veranstaltung der Gemeinde.[96] Die Begriffe Gottesdienst und Gemeinde können also synonym gebraucht werden für alles das, was im Namen Gottes gemeinschaftlich gefeiert und getan wird. Dem entspricht, daß die klassischen vier Merkmale der Urgemeinde: Lehre, Gemeinschaft, Brotbrechen und Gebet (Apg 2,42) auch die wesentlichen Elemente des Gottesdienstes darstellen.

Ohne die wenig biblische Unterscheidung von ecclesia visibilis und invisibilis zu bemühen,[97] kann festgestellt werden, daß die »real existierende« (Gottesdienst-)Gemeinde nie völlig deckungsgleich mit der geglaubten Kirche ist, daß sie aber auch nicht davon zu scheiden ist. Wie jede volkskirchliche Ortsgemeinde – wenn man denn die einmal durch die Taufe begründete Zugehörigkeit ernst nimmt – setzt sich auch die Schulgemeinde aus Gläubigen und Weniger- bis Gar-nicht-Gläubigen zusammen. Die Spannung zwischen der Grenzenlosigkeit des Heils und der begrenzt-offenen Gemeinschaft der Glaubenden kann dadurch gewahrt bleiben, daß hier ganz Kirche und Gottesdienst konstatiert wird und doch zugleich der Ruf zum Glauben und zur Nachfolge ergeht. Es ergibt sich: *Schulgottesdienst* konstituiert Gemeinde – trotz und mit seinen offenen Türen: er *ist Schulgemeinde!*

5.2. Offene Mahlgemeinschaft im Schulgottesdienst?

Wie aber steht es mit der eucharistischen Gastfreundschaft? Durften in der Urgemeinde die fremden Gäste am Mahl teilnehmen? Wenn der urchristliche Gottesdienst wesentlich, manchmal ausschließlich Abendmahlsfeier war,[98] ist die Frage der Zulassung von großer Bedeutung. Jesu Mahlgemeinschaft mit Zöllnern und Sündern weist auf eine uneingeschränkte Offenheit; er lädt alle Mühseligen und Beladenen zu sich ein (Mt 11,28) und gibt sein Leben »als Lösegeld für viele« (Mk 10,45). Von hier führt eine Linie über das letzte Mahl

Jesu zu den Abendmahlsfeiern der Urgemeinde. Derselbe Herr ist der Gastgeber.

Die einzige eine Zulassungsbeschränkung nahelegende Stelle 1. Kor 11,27–29 bezieht sich auf die Lieblosigkeit der reichen gegenüber den armen Christen,[99] also auf einen Konflikt unter den ohnehin Zugelassenen. Die unverkennbar soziale Intention der paulinischen Mahnung deutet gerade auf eine gastfreie Einladung auch der (noch) nichtchristlichen Armen statt auf deren Ausgrenzung.[100] Entsprechend ist schwer vorstellbar, daß Ungetaufte nach ihrer Sättigung bei der gemeinsamen Mahlzeit nicht auch am Herrenmahl teilnehmen durften, zumal wenn das Brot vor und der Kelch erst nach dem Mahl gereicht wurden, wie 1. Kor 11,25 vermuten lassen könnte.[101]

Auch die Anwesenheit der Unkundigen und Ungläubigen im korinthischen Gottesdienst läßt erkennen, daß die Abendmahlsgemeinschaft keine geschlossene Gesellschaft darstellte.[102] Aus der ausdrücklichen Weisung Did 9,5, daß nur Getaufte am Herrenmahl teilnehmen dürfen, schließt G. Bornkamm, »daß diese Regelung nicht selbstverständlich war, auch Did 10,6 sagt nichts von ihr, und die paulinischen Briefe geben in keiner Weise das Recht, die Taufe von Anfang an als conditio sine qua non für die Beteiligung an der Feier des Herrenmahls anzusehen«.[103] Die christliche Arkandisziplin, die das Schließen der Türen vor den Nichteingeweihten nach dem Ende des Wortgottesdienstes (und vor Beginn der Abendmahlsfeier) verlangte, setzte sich erst im 4. Jahrhundert durch.[104] Die grundsätzliche Offenheit des christlichen Gottesdienstes schließt allerdings nicht eine Gemeindezucht gegenüber den Sündern aus, die durch ihr Verhalten gerade bei den eingeladenen Außenstehenden Anstoß erregen (Mt 18,15–17; 1. Kor 5,1–5; 1. Joh 5,16f).[105]

Aus diesem neutestamentlichen und kirchengeschichtlichen Befund ziehen die praktischen Theologen allerdings konträre Konsequenzen. G. Otto etwa folgert aus dem Anathema 1. Kor 16,22: »Es wurden keine äußeren Bedingungen aufgestellt, es galt nur: ›Wer den Herrn nicht liebt, der sei verflucht‹ (V.22).«[106] Dagegen begründet K.-P. Jörns mit dieser Stelle sowie Offb 22,14f.17 und Did 9,5 gerade die Grenzziehung um das eucharistische Mahl.[107] Aus Did 10,6: »Wer heilig ist, trete herzu, wer es nicht ist, bekehre sich«, leitet G. Otto sogar eine »missionarische Funktion der Herrenmahlsfeier in ältester Zeit« ab[108], und er plädiert für eine »Öffnung nach außen« in unserer Zeit,[109] während K.-P. Jörns auch darin kein Argument gegen den Ausschluß Ungetaufter vom Abendmahl erblickt.[110]

Festzuhalten bleibt, daß im Sinne Jesu und noch für Paulus die Abendmahlsfeier weit geöffnete Türen hatte, was sich aber schon innerhalb des 1. Jahrhunderts (Didache) in einen deutlichen Ausschluß der Ungetauften wandelte. Ich möchte mich J. Moltmanns Plädoyer für eine unbeschränkt »offene Einladung« anschließen, die er im wesentlichen mit den Mahlgemeinschaften begründet, die Jesus mit Sündern und Zöllnern hielt.[111] Zwar waren Jesu Mahlzeiten mit Zöllnern und Sündern, also mit »Ungetauften« und »Ungläubigen«, keine einsetzungsgemäßen Abendmahlsfeiern, wie sie die Jünger beim und nach dem letzten Mahl Jesu hielten. Aber sie bilden doch als eine sich in den gleichen Zeichen vollziehende Symbolhandlung und als eschatologisches Heilsmahl eine wesentliche Wurzel für das spätere Herrenmahl.

Werden damit die Admissionsschranken der gesamten Kirchengeschichte ignoriert? In der Tat möchte J. Moltmann Taufe und Konfirmation nicht als Bedingung für die Teilnahme am Abendmahl bestehen lassen. Allerdings kann er bei seinem Eintreten für die uneingeschränkte Offenheit des Herrenmahls davon ausgehen, daß im Sonntagsgottesdienst nur die sitzen, die an der gottesdienstlichen Feier teilnehmen wollen, die anderen haben sich selbst exkommuniziert.[112] Diese Voraussetzung ist im Schulgottesdienst nicht ohne weiteres gegeben.

Aber J. Moltmanns Resümee: »Jeder kann daran teilnehmen, der an der Gemeinschaft Christi teilnehmen will«[113], impliziert m. E. doch eine ebenso fundamentale wie notwendige Einschränkung. Negativ ausgedrückt tritt die Implikation deutlicher hervor: Wer nicht an Christus und der Gemeinschaft mit ihm interessiert ist, soll dem Abenmahl lieber fernbleiben. Leichtfertiger Mißbrauch nützt niemandem. Die christliche Mahlfeier gehört nicht in die »Freibier-Kategorie«, wohl aber ist sie »Volksspeisung« mit dem »Brot des Lebens«. Wer hungrig ist, darf kommen. Das Abendmahl definiert sich nicht von seiner Abgrenzung her, und seien es Taufe und Konfirmation, sondern von seinem Heilsangebot her. Schmecken und sehen, wie freundlich der Herr ist (Ps 34,9), sollen doch gerade die Fernen, die Distanzierten, die Armen, Hungrigen und Durstigen.

Ein Ausschluß ist aus soteriologisch-ekklesiologischen Gründen nicht vertretbar, aus missionarisch-psychologischen Gründen nicht ratsam und aus praktischen Gründen kaum durchführbar. Dennoch muß und kann Gruppendruck vermieden werden.[114] Daß sich niemand zur Teilnahme gezwungen fühlen soll, muß wohl in der Schulveranstaltung Gottesdienst immer wieder besonders betont werden. Aber die christliche Gemeinde braucht vom kostenlosen Brot nicht nur zu reden, sie kann es austeilen, auch im Schulgottesdienst. Der Verkündigungscharakter des Abendmahls (1. Kor 11,26) besteht nicht nur in dem Zeugnis der Mahlfeiernden gegenüber denen »draußen« – von denen ja die meisten ohnehin weder sehen noch hören, was da die Gemeinde tut –, sondern diese sichtbare Verkündigung erreicht diejenigen am »eindringlichsten«, die am Mahl teilnehmen. Jesus teilt sich ihnen auch leiblich mit.

Allerdings fühlen sich viele Schüler und Schülerinnen eher satt. Bilden wir uns nicht ein, daß alle unbedarften, oberflächlichen oder auch ernsten, karrierebewußten Jugendlichen nur auf das Angebot Gottes warten. Sie empfinden keinen Hunger, keinen Lebensdurst – sie haben ihre Lebensziele und brauchen keine »fromme Vitaminspritze«. Oft genug bieten wir Lösungen für ein Problem, das gar nicht existiert und sich auch in der Kürze der Zeit (eines Gottesdienstes) den Jugendlichen nicht »einreden« läßt. Oder die wirklich ernsten Nachfragen werden woanders gestellt ... Die Heilsbotschaft gilt jedoch auch ihnen – nicht nur den offenkundig Armen, sondern ebenso den (vermeintlich) Reichen, nicht nur den Schwachen, auch den Starken; nicht nur die Blinden sollen wieder sehen, sondern auch die Sehenden, die doch blind sind. Gott redet auch zu denen, die meinen, kein Problem zu haben, nicht etwa, um ihnen das Leben problematisch zu machen, sondern um sie zu bewußterem, menschlicherem Leben zu befreien. Auf welche Weise aber haben wir heute diese Botschaft auszurichten?

Ist im Schulgottesdienst aufgrund seiner Teilnehmerzusammensetzung prophetische Gerichtspredigt angesagt? Oder muß Schulgottesdienst notgedrungen auf evangelistische Vorträge reduziert werden – Verkündigungsveranstaltungen für Suchende und solche, deren Suchen man gerne hätte? Bei Bevorzugung dieser Zielrichtung würde die Vielzahl der Getauften und Interessierten nicht ernst genommen.

Verheißungsvoller und zugleich situationsgemäß ist ein Gottesdienst, in dem den sonst Gelangweilten der Mund offensteht bleibt vor Staunen, nicht über das, was ihnen auf der Bühne geboten wird, sondern über das, was sie erleben, in das sie liebevoll selbstverständlich einbezogen werden. Dann kann es geschehen, daß sie sich ernstgenommen fühlen und öffnen.

Wenn der Schulgottesdienst einseitig abzielt auf die (noch) nicht Glaubenden, läßt er erstens die bereits Glaubenden ohne Nahrung und verhält sich zweitens gegenüber den Distanzierten pädagogisch-psychologisch äußerst ungeschickt und plump: Er will ihnen ganz offensichtlich etwas beibringen. Und wer sich nicht bewußt für diese Belehrung entschieden hat, sondern im Zuge der Schulveranstaltung in den Gottesdienst »hineingeschliddert« ist, wird sich mit Recht gegen jede Vereinnahmung sperren.

Darum dient es gerade auch den Ungetauften und Desinteressierten am meisten, den Schulgottesdienst zielbewußt als Gottesdienst zu feiern.

5.3. Der Geschenkcharakter des Gottesdienstes

Eine weitere Einsicht ist auch für die Schulgottesdienstarbeit grundlegend: Gottesdienst läßt sich nicht »machen«! Der Hinweis auf diesen Grundsatz ist hier noch notwendiger als im Blick auf den Sonntagsgottesdienst, weil ein engagiertes Vorbereitungsteam mit vielen Ideen besonders in der Gefahr steht, die Qualität des Gottesdienstes in der Perfektion der Darbietung zu erblicken. Gottesdienst ist nicht in erster Linie Gestaltungsaufgabe, sondern Geschenk.[115] Dies geht schon daraus hervor, daß jeder menschliche Gottesdienst im Dienst Gottes an uns wurzelt, also ohne Gottes Schritte auf uns zu gar nicht existieren würde. Gottes Gaben und Segen lassen sich nicht methodisch herbeizitieren. Darum kann man Schulgottesdienstgestaltung auch nicht systematisch erlernen. Gottesdienst will erlebt werden. Geschenke kann man nicht erarbeiten, sie werden empfangen. Unser Dienen besteht zunächst im Hören und Empfangen.

Daß dafür Formen und Ordnungen hilfreich sind, daß dem eine Gestaltung mit aller von Gott gegebenen Kraft und Phantasie entspricht, steht außer Zweifel. Aber die Aufgaben dürfen nicht den Blick für die Gaben vernebeln. Die Erledigung der Arbeit darf nicht das Gelingen greifbar nahelegen – gerade dann könnten wir es verfehlen. Jedes Gottesdienstvorhaben beinhaltet die Versuchung, sich doch auf das Erprobte und Bewährte, auf das minutiös erarbeitete Konzept zu verlassen – eine trügerische Sicherheit, die uns um unsere Früchte bringen kann. Jeder Gottesdienst erfordert somit Umkehr, Hinkehr zum Diener Jesus Christus.

Ohne den Heiligen Geist ist Gottesdienst nicht »machbar«. Gotteswerk und Menschenwerk gehören in einer »theonomen Reziprozität« zusammen.[116] Unser vorbereitendes und gestaltendes Tun ist nicht überflüssig, aber auf ihm lastet nicht mehr aller Erfolgsdruck. Gottes Dienst entlastet, befreit uns zum gelassenen, fruchtbaren Arbeiten. Gottesdienst ist Gottes Geschenk.

5.4. Unverzichtbare Elemente des Schulgottesdienstes

Ich möchte vier Bestandteile als unentbehrlich für jeden Gottesdienst, somit auch für den Schulgottesdienst, bezeichnen[117]:
○ der Name Gottes,
○ das Wort Gottes,
○ die Antwort des Menschen,
○ die Gemeinschaft.
Die erste und die vierte Komponente bilden den Rahmen. Sie umgreifen und durchdringen auch die übrigen.

Im *Namen des dreieinigen Gottes* drückt sich die vertikale Beziehung des Gottesdienstgeschehens aus. Er ist Fundament, Ferment und Klammer zugleich. Der Name will nicht nur im Hinterkopf gedacht, sondern genannt werden. Denn er ist ja nicht nur »Schall und Rauch«, er gehört untrennbar zum Geber des Gottesdienstes. Die Nennung des Gottesnamens proklamiert die Gegenwart des Benannten und stützt sich dabei auf die Verheißung: Wo zwei oder drei in meinem Namen versammelt sind, da bin ich mitten unter ihnen (Mt 18,20). Es entspricht der alttestamentlichen Botschaft, z. B. der Warnung vor dem Mißbrauch des Gottesnamens im 3. Gebot (nach reformierter Zählung), und der jüdischen bis in die Nicht-Nennung des Namens sich steigernden Ehrfurcht vor dem Jahwenamen, die Identität von Name und Genanntem zu behaupten.[118]

»Im Namen unseres Gottes, des Vaters, des Sohnes und des Heiligen Geistes« nennen wir Jahwe, der Israel aus Ägypten und die Welt aus der Knechtschaft der Sünde befreit hat, der dazu Christus gesandt und von den Toten auferweckt hat, der durch den Heiligen Geist tröstet und seine Gemeinde baut. Die ganze großartige rettende und segnende Aktion Gottes für uns Menschen (die Botschaft der Bibel) ist im Namen des dreieinigen Gottes verborgen und offenbar zugleich. Denn JHWH beschreibt das Tun Gottes und seine Beziehung zu uns Menschen: »Ich bin bei dir.« Mit der Namensnennung stellen wir uns schon zu Beginn des Gottesdienstes auf den Grund seiner Barmherzigkeit.

Es handelt sich also nicht um eine beliebige Gestaltungsfrage, sondern um eine zutiefst theologische Notwendigkeit, den Namen Gottes nun auch ausdrücklich am Anfang und Ende des Gottesdienstes zu nennen, wenn denn das

Ganze Gottes-dienst sein soll und nicht »Theater«. Verhängnisvoll wäre es, wenn der Gottesdienst (unausgesprochen) nur im Namen des Vorbereitungs-teams gehalten würde. Die Nennung des Namens Gottes erinnert an den Geschenkcharakter des Gottesdienstes. Schon am Anfang zeigt sich also, was der Gottesdienst will und wes Geistes Kind er ist.

Mit der Nennung des Gottesnamens steht der christliche Gottesdienst schließlich in einer guten Gemeinschaft mit dem jüdischen gottesdienstlichen Leben, in dem das »Schema Israel« (Dtn 6,4–5) wie ein Herz schlägt. Der fromme Jude beginnt seinen Tag mit der Besinnung auf den einen Herrn Jahwe und beendet ihn mit der Rezitation des »Schema«.

Ähnlich verflochten in das ganze Geschehen wie der Name Gottes ist der *Gemeinschaftscharakter* des Gottesdienstes. Aber daß mehrere Menschen zur selben Zeit am selben Ort dasselbe tun, heißt bekanntlich noch nicht, daß sie dabei auch ihre Bedeutung füreinander erkennen und in Beziehung zuein-ander treten. Das Phänomen des Einsamen in der Masse ist leider in der Kirche genauso anzutreffen wie anderswo. Darum muß das Miteinander der Glieder des einen Leibes als konstitutiver Wesenszug von Kirche und Gottes-dienst eigens benannt werden. Privatgottesdienst, ob in der Kirche oder im Kämmerlein, ist ein Widerspruch in sich selbst; er kann weder Gott noch Menschen dienen.

Und so muß sich auch jeder (Schul-) Gottesdienst in der Gemeinschaft mit den anderen Gottesdiensten in der Nähe und in der Ferne wissen, wenn er nicht in seiner selbstgewählten Isolation verkümmern will. Im Schulgottes-dienst vollzieht sich Gemeinde, und die ist immer Teil der heiligen allgemei-nen (catholica) Kirche.

In den bergenden Mauern von Gottesname und Gemeinschaft können sich die beiden anderen Konstitutiva des christlichen Gottesdienstes entfalten: Wort und Antwort. Das *Wort Gottes* geschieht vornehmlich in Lesung, Predigt und Abendmahl, es kommt aber auch in Antwortelementen, z. B. Bekenntnis, Gebet und Gesang, vernehmlich zur Sprache.[119]

Die Verkündigung des Evangeliums von Jesus Christus ist konstitutiv für den Schulgottesdienst. Jedoch muß sie nicht zwingend in der Form der Pre-digt (als Auslegung eines Bibeltextes) geschehen. Die signifikanteste andere Gestalt des Wortes, weil auch andere Sinne ansprechend, ist das Abendmahl. Dieses verbum visibile schließt das verbum invisibile beileibe nicht aus, son-dern bedarf des deutenden hörbaren Wortes. Eine bezeichnende Verknüpfung von Hören und Schmecken findet sich in Jes 55,2: »Hört, hört auf mich, so werdet ihr Gutes essen ...« »Diese Aufforderung zum Hören (hat) in auf-fälliger, fast paradoxer Weise die Sättigung und Labung zum Ziel.«[120]

Weitere verbale und nonverbale Verkündigungsformen sind noch einge-hend zu erläutern (vgl. S.72–94; 126–138). Dabei bleibt zu bedenken, daß das Wort Gottes in Christus selbst gipfelt, der die Vollmacht des Gesagten oder Getanen bewirkt. Was R. Bohren über das Predigen sagt, gilt auch für jede andere Mitteilungsform des Evangeliums: »So zielt unser Predigen auf Wie-dervereinigung von Name und Genanntem. Wenn sie geschieht, hört unser Predigen auf, ohnmächtig zu sein.«[121]

Die *Antwort* auf das Wort Gottes vollzieht sich wesentlich im Beten und Singen. Auch diese Gottesdienststücke lassen sich nicht nur auf der Seite »Wir dienen Gott« einordnen. »Beten ist Reden mit Gott und Hören« umschreibt ein neueres Lied treffend das gottesdienstliche Wechselgeschehen. Darin deutet sich eine Vielfalt von Vollzugsformen an, die näher zu erörtern sein werden.

Beten und Singen überschneiden sich in den Psalmen. Zu allen Zeiten hat sich die Antwort auf Gottes Reden in Liedern Ausdruck verschafft. Die Lieder des Glaubens wenden sich in Lob und Klage an Gott, klingen aber auch zugleich über den Gottesdienstraum hinaus in die Welt. Nicht zuletzt wirken sie durch ihre Melodien und Aussagen in die Gedanken und Herzen der Gottesdienstteilnehmer und -teilnehmerinnen. Im gemeinsamen gottesdienstlichen Singen werden Emotionen befreit und Gemeinschaft erfahren.

Zur Antwort gehört ferner die Ver-antwortung für andere. Auch hierin reichen die Konstitutiva des Gottesdienstes über die Versammlung hinaus in den Alltag. Für die Wahrnehmung der Verantwortung gibt es keine zwingenden Regeln. In der Gottesdienstfeier geschieht sie traditionell in Form der Kollekte (= Opfer). Sie darf freilich nicht darauf beschränkt bleiben.

Schließlich trägt das Bekennen Antwortcharakter. Das käme noch besser zum Ausdruck, wenn es (wie in der katholischen Messe) nach der Verkündigung plaziert würde. Allerdings ist das Credo, in welcher altkirchlichen oder von Schülern und Schülerinnen formulierten Gestalt auch immer, kein unverzichtbarer Bestandteil des Schulgottesdienstes.

5.5. Ist der Schulgottesdienst ein eigenständiger Gottesdiensttyp?

Der Schulgottesdienst unterscheidet sich also nicht in seiner Grundstruktur als gemeinschaftliches Wort-Antwort-Geschehen im Namen Gottes, wohl aber in seiner Gestaltungsvielfalt und seinem »Sitz im Leben« vom Gottesdienst der Ortsgemeinde. Sein eigenes Profil gegenüber dem (agendarischen) Sonntagsgottesdienst gewinnt der Schulgottesdienst vor allem dank der grundsätzlichen Mitgestaltung durch Schüler und Schülerinnen, Lehrer und Lehrerinnen sowie durch die situations- bzw. altersbezogene Themenwahl. Damit steht er in der Reihe einer Vielzahl anderer Gottesdienstformen, die in der Gemeinde oder übergemeindlich gefeiert werden. Direkte »Ableger« des Gemeindegottesdienstes sind die sog. Zielgruppengottesdienste, wie z.B. Kinder-, Jugend- und Familiengottesdienst. Sie ergänzen den »Hauptgottesdienst« durch ihre alters- bzw. gruppenspezifische Gestaltung. Ist der Schulgottesdienst in diese Kategorie einzuordnen?

Die genannten Zielgruppengottesdienste sind aus der Not geboren, daß der traditionelle Sonntagsgottesdienst die Lebenssituation der verschiedenen Altersgruppen zuwenig berücksichtigt. Diese Notlösungen haben nur so lange ihre Existenzberechtigung, wie der Gemeindegottesdienst in seinem faktischen Vollzug noch nicht alle Generationen anspricht, einschließt und verbindet.[122]

Der Schulgottesdienst ist aber nicht als ein solcher Notbehelf anzusehen.[123] Neben dem Gottesdienst der Ortsgemeinde mit seinen Abkömmlingen stellt er einen eigenständigen Typus dar. Parochieübergreifend versammeln sich in ihm Menschen, die an einem Ort für begrenzte Zeit miteinander leben. Diese Lebensgemeinschaft ist allerdings intensiver und andauernder als z. B. das Zusammenleben in einer Freizeit oder auf dem Kirchentag, wo ebenfalls solche aktuellen Gottesdienstgemeinden entstehen.[124] Auch die »ecclesia visibilis« läßt sich nicht auf Parochien, nicht einmal auf Konfessionen eingrenzen. Sie ist da, wo zwei oder drei im Namen Gottes versammelt sind.

Darum hat der Gottesdienst im Lebensraum Schule nicht nur sein gutes Recht, sondern er übernimmt eine Aufgabe, die durch keine andere Gottesdienstform in dem Umfang erfüllt werden kann. Zudem erreicht kein Gottesdiensttyp so viele Menschen einer Altersschicht wie der Schulgottesdienst.

Andererseits kann er von den Gestaltungsansätzen der Zielgruppengottesdienste, vor allem dem Kinder- und Jugendgottesdienst, profitieren. Dabei sollte er sich freilich auch als Brücke zum Gemeindegottesdienst verstehen, nicht als Gegensatz. Gleichzeitig übernimmt er die Funktion eines Bindegliedes zwischen Schule und Kirche, zwischen Religionsunterricht und Sonntagsgottesdienst.

Die bissige und nicht ganz unberechtigte Kritik O. Herlyns an zielgruppenorientierten Gottesdiensten[125] trifft also auf den Schulgottesdienst nicht zu. Es geht mit der eigenständigen Konzeption Schulgottesdienst nicht um eine wachstumsideologische »Maximierung der Gottesdienstteilnehmer«,[126] sondern um gottesdienstliches Geschehen dort, wo miteinander gelebt wird. Und wenn dann der Sonntagsgottesdienst gestalterische oder zahlenmäßige Bereicherung erfahren sollte, wäre das ja wohl kein Schade.

Gerne wird der Schulgottesdienst den Kasualien zugeordnet, z. B. mit der Begründung, daß der Kasus der »Lebensvollzug der Schüler einer Schule« sei.[127] Richtig daran ist lediglich die implizite Aussage, daß sich in der Schule Leben vollzieht. Diesen 10–13 Jahre andauernden Vorgang aber Kasus zu nennen, sprengt den ursprünglichen Wortsinn des Begriffes ebenso wie seinen praktisch-theologischen Gebrauch. Der Kasus bezeichnet gerade einen punktuellen (lebens-)verändernden »(Vor-)Fall« und nicht einen längeren Prozeß. Dem entspricht der Wortgebrauch für die vier klassischen Kasualgottesdienste: Taufe, Konfirmation, Trauung, Bestattung. Die Schulzeit ist aber ein recht umfangreicher Lebensabschnitt und noch dazu der, in dem in der Regel die gravierendsten somatischen und psychischen Veränderungen erfolgen. Diesen für die Schüler und Schülerinnen so prägenden Lebensraum mit einem gelegentlichen Sekundärgottesdienst abzuspeisen oder ganz zu vergessen, wäre sträflich.

M. E. läßt sich der soziologische Unterschied dieser Art Gottesdienst zu den genannten gemeindlichen Gottesdienstformen – theologisch gesehen unterscheidet sich der Schulgottesdienst nicht von diesen – in der Bezeichnung »Großgruppengottesdienst« zum Ausdruck bringen. Anders als der Zielgruppengottesdienst, der eine meist altersspezifische, informelle Gruppe versammelt, wird der »Großgruppengottesdienst« mit einer formellen Gruppe gefeiert, die sich für einen kürzeren oder längeren Zeitraum zur Durchführung eines gemeinsamen Vorhabens gebildet hat.[128] Dazu zählt dann auch der Sportfestgottesdienst und der Festgottesdienst aus Anlaß des Dorfjubiläums. Immer häufiger werden solche Gottesdienste gewünscht, denn das heutige Leben spielt sich nicht mehr in und um die Kirche ab. Immer mehr Zeit wird in einer gemeindlichen oder nichtgemeindlichen Gruppe verlebt, in der dann auch außerhalb des Gemeindegottesdienstes gerne Gottesdienst gefeiert wird. Ob diese Entwicklung zu fördern ist, ist sehr fraglich. Allerdings werden wir um Gottes und der Menschen willen nicht umhinkommen, uns auf ein aktualistischeres Gottesdienstverständnis einzulassen. Ist es der biblischen Tradition eigentlich so fremd? Im urgemeindlichen Zusammenkommen »hier und dort in den Häusern« (Apg 2,46) sind jedenfalls mehr Gottesdienstweisen und -orte angelegt als das »streng liturgische Hochamt im gotischen Dom«.

Der Schulgottesdienst ist der am ehesten zu rechtfertigende, ja gebotene Großgruppengottesdienst. Das ganze Spektrum der Gottesdienstformen in der Gemeinde findet sich auch in der Schule: Kasuale Gottesdienste finden statt am Schuljahresbeginn und -ende, zu einem Kirchenjahresereignis oder aus Anlaß des Todes eines Schülers oder einer Schülerin, eines Lehrers oder einer Lehrerin. Ein kerygmatischer Gottesdienst, verstanden als Predigtgottesdienst, ist, wenn auch am problematischsten, aber doch denkbar in einer Schule, z. B. am Reformationsfest, innerhalb einer religiösen Schulwoche oder mit einem fähigen Jugendprediger. Die Form des doxologischen Gottesdienstes hat in der Schule ihr Recht mit dem Gewicht auf Besinnung, Meditation und Anbetung oder als bewußt liturgischer Gottesdienst. Regelmäßige Morgenandachten gehören z. B. auch in diese Kategorie. Schließlich sind aktionale Gottesdienste durchführbar. Die Aktion kann sich zeitlich und räumlich auf die Gottesdienstversammlung beschränken, z. B. das Knüpfen eines Netzes.[129] Sie kann aber auch aus dem gottesdienstlichen Zusammensein in den Schulalltag hineinwirken, etwa Gesprächsverabredungen unter dem Motto »Ich habe Zeit für dich«[130] oder ein Lichtergang durch die Schule zu Beginn der Adventszeit.

Schließlich hält der Schulgottesdienst als selbständige Größe auch dem Vergleich mit den »Gottesdiensten in neuer Gestalt«[131] stand. Denn man könnte geneigt sein, ihn hier zu subsumieren und mit dem Verwelken dieser Blume in »Gottes Dienst-Garten« auch den heißen Wüstenwind über den Schulgottesdienst hereinbrechen zu sehen. Sicher ist gerade der Schulgottesdienst Experimenten und somit starken Wandlungen in der Gestaltung ausgesetzt. Aber es gab ihn schon vor der hermeneutischen Theologie, deren Liturgie nach P. Cornehl die Gottesdienste in neuer Gestalt sind bzw. waren.[132] Und es wird den Typ »Schulgottesdienst« (hoffentlich) weiterhin geben als Gottesdienst – im doppelten und umfassenden Sinne des Wortes – am Lebensort Schule.

KONZIPIEREN

Dieses Verbum hat nicht nur die geläufige Bedeutung: »eine Grundvorstellung von etwas gewinnen«, sondern es wird »als medizinischer Terminus auch im Sinne von ›empfangen, schwanger werden‹« gebraucht.[1] Damit bleibt der Geschenkcharakter des Gottesdienstes auch terminologisch im Blick. Dem wiederum entspricht ein *sabbatliches* Verständnis des Schulgottesdienstes.

1. Sabbat in der Schule: rasten und feiern

Der Sabbat – in unseren »christlichen Breiten« der Sonntag – unterbricht den Alltag. Die Arbeit hört auf, und das Feiern fängt an. Auch die Schultage werden zyklisch vom Ruhetag mit seinen Feiermöglichkeiten unterbrochen. Darüber hinaus läßt sich der Schulgottesdienst als gelegentliche Raststunde im Leistungsalltag der Schule vom biblischen Sabbatverständnis her begründen und gestalten.

»Der Sabbat ist um des Menschen willen gemacht«, hält Jesus den Pharisäern entgegen, die die Lust des Sabbats durch kleinliche Ausführungsbestimmungen nahezu in eine Last verkehrt hatten. Damit folgt er ganz der Aussagelinie des Alten Testaments, wo gerade dieses Gebot den Wohltatcharakter der Gebote Gottes augenfällig macht. Sie fördern, vermehren das Leben, statt es einzuengen. Das Sabbatgebot macht ein Lebensan-gebot. Gott schenkt uns Zeit; er setzt der Arbeit eine Grenze. Shabbat heißt aufhören.

Dieses Motiv der Arbeitsruhe kommt besonders in der Exodusfassung des Gebotes zum Tragen. Im Unterschied zur vermutlich älteren Version in Dtn 5 wird das Gebot hier in Erinnerung an den priesterschriftlichen Schöpfungsbericht mit dem Ausruhen Gottes am siebten Tag begründet. Nach Ex 31,17 ruhte er nicht nur, sondern erquickte sich, wörtlich: atmete auf. Weil selbst der Schöpfer sich Ruhe gönnt, sollen auch der Mensch, seine Kinder, seine Bediensteten und sogar das Vieh zur Ruhe kommen. So bekommt auch die Schöpfung Ruhe vor dem Menschen.

Aber wozu ein Ruhetag? Man könnte meinen, um neue Kräfte für die Arbeit der folgenden Woche zu sammeln. Der Schulgottesdienst müßte dann dem Ziel der Leistungssteigerung dienstbar gemacht werden. Aber eine solche Begründung für den Sabbat begegnet in der Bibel an keiner Stelle. Das Ruhetagsgebot zielt nicht auf bessere Arbeit, sondern auf ein besseres Leben.[2]

Der Ruhetag ist also nicht um der Arbeit willen, sondern zum ausgiebigen

Genießen dem Menschen gegeben. A.J. Heschel nennt den siebten Tag einen »Palast in der Zeit«[3]. So ist der Ruhetag ein Rasttag und kein Rüsttag; ein Feiertag, wie Luther ihn völlig zutreffend in seiner Gebotsformulierung nennt. Die Ruhe schließt das Fest ein. Auch darin, daß Gott diesen Tag segnete, kommt zum Ausdruck, daß er mit ihm Freude und Lebensfülle schenkt.

Somit läßt sich im ziel- und leistungsorientierten Schulalltag ein zweckfreier Ruheraum, eine absichtslose Raststunde eröffnen, in der die Schüler und Schülerinnen Atem schöpfen können. Hier fordert niemand, vielmehr schenkt der einladende dreieinige Gott – »umsonst« (Jes 55,1).

Das deutsche Wort »umsonst« hat zwei Bedeutungen: gratis (gratia = Gnade!) und erfolglos. Nur wenn der Schulgottesdienst umsonst gibt, ist er nicht umsonst. Der Sabbat soll nicht für die Arbeit stärken, sondern das Leben versüßen. Darum darf die sabbatliche Raststunde Schulgottesdienst nicht unter der Hand wieder in eine Rüststunde verwandelt werden, in der die Teilnehmer und Teilnehmerinnen auftanken sollen, um dann mit neuen Kräften weiterzufunktionieren. M. Josuttis bezeichnet »den Gottesdienst als Asyl gegenüber dem modernen Leistungsgesetz«[4]. Sabbatlich-österliches Licht fällt auf den Gottesdienst, wenn er auf den Begriff »eucharistia«, Danksagung gebracht wird. Dieses neutestamentliche Wort leitet H. Krimm aus dem gottesdienstlichen Urgeschehen ab, wie es von den Emmaus-Jüngern in der Begegnung mit dem Auferstandenen erfahren wird.[5]

Nach dem priesterschriftlichen Schöpfungsbericht fing das Leben des am sechsten Tage erschaffenen Menschen mit dem Ruhetag an. Daß die Christenheit den Sonntag, den ersten Tag der Woche, heilig hält, entspricht diesem Sachverhalt durchaus. Und am Ende der menschlichen Geschichte steht die ewige Ruhe, der endgültige Sabbat bei Gott. Wer im Fluge der Zeit innehält, nimmt Anteil an der Ruhe, die bei Gott ist und damit dem Vorspiel endgültiger Freiheit und Gottesgemeinschaft.[6] Kol 2,17f nennt die Sabbate »Schatten des Künftigen«. Indem wir den Schulgottesdienst auch in diesem Sinne sabbatlich verstehen, bleibt die eschatologische Dimension des Ruhetagsgebotes im Blick. Denn der Sabbat ist »das Ziel der Erschaffung von Himmel und Erde«[7].

Im Gegensatz zum Ruhemotiv in der Exodusfassung wird das Sabbatgebot in Dtn 5,15 mit der Befreiung Israels aus Ägypten begründet. Wie in keinem anderen Gebot verdichtet sich somit im Ruhegebot die Grundstruktur des biblischen Imperativs – ihm geht auch im Alten Testament der Indikativ voraus: Weil Gott euch befreit hat, nehmt euch frei für ihn; weil Gott euch heiligt, heiligt den Sabbat (Ex 31,13): »Jeder siebente Tag soll Israel daran erinnern, daß sein Gott ein Befreier ist, der mit harten Sklavenhaltern fertig wurde und der allen Menschen gewachsen sein wird, die sein Volk noch drangsalieren wollen. Hat die frühe Christenheit nicht genau das erfaßt, wenn sie den Ruhetag mit der Erinnerung an die Auferstehung Jesu Christi verband? Der Befreier des Menschen wird von keiner Macht und keinem Tode mehr besiegt.«[8]

Mit der sonntäglichen Feier der Auferstehung Jesu Christi tritt auch hier der Fest- und Gottesdienstcharakter zum Ruhemotiv. Damit sind die beiden Brennpunkte des sabbatlichen Gottesdienstes, nämlich rasten und feiern, benannt. »Die Frage ist freilich, ob unsere Gottesdienste heute wirklich mehr Ruhe brauchen. Ganz gewiß brauchen sie nicht die Ruhe, bei der sich nichts als Langeweile ausbreitet, indem Gottesdienste nur unter dem Vorzeichen von ›Ruhe und Ordnung‹ abgespult werden ...«[9] Unsere Schulgottesdienstsituation macht diese Frage C. Möllers noch dringlicher. Die Antwort indes bleibt gleich: Gemeint ist eine festlich gefüllte Ruhe, in der die Gottesdienstteilnehmer und -teilnehmerinnen zu sich selbst, zu Gott und zueinander finden können. Die wesentlichen Elemente sind Anbetung und Stille sowie das Mitteilen des hörbaren und schmeckbaren Wortes: »Ruhe ist Feier, ist Fest, ist Sieg. Ruhe ist Freiheit von Leistung, ist Leben aus der Gnade Gottes, Vorgeschmack des großen Friedens Gottes ... Ohne Anbetung wird Muße müßig ... Ich meine den Gottesdienst, wie wir ihn wieder entdecken müssen, als das freie und fröhliche Feiern eines Festes.«[10]

Ruhige Schlichtheit und fröhliches Feiern als Komponenten des Sabbats und damit des Schulgottesdienstes bedingen einander. Die Ruhe hat »das Fest, das der Auferstandene mit uns feiern will«[11], zum Inhalt. Der Schulgottesdienst darf nicht mit einer Schlafstunde verwechselt werden können. Er lädt ja ein zum frischen Wasser, zum Fest des Lebens. Aber auch das Feiern läßt sich nicht methodisch »machen«. Es braucht den erkennbaren freudigen Anlaß der Barmherzigkeit Gottes als inneren Quellgrund. Z.B. in der Stille vor Gott kann er sich auftun und Freude »hervorsprudeln« lassen.

Im Ruhen und Aufatmen, im Genießen und Feiern der Gratis-Gaben Gottes ereignen sich die vier Konstitutiva des Schulgottesdienstes (vgl. S. 48–50): der Name und das Wort Gottes, die Antwort des Menschen und die mehrdimensionale Gemeinschaft.

Ein Beispiel bewährter praktischer Umsetzung solchen Gottesdienstverständnisses liefert Taizé: »Im Gottesdienst realisiert und manifestiert sich die Gratuität christlicher Existenz, weil in ihm das ›sola gratia‹ (allein aus Gnade) des Evangeliums aktualisiert wird.«[12] Dies geschieht dort in der Regelmäßigkeit und Absichtslosigkeit des Gottesdienstes, in der Eucharistie und in der Predigt.[13] Die unzähligen jugendlichen Besucher und Besucherinnen Taizés empfangen und feiern mit den Brüdern Jesus Christus.

Bemerkenswert ist schließlich, daß in der deuteronomischen Fassung die Weisung zur Arbeitsniederlegung am siebten Tag in den Finalsatz mündet: »... auf daß dein Knecht und deine Magd ruhen gleichwie du.« Die Untergebenen haben den gleichen Anspruch auf Ruhe und Feier wie die Vorgesetzten. Dieser soziale Aspekt des Sabbatgebotes kommt auch in seiner Übertragung auf den Jahresrhythmus zum Ausdruck, denn nach Ex 23,10f soll der Ernteverzicht im Sabbatjahr den Armen und dem Wild zugute kommen. Ein sabbatlicher Schulgottesdienst nimmt auch diesen Gesichtspunkt auf, indem er Lernende und Lehrende gleichermaßen in das Begegnungsgeschehen einbezieht.

Gott sonderte den Sabbattag von den Arbeitstagen ab, damit der Mensch ihn heiligt, ihn also als Gottes Geschenk und Chance der Gottesbegegnung begeht. Dem korrespondiert, daß u. a. Tritojesaja gerade die Einhaltung des Sabbatgebotes als Erkennungszeichen und Unterscheidungsmerkmal der aus der Gefangenschaft Heimgekehrten heraushebt (Jes 56,1–8). Wer den Sabbat heiligt, zeigt, daß er mit Gott verbunden ist. Dieses Zeugnis hat in einer säkularisierten Gesellschaft, die den Sonntag zunehmend verliert, nichts an Aktualität eingebüßt. Entsprechend kann die Teilnahme am Schulgottesdienst Bekenntnischarakter annehmen.

Die verschiedenen Motive des biblischen Sabbats legen es nahe, den Schulgottesdienst nicht explizit mit evangelistischen oder pädagogisch-didaktischen Zielsetzungen zu befrachten, sondern als absichtsfreie Feier des auferstandenen Christus mit den beiden Polen *Ruhe* und *Fest* zu konzipieren.

1.1. Die sabbatliche Unterbrechung des Schulalltags als Lösungsansatz für die Probleme des Schulgottesdienstes

Die so oft vermißte Spiritualität des Gottesdienstes stellt sich mit der erlebten, weil geteilten Freude an Gott ein. Sie ist nicht das Produkt einer funktionalistischen Befrachtung mit publikumswirksamer Aufmachung, sondern einer meditativ-fröhlichen Atmosphäre. Der Sabbat ist dazu da, daß Menschen ihre Lust am Herrn haben (Jes 58,13f). Schulgottesdienst darf nicht die Fortsetzung des auch sonst schon üblichen religionspädagogischen und kirchengemeindlichen Aktionismus sein, dann gerät er zur heillosen Überforderung. An diesem liturgischen Leistungszwang scheitern viele Schulgottesdienste.[14] Wir wollen zuviel, darum erreichen wir wenig.

Wenn der Schulgottesdienst für die Mitarbeitenden nur ein weiteres Arbeitspensum, eine zusätzliche »Schulaufgabe« bedeutet, wird er nicht gelingen. Ein Pfarrer, der abgekämpft und lustlos den Sonntagsgottesdienst beginnt, kann schwerlich ansteckende Freude verbreiten. Ihn muß die Gemeinde mit ihrem Gotteslob erquicken. Von den Schülern und Schülerinnen im Schulgottesdienst wäre das zuviel verlangt. Erst wenn der Schulgottesdienst von den Mitarbeitenden als Geschenk akzeptiert und als Lust erlebt wird, können auch die Teilnehmer und Teilnehmerinnen geistliche Erfahrungen machen. Darum Mut zu Beschränkungen. Weniger ist mehr. Erst recht ist es nicht ratsam, mit einem ersten Schulgottesdienst einen sog. »Paukenschlag« zu landen, in dem ein Gag den anderen jagt. Eine aufwendige, vorbereitungsintensive Gestaltung läßt sich in der Regel nicht durchhalten und hat mit Gottesdienst nicht unbedingt etwas zu tun. Verheißungsvoller erscheint mir für das erste Mal eine etwas erweiterte Andacht, die keinen zu großen Arbeitsaufwand erfordert, aber in festlicher Ruhe z.B. Raum für ausgiebiges Singen bietet.

Die Konzeption einer sabbatlichen Raststunde bahnt also einen Ausweg aus der Zeitnot der Vorbereitenden. Auch die Predigtlangeweile dürfte nicht aufkommen, da die rein verbale Wortverkündigung nicht mehr die herkömmlich dominante Rolle spielt. Dem Unruheproblem, das ja ein Indiz für die innere Rastlosigkeit der Jugendlichen ist, wird ebenfalls begegnet. Hierzu leisten meditative Musik und ansteckender Gesang einen wesentlichen Beitrag, aber auch die Beteiligung der Schüler und Schülerinnen durch Bewegung oder beim Beten. Ihnen wird weder eine Show noch ein Lehrvortrag geboten, sondern sie feiern mit den anderen Gottesdienst. Dazu sind ihre Gaben unentbehrlich.

Das fremdgewordene Beten wird in einem so konzipierten Gottesdienst nicht umgangen, sondern bewußt angegangen. Gerade dadurch kann sich eine neue spirituelle Lebensdimension erschließen. In der Stille bekommt der Geist Gottes Raum. Im Verweilen und Loben entdecken wir Gottes reiche Gaben.

Wenn sich auf diese Weise die Gottesdienstelemente meditativ auseinander entwickeln, erübrigt sich die störende und an eine Unterhaltungsshow erinnernde Moderation weitgehend. Es genügen Hinweise zum Ablauf vor Beginn im Zusammenhang mit dem Einüben der Lieder.

Dem (Un-)Freiwilligkeitsproblem schließlich begegnet der sabbatliche Schulgottesdienst, indem er sich nicht aufdrängt und durch seine zweckfreie Atmosphäre positive Erfahrungen mit und im Gottesdienst ermöglicht.

1.2. Der sabbatliche Schulgottesdienst und die Situation der Schülerinnen und Schüler

Schematisch lassen sich vier Grundhaltungen heutiger Jugendlicher ausmachen, die nicht scharf voneinander abgrenzbar sind:
1. Desinteresse an religiösen Fragen,
2. Neugierde im Blick auf (pseudo-)religiöse Angebote (Nervenkitzel, Macht),
3. Sehnsucht nach Trost, Orientierung, Zukunft, Gemeinschaft,
4. Christlicher Glaube als Grundüberzeugung.
Nun könnte man meinen, ein solch »frommer« sabbatlicher Gottesdienst mit Meditation, Singen und Teilen als charakteristischen Vollzügen würde den medienverwöhnten Wohlstandskindern nur ein Gähnen entlocken, aber das Gegenteil scheint der Fall zu sein.

Die Desinteressierten werden in diesem Programm weder mit Sensationen geködert noch mit der Aufforderung konfrontiert, gefälligst Interesse zu zeigen und alles mitzumachen. Ihnen wird ausdrücklich die Freiheit zugestanden, sie selbst zu bleiben und auf innere Distanz zu gehen. Gerade die Stillezeiten bieten die Chance, sich mit seiner Befindlichkeit einzufinden und eigenen Gedanken nachzuhängen. Diese Unterbrechungen der (Schul-)Alltagshektik können sich heilsam auswirken. Nicht nur die Überbeanspruchung, auch der vielleicht für das Desinteresse verantwortliche Überdruß der Übersättigten kann in dieser Selbsterfahrung und fremden Gottesdiensterfahrung wohltuend aufgebrochen werden.

Jesus hat keinerlei Macht ausgespielt, sich nicht aufgedrängt. Sein Wirken schien »umsonst« gewesen zu sein. So hat er sein Leben verschenkt – umsonst. Wo dieses Evangelium schlicht gefeiert wird, strahlt es sein Licht von selbst aus; ein fröhlicher Gottesdienst ohne plumpe Absichten, in Achtung vor den Andersdenkenden, lädt ein, sich Gottes Dienst gefallen zu lassen.

Der sabbatliche Schulgottesdienst hat den aufblühenden Ersatzreligionen das Brot des Lebens entgegenzusetzen. Die Botschaft vom Kreuz und der Auferstehung Christi überschreitet wie nichts und niemand anderes sämtliche Grenzen – profane und religiöse. Der Sabbat trägt ja auch das Motiv des dankbaren Gedenkens an die Befreiung aus der Sklavenschaft und der Sonntag die Erinnerung an die Auferstehung Jesu von den Toten.

Andere, spektakuläre Offenbarungen Gottes können nicht geboten werden. Machtgefühle, wie sie Okkultismus und Rechtsradikalismus vermitteln mögen, werden mit der Ohnmacht Christi am Kreuz konfrontiert, aber auch mit der Macht Gottes, Tote aufzuerwecken. Psychedelischer »Lebenssteigerung«, ökonomischen oder esoterischen Erfolgsrezepten steht im sabbatlichen Schulgottesdienst der ewige Bund des »Ich-bin-mit-dir« gegenüber: »Warum zählt ihr Geld dar für das, was kein Brot ist, und sauren Verdienst für das, was nicht satt macht? Hört doch auf mich, so werdet ihr Gutes essen und euch am Köstlichen laben« (Jes 55,2). Gold und Silber haben wir nicht, aber was wir geben können, reicht zum Leben und zum Sterben. Das Brot des Lebens wird hörbar und sichtbar mit-geteilt. Dabei sind Gemeinschaft und Transzendenz erfahrbar.

Die Durstigen kommen zur Quelle. Sie können in einem sabbatlich gefeierten Gottesdienst Sinn, Halt und Hoffnung schöpfen – umsonst (Jes 55,1; Offb 21,6).

Paradoxerweise kann aber genau dieses Umsonst zum Problem werden. Daß »alles seinen Preis hat« und man »im Leben nichts geschenkt bekommt«, ist auch Schülern und Schülerinnen schon eingefleischt. »Wir haben auch Gott im Verdacht, er könnte es mit dem freigebigen Schenken nicht so ernst meinen, sei es, daß man sich gar nicht erst rufen läßt (ich habe ja nichts zu bieten), sei es, daß man sich auf einen nachträglichen Handel (ich muß dann doch auch meinerseits ...) nicht einlassen will.«[15] Das Sola gratia verändert die Wirklichkeit. Dies ist in der Tat erst zu lernen, besser: gottesdienstlich zu erfahren, daß Gott umsonst festliche Lebensfülle schenkt. Was tieferen, bleibenden Wert hat, wie etwa die Liebe oder die Geborgenheit in Gott, ist nicht bezahlbar. Gerade da, wo wir nicht mehr meinen, wir könnten selbst ausreichend dienen, erfahren wir Gottes Dienst. Das Gratis-Angebot des Schulgottesdienstes ist eine heilsame, sabbatliche Unterbrechung des notwendig leistungsorientierten Schulalltags.

Schließlich kommen auch die Glaubenden in einem solchen Gottesdienst zu ihrem Recht. Sie können sich voll in die Feier des Gekreuzigten und Auferstandenen einbringen. Auch sie finden Raum für ihre Ängste und Zweifel, für ihre Traurigkeit und ihre Freude. In den elementaren gottesdienstlichen Vollzügen Singen, Beten und Hören rasten sie um Gottes und ihretwillen. Gerade so werden auch die anderen teilhaben können.

Allen gemeinsam bietet der sabbatliche Schulgottesdienst Orientierung. In einer Altersstufe, in der sich dauerhafte Wertvorstellungen entwickeln, in einer Gesellschaft, deren Werte sich wandeln, in einer Zeit zunehmender Individualisierung haben Jugendliche Anspruch auf Unterstützung bei ihrer Suche nach brauchbaren Maßstäben für ihre Lebensgestaltung. Christliche Verantwortungsethik, wie sie sich z. B. aus dem Dekalog und dem Doppelgebot der Liebe (Mk 12,28–31 par) ergibt, bietet genügend Freiraum für eigene verantwortliche Entscheidungen und gleichwohl hilfreiche Maßgaben für die Achtung und Förderung des von Gott gegebenen Lebens im anderen Menschen und der gesamten Schöpfung.

Im Schulgottesdienst als sabbatlicher Feier werden den Teilnehmern und Teilnehmerinnen diese Orientierungshilfen nicht in Form moralischer Belehrung zuteil, sondern sie sind untrennbarer Bestandteil der Verkündigung und Anbetung des Herrn über Leben und Tod. Die Sabbatruhe meint ja keine trügerische Beruhigung über den eigenen Fragen und der Not anderer, sondern die bewußte oder erneute Verankerung in dem, der für das Leben sein Leben gelassen hat. Die gottesdienstliche Feier im Namen dessen, den Gott von den Toten auferweckte, macht sensibel für das, was in seinem Auftrag zu tun ist auch gegen herrschende Mehrheitsmeinungen, auch gegen die Herrschaft des Todes. Gottesdienst ist Proklamation der Hoffnung, und die ermutigt zum Leben – in der Verantwortung für alles, was Gott geschaffen hat.

1.3. Weitere Intentionen

Denkbar sind eine Reihe von weiteren Zielsetzungen, die zwar impliziert, aber nicht ausdrücklich intendiert sind. Von kirchlicher Seite könnten folgende Ziele favorisiert werden:
○ missionarisch: Glauben wecken,
○ stabilisierend: im Glauben stärken,
○ ethisch: Orientierung geben,
○ ökumenisch: Gemeinschaft stiften,
○ experimentell: Gottesdienstformen erproben.
Der schulische Kontext birgt die Gefahr, den Schulgottesdienst zusätzlich lernzielorientiert zu konzipieren:
○ religionspädagogisch: Glaubenslehre vermitteln,
○ paränetisch: zum christlichen Handeln im Alltag bewegen,
○ politisch: zu gesellschaftlicher Kritik befähigen.
Die Versuchung der (Über-)Didaktisierung des Schulgottesdienstes ist groß. Eine heilsame sabbatliche Wirkung erreicht der Schulgottesdient aber nur dadurch, daß er keine Wirkung erzielen will. Sicher sollte der sabbatliche Schulgottesdienst nicht folgenlos bleiben. Seine Folgen sind dann allerdings nicht als Erfolge einzustufen, sondern dankbar als Geschenke Gottes anzunehmen.

Es bleibt ein Grundmotiv aller Schulgottesdienstarbeit, die missionarische Chance wahrzunehmen. Diese Intention darf aber schon aus dem Grunde nicht dominieren, weil Gottesdienst per definitionem keine Evangelisationsveranstaltung darstellt, sondern die Feier des Auferstandenen in der Versammlung der Gemeinde. Indem dies mit ganzer Hingabe geschieht, erhalten die »idiōtai« (Unkundigen) die glaubwürdigste Einladung zum Glauben. Allerdings dürfen die Nichtchristen und Desinteressierten nicht ignoriert werden, d.h., der Gottesdienst muß in allen Vollzügen verständlich und einladend sein, wie es schon Paulus für den korinthischen Gottesdienst forderte (1. Kor 14,23–31).[16]

Gottesdienst, wie er hier verstanden wird als sabbatliche Feier des Gekreuzigten und Auferstandenen, ruft implizit oder explizit zum Glauben an den Herrn. Indem die Gemeinde ihren Glauben gottesdienstlich vollzieht, regt sie zum Nachdenken über die elementaren Fragen des Lebens an und lädt zum Wagnis des Glaubens an Christus ein. Gottesdienst ist keine Areopagpredigt (Apg 17,16–34), aber in der Anbetung des gekreuzigten Auferstandenen wird dessen Herrschaft proklamiert, so daß die »Veränderung des nous«[17] (Röm 12,2) potentielle Folge ist. In die Stille führen heißt ja nicht, die Gottesdienstteilnehmer und -teilnehmerinnen dazu zu erziehen, ihren »Mund zu halten«, sondern ihnen in ihrem lauten Alltag einen Ruhe-Raum zu eröffnen, in dem sie Gott vernehmen können. In die Stille führen heißt zu Gott führen. Im »Hören mit allen Sinnen« (Jes 55,1–3) und im persönlichen wie gemeinschaftlichen Antworten läßt sich Gott in Erfahrung bringen.

Hinsichtlich einer möglichen Lernzielorientierung des Schulgottesdienstes ist vor allem D. Trautwein mit seinem Konzept »Lernprozeß Gottesdienst« hervorgetreten: »Lernziel des wandernden Gottesvolkes in seinen Versammlungen ist immer neu jene Bindung in Freiheit, die aus der kritischen ›Distanz‹ von Lob, Anbetung, Meditation, Bekenntnis und antezipatorischer Mahlfeier resultiert …«[18]

Andere pädagogische Ziele sind die Ordnungshilfe im Blick auf ein angemessenes Benehmen im Gottesdienst[19] und die Persönlichkeitsentwicklung.[20] E. Lade gibt weitere Lernzielbeispiele: Kennenlernen der biblischen Botschaft, der christlichen Sinndimension, der Gemeinde, der christlichen Umgangsformen …[21] Ob mit oder ohne Formulierung, faktisch liegen diese Zielrichtungen überall da vor, wo der Gottesdienst bei seinen Teilnehmern und Teilnehmerinnen etwas »erreichen« will. M. Josuttis stellt dazu fest: »Fast alle aktuellen liturgischen Konzeptionen definieren die theologische Aufgabe des Gottesdienstes im Sinn einer Lernsituation. Im Gottesdienst soll eine Änderung der Einstellung und des Verhaltens bei den am Gottesdienst beteiligten Personen angestrebt und erreicht werden. Der Inhalt der jeweiligen Lernaufgabe wird verschieden formuliert. Für die kerygmatische Konzeption geht es um den Schritt vom Unglauben zum Glauben, für die politische Theologie steht die Aufklärung des politischen Bewußtseins und die Anstiftung zur politischen Aktion im Vordergrund, im kreativen Gottesdienst schließlich sollen die schöpferischen Potenzen auch im gesellschaftlichen Interesse freigesetzt werden.«[22]

Entsprechend votiert E. Lade dafür, die Lernziele des Schulgottesdienstes zu formulieren, um sich bewußtzumachen, »was man eigentlich selber will. Es zeigt einem, daß auch ein Gottesdienst nicht völlig absichtsfreies Handeln ist …«[23] Sicher ist es kein Schade, sich über all diese geheimen oder offenen Zielimplikationen klarzuwerden. Aber dies sollte dazu führen, noch »zielbewußter« einen absichtslosen, lernzielfreien Raum zu schaffen, in dem die Schüler und Schülerinnen eine sabbatliche Raststunde erleben. Schulgottesdienst wird dann nicht die Fortsetzung des Religionsunterrichts mit liturgischen Mitteln sein.[24] Das Lernen geschieht allenfalls beiläufig. Im Mittelpunkt steht die Kommunikation mit Gott und untereinander. Das charakteristischste Kennzeichen von sabbatlicher Ruhe und Feier ist ihre Zweckfreiheit (s. o.).

Selbst die auch in der vorliegenden Erörterung geforderte Fortsetzung des »Gottesdienstes im Alltag der Welt« intendiert nicht eine Ethisierung des Schulgottesdienstes. C. Möller macht auf die große Gefahr dieses Mißverständnisses von Käsemanns Formel mit Nachdruck aufmerksam:

»›Ausrüstung‹ und ›Wegweisung‹ sind die Vokabeln dieses zweck-orientierten Denkens, das den vernünftigen Gottesdienst auf reine Absicht reduziert ... Das Bindeglied zwischen der Ethik als der Frage nach dem Guten und der Eschatologie als der Frage nach dem Vollkommenen ist bei Paulus die Ästhetik als die Frage nach dem Wohlgefälligen« (Röm 12,2).[25] »Was mit der Ethisierung verlorengeht, ist der ›Charme‹ des Charisma, die Anmut der Charis, die Grazie der Gratia ...«[26]

C. Möller plädiert für die »Dimension des Schönen« im Gottesdienst. »Vom Sabbat als einer Gnadengabe« ist der »Atem und in diesem Sinn Be-Geisterung für das Alltägliche«[27] wiederzugewinnen. Die Sammlung darf nicht zur »Funktion der Sendung«[28] degenerieren, aber aus der gesammelten Ruhe erwächst allemal neue Kraft zum Gehen.

Es wäre wohl zu hoch gegriffen, im Schulgottesdienst einen Höhepunkt des Schulalltags sehen zu wollen, aber in einer Zeit, in der man die Unterscheidung von Sonntag und Werktag immer mehr aufhebt,[29] sei doch auf diesen Aspekt alttestamentlich-jüdischen Sabbatverständnisses hingewiesen: Der Sabbat »ist kein Intermezzo, sondern Höhepunkt des Lebens«.[30] Zumal der Schulgottesdienst in der Regel weder am jüdischen Sabbat noch am christlichen Sonntag gefeiert wird, bleibe ich bescheidener bei der »sabbatlichen Unterbrechung des Schulalltags«, aber daran möchte ich um Gottes und der Schulgemeinde willen unbedingt festhalten – gegenüber jedem Funktionalismus und gerade wegen aller implizierten Funktionen.

Schließlich sei ein weiteres Ziel der sabbatlichen Raststunde in der Schule, das ebenfalls nicht ausdrücklich anvisiert wird, kurz angesprochen: die Kirche als Gemeinschaft des Leibes Christi. Die gemeinsame Gottesdienstfeier im Namen des dreieinigen Gottes stiftet Gemeinschaft, ohne daß dies im Vollzuge verbalisiert werden müßte. Gemeinschaftsfördernde Funktion haben prinzipiell alle Gottesdienstelemente, besonders aber das Singen, Mahlfeiern oder andere Symbolaktionen. Dabei geht es aber auch darum, daß die Kirche »durch unsere sichtbare brüderliche Liebe, durch ihre wiedergefundene Einheit ein unersetzliches Ferment der Brüderlichkeit, der Gemeinschaft und des Teilens für die ganze Menschheit«[31] wird.

Es wird deutlich, daß die hier entfaltete Schulgottesdienstkonzeption mit keinem der von M. Josuttis vor 20 Jahren skizzierten Gottesdiensttypen deckungsgleich ist. Er unterschied das kultische, kerygmatische, politische und kreative Gottesdienstverständnis.[32] Elemente aus allen vier Konzeptionen sind im sabbatlich verstandenen Gottesdienst aufgenommen: Ausgangspunkt ist das wirklichkeitsverändernde Kerygma vom Befreiungshandeln Jahwes in Jesus Christus. Dieses Evangelium wird im Schulgottesdienst aber nicht nur verbalisiert, sondern auch symbolisch verkündigt und vollzogen, vornehmlich in der Feier der Sakramente. Dabei darf die sabbatliche Dimension des Spielerisch-Kreativen nicht zu kurz kommen. Die Proklamation des bereits angebrochenen messianischen Reiches Christi läßt eine Aufteilung der Wirklichkeit in einen sakralen und profanen Bezirk nicht zu. Jede Feier des Gekreuzigten und Auferstandenen ist eine Protestveranstaltung gegen Gottlosigkeit und Unmenschlichkeit, gegen den Tod in allen seinen Spielarten. Darum gibt ein sabbatlich erlebter Gottesdienst immer auch politisch-soziale Anstöße – im doppelten Sinn des Wortes.

1.4. Einladender Schulgottesdienst

Schulgottesdienst wirkt einladend, wenn das Sabbat-Angebot im Lichte der Liebe Christi und seines doppelten Liebesgebotes gelebt wird: »Der Sabbat ist um des Menschen willen gemacht und nicht der Mensch um des Sabbats willen« (Mk 2,27). Die distanzierteren Schüler und Schülerinnen sollen sich weder in irgendeiner Weise zur Teilnahme gezwungen fühlen noch den Eindruck gewinnen, daß es einem frommen internen Kreis egal ist, ob sie kommen oder nicht.

Die Begründung im Sabbatgebot und seinem Kontext macht deutlich, daß die Forderung nach einem einladend wirkenden Schulgottesdienst natürlich nicht mit einer phantasiereichen und intensiven Werbeaktion erfüllt ist. Auch nicht eine Fülle an beifallträchtigen Attraktionen macht den Gottesdienst attraktiv, sondern die Ausstrahlung der gottesdienstlichen, mehrdimensionalen Kommunikation. Die üblichen gesellschaftlichen und schulischen Erfahrungen, vielleicht auch kirchlicher Gottesdienstüberdruß sollen hier wohltuend und einladend durchbrochen werden.

So sehr dies einerseits zu erbittendes unverfügbares Wirken des Geistes bleibt, so sehr tragen wir doch auch Verantwortung für die einladende Gestaltung des Gottesdienstes. Eine Atmosphäre der Wärme, der Geborgenheit und der Annahme entsteht durch eine Reihe von verbalen und vor allem nonverbalen Faktoren: Was sehen, hören, riechen und fühlen die Eintretenden? Erleben sie die »Akteure« bei hektischen letzten Vorbereitungen oder schauen sie in gelöste Gesichter, die sie freundlich begrüßen? Ist der Raum ansprechend gestaltet und je nach Vorhaben mit dem angemessenen Licht ausgeleuchtet? Sind die alten und neuen Lieder auch für die Unkundigen einigermaßen singbar? Stiftet der Gottesdienst Beziehungen unter den Teilnehmern und Teilnehmerinnen ohne ihnen die Freiheit zur Distanz zu rauben? Ist die Verkündigung genauso von der Liebe zu den jungen Menschen getragen wie vom wirklichkeitsverändernden Reichtum des Evangeliums?

Ausladend wirken: Langweiligkeit, Unfreundlichkeit, Hektik, eine Ein-Mann/Frau-Vorstellung, immer dasselbe, ständig etwas Neues und jede Art von Unnatürlichkeit oder Aufdringlichkeit.

Einladend ist: ein Milieu der Wärme, Gastfreundlichkeit, Interesse an den Schülern und Schülerinnen auch über den Gottesdienst hinaus, erlebbare Gemeinschaft und Transparenz zu Gott.

All diesen Fragen und Hinweisen soll im Kapitel »Vorbereiten« (S. 99ff) im einzelnen nachgegangen werden. Betende, lobende und hörende Schulgemeinde übt durch die Fröhlichkeit, mit der sie ihren Herrn feiert, Anziehungskraft aus. Dazu gehört allerdings ganz entscheidend auch, daß das Reden und Handeln der mitarbeitenden Schüler und Schülerinnen, Lehrer und Lehrerinnen außerhalb des Kirchenraumes mit ihrem gottesdienstlichen Tun in Einklang steht. Von der anderen Seite gesehen, daß sie im Gottesdienst authentisch bleiben und keine wie auch immer geartete religiöse »Masche reiten«. Unsere Mitmenschen sind für beides sehr sensibel.

Über aller notwendigen Gestaltungsarbeit bleibt es dabei: Der Gottesdienst ist ein Geschenk. Er lebt von Gottes überschwenglichen Gaben und seinem überraschenden Eingreifen.[33]

Ich bin mir bewußt, daß nicht alle Gottesdienstteilnehmer und -teilnehmerinnen das sabbatliche Verständnis des Schulgottesdienstes begeistert begrüßen. Aber diese Konzeption scheint mir dem alt- und neutestamentlichen Gottesdienstverständnis ebenso angemessen zu sein wie der Teilnehmersituation in der Schule. Eine sabbatliche Unterbrechung des Schulalltags ist zudem konsensfähiger als eine Bühnen-Show, eine Rock-Messe, eine Evangelisation oder politische Provokation. Schulgottesdienst als ruhige Besinnung und ganzheitliche Feier wirkt einladender.

2. Kann man Gott erfahrbar machen?

2.1. Die Erfahrungsbedürftigkeit der Gottesdienstteilnehmer und -teilnehmerinnen

Wieder einmal ist der Begriff »Erfahrung« zum Schlüsselwort des Erkenntnisprozesses avanciert.[34] Der heutige Mensch wendet sich mit seinem Streben nach ganzheitlich-sinnlichen Erfahrungen gegen die einseitig rational-ökonomische Orientierung des Lebens in der modernen Gesellschaft. Bei jungen Menschen kommt die Aversion gegen ein jahre- oder jahrzehntelanges, im wesentlichen auf Wissensvermittlung beschränktes Lernen hinzu, das die Sehnsucht nach Er-leben vielfach unbefriedigt läßt. Neben der Schule liegt auch eine als dogmatisch und traditionsgebunden erlebte Kirche in der Schußlinie der Jugendlichen. Sie wollen sich selbst, Transzendenz und Annahme erfahren, nicht nur abstrakt belehrt werden.

Auch im Gottesdienst breitet sich Langeweile und der fade Geschmack verstaubter, abgestandener Leerformeln aus, wenn die Gemeinde mit dogmatischen Richtigkeiten und aktuellen Informationen abgespeist wird, oder wenn sich der Gottesdienst von einer Vortragsveranstaltung des Geschichtsvereins nur noch durch die »Liedgarnierung« unterscheidet. Obwohl die Reformatoren die Erfahrung als Erkenntnisquelle keineswegs ablehnen,[35] könnte doch schon in der Hochschätzung des Wortes die Wurzel für ein heute zu beklagendes Manko an spirituellen Erfahrungen in den protestantischen Kirchen liegen. Luther und Calvin setzten noch »die Übereinstimmung bzw. den inneren Zusammenhang von Schrift und Erfahrung« voraus[36], aber zumindest die evangelische Liturgiegeschichte erweckt den Anschein, daß die notwendige Rückbesinnung auf das Wort Gottes als alleinige Quelle des Heils (gegenüber allem Zeremonienglauben) oftmals die Sinnenhaftigkeit der Verkündigung nicht reformiert, sondern eliminiert hat. Vielfach trat an die Stelle naiver, manchmal abergläubischer Volksfrömmigkeit orthodoxe Belehrung.

Erneut hat dann die dialektische Theologie im Gegenzug zur »›Erfahrungstheologie‹ des liberalen Neuprotestantismus«[37] eine solche Vereinseitigung gefördert. Die damals gegenüber einem total kulturell und subjektivistisch vereinnahmten Evangelium notwendige Betonung der Andersartigkeit Gottes hat zur Folge gehabt, daß die sinnliche Erfahrungsbedürftigkeit des Menschen weitgehend ausgeblendet wurde. Da wundert es nicht, daß heute im liturgischen Bereich, in der Kindergottesdienstarbeit ebenso wie in neueren Veröffentlichungen zum Gemeindegottesdienst, »Erfahrung« großgeschrieben wird.[38] Ebenfalls in der Religionspädagogik haben erfahrungs- und symboldidaktische Ansätze Konjunktur.[39]

Nicht nur die innerkirchliche Kritik an der Geist- und Erlebnislosigkeit des gemeindlichen Lebens, sondern auch die sog. »Neue Religiosität« mit ihrem Angebot an religiöser Erfahrung und Spiritualität stellen eine ernstzunehmende Anfrage an ein »eingeschlafenes« Volkskirchenchristentum dar. Die Attraktivität okkultistischer, insbesondere spiritistischer Praktiken für Schüler und Schülerinnen dürfte gleichfalls in der Sehnsucht nach spannendem Leben liegen, das nicht im Alltagstrott versandet.[40] Was ein spiritistischer Zirkel an Nervenkitzel hautnah erlebbar macht, kann und will zwar der Schulgottesdienst nicht bieten, aber wir werden auch durch diese (Zeit-)Erscheinung darauf gestoßen, für die inhaltliche wie methodische Gottesdienstgestaltung die Erfahrbarkeit des »ganzheitlichen« Evangeliums zu bedenken.

Als weiteres Indiz für ein spirituelles Defizit in den herkömmlichen Gottesdiensten kann der enorme Zulauf gelten, den charismatische Gruppierungen zu verzeichnen haben. Pfingstgemeinden und Kreise der charismatischen Gemeindeerneuerung innerhalb der evangelischen und der katholischen Kirche fühlen sich durch die Erfahrung einer (speziellen) Geisttaufe verbunden, die sich in der Begabung mit den klassischen Charismen, vor allem der Zungenrede (Glossolalie) und der Prophetie, äußert.[41] Ihre Gottesdienste sind lebendig. Sie strotzen geradezu von persönlichen und gemeinschaftlichen geistlichen Erfahrungen. Sektiererisch wird diese (Gottesdienst-)Praxis nur da, wo eine separate Geisttaufe bzw. die Fähigkeit des Zungenredens zum (alleinigen) Maßstab für »wahres« Christsein erhoben wird. Dies ist in einigen Pfingstkirchen der Fall, vor allem auf den amerikanischen Kontinenten. Der deutschen charismatischen Gemeindeerneuerung beider Couleur darf diese Häresie nicht unterstellt werden. Kritisch zu sehen bleibt dennoch, daß in einer derart erfahrungsorientierten Praxis spektakuläre Widerfahrnisse wie z. B. eine publikumswirksame Bekehrung, Heilung oder wirtschaftlicher Erfolg unter der Hand doch zum Gradmesser für die Qualität des Christseins werden können.

2.2. Zum Begriff »Erfahrung«

Zunächst handelt es sich beim Verbalsubstantiv »Erfahrung« um eine grundlegende Kategorie zur Erschließung von Wirklichkeit durch Begegnung. Die ursprüngliche Bedeutung des Wortes ist bis heute am Verbum »er-fahren« ablesbar. Es läßt an das Reisen, an das schauende Durchfahren einer noch unbekannten Landschaft denken. Ich er-fahre etwas, um Einblick zu gewinnen, um zu erforschen und kennenzulernen. Oder passiv gewendet: Mir wider-fährt etwas, das einen Eindruck hinterläßt; es prägt mich und löst (evtl.) eine Veränderung aus. »Erfahrung ist ein unabschließbar dialektischer Prozeß, in dem Subjekt und Objekt in wechselseitiger Beziehung stehen und sich verändern.«[42]

Von Erfahrung ist das »Erlebnis« zu unterscheiden. Es läßt zwar spontan an ein umfassenderes, den ganzen Menschen betreffendes Geschehen denken, bei näherem Hinsehen aber überzeugt die Feststellung von E. Feifel, daß Erlebnisse lediglich Erinnerungen zurücklassen, während Erfahrung »tief ins Leben selbst eingreift«[43]. Das Erlebte ist durch Deutung und Verwertung zu einer Erfahrung gewachsen.

Gegenüber diesen beiden Kategorien ist die Erkenntnis abzugrenzen. Der Begriff »Erkenntnis« bezeichnet das Ergebnis eines Erfahrungsprozesses, obgleich er im Gegensatz zur Erfahrung vorwiegend die kognitive Welterschließung benennt und nicht unbedingt die Dimension der Anerkenntnis einschließt. Auch wenn der Ausdruck »Erfahrung« nicht eindeutig definiert werden kann,[44] läßt sich doch sagen: Er steht für die Bündelung und Verarbeitung der Eindrücke, die die Wahrnehmungen der (aller) Sinne in der Begegnung mit der materialen und personalen Weltwirklichkeit hinterlassen.

Diese allgemeine »Erfahrungswelt« läßt sich in Alltagserfahrungen, religiöse und christliche Erfahrungen differenzieren, wenngleich religiöse Erfahrungen »in, mit und unter alltäglichen Erfahrungen«[45] gemacht werden können und ihre Kennzeichen auch auf die christliche Erfahrung zutreffen. P. Biehl macht religiöse Erfahrungen u. a. in Grenzerfahrungen wie Angst, Schuld, Tod, aber auch Freude und Glück aus, sowie in »Erschließungssituationen«, in denen neue lebensverändernde Einsichten gewonnen werden.[46] Von Glaubenserfahrung im christlichen Sinne kann man bei solchen Widerfahrnissen und Aufschlüssen nur dann sprechen, wenn sie sich auf den in Jesus Christus Mensch gewordenen Gott beziehen. Gott ist allemal größer als unsere Wirklichkeitserfahrung, aber er entäußert sich in Jesus Christus, um uns »neue Erfahrungen mit der Erfahrung«[47] zu ermöglichen.

2.3. Die Ambivalenz von Erfahrungen

Zunächst ist die Subjektivität aller Erfahrungen zu beachten. Jede Erfahrungssituation ist prinzipiell ambivalent, d.h., je nach Subjekt, das die Erfahrung »macht«, wird sie anders gewertet und verwertet. Ein Beispiel für das nicht nur unterschiedliche, sondern schlicht gegensätzliche Erleben einer Gottesdienstphase, das sich für manches andere Tun im Gottesdienst und für die Feier als Ganzes ebenso anführen ließe: In einer Zeit der Stille macht eine Gottesdienstteilnehmerin die Erfahrung der besonderen Nähe Gottes, während gleichzeitig der andere – vielleicht unmittelbar neben ihr Sitzende – von der scheinbaren Untätigkeit, vom in seinen Augen frommen Getue abgestoßen wird. Was die eine begeistert im wahrsten Sinne des Wortes, ödet den anderen an. Was die eine anzieht, treibt den anderen weg. Schon diese alltägliche Beobachtung macht deutlich, wie zweischneidig jede Erfahrungsvermittlung ist und wie behutsam sie angegangen werden muß. Ebenso ist evident, daß die subjektive Erfahrung der Abwesenheit Gottes noch nicht seine tatsächliche Abwesenheit beweist.

Wer sich allein auf seine Erfahrungen stützt, die nun einmal wesenhaft subjektiv sind, unterliegt auch ständig der Gefahr der Mißdeutung eines Erlebnisses. Für Judas Iskariot wirkte es sich verhängnisvoll aus, daß er die Erfahrung der eigenen Schuld als zwingenden Grund für seine Verwerfung durch Gott ansah. Nicht weniger verhängnisvoll wäre die selbstgerechte Ignoranz gegenüber eigener Schuld(-verantwortung). Eine Mißdeutung liegt auch dann vor, wenn religiöse Erfahrung leichtgläubig mit christlicher Glaubenserfahrung gleichgesetzt wird.[48]

Ferner dürfen wir die zeitliche Begrenztheit der Erfahrungen nicht übersehen. Jede Erfahrung wird von neuen Erfahrungen überholt, oft genug verschüttet. Glaubenserfahrungen verlieren mit der Zeit ihre Kraft; sie lassen sich nicht einfach wiederholen. Je nach »Gewicht« eines neuen Ein-drucks können sie gleichsam zu Sand zerbröseln und zwischen den Fingern zerrinnen: So eindrucksvoll die Erfahrung der Hilfe Gottes in der Genesung von einer Krankheit gewesen sein mag, so verliert dieser Schatz doch mit der Zeit mehr und mehr seinen Glanz, wie den Israeliten nach der wunderbaren Befreiung aus Ägypten in der Wüste schon bald die Schrecken der Sklaverei und die Machttat Gottes aus dem Bewußtsein schwanden, denn sie murrten und schrieen nach den »Fleischtöpfen Ägyptens« (Ex 16,2f). Deshalb braucht der Glaube neben den subjektiven Erfahrungen auch das erinnernde und verheißende Wort Gottes, das trotz manchmal aktuell verunsichernder Erlebnisse Bestand hat.

2.4. Die Erfahrbarkeit Gottes

Das Wort Gottes ist also eine Kategorie, die christliche Erfahrung ermöglicht. Auf diese Erfahrungsquelle, in der sich Erfahrungen mit Gott niedergeschlagen haben, sind Rituale, Symbole und Bilder als weitere Grundformen zur Erschließung von Glaubenserfahrungen bezogen. Das Wort Gottes besteht zu einem Großteil aus Erfahrungszeugnissen, aus Sprache gewordenen Erlebnissen. Die Israeliten wurden mit Leib, Seele und Geist so von Jahwes Theophanie und Epiphanie ergriffen, daß sie nicht schweigen konnten. Das Herz der Jünger Jesu wurde durch ihre Erlebnisse mit ihm so voll, daß ihr Mund überging. Gott hat sich den Menschen offenbart in Tat und Wort. Beide

Erscheinungsweisen sind aufeinander bezogen, voneinander abhängig. Israel erfuhr die Befreiung aus Ägypten als Gottes rettende Tat, aber es mußte durch das Wort der Propheten immer wieder daran erinnert werden. Dogmatische und ethische Bündelungen gehen im Alten wie im Neuen Testament stets auf Gottes Handeln zurück, etwa der Dekalog ausdrücklich in seiner Präambel oder die Rechtfertigungslehre des Paulus (z.B. Röm 3,24).

Auch unsere eigene Befindlichkeit finden wir in den biblischen Geschichten wieder – entlarvend und heilend. I. Baldermann entfaltet z.B. eindrücklich, wie Kinder in der Sprache der Psalmen ihre Angst artikuliert finden und im Lesen und Erinnern fähig werden, ihre Erlebnisse auszudrücken.[49] Aber auch Gegenworte zur Angst können sich die Kinder mit den »Namen des Vertrauens«[50] (z.B. Ps 18,3: Herr, mein Fels, meine Burg, mein Erretter ...) zu eigen machen und auf diese Weise im Dialog mit Gott, am Du zu elementaren Glaubenserfahrungen gelangen. Die erzählten alten Geschichten machen uns die Veränderung unseres Daseins bewußt: Wir erfahren, daß Gott uns liebt und braucht. – Angesichts seiner Unerfahrenheit muß der heutige (junge) Mensch in den biblisch bezeugten Erfahrungen erfahrener werden.[51] Die Erfahrungsarmut unseres alltäglichen und sonntäglichen gottesdienstlichen Lebens darf also nicht zur Ersetzung des biblischen Wortes etwa durch eine ausschließlich symbolische Interaktion führen, sondern gerade zur Wiederentdeckung des wirklichkeitsverändernden Erfahrungs- und Symbolschatzes der Bibel.

Glaube lebt nur mit Erfahrungen und als Erfahrung mit Gott, oder er lebt nicht. Er ist eo ipso Erfahrung, und zwar Gotteserfahrung und Selbsterfahrung. Überdies bringt der Glaube in der Begegnung mit Gott und den Menschen Gemeinschaft in Erfahrung: Liebe, Geborgenheit, aber auch gegenseitige Korrektur, Anregung und Herausforderung. Als solcher ist der Glaube schließlich Welterfahrung, nämlich der bereits versöhnten Welt, und tritt dieser zugleich kritisch gegenüber, weil sie ebenso noch nicht erlöste, noch von Gott getrennte Welt ist.

Das Geschichte gewordene, fleischgewordene Wort geht immer über unsere Erfahrungen hinaus. Dieser Vorsprung des Wortes hebt es nun nicht von unserer Daseinserfahrung ab, sondern ermöglicht gerade erst eine Veränderung unserer Wirklichkeit. Der Gottesdienst ist der Ort, wo solcher Glaube am sinnenfälligsten vollzogen und somit erfahrbar gemacht werden kann (vgl. S.41–43). Gottesdienstliches Leben im umfassenden Sinne bewahrt die Glaubenserfahrung vor subjektivistischer Engführung ebenso wie vor spiritueller Auszehrung.

Welche Bedeutung haben Ritual, Symbol und Bild für dieses erfahrungserschließende Begegnungsgeschehen?

3. Gottesdienst als Ritual

Der These von M. Josuttis: »Der Gottesdienst ist ein Ritual«[52] ist voll und ganz zuzustimmen. Auch der Schulgottesdienst, und sollte er von Schülern und Schülerinnen noch so »frei« und selbstverantwortlich gestaltet werden, fällt unter diese Feststellung. Denn jeder Gottesdienst stellt eine nach inhaltlichen, formalen und zeitlichen Gesichtspunkten geordnete Folge von gottesdienstlichen Handlungen dar.

3.1. Zum Ritualbegriff

Allerdings ist »Ritual« kein genuin religiöser Begriff. Er bezeichnet ebenso jede andere Handlung, die sich in einer gewohnheitsmäßigen bzw. festgelegten Form – regelmäßig oder unregelmäßig – wiederholt. Unser Alltag ist mit einer Fülle von Ritualen durchsetzt. Ritualisierte Verhaltensweisen regeln unseren Umgang mit Menschen und Sachen. Entsprechend nehmen sich neben der Theologie auch die Psychologie, Anthropologie, Soziologie und Philosophie des Begriffs an.[53]

Dennoch schwingt im heutigen Sprachgebrauch die religiöse Komponente immer mit. »Ritual« hat den Bedeutungsgehalt des lateinischen »ritus« – »heiliger Brauch« – bewahrt. »Rituale gelten« als »die Ursprache der Religion«.[54]

Hier geht es um den rituellen Charakter des christlichen Gottesdienstes, der beispielsweise in Kasualgottesdiensten besonders deutlich zu erkennen ist. Aber auch die einzelnen Elemente des Gottesdienstes stellen mehr oder weniger ausgeprägte Rituale dar. Dabei ist etwa an eine Abendmahlsfeier zu denken, aber auch ein frei formuliertes Gebet stellt durch seine Einleitung (z. B. »Wir beten«), die dabei eingenommene Körperhaltung und das abschließende »Amen« ein Ritual dar.

Rituale verbinden Wort und Symbol zu einer Handlung. Sie werden vollzogen und begangen, sind also ein Geschehen, das sich in einer geordneten Bezogenheit von »mithandelnde(r) Teilnahme«[55] und verbaler bzw. nonverbaler Aussage ereignet.

3.2. Funktion und Gefahr des Rituals

Die *Funktionen* des Rituals sind vielfältig. Wie im Alltag, so entlasten sie auch im Gottesdienst von der auf Dauer aufreibenden Überlegung: Was ist jetzt zu tun? Sie schaffen einen »Raum der Verschonung«[56]. Vertrautes vermittelt das Gefühl von Geborgenheit und macht dadurch verhaltenssicherer. Der Zugang zur inhaltlichen Aussage des Geschehens wird erleichtert. Rituale werden ja nicht um ihrer selbst willen begangen, sondern haben die Aufgabe zu vermitteln: den Menschen einen Weg zu Gott zu bahnen, den sie begehen können, und Gott Gehör bei den Menschen zu verschaffen. Rituale weisen über sich hinaus, tragen Verweisungscharakter.[57] Sie haben also allein *dienende Funktion.*

Weiter verleiht das Ritual Sprache, wo wir keine Worte finden: Ein Glaubensbekenntnis hilft, den für den heutigen Menschen immer unsagbarer gewordenen Glauben auszusprechen. Das Unvermögen: »Herr, wir wissen nicht, wie wir beten sollen«, läßt Jesus nicht unbeantwortet. Aber auch wortlos kann das Ritual ausdrücken, was nicht in Worte gefaßt werden kann. Die Bestattung z. B. nimmt unsäglichen Schmerz auf in eine ritualisierte Form des Abschiednehmens und hilft so, Gefühle vor Gott und in der Gemeinschaft mit Menschen zuzulassen. Darin wiederum leistet es einen Beitrag zur Verarbeitung all dessen, was durch Denken und Reden allein nicht bewältigt werden kann. Auch die anderen Initiations- bzw. Passageriten Taufe, Konfirmation und Trauung machen die unterstützende Funktion des Rituals besonders sinnfällig.[58]

Die Kasualgottesdienste sind es auch, neben wiederkehrenden Festen des Jahres- und des Lebenslaufs, die die (lebens-)geschichtlich integrierende Funktion des Rituals deutlich machen. »Jedes Ritual stellt geschichtliche Kontinuität her.«[59] Lebensgeschichtliche Gottesdienstrituale begeht die Schulgemeinde z. B. mit Schulanfänger- und Entlassungsgottesdiensten, aber auch in Gestalt von Tauf- oder Trauergottesdiensten.

Die kommunikative Funktion des Rituals kennzeichnet jeden Schulgottesdienst: Als eine Art Vehikel trägt es uns zu Gott und den Menschen. Das Ritual Schulgottesdienst stiftet Gemeinschaft: aktuell mit Gott und untereinander, und es macht die Zugehörigkeit zur größeren Gemeinschaft der Glaubenden, der Kirche, bewußt. Es vollzieht sich also eine »symbolische Integration«, in der W. Jetter den »symbolische(n) Mehrwert des Rituellen« sieht.[60]

Schließlich gehört in diesen Zusammenhang, daß jeder Gottesdienst mehr unausgesprochen als ausdrücklich Taufe und Konfirmation der Teilnehmer und Teilnehmerinnen bestätigt. Darin vollzieht sich die Vergewisserungsfunktion des Rituals,[61] die auch im Schlußsegen oder im Reichen der Hände zum Ausdruck kommt.

Indem sich aber nun der Gottesdienst in einzelnen Teilen oder als Ganzes sozusagen rituell etabliert, werden diverse *Gefahren* heraufbeschworen. Das Gottesdienstgeschehen steht in der ständigen Gefahr, durch ordnende Festlegungen zu stark determiniert zu werden. Diese binden den Geist Gottes sowie die Gottesdienstteilnehmer und -teilnehmerinnen in ein Korsett ein, das ihnen kaum »Spielraum« läßt. Geistliche Spontaneität wird abgeschnürt, Langeweile macht sich breit. Die anfangs als bergend empfundene Kraft einer rituellen Ordnung erstarrt zur gewohnheitsmäßigen Abfolge von Bestandteilen. Das selbständige Denken und Danken, das Loben und Leben siecht dahin, wenn es von der Allgegenwart einzuhaltender Formen erdrückt wird.

Zu dieser Gefahr des leeren Ritualismus gesellt sich die der sakralen Überbewertung des Rituals. Die Taufe z. B. hat es nach wie vor äußerst schwer, aus dem Schatten eines volkstümlich-magischen Mißverständnisses herauszutreten. Ihr Verweisungscharakter tritt zurück; das Ritual verselbständigt sich zum ex opere operato wirkenden Heilsmittel. Und dabei avancieren der oder die Vollziehende unversehens zum Mittler, zum Priester. Rituale produzieren hier besonders deutlich, aber auch im allgemeinen, Zeremonienmeister. Je ausgeklügelter Rituale entwickelt sind, je verbindlicher und darum scheinbar heilsnotwendiger ihr Vollzug ist, desto unentbehrlicher wird der professionelle Kenner, der ordnungsgemäß verwaltende Kultbeamte. Nicht mehr die Gemeinde feiert Gottesdienst, sondern der »Priester« zelebriert ihn für die Gemeinde. Das allgemeine Priestertum aller Gläubigen kann sich nicht entfalten; die Gemeinde ist entmündigt. Das Ritual fördert eine hierarchische Struktur.

Eine zu starke Ritualisierung des Gottesdienstes verhindert aber nicht nur das Mitdenken und Mittun in der gottesdienstlichen Feier, sondern kann auch das Handeln im »Alltag der Welt« überflüssig bzw. zweitrangig erscheinen lassen. Die Kultkritik der alttestamentlichen Propheten, allen voran Amos (5,21–24), hat solche »schönen Gottesdienste« aufs Korn genommen, über deren Ritual Recht und Gerechtigkeit vergessen wurden. Jesus übt dieselbe Kritik eher beiläufig, aber nicht minder scharf und entlarvend, wenn er in seiner Beispielgeschichte vom barmherzigen Samariter ausgerechnet Priester und Levit »zum Tempeldienst eilen« läßt, der diesen »heilsnotwendiger« erscheint, als dem Halbtoten das Leben zu retten. Rituale können nicht nur zum Ersatz für verantwortliches Handeln werden, sondern zugleich auch noch das Gewissen beruhigen. Man kann sich hinter ihnen verstecken und sich einreden, man habe alles getan. Was die Propheten und Jesus tadeln, muß sich im Laufe der Geschichte so oft wiederholt haben, daß bis heute der »rituelle Mißbrauch« des Gottesdienstes vielen als Vorwand dient, nicht am Gemeindegottesdienst teilzunehmen, sondern »lieber« im Alltag den Nächsten zu lieben. Vielen Zeitgenossen ist das Ritual »Gottesdienst« suspekt. Sie verdächtigen ihn der Ablenkung von den »eigentlichen« Aufgaben der Humanität.

Aber auch auf die meisten Gottesdienstteilnehmer und -teilnehmerinnen wirkt jede zeremonielle Überhöhung durch übertriebenes Pathos der Stimme oder der Gestik abstoßend. Handlung und Inhalt, nonverbale und verbale Aussage müssen stimmig sein. Und das Ganze muß bezogen bleiben auf den Alltag, aus dem die Gottesdienstteilnehmer und -teilnehmerinnen kommen und in den sie wieder zurückkehren.[62]

Trotz aller implizierten Gefahren können wir – auch gottesdienstlich – nicht ohne Rituale leben.

3.3. Der Schulgottesdienst als rituelle Interaktion

Auch die Schule kann auf Rituale nicht verzichten. Man kann geradezu von einer Wiederentdeckung des Rituals als Dimension des Lernens und als Gegengewicht zu einer reinen Lernschule, wie sie etwa noch Theodor Wilhelm beschrieb, sprechen.[63] Erfahrungen von Sozialität und Christlichkeit müssen auch in der Schule gemacht werden. Das Ritual hilft zur Vermittlung von

Identitätserfahrung, zur Orientierung und entlastenden Vergewisserung einer letzten Geborgenheit unabhängig von schulischer Leistung.

Bei aller (neuen) Wertschätzung des Rituellen ist aber gerade beim Schulgottesdienst einer Überritualisierung zu wehren. Y. Spiegel hat mit seiner Betrachtung des Gottesdienstes »unter dem Aspekt der symbolischen Interaktion« den Blick dafür geschärft, wie schon im sonntäglichen Gemeindegottesdienst die Verhaltensanforderungen so hoch sind, »daß nur wenige Menschen sie beherrschen und den entsprechenden Gewinn aus dem Gottesdienst ziehen können«[64]. Der Schulgottesdienst kann zwar auf (feste) Formen nicht verzichten, muß aber noch gewissenhafter als Gemeinde- oder Kindergottesdienst darauf achten, daß Jugendliche für die Negativauswirkungen des Rituals sensibler sind als jede andere Altersstufe. Das hat in der entwicklungsbedingten Opposition des Jugendalters gegen Tradition und jegliche Festlegung seine Ursache. Schon die zur inneren und äußeren Gebetseinstimmung dienenden schlichten Worte: »Wir beten!« empfinden manche als überflüssig oder gar gängelnd. Sie wollen nichts vorgeschrieben und -gesagt bekommen. Sie streben nach freier Entfaltung und setzen auf Spontaneität im Gottesdienst. Dieser Drang darf nicht rituell erstickt werden. Hier liegt ja auch die große Chance, daß der Geist Gottes Raum bekommt und unserem Geist Zeugnis gibt. Allerdings entdecken die mitarbeitenden und die teilnehmenden Jugendlichen doch sehr bald, daß ohne ausreichende Vorbereitung, ohne Form, ohne Ritual allzu leicht stotternde Unsicherheit und flache Banalitäten an der Stelle blockieren, wo eigentlich der Geist wehen, beleben und begeistern sollte.

In der Vorbereitung des Gottesdienstes sind also alle vorgesehenen symbolischen Handlungen und wiederkehrenden Formeln auf ihre Stimmigkeit zu prüfen, und zwar auf ihre Bezogenheit untereinander, auf die neuen, spontaneren Elemente und auf die aktuelle Situation (der Gottesdienstteilnehmer und -teilnehmerinnen). Ritualisierte Formen sollen das Heimischwerden im Schulgottesdienst fördern, indem sie unsere Schritte in diesen weiten Raum sicherer machen und uns so den gedeckten Tisch entdecken und erreichen lassen. Insofern nehmen Rituale eine Verkündigungsaufgabe wahr. Es muß aber immer wieder kritisch überprüft werden, ob sie der beabsichtigten Funktion noch gerecht werden oder ob sie, z. B. durch zu häufige Wiederkehr, ihre Aussagekraft eingebüßt haben. Das Vaterunser beispielsweise steht in der Gefahr, mit der Zeit in »bewußtloses« Geplapper abzugleiten. Man kann dies zu verhindern suchen, indem das Gebet gelegentlich gesungen oder mit weiterdenkenden Zwischentexten verlebendigt wird. Oder etwa die segnende Sendung in die Welt am Ausgang der Versammlung stellt uns unter die bergende Hand Gottes, nimmt uns zugleich bei der Hand und führt uns zu den Lebensorten, an denen wir unsere Verantwortung für die Weltgestaltung wahrzunehmen haben.

4. Symbolische Kommunikation

Die Kommunikationsforschung zeigt, daß z.B. Kasualgottesdienste darum begehrter sind als der Sonntagsgottesdienst, weil sie mit ihrem stabilisierenden und orientierenden Ritual besonders den Beziehungsaspekt der Kommunikation (analoge Kommunikation) betreffen, während der mehr die Ratio ansprechende Predigtgottesdienst vorwiegend den Inhaltsaspekt (digitale Kommunikation) repräsentiert.[65] »Im Ritus und im Symbol wird die religiöse Tiefendimension menschlicher Existenz zur Erfahrung gebracht.«[66] In der »Kirche des Wortes« hat hier und da ein neidisches Hinüberschauen zur traditionell symbolerfüllten Gottesdienstpraxis der katholischen Schwesterkirche eingesetzt. Der von der Medizin und Psychologie, der Soziologie und Pädagogik gebrauchte Begriff der Ganzheit hat vor allem mit der Esoterik-Welle als »Ganzheitlichkeit« Eingang in die religiöse und theologische Sprache gefunden. Man kann und will sich in den Bemühungen um einen lebendigen Gottesdienst die Ansprechbarkeit des Menschen durch Zeichen, Bilder, Gegenstände und symbolische Handlungen zunutze machen.

Das führt in der Schulgottesdienstpraxis mitunter zu einer krampfhaften »Symbolsuche«, wie an folgendem Vorbereitungsbericht deutlich wird:

Wir (einige Schüler und Schülerinnen, Lehrer und Lehrerinnen und der Verf.) sitzen im Spätsommer zusammen, wie immer unter Zeitdruck, um einen Schulgottesdienst für die Klassen 5 und 6 inhaltlich zu planen. Unsere Überlegungen verdichten sich wie schon so oft fast unmerklich zur Suche nach dem geeigneten anschaulichen Symbol. Selbst die Orientierung am Kirchenjahr, also am bevorstehenden Erntedankfest, läßt uns im Blick auf diese Altersgruppe nicht recht weiterkommen. Da hat ein Religionslehrer den rettenden Einfall: die Sonnenblume. Alles atmet auf. Der »Retter« kramt auch noch ein Lied zur Sonnenblume aus seinen gesammelten Blättern. Das ist es. Sogar das Singen scheint damit schon halbwegs gesichert. Einer anderen fällt der Kanon ein: »Vom Aufgang der Sonne«. »Was wir da singen, läßt sich gestisch darstellen«, weiß eine Dritte. »Wir könnten Sonnenblumenkerne an die Schüler verteilen; man kann sie sogar zu Hause einpflanzen …« – »Aber sie sind auch sehr stark kadmiumbelastet.« – »Wunderbar, dann kommt der Umweltaspekt im Erntedankgottesdienst auch nicht zu kurz …« usw. So kommt die Vorbereitung voran und macht Spaß. – Ich verdränge zunächst den fragenden Gedanken, für welches biblische Kerygma die Sonnenblume Sinnbild sein kann. Auch will ich jetzt nicht daran denken, daß die lebenspendende Sonne und der Same als Symbole eines fortwährenden Naturkreislaufes schon viel zu oft an die Stelle Gottes erhoben wurden. – Über Ps 104 und Gen 8 gelangen wir dann zur Aussage: (Ernte-)Dank für Gottes gnädige Fürsorge, für seine Schöpfung und damit für uns. Aber wir werden auch bei der Feier des Gottesdienstes den Eindruck nicht los, daß Symbolgegenstand und Texte nicht so recht harmonieren.

Ein scheinbar trefflicher »Aufhänger« garantiert noch keinen beziehungsstiftenden Gottesdienst. Die präsentierten Gegenstände dienen lediglich der

Illustration und zwängen damit auch die Texte in den Rahmen des Sichtbaren. Symbole und Worte legen sich nicht gegenseitig aus, sondern schließen das jeweils andere zu.

4.1. Zum Symbolverständnis

Symbole wollen das Gegenteil des soeben Skizzierten. Sie bieten wesenhaft mehrere Deutungsmöglichkeiten, führen die inneren Sinne in verschiedene Richtungen über das Sichtbare hinaus: Der Stein als »lebendiger Stein des Hauses Gottes«, als »Stein des Anstoßes, den die Bauleute verworfen haben« oder als Tötungswerkzeug bei der Steinigung. Die Blume – Sinnbild für die Schönheit der Schöpfung sowie des aufblühenden menschlichen Lebens und zugleich in ihrer Kurzlebigkeit Zeichen für die Begrenztheit alles irdischen Daseins: »Ein Mensch ist in seinem Leben wie Gras, er blüht wie eine Blume auf dem Felde; wenn der Wind darüber geht, so ist sie nimmer da, und ihre Stätte kennt sie nicht mehr« (Ps 103,15f). Die Aussagekraft dieses Vergleichs ist in Palästina noch stärker, wo der heiße Wüstenwind eine Blume innerhalb kürzester Zeit verdorren läßt.

All das macht höchst einsichtig, was Jürgen Moltmann in Anlehnung an Paul Ricoeurs Symbolbegriff zum »Bedeutungsüberschuß« des Symbols erklärt: »Durch die Bewegung des ›Mehr-bedeutens‹ stellen Symbole keine Tatbestände fest, sondern setzen Erfahrungen frei. Symbole definieren nicht, sondern ›geben zu denken‹ und laden zu neuen Entdeckungen ein. Symbole sind als Initiativen für Erkenntnis- und Deutungsprozesse zu verstehen.«[67]

Die wesensmäßige Vieldeutigkeit eines Symbols kommt auch in der Übersetzung des griechischen Grundverbums symballein zum Ausdruck, das vornehmlich mit »zusammenwerfen« und »zusammenfügen« wiederzugeben ist. Zu denken ist dabei an den »antiken Brauch, beim Abschied zweier Menschen voneinander einen Ring oder eine Tontafel zu zerbrechen und die beiden Teile als Pfand der Zusammengehörigkeit je bei sich zu tragen. Damit ist die Grundbedeutung des Begriffs gekennzeichnet: Das Symbol verbindet, es hat Mittlerfunktion ...«[68] Das Verbum – das Substantiv kommt im Neuen Testament nicht vor –, das auch »erwägen«[69] bedeuten kann, wird z.B. für den Vorgang gebraucht, den die Ankündigung der Geburt Jesu in Marias »Herz« auslöst (Lk 2,19).[70]

Symbole haben hinweisenden Charakter. Sie weisen über sich selbst hinaus. Sie erschließen eine tiefere Dimension, ohne diese völlig entblößt ans Licht zerren zu können. Also öffnen und verbergen sie zugleich. Dadurch bleiben sie reizvoll und spannend. Das Kreuz beispielsweise, das zentrale Symbol der Christen, verbindet Vergangenheit, Gegenwart und eschatologische Zukunft: Es erinnert an Jesu Tod, der in seinem Stellvertretungscharakter – Jesus trug keine eigene Schuld, sondern die der Menschen – bis zu uns reicht. Zugleich ist das Kreuz ohne Korpus Zeichen der Auferstehung. Der Gekreuzigte lebt und verheißt Leben, das der Tod nicht zerstören kann. Darin symbolisiert das Kreuz auch die Zwiespältigkeit unserer Welterfahrung: Ungerechtigkeit und

Gerechtigkeit, Haß und Liebe, Tod und Leben. Es bildet die Realität ab. Der Mensch fühlt sich verstanden und ernstgenommen. Zugleich trägt ihn das Symbol über seine Grenzen hinaus. Das Kreuz erfährt spontane Akzeptanz, nicht nur wegen seiner Eindeutigkeit, sondern gerade auch aufgrund seiner Mehrdeutigkeit.

Die Vieldeutigkeit des Kreuzsymbols zeigt aber auch, daß es ohne verbale Deutungshilfe nicht seine ganze Symbolkraft entfalten kann. Wort und Symbol sind aufeinander angewiesen – in welchem Verhältnis, ist umstritten:

H. Halbfas etwa vertritt einen nahezu sakramentalen Symbolbegriff. Obwohl auf den Religionsunterricht bezogen, weist sein Ansatz zwar geradewegs zum Gottesdienst: »Symbole wollen nämlich nicht gewußt, sie wollen erfahren werden ... Was heißt dann Symboldidaktik? Es ist primär kein verbal-erklärender Weg, sondern ein ganzheitlicher Prozeß, der Schweigen und Handeln, Erzählen und Spielen, Arbeiten und Feiern, Text, Bild und Musik umgreift«,[71] aber das Symbol wird völlig unkritisch zum alleinigen Medium einer »partizipatorischen Hermeneutik« erhoben; H. Halbfas erwartet sogar von der Symboldidaktik die Stiftung eines »Symbolsinn(s)« (»das dritte Auge«), der religiöse Einsichten ermöglicht.[72] Der auf die rationale Erkenntnis zielende Aspekt der biblischen Überlieferung wird vom sinnenhafteren Symbol und Mythos verdrängt bzw. aufgesogen.

Demgegenüber weist *J. Scharfenberg* auf die Mehrdeutigkeit der Symbole hin und greift auf seinen eigenen biblisch-reformatorischen, psychotherapeutischen Ansatz (»Konflikt als anthropologische Grundkategorie«) zurück, nach dem Symbole Tradition und Situation vermitteln sollen.[73] Hier kommt den Symbolen die gleiche situationsverändernde Funktion und der gleiche Rang wie dem biblischen Wort zu.

P. Biehl[74] schließlich stellt dem ontologischen Ansatz P. Tillichs den christologischen E. Jüngels gegenüber und kommt in Anlehnung an P. Ricoeurs Grund-Satz: »das Symbol gibt zu denken« (62) zu dem Ergebnis: »Symbole geben zu verstehen und zu lernen« (64). Einerseits sieht er in Metaphern »Kontexte, die den vieldeutigen Sinn der religiösen Symbole präzisieren können« (40), und erkennt die »Tendenz zur Idolisierung« von Symbolen (63); andererseits fordert er, daß »symbolische Kommunikation der Symbolinterpretation grundsätzlich vorausgeht« (62), und hält religiöse Symbole »um ihrer selbst willen« für notwendig (64), so daß seine Sicht des Verhältnisses von Symbol und deutendem Wort m. E. verschwommen bleibt. Hinsichtlich des Gottesdienstes ist bemerkenswert, daß P. Biehl die helfende Funktion christlicher Symbole und Metaphern gerade dann erwartet, »wenn sie dem Spiel und Fest verbunden bleiben, in denen der von Jesus realisierte Schalom gefeiert wird, und wenn sie zugleich für das Kommende öffnen« (64).

Ich folge einem engeren Symbolverständnis, das von der Mehrdeutigkeit, situationsabhängigen Intentionalität und infolgedessen der Deutungsbedürftigkeit jedes Symbols ausgeht,[75] weil es mir der notwendigen Bezogenheit von Wort Gottes und christlichem Symbol adäquat erscheint. Wort und Symbol übertreffen und erschließen sich gegenseitig.

Eine Gestalt des Symbols, in der beides nahezu in eins fällt, ist die *Metapher*

(Bildwort, Sprachbild), etwa Jes 55,1c: »Kommt her und kauft ohne Geld und umsonst Wein und Milch.« Die Absicht dieses Wortes ist nicht, uns Wein und Milch lediglich illustrierend vor Augen zu malen, sondern Gott selbst in den angebotenen Lebensmitteln erscheinen zu lassen. »Die Metapher ist visualisierte Erfahrung, wie wir sie in unserem Leben machen, die auf Transzendenz bezogen ist ...«[76] Noch direkter stellt das Symbol in der Form des Sprachbildes »Ich bin der Weinstock, ihr seid die Reben« (Joh 15,5) eine Beziehung zwischen Diesseitigem und Jenseitigem her.[77]

Die Tatsache, daß die Bibel mit Vorliebe im Bild spricht, erweist die reformatorische Unterscheidung von verbum visibile und invisibile (Apologie XIII,5) als kurzsichtig. Die innere Anschauung, die die Bildhaftigkeit des verbum visibile in Vergleichen, Metaphern, Gleichnissen und Symbolworten vermittelt, darf nicht übersehen werden. Erfahrungsgeschichten und Sprachbilder sind die Sprachformen, in denen die Bibel Gottes Reich bezeugt, und das eine findet sich häufig in dem anderen. Erlebte und erwartete Geschichte korrespondieren. Das Volk Gottes (des alten und des neuen Bundes) lebt in der Spannung zwischen geschehener und verheißener Befreiung. Symbole halten diese Spannung wach, indem sie die jenseitige Wirklichkeit (geheimnisvoll) in die diesseitige hineinholen und damit die Welt im vollen Sinn des Wortes Gottes realistisch abbilden (Kreuz, Wasser, Brot, Licht, Erde, Regenbogen ...).

Bezeichnenderweise werden ebenso die (rein sprachlichen) christlichen Glaubensbekenntnisse »Symbolum« (im Sinne von Erkennungszeichen) genannt.[78] Auch in ihren Worten drückt sich ein die bloße Anerkennung von Dogmen überschreitendes mehrdimensionales Kommunikationsgeschehen aus.

Aber nicht nur Worten wächst Symbolcharakter zu, auch *Sachen* können über ihre bloße Gegenständlichkeit oder Funktionalität hinausweisen. Der Symbolgehalt der Blume etwa, auch in der biblischen Bildersprache, wurde schon beschrieben (s. S.73). Dennoch gibt z.B. die Sonnenblume aus sich heraus weder etwas von Gott zu erkennen, noch verleiht sie unserem Erntedank Sprache. Erst die verbalen Hinweise in Form eines Liedtextes, eines Bibelwortes oder einer Meditation lassen sie zum sprechenden Symbol des Gott zu dankenden Lebens werden. Nicht die möglichst intensive Betrachtung macht etwas Irdisches zum Sinnbild für Ewiges, sondern allein der Sinnzusammenhang, in den es durch das Wort gestellt wird.[79] Ein dingliches Symbol mag viel sagen, aber ohne das deutende Wort des Evangeliums sagt es nichts Erhellendes über die in Christus bereits veränderte Wirklichkeit; es läßt bestenfalls in seiner sichtbaren äußeren Gestalt etwas namenloses Unsichtbares erahnen.

Bei dieser erneuten Hervorhebung des Wortes darf allerdings nicht vergessen werden, daß auch die gelesenen und gehörten Worte, also auch das Wort der Bibel, »nur« zeichenhafte, hinweisende Funktion haben kann: »Alle Sprachformen sind Symbole, nicht die Dinge selbst, nicht verabredete Zeichen, sondern Laute, welche mit den Dingen und Begriffen, die sie darstellen, durch den Geist, in dem sie entstanden sind und immerfort entstehen, sich in wirklichem, wenn man es so nennen will, mystischem Zusammenhang befinden.«[80]

Gegenständliche Symbole sind häufig wesentliches Element einer *symbolischen Handlung:* das Wasser der Taufe, Brot und Wein beim Abendmahl oder auch eine Zündholzschachtel, die als Baustein mit vielen anderen zu einem Kirchenmodell aufgebaut wird (s. S. 15). Aber auch »Formen des Spiels, Tanz, Meditation, Pantomime« sind »›Gattungen‹ symbolischer Kommunikation«.[81]

Schließlich fungieren im Gottesdienst sprachliche *Formeln* symbolisch, z. B.: »Im Namen des Vaters …«, »Der Herr segne dich …«. Sie verbinden Gott und Mensch, Gegenwart und Zukunft im Horizont des Reiches Gottes.

Die Differenzierung des Symbolbegriffs und die dabei entdeckte Verwandtschaft des Symbols mit dem Wort zeigen, daß Kommunikation gar nicht ohne Symbole denkbar ist. Das gilt »angesichts der Transzendenz Gottes«[82] in besonderem Maße für das Gottesdienstgeschehen. Erst recht der Schulgottesdienst unter seinen speziellen jugendkulturellen Bedingungen kann auf die symbolische Kommunikation in nonverbaler und verbaler Form nicht verzichten. Ich fasse die Gründe zusammen:

○ Symbole sprechen den Menschen ganzheitlich an. Nicht jedes Symbol sucht durch alle Sinne gleichzeitig Eingang, aber alle führen über ein bloßes Hören und Sehen tiefer zu einer inneren Anschauung. Sie erreichen das »Herz«, nicht nur den Verstand. Schon daraus ergibt sich, daß die symbolische Kommunikation einfacher und »zugleich komplexer als die rein verbale« ist.[83] »Symbole versinnbildlichen oft etwas, was anders gar nicht ausgedrückt werden kann.«[84]

○ Symbole spannen eine Brücke von der Diesseitserfahrung zum anderen Ufer der jenseitigen Welt Gottes. Das Gottesreich kommt zu uns, und wir finden Zugänge zu ihm. Es wird im »Schon-jetzt-und-noch-nicht« antizipatorisch erfahrbar.

○ Symbole dienen nicht nur der Offenbarung, sondern auch der notwendigen Verhüllung.[85] »Symbolische Kommunikation trägt so der Verborgenheit Gottes in seinem Offenbarsein Rechnung …«[86]

○ Jedes Symbol ist vieldeutig. Es gibt zu denken (Ricoeur).

○ Vieles kann zum Symbol werden, aber nichts verkündigt schon durch seine rein materielle Anwesenheit das wirklichkeitsverändernde Evangelium. Erst ein verbaler Deutungsanstoß oder der Sinnzusammenhang, in dem das Symbol erfahren wird, wecken seine Kraft. Symbol und Wort sind aufeinander angewiesen.

4.2. Gefahren symbolischer Kommunikation

Die zum Leben und Gottesdienst wesensmäßig und unvermeidlich hinzugehörende symbolische Kommunikation birgt im wesentlichen zwei Gefahren in sich: die der Idolatrie und die der Klischeebildung.

Wie das Ritual als ein (symbolischer) Vorgang, so kann sich auch ein gegenständliches oder personhaftes Symbol verselbständigen. Es weist dann nicht mehr über sich hinaus, sondern zieht die Aufmerksamkeit auf sich selbst. Es ist dann kein Sinnbild oder Sprachbild des Heils mehr, sondern beansprucht selbst Heilsmächtigkeit. In jedem Falle ist der Mensch Produzent solcher götzendienerischer Überbewertung eines Symbols: Entweder maßt er sich selbst aufgrund des ihm mit der Schöpfung gegebenen Gestaltungsauftrages oder irgendeines (auch geistlichen) Amtes diese Herr-(schafts)-funktion an, oder er steigert die Qualität eines gegenständlichen bzw. rituellen Symbols zu einem Heilsobjekt; das Heil wird verdinglicht.

Für das erstere erspare ich mir Beispiele zu nennen, die die Menschheits- und Kirchengeschichte in Hülle und Fülle bietet. Letzteres geschieht m.E. zumindest potentiell in (allen) Weihehandlungen: das Weihen des Taufwassers, das Bespritzen der Eheringe mit geweihtem Wasser, die Transsubstantiation, aber auch die Weihung von Altären, Orgeln, Kirchengebäuden usw. Ich vermag durchaus positiv zu erkennen, daß durch solche »symbolische Besprechung« der Symbolgehalt und die geistliche Funktion der Objekte bewußt gemacht werden soll, aber ich muß ebenso feststellen, daß dadurch die Gefahr eines abergläubischen, magischen Mißverständnisses gesteigert wird. Die Gefahr ist deshalb so groß, weil der Mensch seiner Natur gemäß dazu neigt, Gott dingfest machen zu wollen.[87] Dazu hilft ihm jede geistlich/kirchlich legitimierte Aufhebung der Differenz zwischen Zeichen und Bezeichnetem. So kann sich unter frommem Vorzeichen und vielleicht bester Absicht unmerklich Götzendienst an die Stelle von Gottesdienst schieben. Aus dem Symbol wird ein Idol. Aus diesem Grunde haben die Reformatoren, besonders Calvin und Zwingli, gegenüber allen Riten, Symbolen und Bildern das Wort auf den Thron gehoben, und wir tun gut daran, bei aller notwendigen Wiederentdeckung des Symbolischen, nicht hinter ihre Reform zurückzugehen.

Die andere Gefahr der Klischeebildung wird vor allem vor dem Hintergrund psychoanalytischer Betrachtungsweise beschworen: H.-J. Thilo denkt hier insbesondere an die inhaltliche Entleerung einer Symbolhandlung, die nur nachgeahmt aber nicht sinnlich bewußt gemacht wird: »Die eigentliche Pervertierung des Symbols geschieht jedoch in seiner Erstarrung zum Klischee. Dabei wird zwar das Symbol noch vollzogen, es entbehrt aber seines Inhaltes ... Selbst ein so eindeutiges Symbol, wie die Handauflegung im Gottesdienst ist vor der Pervertierung nicht bewahrt ... Der ... Mißdeutung machen sich ... kirchliche Amtsträger schuldig, die da meinen, die Hand im Abstand von einigen Zentimetern über dem zu Segnenden halten zu müssen. Hier ›fließt‹ dann nichts mehr, hier wird nichts gespürt, sondern ein Symbol zum Klischee herabgewürdigt.«[88]

Die Kinder und Jugendlichen im Schulgottesdienst sind wohl mehr noch als die Erwachsenengemeinde empfänglich und bereit zu symbolischer Kommunikation. Die Beachtung der Interdependenz von Wort und Symbol hilft dazu, Sprachbilder, Handlungen und Gegenstände bewußt einzusetzen, ohne den markierten Gefahren zu erliegen.

4.3. Wort und Sakrament

Die gegenseitige Bezogenheit von Wort und Symbol machen auch die Sakramente evident. Zwar hat man diese von jeher Zeichen genannt, sie haben jedoch nicht nur hinweisenden Charakter, sondern sind nach den Kriterien der Vieldeutigkeit und der analogen Kommunikation eindeutig als Symbole, ja als christliche Ursymbole zu bezeichnen.[89]

Das verkündigte Wort – in seiner Abhängigkeit vom offenbarten und geschriebenen Wort Gottes[90] – ergeht in unterschiedlicher Gestalt. Zum hörbaren Wort (auch in Form von Sprachbildern) tritt das sogenannte sichtbare Wort: die Sakramente. Beide Mitteilungsweisen sind zu differenzieren, aber nicht zu trennen. Über ihr Verhältnis zueinander hat man viel nachgedacht und gestritten.[91] Die Positionen reichen von der Unterordnung der Sakramente unter das Wort (Zwingli) bis zur Überordnung (Tridentinum). Trotz der Extremhaltung Zwinglis (Zeichen) und Luthers Feststellung, daß »... alles Gottis diensts das groessist und furnempft stuck ist Gottis wort predigen und leren ...«[92] (die eine Reaktion auf die Überbetonung des Sakraments in der römischen Messe sein dürfte), kann die Gleichrangigkeit von Wort und Sakrament als reformatorischer Konsens betrachtet werden.[93]

Für die einer rationalistischen Sakramentsentleerung bezichtigten Reformierten weist P. Jacobs auf die zwei sehr scharfen Voten des Schottischen und des Niederländischen Bekenntnisses hin[94] und hält als Extrakt des Heidelberger Katechismus fest: »Das Wort steht hier nicht gegenüber dem Sakrament, sondern schließt das Sakrament als das sichtbare Wort mit ein ... Das Verhältnis von Wort und Sakrament ist ein polares der inneren Bezogenheit. In diesem Sinne ist das Wort selbst Sakrament und das Sakrament selbst Wort ... Alle Deutungen, wonach das Wort das rationale und das Sakrament das leibliche ... Moment der Gnade zum Ausdruck bringt, sind abwegig ... Wort und Sakrament gehören zu einer Größe zusammen – im Bild gesprochen – als die eine Ellipse mit den zwei Brennpunkten ...«[95]

Die gegenseitige Abhängigkeit von Wort und Sakrament wird natürlich ebenso gegenüber einer etwaigen Bevorzugung der sinnenhafteren Sakramente etwa von lutherischer Seite so betont: »Nichtverbale Zeichen und Handlungen sind selten eindeutig ... Deshalb muß das Wort zur Handlung hinzutreten, um sie eindeutig, unverwechselbar zu machen ... Worte und Zeichen sind aufeinander angewiesen ... Ohne das Wort bleiben alle Zeichen leer ... Ohne Zeichen solcher Art bleibt das Wort tot.«[96] – Beide Voten lassen nichts an Deutlichkeit zu wünschen übrig.

Das Wort Gottes, wie es uns in der Heiligen Schrift bezeugt wird, ist also »ganzheitlich« zu verkündigen. Greifbar, mit allen Sinnen erfahrbar ist es im Wasser der Taufe sowie im Brot und Wein des Herrenmahls. Bildhaft ist es in der Sprache der Bibel mit ihrem überaus großen Reichtum an Gleichnissen, Metaphern und Symbolen. Bevor wir nicht von diesem reich gedeckten Tisch genossen haben – umsonst! –, sollten wir unseren menschlichen Bild- und Machwerken nicht zuviel zutrauen. Die Symbole und Bilder, die Jesus selbst uns gibt, haben mehr Verheißung als unsere Abbilder.

So antwortet die reformierte Theologie auf die Symbolbedürftigkeit des Menschen mit dem Hinweis auf Taufe und Abendmahl, die einzigen Symbole, die Jesus ausdrücklich eingesetzt hat: »Wenn jene (die Gegner der Reformierten, W.N.) einwandten, im Gottesdienste müßten nicht nur unsere Ohren, sondern auch unsere Augen zu ihrem Rechte kommen, wiesen sie (die reformierten Väter, W.N.) auf die sichtbaren Zeichen hin, die Jesus selbst eingesetzt hat, die heilige Taufe und das heilige Abendmahl. Was die Gemeinde hier zu sehen bekommt, genügte nach ihrer Meinung völlig.«[97]

Das Sehen und das Fühlen werden in der Taufe aktiviert; beim Abendmahl kommen der Geruchs– und Geschmackssinn hinzu.

Aber womit werden die Sinne erreicht? Die Verhältnisbestimmung von Wort und Sakrament darf nicht verdecken, daß es in diesen beiden Gestalten des verkündigten Wortes um die Begegnung mit Christus, dem einen Wort Gottes geht. Die kontroversen Auffassungen von Lutheranern und Reformierten zur Realpräsenz Christi im Abendmahl[98] sind in der Leuenberger Konkordie (1973) auf einen gemeinsamen Nenner gebracht worden: »Im Abendmahl schenkt sich der auferstandene Jesus Christus in seinem für alle dahingegebenen Leib und Blut durch sein verheißendes Wort mit Brot und Wein.«[99]

Neben dieser »Res-Präsenz« ist schließlich Christi Nahesein in Gestalt der koinonia (»Ekklesia-Präsenz«) zu bedenken. »Die konkrete, ja unentrinnbar handgreifliche Funktion im Gottesdienst hat der – Bruder!«[100] Bruderschaft, richtiger: Geschwisterschaft findet in der Abendmahlsgemeinschaft ihre konkreteste Verkörperung. Dort hat sie ihren Kristallisationspunkt, nimmt dort ihren Ausgang und ihre Nahrung, um in der Welt den Leib Christi abzubilden. Wie die Glieder eines Leibes aufeinander angewiesen sind, so erfahren die Christen in ihrem gottesdienstlichen Leben sichtbar und greifbar ihren Herrn.

Darum müssen Taufe und Abendmahl – auch unabhängig von reformierten Überlegungen – als zutiefst den ganzen Menschen ansprechende Symbole wieder mehr Beachtung finden. Dabei kommt dem Abendmahl besondere Bedeutung zu, weil es im Gegensatz zur Taufe beliebig oft gefeiert werden kann (vgl. Apg 2). Wenn auch unter erschwerten Bedingungen, so kann die Einheit von Wort und Sakrament doch gleichfalls im Schulgottesdienst gewahrt bleiben.

5. Die Verwendung von Bildern

Diffiziler noch wird die Problematik des Verhältnisses von verbaler und nonverbaler Kommunikation bei Bildern.

Bilder können zum einen Abbilder sein, die im Gegensatz zum unabgeschlossenen, offenen Symbol eher abschließen und eingrenzen. Ein solches Bild faßt das in den Rahmen einer Reproduktion, was immer mehr ist als abgebildet werden kann. Es wirkt indirekt, sozusagen über den Umweg der technischen, künstlerischen Wiedergabe. Ein Abbild bietet in der Regel nur die zweidimensionale Ansicht der Sache, kann aber sehr wohl, z. B. in seiner prototypischen Ausformung, dem »Goldenen Kalb« (Ex 32), körperliche, mehrdimensionale Gestalt annehmen.

Zum andern können Bilder – auch als Abbilder – ebenso wie Symbole über sich hinausweisen und so etwas sichtbar machen, was ohne sie nicht zu sehen wäre.[101] Die Gemälde Caspar David Friedrichs beispielsweise sollen nicht nur Naturszenen »naturgetreu« wiedergeben, sondern als eine Art Gottesdienst den Schöpfer preisen.

Die helfende Funktion des Bildes und die ihm gleichzeitig anhaftende Gefahr der Verzeichnung, der »Ver-bildung«, fordert seit jeher die kritische Betrachtung jedweden Bildes heraus. Bibel und Literatur sind voll von Hinweisen zu und Auseinandersetzungen mit dieser Diskrepanz.

5.1. Zur Funktion der Bilder

Das Bild wird durch das Auge wahrgenommen. Es wäre aber »kurzsichtig«, wollte man im organischen Vorgang der Sinneswahrnehmung »sehen« schon die Wirkung eines Bildes für beschrieben halten. Auch die Verarbeitung des Gesehenen durch den Verstand erschöpft noch längst nicht die Aufnahmemöglichkeiten, die ein Bild dem Menschen bietet. Die deutsche Sprache hält alternative Verben bereit: »Schauen« bezeichnet eine Vertiefung des Vorgangs in eine innere Wahrnehmungsschicht: Mit dem »inneren Auge« vermögen wir Beziehungen zu erfassen, Signale aufzufangen, die mit dem (bloßen) Auge nicht zu erkennen sind. Antoine de Saint-Exupéry hat diese Einsicht poetisch formuliert: »Man sieht nur mit dem Herzen gut. Das Wesentliche ist für die Augen unsichtbar.«[102]

Das Verbum »betrachten« läßt ebenfalls eine tiefere Wahrnehmungsebene assoziieren. Wir nehmen uns Zeit, z. B. das Bild eines Baumes auf uns wirken zu lassen. Wir meditieren die äußerlich sichtbaren Wurzeln, Stamm, Äste, Blätter und Früchte und gelangen darüber zu Einsichten in die Zusammenhänge des Lebens, das verwurzelt sein muß, um Nahrung aufnehmen, fest stehen und seine vielfältigen Funktionen wahrnehmen zu können. Dieses Bild liegt z. B. den Worten Jeremias über den Segen des Gottvertrauens (17,7f) zugrunde. Ein gemaltes[103] oder fotografiertes Bild, vielleicht auch als Collage selbst hergestellt, gewährt Einsichten und vermag eine Botschaft der Bibel zum deutlicheren »Sprechen« zu bringen.

Ganz vordergründig dienen Bilder auch der Behaltbarkeit des Dargestellten.[104] Dieser lerntheoretische Aspekt gehört zur didaktischen Funktion des Bildes, wie es sie etwa in der biblia pauperum des Mittelalters besaß.

»Die moderne Unterscheidung von Illustration bzw. Anschauungsmaterial einerseits und Kerygma andererseits verkennt den Leseanspruch, den Bilder stellen.«[105] Davon wiederum ist ein ästhetischer Aspekt nicht zu trennen: Frère Roger, der mit seiner Bruderschaft in Taizé in den letzten Jahren Ikonen in die gottesdienstlichen Feiern einbezieht, betrachtet die Kunst als Gabe Gottes, die die »einfache Schönheit der Schöpfung« sichtbar macht: »Ohne Kunstschaffen gewinnen puritanische Strömungen, und in ihrem Gefolge schlechtes Gewissen, die Oberhand. Die Kunst selbst kommt von Gott. Es gibt Künstlerhände, die Gesichtern aus dem Evangelium, Christus, der Jungfrau Maria, so stark Ausdruck geben, daß ein einfacher Blick in ihnen das Geheimnis Gottes erahnt ... Es hebt sich der Schleier über dem Unsäglichen Gottes.«[106]

Bilder können also Ansichten vom Menschen und von Gott eröffnen, die sich nicht in Worte fassen lassen. Dementsprechend vertritt D. Trautwein die These: »Nur um den Preis von Wirklichkeitsverlust können die Werke heutiger bildender Kunst aus dem Gottesdienst ausgeklammert werden.«[107] Sie »dient dem meditativen Nachdenken, vertieft das Fragen nach den ›letzten Dingen‹, trägt zu jener Sensibilisierung bei, die für das verantwortliche Zusammenleben von Menschen immer wichtiger wird.«[108]

In Anbetracht neuerlicher rechtsradikaler Stimmen gegen »entartete Kunst« spricht Trautwein dem sensibilisierenden Lernmittel Bild im Gottesdienst zudem eine »hochpolitische Funktion« zu.[109]

Solche Bilder moderner Kunst sind von der mehr oder weniger realistischen Darstellung biblischer Szenen und Gestalten in der klassischen Kunst und der Ikonographie zu unterscheiden. Ein Beispiel ist die nach dem Bombenangriff auf die baskische Stadt Guernica 1937 entstandene Leidensdarstellung von Pablo Picasso.[110] Derartige Bilder versuchen nicht, Gott ins Bild zu setzen, sondern das Bild hat seine Eigenaussage, die exegesiert sein will wie ein Bibeltext. Beide zusammen, das »autonome« Bild und der (nicht ins Bild zu bekommende) ebenso eigenständige biblische Text elliptisch aufeinander bezogen, ergeben die »vernachlässigte Predigtkategorie« der Bildpredigt.[111] Auch in dieser momentan aufstrebenden Predigtweise soll das Bild als »Quelle für Erfahrung« das Wort als »Quelle für das Evangelium«[112] nicht etwa verengen, sondern den Wahrnehmungshorizont der betrachtenden Hörer und Hörerinnen erweitern.

Bilder wie das »Passionsbild« von Picasso übernehmen auch die seelsorglich-ethische Aufgabe, »Verdrängungen aufzuarbeiten, in Krisen zu stabilisieren und Verhalten zu transformieren«.[113]

Eine weitere Kategorie von Bildern, die im Gottesdienst Verwendung finden, ist die der Ikonen.[114] Auch wenn der griechische Ausdruck eikōn wörtlich mit Bild zu übersetzen ist, zeigt die personalisierte Bezeichnung »Ikone« (fem.) an, daß es sich um mehr als ein bloßes Gemälde handelt. Die Darstellung Christi beispielsweise – häufig als Pantokrator – soll als Abbild dem Urbild so nahe kommen, daß es dem Betrachter in einer inneren Schau den Zugang zu Christus selbst erschließt. Die Sinneswahrnehmung soll zur geistlichen Erkenntnis und Beziehung führen. In einer Welt schmerzlicher Diesseitserfahrungen schaffen die Ikonen eine sinnlich erfahrbare Verbindung mit dem jenseitigen Gottesreich. Die wechselvolle 1000jährige Geschichte der russisch-orthodoxen Kirche gibt Zeugnis von der stärkenden und ermutigenden Kraft der »Ikonenfrömmigkeit« im gottesdienstlichen Leben.

Die theologische Legitimation für die menschliche Darstellung Christi sieht man seit dem Bilderstreit im 8./9.Jahrhundert in der Menschwerdung Jesu. So wird auch das Malen der Ikonen – seit Zar Peter dem Großen (1682–1725) den Mönchen vorbehalten – nicht als Kunst im kulturellen Sinne, sondern als geistliches Verkündigungswerk betrachtet (und entsprechend unter Gebet vollzogen). Angesichts ihrer Geschichte und ihrer tiefen geistlichen Bedeutung für die Christen der Ostkirchen werden wir verkopften »Westchristen« die Ikonen nicht vorschnell und besserwisserisch als illegitime Vergegenständlichung Gottes verwerfen dürfen.

Ikonen gewinnen – wenn auch nicht im inkarnatorischen Verständnis der Ostkirche – in den westlichen Kirchen zunehmend an Popularität; nicht nur durch ihre eigentümliche geheimnisvolle Ausstrahlung, die sie von anderen Kunstwerken unterscheidet, sondern auch dadurch, daß sie durch ihren gottesdienstlichen Gebrauch z.B. in Taizé einer breiteren kirchlichen Öffentlichkeit bekanntgeworden sind und vielen inzwischen als Meditations- und Gebetshilfe dienen.[115]

5.2. Das Bilderverbot im Alten Testament

Aufgrund der Tatsache, daß das zweite Gebot in seiner ausführlichen biblischen Version im katholischen und lutherischen Gebotskanon fehlt, und angesichts der gegenwärtigen weithin fraglosen Akzeptanz von Bildern in Religionspädagogik und Kirche entsteht der Eindruck, das Bilderverbot sei lediglich noch ein Fündlein einiger antiquierter Reformierter.[116] In einem anderen Licht dagegen erscheinen die Dinge, wenn man etwa A. Grözingers Herleitung der theologischen Ästhetik ausgerechnet aus dem Bilderverbot zur Kenntnis nimmt: »Das Bilderverbot ist … immer auch ein Bildergebot.«[117]

Was also sagt Ex 20,4–6, und was sagt dieses Gebot nicht? Das hebräische Wort pæsæl, das Luther mit »Bildnis« übersetzt, meint, wo immer es im Alten Testament vorkommt, ein geschnitztes oder gegossenes Gottes- bzw. Götzenbild (z.B. Jes 40,18–20). Es kann also sowohl ein Bildnis Jahwes als auch das Bild oder die plastische Gestalt irgendeines Götzen gemeint sein. Damit nimmt das zweite Gebot das erste interpretierend auf, geht aber nicht in ihm auf. Im Gegenteil: Im Zuge der Manifestation des Monotheismus hat das zweite Gebot eine größere Relevanz erhalten und schließlich das erste »aufgesogen«.[118]

Der zweite Ausdruck temunāh, von Luther mit »Gleichnis« übersetzt, bezeichnet eine »durch Kunst geschaffene Gestalt, Figur«[119] Dies Wort meint in Dtn 4 (V. 12.15.16.23.25) eine bildnerische, männliche oder weibliche Gestalt Jahwes, der »aus dem Feuer auf dem Berge Horeb« (V. 15) redete. Beide Ausdrücke werden auch in der vermutlich älteren Fassung des Dekalogs Dtn 5,8 gebraucht. Daraus ergibt sich zunächst eindeutig, daß das zweite Gebot den Versuch einer Abbildung Jahwes jedweder Art (einschließlich irgendwelcher Götzen, deren Verehrung ja schon das erste Gebot untersagt) verbietet, aber keinesfalls ein Verbot der Kunst schlechthin impliziert.[120]

Allerdings folgt nun (Ex 20,4b.c) erläuternd die Benennung des sichtbaren und unsichtbaren Gegenständlichen im Himmel, auf Erden und – entsprechend dem altbabylonischen Weltbild, in dem man sich die Erdscheibe von der Urflut um- und unterspült vorstellte – im Wasser unter der Erde. Damit wird das Verbot der Abbildung zwar auf alles Seiende ausgedehnt, dies kann aber m. E. nur im Zusammenhang mit dem Bedeutungsgehalt des Eingangssatzes gesehen werden. D.h., es geht immer noch um Gottes- oder Götzendarstellungen, also Kultbilder in der Gestalt von Geschöpflichem. Ein allgemeines Bilder- oder Kunstverbot ist auch aus dieser Näherbestimmung nicht ableitbar. Dem entspricht der weitere Kontext: »Bete sie nicht an und diene ihnen nicht« (V. 5).

Die nachfolgende Eifersuchtsformel (V. 5b–6) zeigt ergänzend zur Selbstvorstellung in V. 2 die Leidenschaftlichkeit Gottes und weist nachdrücklich auf die besondere Relevanz der beiden eingeschlossenen Gebote hin.

Warum wird Israel das Bilderverbot gegeben, und wie konnte es sich zu dieser Eigenständigkeit, Prägnanz und Relevanz, auf die schon sein Umfang schließen läßt, entwickeln? Der Grund liegt nicht etwa darin, daß Israel zu einer rein geistigen Beziehung fähiger gewesen wäre als seine Nachbarvölker und darum keiner Bildhaftigkeit seiner Gottesvorstellung bedurft hätte. Denn trotz einer grundsätzlich bildlosen Jahweverehrung gab es in Israel Symbole und bildhafte Kultgegenstände[121] für den gottesdienstlichen Gebrauch im Tempel. Zu denken ist hier an die Bundeslade, die überlebensgroßen Cherubim im Allerheiligsten (1. Kön 6,23–28) und die eherne Schlange, die Mose in der Wüste gemacht hatte (Num 21,8.9).[122] Granatäpfel, die vor allem im Hohenlied wegen ihrer prächtigen Blüten (6,11; 7,13) gerühmt werden, schmücken den Saum der Priestergewänder (Ex 28,33) und die Kapitelle der ehernen Säulen im Tempel (1. Kön 7,18.20). Sie dienten wohl nicht nur der Verzierung, sondern galten wegen ihrer vielen Kerne als Symbol der Fruchtbarkeit und somit als Hinweis auf den Segen Gottes.[123] Schließlich darf bei dieser Aufzählung einiger alttestamentlicher Symbole nicht die Fülle von Sprachbildern für Jahwe übersehen werden.[124]

Sprachliche oder gegenständliche Bilder werden in Israel also so weit bedenkenlos gebraucht, wie sie ihren eindeutigen Verweisungscharakter behalten.[125] Von den kanaanäischen Nachbarvölkern waren aber Kultbilder und -praktiken gleichsam von allen Seiten in die israelitische Jahweverehrung eingedrungen. Als Reaktion[126] darauf wendet sich das Bilderverbot gegen jede synkretistische Entfremdung des Jahweglaubens. So war selbst die eherne Schlange mit fremdreligiösen Darstellungen verwechselbar[127] und wurde infolgedessen im Zuge der Kultreform Hiskias zerstört (2. Kön 18,4).

Die Absicht des Bilderverbots ist es, die Personalität Gottes zu wahren.[128] Es widerspräche der Selbstoffenbarung Jahwes in Theophanie und Epiphanie, ihn in einem Kultbild zu verehren: Er will persönlich angesprochen werden, so wie er als Person geredet und gehandelt hat. Im Gegensatz dazu kannten und verehrten die Nachbarvölker Israels ihre Götter nur im Wesen des Bildes. Jedes durch Menschenhände wie auch immer gestaltete Bildnis Jahwes würde seine Personalität ignorieren und damit die personale Beziehung zerstören.

Zu dieser theologischen Ursache für das Bilderverbot tritt eine anthropologische: Der Mensch will Gott bei sich haben, sichtbar, greifbar, »um sich seiner jederzeit vergewissern zu können«[129]. Die Geschichte vom »Goldenen Kalb« (Ex 32) zeigt dies anschaulich: Nach der beeindruckendsten Erfahrung des rettenden Handelns Gottes hielt es das Volk schon nach kurzer Zeit der Abwesenheit des Mittlers Mose nicht mehr aus. Es war sogar bereit, das materiell Kostbarste zu geben, um das Gefühl der Nähe Gottes wiederzuerlangen. Die tote Gegenständlichkeit übt auf den (gottsuchenden) Menschen offenbar eine solche Faszination aus, daß er für die lebendige geistliche Gegenwart des »Ich-bin-für-euch-da« blind ist. Jahwe wird blindlings auf ein entstellendes gigantisches Gebilde reduziert. Im vermeintlichen Gottesbild steht dem Menschen lediglich sein Wunschbild, also nicht mehr als ein projiziertes »Menschenbild« gegenüber.

Das Verständnis von Jahwe als beziehungsfähiger und -williger Person schließt anthropomorphe Gottesvorstellungen nicht aus (z.B. Gen 2 u.3).[130] Zwar ist der Weg von einer Vorstellung zur Darstellung nicht weit. Aber gerade hier markiert das Bilderverbot deutlich die Grenze, die nicht überschritten werden darf, weil mit einer bildlichen oder gegenständlichen Darstellung das Wesen des lebendigen Gottes in das eines stummen Götzen verkehrt würde. Die Kultbilder der Nachbarreligionen sind Israel stets warnendes Beispiel.

Festzuhalten ist also, daß Israel aus gutem Grund nicht nur die Anbetung eines Bildes verwehrt wird – wie das zweite Gebot heute gemeinhin verstanden und damit eingegrenzt wird –, sondern auch die Anfertigung eines Jahwebildes. Gott läßt sich »nicht – und schon gar nicht eindeutig – abbilden«![131] Die traditions- und formgeschichtlichen sowie die anthropologischen Erwägungen machen deutlich, welches eigenständige Gewicht gerade dieses Gebot für die Lebendigkeit des Jahweglaubens der Israeliten hat. Darum ist es nicht einsichtig, daß die katholische Tradition und ihr folgend Martin Luther das Bilderverbot nicht in ihre Dekalogfassungen aufgenommen haben.[132] Oder steht das Gottesvolk des neuen Bundes nicht mehr in der Gefahr des Bilderdienstes?

5.3. Christus – das Ebenbild Gottes

Aus dem bisher Gesagten ergibt sich, daß die Herstellung oder gar der Einsatz von wie auch immer gearteten Jahwebildern im (Schul-)Gottesdienst nicht zur Disposition steht. Ungleich schwieriger und kontroverser diskutiert ist die Frage nach der Bedeutung des Bilderverbots für das christliche Bild im weitesten Sinne bzw. das Christusbildnis im engeren Sinne. Dazu ein kurzer Überblick über die Entstehung und Akzeptanz der christlichen Kunst in der Geschichte.[133]

Die Anfänge der christlichen Kunst liegen im 3. Jahrhundert. Zunächst stellt man alttestamentliche Szenen und neutestamentliche Wundergeschichten in der Regel auf Sarkophagen dar. Sogleich erhebt sich Widerspruch, ausgehend vom Bilderverbot. Der dem entgegengestellte Verweis auf Jesu Menschwerdung kann noch nicht überzeugen, da dieser dem Vater gleich nicht mehr leiblich auf Erden weilt. Außerdem wird die Anbringung der Bilder in Basiliken mit der menschlichen Ungelehrtheit und Schwachheit begründet. So halten sich die Argumente der Bilderbefürworter und -gegner in der westlichen Alten Kirche in etwa die Waage.

Die Situation ändert sich, als in der Ostkirche im 6./7. Jahrhundert die Ikonenfrömmigkeit entsteht. Das christliche Bild erhält (gleich den Kultbildern der Antike) eine heilsvermittelnde Qualität. Daran entzündet sich im 8. Jahrhundert ein Bilderstreit, der erst im 9. Jahrhundert mit dem Sieg der Bilderfreunde überwunden ist. Damit hat sich gegen das von den Bilderfeinden ins Feld geführte alttestamentliche Bilderverbot eine »Verehrung der Ikonen zusammen mit der von Kreuzen, Reliquien und Evangelienbüchern«[134] durchgesetzt. Das Hauptargument ist nun die Fleischwerdung Christi mit dem Hinweis, »daß auch nach der Auferstehung die darstellbare Leiblichkeit Christi erhalten blieb«.[135]

Im Westen konnten sich die Bilderfeinde noch länger behaupten, aber auch hier faßt nach dem byzantinischen Bilderstreit die Verehrung der Bilder Fuß, allerdings wird sie »theoretisch von der Anbetung Gottes unterschieden; in der Praxis war diese Unterscheidung wohl nicht immer gegenwärtig. Die Kirche betont vor allem den erzieherischen Wert der Bilder.«[136] In der »Bildertheologie der Hochscholastik« haben die Bilder »einen dreifachen Zweck: 1. Sie sollen die Andacht befördern … 2. Sie sollen an das Beispiel der Heiligen erinnern. 3. Sie sollen die Unwissenden belehren …«[137]

Gegner der Bilderverehrung sind im ausgehenden Mittelalter manche »Ketzer«, die die Verweltlichung der Kirche kritisieren: die Reformbewegungen der Waldenser, Wiclifiten und Hussiten, aber auch der Humanismus: »Erasmus stellt den gemalten Bildern Christi das Bild Christi in den Evangelien …, der Kreuzesverehrung die Kreuzesnachfolge … entgegen.«[138]

Ein neuer Streit um die Bilder wird durch die Reformation ausgelöst. Der lutherische Flügel geht in der Kritik an den Bildern wesentlich behutsamer vor als der reformierte, was bis heute z. B. an der Ausgestaltung der Kirchengebäude auf Anhieb zu erkennen ist. Martin Luther lehnt jeden Bilderkult ab, wehrt sich aber gegen die Bilderstürmerei, die nach seiner Ansicht nur das Gegenteil bewirkt. Er wendet sich vor allem gegen die Werkgerechtigkeit, die er im Bilderdienst zum Ausdruck kommen sieht. Bilder sind keinesfalls heilsnotwendig, aber sie können als »biblia pauperum« der Verkündigung und Unterweisung dienen. Luther steht mit seiner Auffassung zwischen Bilderfreunden und Bilderfeinden. Auffällig ist seine Argumentation, daß das Gesetz des Mose für uns nicht mehr gelte.[139]

Die Reformierten Zwingli und Calvin dagegen brachten das dekalogische Bilderverbot wieder in seiner ganzen Schärfe zur Geltung. Aus der Einsicht, daß jede Bilderverehrung Götzendienst ist (so auch Luther), folgert Zwingli, daß Bilder zur Götzenanbetung verleiten und darum aus den Kirchen zu entfernen sind.[140] Ebenso urteilt Calvin. Gegen die »gebräuchliche Redeweise, die Bilder seien ›der Laien Bücher‹«, wendet er bezugnehmend auf Jer 10,3 und Hab 2,18 ein, »daß alles nichtig, ja lügenhaft ist, was der Mensch von den Bildern lernen könnte«.[141] Er meint Gottes- und Götzenbilder, die allemal die Majestät Gottes verletzen. Der Heidelberger Katechismus als wesentliche deutschsprachige reformierte Bekenntnisschrift formuliert dies ebenfalls drastisch in Frage 98: »Dürfen denn die Bilder nicht als Anschauungsmittel in den Kirche geduldet werden? – Nein; denn wir sollen nicht klüger sein wollen als Gott, der seine Christenheit nicht durch stumme Götzen, sondern durch die lebendige Predigt seines Wortes unterwiesen haben will.«

Diese Auffassungen haben sich in den Jahrhunderten nach der Reformation kirchenspezifisch durchgehalten: Die Lutheraner schätzen bildliche Darstellungen des Glaubens, gebrauchen sie aber nicht als gottesdienstlichen Kultgegenstand. In den Gotteshäusern der Reformierten sieht man lediglich die aufgeschlagene Heilige Schrift als alleiniges Medium heutiger Gottesoffenbarung und einzigen Schmuck.[142] Alle anderen Bilder oder symbolischen Gegenstände, konsequenterweise sogar das Kreuz, fehlen, weil sie von der allein sach- bzw. persongemäßen Verkündigung im Wort ablenken könnten.

Es bleibt zu fragen, ob sich von Jesus Christus als dem einzigen, rechtmäßigen »Ebenbild des unsichtbaren Gottes« (Kol 1,15) ein adäquates Abbild herstellen läßt? Die Freunde des Christusbildes haben schon recht, wenn sie auf die Inkarnation des Logos verweisen. Die Menschwerdung Gottes erlaubt es uns, ihn mit menschlichen Mitteln zu bezeugen. Die Bibel tut es nicht anders. Richtig ist aber auch, daß sich die gleichzeitige Niedrigkeit und Herrlichkeit Christi nicht ins Bild setzen lassen. Hinzu kommt, daß er nicht in leiblicher Gestalt bei uns blieb. Die Darstellung seines irdischen Leibes – dessen äußeres Aussehen niemand festgehalten hat – erfaßt allemal nur einen Teil seiner Wirklichkeit.

Das Kriterium ist, ob die Bilder, ob die Kunst über sich hinausweisen oder die Blicke nur auf sich selber ziehen. Die »Predigt«, die Matthias Grünewald mit der Gesamtansicht und den Details des Isenheimer Altars hält, ist so wortgebunden evangelisch, daß sie manche wortreiche aber nichtssagende Predigt ersetzen kann. Andererseits gibt O. Weber angesichts des »Gepränges« in den Kirchen zu bedenken, »daß der heutige Mensch geradezu die Sucht hat, sich kultisch ›fangen‹ zu lassen, über sich selber hinausgehoben zu werden, dem religiösen Rausch, der Überwältigung sich hinzugeben«.[143]

Sind also gegen die heranrollende Welle christlicher Bilder für den Gottesdienstgebrauch Dämme aufzuwerfen, oder müssen die Schleusen nach einer jahrhundertelangen sinnlichen Enthaltsamkeit der Kirche des Wortes endlich geöffnet werden?

5.4. Präsentation und Entzug[144]

Es wirkt befreiend, die Gebote in der von Ernst Lange vorgeschlagenen Weise als Angebote von Freiheit zu verstehen:[145] Du brauchst dir kein Bild von Gott zu machen. Was Gott in seinen Worten und Taten hören und sehen läßt, ist genug. Dennoch antwortet Gott auf unsere Bildersehnsucht mit der Menschwerdung Jesu. Wir haben es nicht nötig, ein Gottesbild zu entwerfen, denn der unsichtbare Gott macht sich in Jesus Christus sichtbar: »Wer mich sieht, der sieht den Vater« (Joh 14,9).

»Gott ... spricht uns darum frei von allem Bilderdienst, weil er allen unseren Bemühungen, ihn äußerlich oder innerlich sehen zu wollen, längst damit zuvorgekommen ist, daß wir ihn ohne unser Zutun sehen dürfen.«[146] Jesus gewährt den Jüngern das Sehen seiner Herrlichkeit (Joh 1,14). Davon berichtet, ja dies vermittelt geradezu das gesamte Johannes-Evangelium (z. B. 1,29; 9,39; 20,27). Johannes führt seine Leser zum Schauen Jesu, er öffnet ihnen die (inneren) Augen für den Christus und gipfelt doch in dem Wort an Thomas: »Selig sind, die nicht sehen und doch glauben!« (20,29). Jesus läßt das Sehenwollen zu, entlarvt es aber als etwas Vorläufiges, denn Sehen stiftet noch nicht die tiefere Beziehung, die Jesus eingehen will. Darum muß er sich dem Blick der Jüngerinnen und Jünger entziehen.

Die Gleichzeitigkeit von Nähe und Distanz Christi kommt eindrücklich mit psychologisch-seelsorglicher Tiefenwirkung in der Begegnung des Auferstandenen mit Maria aus Magdala zum Ausdruck (Joh 20,11–18): Maria sucht den Körper Jesu. Sie leidet unter seiner Abwesenheit, auch wenn der Leib nur noch Leichnam ist. Jesus geht auf ihr Weinen ein, begibt sich in ihr Leiden, zwingt sich und seine Auferstehung nicht auf. Er spricht sie mit ihrem Namen an: »Maria!« und zeigt damit: Ich kenne dich und liebe dich. Als sie sich erkannt weiß, erkennt sie Jesus: »Mein Meister!« Die normale Reaktion beider wäre es, sich zu umarmen. Aber warum wehrt Jesus Maria ab: »Rühre mich nicht an!«? Warum redet er jetzt von seinem Weggang zum Vater – um sich ihrer zu entledigen? Wahrscheinlicher ist das Gegenteil: um ihr näher zu kommen. Seine leibliche Gegenwart bliebe räumlich und zeitlich begrenzt. Seine Abwesenheit lädt ein zu einer anderen Art von Kommunikation. Jesus verläßt seine Menschen nicht, um sie verlassen zurückzulassen, sondern um noch tiefer anwesend sein zu können, nicht nur mit uns, sondern in uns. Indem wir ihn verlieren, empfangen wir ihn noch tiefer, auch in der Gestalt des Geistes, des Abendmahls und der Geschwister.[147]

Ein Bild vermittelt nur eine Ansicht Christi, macht ihn aber nicht erfahrbar. Gerade weil Jesus bei uns bleiben will bis an der Welt Ende, entzieht er sich und geht zum Vater. Leibhafte, greifbare Nähe ohne Distanz, ohne entgrenzende Unverfügbarkeit ist eine starre, tote Beziehung, bestenfalls noch eine Herrschaftstruktur – auch in der Ehe. Ein festes Bild vom anderen zerstört die Liebe. Was uns die Dichter im Blick auf den Menschen warnend und helfend sagen[148], gilt genauso für die Liebe zu Gott und zu Christus. Das zweite Gebot ist wie die anderen ein Gebot der Liebe, das uns ein Leben in der Freiheit eröffnet.

Ohne Bilder können wir nicht leben – auch darum nahm Jesus menschliche Gestalt an –, aber sie dürfen uns nicht gefangennehmen, nicht blind machen für die Wahrheit, die Liebe, den Glauben. Sie sollen ihre notwendige Hilfsfunktion erfüllen, denn der Mensch ist nicht nur Ohr. Aber dann müssen sie wieder abgezogen werden, um der tieferen Beziehung, auf die sie weisen sollen, Platz zu machen.

Damit ist ein gangbarer Weg für den Einsatz von Bildern im Schulgottesdienst vorgezeichnet, auf dem man sich die erhellende Hilfestellung des Bildmediums zunutze macht, es aber nicht an der Stelle des unsichtbar-personalen dreieinigen Gottes beläßt.

5.5. Wort und Bild

Die bisherigen Überlegungen gingen traditionsgemäß von dem Gegensatz von Wort und Bild aus und kamen zu dem Ergebnis, daß sich beide ergänzen, ja dialektisch aufeinander angewiesen sind.[149] Diese Einsicht soll noch dadurch untermauert werden, daß wir auch das Wort – in seiner geschriebenen und verkündigten Gestalt – der befreienden Kritik des Bilderverbots aussetzen. In einem weiteren Schritt ist dann zu prüfen, ob dem verkündigten Wort auf einer höheren Ebene nicht doch ein Vorrang vor jedem sichtbaren Medium zukommt.

Die Anwendung des zweiten Gebotes auf die Festlegung eines Menschen durch ein Wunschbild in der zeitgenössischen Literatur hat gezeigt, daß Bildermachen mehr ist als Bilder malen. Bilderdienst, der Beziehungen tötet oder gar nicht erst entstehen läßt, kennt viele Spielarten. Das können – oftmals unausrottbare – eingebildete Vorstellungen von Gott als dem gutmütigen alten Greis oder dem Menschen als dem stets jungen und dynamischen Partner sein.

»Man kann nämlich auch an strengreformierten Gottesdiensten in einer völlig bilderfreien Kirche teilnehmen und doch ganz unvermerkt dem schlimmsten Bilderdienst verfallen ...« Der Pharisäer, der mit dem Zöllner im Tempel betete, »bespiegelte sich selbst in seinen frommen Leistungen. Wieso hat er damit das zweite Gebot übertreten? Er hatte bei seinem Gebet das Bild eines Gottes vor Augen, auf den man mit solchen frommen Leistungen Eindruck machen kann.«[150]

Aber auch das geschriebene Wort kann zu einem leblosen Gebilde erstarren, wenn es fundamentalistisch in seinem buchstäblichen Wortlaut zum Glaubensgegenstand erklärt und damit auf den Thron gehoben wird, auf dem zu sitzen allein Christus gebührt. »Der Buchstabe tötet, aber der Geist macht lebendig« (2. Kor 3,6). Selbst die Predigt des Wortes kann zum Monument versteinern, nicht nur durch gähnende Langweiligkeit, sondern indem sie den Versuch unternimmt, »Gott herbeizuzwingen; Rhetorik, Gebärde, Sprechweise können eine religiöse Mächtigkeit beanspruchen, die ihnen wahrlich nicht zukommt«.[151]

Alle negative Kritik an Bildern und Symbolen muß sich also gegebenenfalls auch gegen das geschriebene oder verkündigte Wort Gottes richten: Dieses kann genauso
o mißbraucht werden,
o abschließen und fixieren,
o demagogisch gefangennehmen,
o auf sich selbst weisen
o und hat ebenso menschliche Gestalt, Fehlbarkeit und Begrenztheit.

Was die symbolische Interaktionstheorie für die Abhängigkeit der Interpretation eines Symbols von der jeweiligen Situation feststellt,[152] gilt auch für das Wort: Dasselbe Wort kann in unterschiedlichen Rahmen völlig unterschiedlich aufgefaßt werden.

Das Bilderverbot verdient also auch in dieser Hinsicht unbedingt Beachtung. In eine ähnliche Richtung geht die Warnung K.-P. Jörns' vor einer Höherbewertung des »rein« Geistigen vor dem Sinnlichen: »Wir sind … durch den Sprach- und Kulturstolz verführbar, so daß wir uns im ebenfalls narzißtisch hochbesetzten Selbstbild der Vergeistigten als diejenigen (ideal) erleben, die es sich scheinbar leisten können, auf alles Sinnliche als überwindbare Stufe menschlicher Existenz herabzusehen bzw. es zu sublimieren.«[153]

Jörns hält dieses Problem zwar für »nicht so brisant« wie die heutige durch die gesellschaftlichen Medien bedingte Bildersucht und Bilderflut, stellt aber unter Verweis auf Luther fest, »daß wir auch im glaubenden Denken bzw. im religiösen Leben nicht auf Anschauung verzichten können, ›weil wir … nichts on bilde dencken noch verstehen können‹ (WA 37,63,26ff)«.[154]

Unsere heutige (Schul-)Gottesdienstsituation ist eine andere als die zur Zeit der Entstehung des Bilderverbotes, mit dem der israelitische Gottesdienst vor den durchsetzenden kanaanäischen Kultpraktiken geschützt werden sollte. Auch leben wir nicht in der Zeit der Reformatoren, die um Gottes und der Menschen willen den Entzug von allerlei Kult- und Bildwerk predigen und vollziehen mußten.

Etwas vergröbert gesehen trägt unsere gegenwärtige Lebenssituation zwei gegensätzliche Merkmale: Bilderarmut in der Kirche und Bilderflut außerhalb ihrer. Innerhalb der evangelischen Kirche hat sich eine solche Intellektualisierung breit gemacht, daß man eine mittlere Schulbildung haben muß, um einigermaßen den verschiedenen Worteinheiten eines Gottesdienstes folgen zu können. Konfirmanden und Konfirmandinnen sind froh, wenn sie diese Tortur für Kopf und Gesäß nach zwei Jahren hinter sich haben. Die meisten Jugendlichen und Erwachsenen bleiben ohnehin zu Hause. Zum sinnlich kargen protestantischen Wortgottesdienst verhalten sich die außergottesdienstliche Alltagserfahrung und die Erwartungen an die Kommunikationsmedien genau gegenläufig. Daß am katholischen Gottesdienst mehr Menschen jeden Alters teilnehmen als am evangelischen, hat seinen Grund sicher nicht nur in einer anachronistischen Gottesdienstpflicht, sondern wohl auch darin, daß es da mehr zu sehen, zu greifen und mitzutun gibt.

Es liegt auf der Hand, daß der Gottesdienst weder vermeintlich wortgetreu in sinnlicher Abstinenz verharren noch einem Anschaulichkeitskult verfallen darf. Das Wort muß das Bild und das Bild muß das Wort vor seiner inhärenten abschließenden Funktion bewahren und ihre aufschließende zur Geltung bringen. Insofern verhalten sich Wort und Bild komplementär zueinander.[155] Beide entsprechen in ihrer menschlichen Gestalt der Inkarnation Gottes in Jesus Christus.

Dennoch nimmt m. E. das verkündigte Wort einen höheren Rang ein. Die *Priorität des Wortes* hat kommunikationstheoretische und theologische Gründe, die ineinander übergehen.

Das gesprochene Wort läßt mehr Freiheit. Worte können die Konturen nicht so scharf ziehen wie die Hand. Gehörtes setzt sich nicht so fest wie Gesehenes. Selbst die Bildersprache der Bibel bleibt Sprache. Sprachliche Bilder sind offener als geschaffene. Das Hören ermöglicht es, »den lebendigen Gott in seinem jeweils gegenwärtigen Handeln wahrnehmen und dazu neue Bilder und Visionen haben zu können«.[156]

Wir können auf Bilder nicht verzichten, aber noch weniger auf Sprache. Nicht jedes Bild bedarf der sprachlichen Deutung, aber noch weniger bedürfen Worte eines Bildes, um verstanden zu werden. Freilich ist die Betrachtung eines Bildes bequemer als das Hören eines Wortes. Darum laufen die visuellen Medien den auditiven den Rang ab. Darum wird die Bild-Zeitung von mehr Menschen »gelesen« als andere Tageszeitungen. Mit bebilderten und bildhaften Schlagzeilen erschlägt sie die Wahrheit, anstatt den Betrachter zu »bilden«.[157]

Im Blick auf die Bilderflut, die uns täglich überschwemmt, ist auch das weitestgehende Verständnis des zweiten Gebotes als Verbot jeden Bildes, nicht nur des Gottesbildes, zumindest bedenkenswert. »Das Spätjudentum konnte das Bilderverbot auf jedes Tier- und Menschenbild ausdehnen.«[158]

Das vielfältige Bildermachen hat die Macht der Bilder in erschreckendem Maße gestärkt – man denke nur an die Werbung.[159] Das Bilderverbot fungiert somit auch als Rettungsring gegen den Tod durch Ertrinken in der medialen Bildersturmflut, die uns mit ihrem Blendwerk blind macht für die Wirklichkeit.

Daß »eine Sprache nicht nur Kommunikationsmittel ist, sondern ... Erschließung von ... ›Wirklichkeit‹ ...«, hat H. Hempelmann in seiner sprachphilosophischen und theologischen Untersuchung der hebräischen Wurzeln des christlichen Glaubens überzeugend dargelegt: »Hebräisch-biblische Sprachgestalt ist dann als eine spezifische, einzigartige Weise der ›Einteilung von Wirklichkeit‹ zu begreifen, die Resultat und Reflexion der Geschichte des Volkes Israel und der Kirche mit den ihm sich offenbarenden JHWH und seinem ihn offenbar machenden Sohn Jesus Christus ist. Der dreieinige Gott schafft sich im Gegenüber zu sich selbst die Sprache, in der er angesprochen, angebetet, bezeugt und ›verstanden‹ werden will.«[160]

Hier wird deutlich, wie wenig das verkündigte von dem offenbarten und schriftlich überlieferten Wort Gottes abgetrennt werden darf. Wenn die Bibel vom dābār (Jahwe) oder vom logos bzw. rēma (tou theou) redet, ist eine derartige Differenzierung in der Regel nicht erkennbar. Was sie z. B. von der Kraft (dynamis) des Wortes sagt (1. Kor 1,18: »Das Wort vom Kreuz ist ... eine Gotteskraft«; ähnlich Röm 1,16; Hebr 4,12), bezieht sich auf das uroffenbarte Wort Gottes (»Wenn er spricht, so geschieht's«, Ps 33,9; ähnlich Jes 55,11) und auf seine (menschliche) Verkündigung gleichermaßen. Noch prägnanter tritt dieser innere Zusammenhang in Jesu Wort zutage: »Wer euch hört, hört mich« (Lk 10,16). Gott gibt sein Wort in die Hand und den Mund der Menschen und setzt es damit der Gefahr der Verfälschung aus, so daß es sich manchmal nicht von einem wirklichkeitsverfälschenden Bild unterscheiden mag. Aber in und trotz dieser absichtlichen Ohnmacht behält es die Macht, neue Wirklichkeit zu setzen. Die Proklamation der Zuwendung Gottes wirkt wirklichkeitsverändernd, beunruhigend und heilend.

Ein weiterer theologischer Grund für den Vorrang des verkündigten Wortes vor dem Bildmedium liegt in der Unsichtbarkeit Gottes und leiblichen Abwesenheit des erhöhten Christus. A. Grözinger begründet seine These von der »Dialektik von Wort und Bild«,[161] mit der »Ästhetischen Phänomenologie« von Ex 3,1–14 und Lk 24,13–35.[162] Dabei stuft er m.E. im Blick auf die Dornbusch-Geschichte die enthüllende Funktion des Feuers gegenüber der verhüllenden letztlich zu hoch ein. Zwar fürchtet sich Mose, Gott in dieser Erscheinung anzuschauen (V. 6) – er hat gesehen –, aber mit keinem weiteren Wort schöpft das folgende Offenbarungsgeschehen aus dem Gesehenen, sondern ereignet sich ausschließlich im Wort. Das zunächst offenbarende Bild wird auf die Stufe eines hinführenden Zeichens zurückversetzt. Deutlicher macht diesen Sachverhalt Dtn 4,12 in Bezug auf die Feuererscheinung auf dem Horeb vor den Augen des ganzen Volkes: »Und Jahwe redete mit euch mitten aus dem Feuer heraus. Den Schall von Worten hörtet ihr wohl, aber eine Gestalt saht ihr nicht, nur eine Stimme war da.« Dazu bemerkt W.H. Schmidt:

»Sogar bei seiner Erscheinung wurde Gott selbst nicht sichtbar, sondern nur hörbar. Damit gibt diese Erläuterung nicht nur dem Gehör einen Vorrang im Gottesverständnis vor dem Gesicht, sondern reißt innerhalb der Sinne geradezu einen Gegensatz zwischen Hören und Sehen, Wort und Bild auf ... Gott ... kommt den Menschen nur durch die Stimme nahe. Das Sehen gewährt (trotz Ex 24,11) einen zu engen Kontakt ... Die Gottesbegegnung soll nicht zur Gottesvorstellung führen ... Das Alte Testament ... gestattet dem Hören, was es dem Sehen verbietet.«[163]

Auch hinsichtlich der Emmaus-Perikope bleibt m.E. ein Offenbarungsüberschuß des Wortes gegenüber der den Blicken wieder entzogenen Gestalt festzuhalten, weil das Abendmahl – und an einer diesem höchst ähnlichen Symbolhandlung vollzieht sich das Erkennen – als verbum visibile wiederum auf die Seite des Wortes gehört. Beide Geschichten zeigen wie Jes 55 und das Johannes-Evangelium zunächst die Gleichrangigkeit und gegenseitige Abhängigkeit von Hören und Sehen und zielen dann doch wie diese auf den Mehrwert des Hörens und Glaubens vor dem Sehen.

Das Wort vermag ungebundener und zeitloser als alles Gegenständliche das Heil Gottes zu bezeugen: »Himmel und Erde werden vergehen, aber meine Worte werden nicht vergehen« (Mk 13,31). Wie das fleischgewordene Wort den Jüngern wieder entzogen wurde, so müssen alle gestalthaften Verkündigungselemente nach ihrer Präsentation wieder dem weiteren Wort Platz machen. Glaube, der nur im Sichtbaren seinen Grund und Inhalt hätte, erläge einem falschen diesseitigen Wirklichkeitsverständnis und wäre seiner eschatologischen Dimension beraubt. (Röm 8,24: »Eine Hoffnung, die man sieht, ist keine Hoffnung.«) Aber gerade im Glauben wird mehr vom zukünftigen Schauen antizipiert als in irgendeinem (irdischen) Sehen: »Indem wir hören, sehen wir den Sohn Gottes, indem wir an ihn glauben, dürfen wir ihn sehen, den wir doch nicht sehen.«[164]

In diese Richtung weisen auch das Bilderverbot oder etwa Röm 10,17: »Der Glaube kommt aus dem Hören, das Hören aber aus dem Wort Christi.«

Der mögliche Mißbrauch des Wortes oder anderer Verkündigungsformen macht diese noch nicht unbrauchbar, sondern beide Kommunikationsweisen, die verbale und die nonverbale, sind für den Gottesdienst unentbehrlich. Trotz des festzuhaltenden Vorranges des Wortes vor dem Bildmedium ergänzen sich beide gegenseitig: Bilder und Symbole sind deutungsbedürftig, und die Wortverkündigung ohne vielgestaltige Bildhaftigkeit würde der von Gott angelegten Leibhaftigkeit und Sinnlichkeit des Menschen nicht gerecht.

6. Gottesdienst mit allen Sinnen

Bisher war im wesentlichen von dem in unseren Gottesdiensten ohnehin stark bevorzugten Gehörsinn sowie vom Gesichtssinn die Rede. Gott hat den Menschen mit weiteren »Empfangsorganen« ausgestattet: dem Tast-, Geruchs- und Geschmackssinn.[165] Hinzu kommen die sogenannten inneren Sinne: Wir fühlen nicht nur mit der Haut, sondern auch mit der Seele, mit dem, was wir »Herz« nennen. Eindrücke, die Erlebnisse hinterlassen, können so tief gehen, daß sie sich wiederum auf das äußere körperliche Befinden auswirken. Gott sei Dank wird dieser höchst einsichtigen Beziehung von psychē und sōma inzwischen auch von der Medizin mehr Beachtung geschenkt. Noch mehr Grund zur ganzheitlichen Sicht des Menschen hat die Liturgik aufgrund des biblischen Bildes vom Menschen als næpæs hajāh – lebendige Seele (Gen 2,7). Der Mensch hat nicht eine Seele, wie die Griechen meinten; er ist Leib, Seele und Geist als untrennbare Ganzheit.

Nach der Lehre der Meditation sind die inneren Sinne eine Art Spiegelbild der äußeren – der Ort der Innerung, an dem die äußeren Wahrnehmungen für spätere plastische, sinnliche Vorstellungen z. B. einer biblischen Szene aufbewahrt werden.[166] Aber auch diese innere Schau etwa des lebenspendenden Wassers nach Joh 4 ist erst möglich, wenn zuvor die äußeren Sinne den Eindruck des rauschenden, durstlöschenden und die Haut erfrischenden Wassers empfangen haben.

Allerdings braucht man keinen Gottesdienst, um diese Erfahrungen machen zu können. Jedoch zeigen das Alte und das Neue Testament, daß Gottes Anrede an den Menschen, auch im Gottesdienst, nicht nur das Gehör zu erreichen sucht. Zu denken ist an den Tempelgottesdienst mit seinen Symbolen und Opferriten oder an kultische Waschungen im Judentum. Jesus geht auf die körperlichen Bedürfnisse seiner Zuhörer ein: Er gibt ihnen Brot und Fisch; Kranke werden gesund, Gelähmte können wieder gehen, Blinde wieder sehen; er wäscht seinen Jüngern die Füße; er läßt seine Herrlichkeit sehen. Die zentrale Rolle der Herrenmahlsfeier im urchristlichen Gottesdienst ist der Hauptgrund für die wesensmäßige Sinnenhaftigkeit des Gottesdienstes. Aber auch Gebärden wie die Handauflegung und der Bruderkuß zeigen dies an. Nicht zuletzt unterstreicht Röm 12,1 die Forderung nach einer Beteiligung des ganzen Menschen.

Nun geht es im Gottesdienst nicht nur um die eindimensionale Ansprache des Menschen durch Gott, sondern um Kommunikation (mit Gott und den Mitfeiernden). Indem unsere Sinnesorgane Signale empfangen, werden sie zu eigenen Äußerungen aktiviert. Dabei spielt das Gehör naturgemäß eine passive Rolle. Die Augen, so sehr sie auch vorwiegend als »Empfangsorgan« fungieren, können sich dagegen schon eingehend an der nonverbalen Kommunikation beteiligen. Mit ihnen nehmen wir Kontakt auf oder erwidern Blicksignale. Ich könnte gleich drei von mir geschätzte Brüder nennen, die während meines Predigens ihren Kopf senken, die Augen schließen und diesen Ausdruck der inneren Sammlung noch dadurch verstärken, daß sie den Zeigefinger oder die ganze Hand vor die Augen legen. Leider wirkt dieses Sich-verschließen, trotz des Wissens um die individuelle Konzentrationsabsicht, auf mich hemmend und trennend. Ich suche den Blickkontakt mit den Zuhörenden. Denn das Abwenden des Blickes kann auch ein deutliches Zeichen für Abwehr gegen die Person des Predigers, seinen Vortragsstil oder den Inhalt seiner Predigt sein. Auch der Gemeinschaft mit den anderen Gottesdienstteilnehmern und -teilnehmerinnen ist eine länger andauernde äußerliche Absonderung abträglich.

Geruchs- und Geschmackssinn haben wieder eine vornehmlich rezipierende Funktion, z. B. beim Empfang von Brot und Wein. Dagegen agiert der Tastsinn im Er- und Begreifen von Brot und Kelch sowie in der Berührung beim Händereichen oder Handauflegen. Auffällig und sicher nicht zufällig ist, daß die Abendmahlsfeier alle fünf Sinne der Kommunikanten und Kommunikantinnen einbezieht.[167] Der vielfach erhobenen Forderung nach einer Beteiligung aller Sinne an der gottesdienstlichen Kommunikation[168] ist also zuzustimmen.[169]

In welchen Medien das Wort Gottes transportiert wird, ist nicht beliebig, aber auch nicht eindeutig festgelegt. Die Bezogenheit auf das Wort Gottes in seiner dreifachen Gestalt ist entscheidend.

Das heißt für den Schulgottesdienst: Wir haben nicht nur die Freiheit, sondern sogar die Pflicht, die vertikale und horizontale Kommunikation des Gottesdienstes mit Worten und Zeichen, mit auditiven, visuellen, taktilen und affektiven Medien zu gestalten. Auch die Bedeutung der Bewegung als Kommunikationsmittel rückt hier ins Blickfeld.[170] Der Körper spricht geradezu eine eigene Sprache wie die Kleider und der Raum. Mit der Körperhaltung können wir Interesse, Beteiligung oder auch Abwehr signalisieren. Mit Gebärden und Gesten, dem Aufstehen, Knien oder Gehen, dem Händeerheben, Händereichen oder Klatschen u. v. a. kann die versammelte Gemeinde ihrer Beziehung zu Gott und zueinander Ausdruck verleihen und darin die Beziehungen auch leibhaft vollziehen.

Bei der Vorbereitung des Schulgottesdienstes verlangt die besondere Sensibilität junger Menschen für die sinnlich-spirituelle Verarmung vieler Gemeindegottesdienste und ebenso die im Jugendalter gesteigerte Verführbarkeit durch die Macht des Bildes Beachtung. Dieser schmale Weg zwischen Vernachlässigung und Überbetonung des Sinnenhaften läßt sich pauschal nicht konkreter beschreiben; jedes vorgesehene Gottesdienstelement, nicht nur die nonverbalen, sondern auch die verbalen, muß an den genannten Kriterien geprüft werden. Die Gratwanderung zwischen Bildlosigkeit und Kultbild ist zumutbar; das fleischgewordene Wort mutet sie uns zu.

Ermutigend kann wieder das Beispiel Taizé wirken, wo diese Spannung von Verborgenheit und Offenbarsein Gottes z.B. im Gebet ge- und erlebt wird:

»Wird das Geheimnis Gottes in der schlichten Schönheit von Symbolen wahrnehmbar, wird es nicht unter der Überlast an Worten erstickt, so erschließt ein weit ausladendes gemeinsames Gebet, anstatt Eintönigkeit und Langeweile zu verbreiten, die Freude Gottes auf der Erde der Menschen. Dann eilt man von überall herbei, um aufzugreifen, was einem ahnungslos vorenthalten wurde.«[171]

Auch daran wird deutlich: Entscheidend ist nicht die Art der Vermittlungsmedien, sondern die Gegenwart des Herrn im Namen, seinem Wort und den Mitfeiernden. Ich möchte dieses Grunderfordernis »geistliche Stimmigkeit« (pneumatische Authentizität) nennen. Nur so kann der Zugang zu Glaubenserfahrungen eröffnet werden. Sie können sich beim Hören wie beim Schweigen, beim Singen wie beim Tanzen, beim Lachen wie beim Teilen einstellen. Die Wahl der Medien ist keinesfalls unwesentlich, aber eben nicht erstrangig. Sie kann nur im Zuge einer geistlichen, also dem »Ich-bin-mit-dir« verpflichteten Vorbereitung angemessen erfolgen.

7. Die lebendige Liturgie des Schulgottesdienstes

Gehalt und Gestalt des Gottesdienstes bilden eine Einheit. Die gottesdienstlichen Kommunikationsformen leben von der Gabe Gottes, und diesem sabbatlichen Angebot korrespondiert nur eine lebendige, erlebbare Liturgie. Der Terminus »Liturgie« wird hier, wie in den meisten neueren Veröffentlichungen, als Ausdruck für die Gestalt des gesamten Gottesdienstes gebraucht.[172] Insofern davon der Gehalt nicht abtrennbar ist, *hat* die Versammlung der Christen nicht nur eine Liturgie, ihr gemeinsames Tun *ist* Liturgie. Dieses Verständnis kommt dann dem neutestamentlichen Sprachgebrauch recht nahe, wo die Wortgruppe leiturgia den kultischen wie den nichtkultischen Dienst meint.[173] Wie Gottes Dienst und des Menschen Hingabe (Röm 12,1),[174] wie Wort- und Antwortgeschehen nicht zu trennen sind, so auch Inhalt und Form des Gottesdienstes nicht. D.h., auch die Ordnung des Gottesdienstes verkündigt. Sie ist nicht nur das Gefäß für die zu vermittelnden Inhalte. Der Gottesdienst als ganzer ist Gottes Gabe und sein Vollzug eine heilsame Erfahrung.[175] Unter dieser Prämisse ist nun der Blick auf die Gestalt des Schulgottesdienstes zu konzentrieren.

Man könnte meinen, daß in der Schule die Kluft zwischen gottesdienstlicher Tradition und aktueller Situation besonders schwer zu überbrücken sei. Die Sorge erweist sich aber bei dem hier dargelegten sabbatlichen Verständnis von Schulgottesdienst als weitgehend unbegründet. Denn ein grundsätzliches

Festhalten an den traditionell elementaren gottesdienstlichen Vollzügen Feiern, Hören und Beten[176] schließt eine situationsbezogene vielgestaltige und sinnenreiche Feier ein, nicht aus. H. Schröer rät, auch im Gottesdienst den »alten reformpädagogischen Forderungen von Lebensnähe und Selbsttätigkeit« zu entsprechen:

»Lebendige Liturgie ist Liturgie, die uns nahe bringt, daß das Leben Jesu auf Erden noch nicht zu Ende gebracht ist. Gottes Lebendigkeit, seine kreative Kraft wird zur ›Allmende‹ seiner Gemeinde. Dabei müssen Spiritualität und Sozialität des Gottesdienstes zusammengehalten werden. Die Gottesdienstteilnehmer – nicht nur -besucher – sind nicht Kultobjekte. Der Gottesdienst ist nicht eine Veranstaltung von einigen liturgischen Könnern für die anderen. Die Lebensnähe erweist sich darin, selbsttätig werden zu können.«[177]

Das Beispiel Taizé zeigt, wie sich die liturgischen Traditionen aller großen christlichen Kirchen mit der Freiheit charismatischer Gottesdienste nach 1. Kor 14,26 oder Kol 3,16 in einer wahrhaften Symbiose vereinigen lassen.[178] Die wesentlichen Elemente sind: die international und interkonfessionell singbaren Anbetungsgesänge, Schriftlesung, Stille, Psalmengesang und die Eucharistie. Die Befürchtung R. Guardinis, daß »der Mensch des industriellen Zeitalters, der Technik und der durch sie bedingten soziologischen Strukturen ... zum liturgischen Akt einfach nicht mehr fähig« sei,[179] wird hier widerlegt. Zwar findet der Schulgottesdienst nicht in Taizé statt, aber dieses Fest der Jugend wie auch manche Kirchentagserfahrungen ermutigen zu einem Schulgottesdienst in der Synthese von Tradition und Freiheit.

In diesem Sinne bietet das reformierte Kirchenbuch einen Gestaltungsvorschlag für den Schulgottesdienst.[180] Es ist bemerkenswert, daß in dieser Agende der Gottesdienstort Schule wahrgenommen wird, (ebensowenig fehlt ein Entwurf zum »Gottesdienst in anderer Gestalt«).[181] Die Gestaltung des Schulgottesdienstes wird situationsbezogen empfohlen unter Beibehaltung der »entscheidende(n) Wesensmerkmale eines Gottesdienstes«:

Eröffnung mit Eingangsworten, Begrüßung, Lied und Gebet; Vorbereitung der Verkündigung durch unterschiedlichste Darbietungen der Schüler und Schülerinnen; biblische Verkündigung als Kurzpredigt oder katechetisches Gespräch, wobei Wert darauf gelegt wird, daß die »Verkündigung Antwortcharakter bekommt und nicht isoliert neben den Themen der Schule und den Interessen der Schüler steht«; Abschluß mit Gebet, Segen und Kollekte.[182]

Der Spannungsbogen zwischen Tradition und Situation enthält einen weiteren Aspekt: die notwendige Balance zwischen Kontinuität und Aktualität. D. h., der Schulgottesdienst braucht auch darum einige wiederkehrende Elemente (Rituale), damit die Teilnehmer und Teilnehmerinnen sich heimisch fühlen können. Stetigkeit hat ihre Wurzel in der Treue Gottes; sie vermittelt die Grunderfahrung der Geborgenheit. Vertraute Formen und ritualisierte Vollzüge verhindern nicht grundsätzlich Spontaneität, sondern setzen durch ihre entlastende Funktion Kapazitäten frei für gestalterische Phantasie. Sie schaffen einen Raum für spontane Beiträge, neue Verkündigungs- und Sprachformen, Medien und Musik, für die »Tagesordnung der Welt« und für andersdenkende Menschen mit ihren Einwürfen.

Variabel in der Form vollzieht sich die gottesdienstliche vertikale und horizontale Kommunikation in Stille und Anbetung, im Singen und Tanzen, im Hören und Schweigen, im kreativen und spielerischen Handeln, im Fühlen und Schmecken, im Mit-teilen von alten und neuen Erfahrungen mit Gott und von Gottes Segen. Es wirkt einladend, wenn Gottesdienst weder völlig vorhersagbar ist noch aus zahllosen Unwägbarkeiten besteht. Altbekanntes und neues Überraschendes beleben sich gegenseitig.

Ich fasse alle Gestaltungsdeterminanten zusammen: die sabbatliche Intention: Rasten und Feiern; die konstitutiven Elemente: Name, Wort, Antwort, Gemeinschaft; die Situation der Schüler und Schülerinnen mit ihren Einstellungen, Aversionen, Sehnsüchten und Gaben; die Sinnenfälligkeit des Kommunikationsgeschehens sowie die Integration von Bindung und Freiheit, Tradition und Situation, Kontinuität und Spontaneität. Daraus ergibt sich folgende Grundstruktur des Schulgottesdienstes:

Konstant:	*Variabel:*
1. Eröffnen: Den Namen Gottes nennen Singen	Musikstück Begrüßung Einführung ins Thema Gebetsstille Biblischer Eingangsspruch
2. Anrufen: Beten	Lob, Dank, Klage, Fragen, Zweifel, Wünsche, Bitten Psalm Lied
3. Mit-teilen: Verkündigen Hören Kommunizieren	Lesung, Erzählung, Predigt, Gespräch, Bildmeditation, Symbolhandlung, Spiel, Interview, Erfahrungsbericht, Musik, Lieder, Bekenntnis, Mahlfeier, Taufe, Abkündigungen, Kollekte
4. Segnen und senden: Fürbitten Vater Unser Segnen und Segen empfangen Singen	

Die konstanten Strukturelemente sind im Sinne einer Liturgie mit dem Anspruch der Lebendigkeit verbal ausgedrückt. Dies soll außerdem unterstreichen, daß das jeweilige Gottesdienstgeschehen nicht der Akt einzelner für andere ist, sondern alle zum Mitvollzug eingeladen sind. Abgesehen von dieser sprachlichen Hervorhebung und der Betonung des kommunikativen Charakters des Verkündigungsteils entspricht dieser Grundriß des Schulgottesdienstes im wesentlichen den gängigen Liturgievorschlägen für den Sonntags- und den Schulgottesdienst.[183]

VORBEREITEN

1. Die Vorbereitungsgruppe

Die gesetzliche Ermöglichung von Schulgottesdienstfeiern ruft noch keine solche ins Leben. Irgend jemand muß die Initiative ergreifen, seien es Schülerinnen, Lehrer oder eine Pfarrerin. Auch die Schulleitung kann den Anstoß geben, allerdings empfiehlt es sich nicht, daß sie jemanden im Sinne des Dienstrechts zur Gestaltung eines Gottesdienstes beauftragt. Jeder Anklang an eine lästige Pflicht schadet dem sabbatlichen Anliegen und verwischt den Geschenkcharakter schon im Ansatz. Gottesdienst läßt sich nicht verordnen, nur empfangen.

Ist die Idee einmal geboren, muß sie andere anstecken. Denn die Vorbereitung kann schwerlich in den Händen von nur ein oder zwei Personen liegen. Zum einen wird sie diese Aufgabe bald überfordern, zum anderen läßt sich die besondere Chance des Schulgottesdienstes, entsprechend der neutestamentlichen Gottesdienstpraxis viele aktiv zu beteiligen, schon für die ersten Planungsschritte und -entscheidungen nutzen.[1]

Es bieten sich verschiedene Möglichkeiten für die Organisationsform einer Vorbereitungsgruppe an. Die Probleme der Vorbereitung im Religionsunterricht, mit einer Arbeitsgemeinschaft oder in einer Wochenendklausur wurden bereits in der Beschreibung der Praxisbeispiele zu Anfang gezeigt. Eine entsprechende Ideallösung, etwa ein Kreis von 10–15 Personen, davon mindestens 80% Schüler und Schülerinnen, die sich zu günstiger Zeit, etwa um 17.00 Uhr, am besten wöchentlich an einem neutralen Ort, z.B. in einem geräumigen, gemütlichen Wohnzimmer, treffen, um in ruhiger Konzentration ohne Zeitdruck regelmäßige Schulgottesdienste rechtzeitig vorzubereiten, bleibt reine Illusion.

Realistisch ist z.B., Schüler und Schülerinnen gelegentlich allein die Verantwortung zu übertragen, etwa einem Pausengebetskreis. Wie jeder Vorbereitungskreis müssen auch sie natürlich Fehler machen dürfen.[2]

Das Zeitproblem ist auch dadurch lösbar, daß man den rechtlichen Rahmen einer wöchentlichen Schulgottesdienststunde in der Weise ausschöpft, daß etwa während drei Wochen in dieser Unterrichtsstunde in vielen Kleingruppen Gottesdienstteile vorbereitet werden, die dann in der vierten Woche zu einer gemeinsamen Feier zusammengefügt werden. Die Beteiligung vieler wäre gewährleistet, und die kreative »Feierlichkeit« würde in jeder Woche einmal den Schulalltag wohltuend unterbrechen. Für die nicht Interessierten müßten allerdings alternative Projekte angeboten werden.

Die unkomplizierteste Vorbereitungsform besteht erfahrungsgemäß darin, daß sich die evangelische und die katholische Religionsunterrichtsgruppe einer Klasse für die Dauer der Vorbereitung zusammentun, und zwar dergestalt, daß die eine Lehrerin mit den Vorbereitungswilligen (ökumenisch) den Gottesdienst plant und der andere Lehrer mit den übrigen (ebenfalls ökumenisch) Unterricht durchführt.

Wird ein Team gebildet, das sich außerhalb der Unterrichtszeit trifft, so ist die Konsequenz aus den beschriebenen Negativerfahrungen, daß es aus mindestens fünf Personen besteht, die Zahl der Schüler und Schülerinnen bei weitem die der Erwachsenen überwiegt und man sich nach Möglichkeit in einem den Schülern und Schülerinnen vertrauten, zumindest angenehmen Raum zusammenfindet.

Daß auch Nichtchristen die Vorbereitung bereichern können, macht W. Hollenweger deutlich: Auf die Frage solcher Gesprächspartner, »warum es denn in der Kirche immer so langweilig sei«, antwortet er: »Ganz einfach …, weil Sie, die Experten der Frage, die Außenseiter der christlichen Religion, nicht dabei sind. Wir brauchen Sie, damit die Kirche relevant wird. Und Sie brauchen die Kirche, damit ihre Fragen in den für Sie hilfreichen Kontext gestellt werden.«[3]

Wie auch immer sich der Vorbereitungskreis zusammensetzt, bei seiner Arbeit laufen *Gruppenprozesse* ab, die Beachtung verdienen. Wenigstens zwei Aspekte möchte ich erwähnen, zunächst die Leitungskompetenz: Je größer der Vorbereitungskreis ist, desto weniger wird er ohne Gesprächsführer oder Gesprächsführerin auskommen. Gerade weil die Vorbereitungssitzungen keinesfalls einer Unterrichtsstunde ähneln dürfen, muß die Art und Weise der Gesprächsleitung durchdacht werden.

Lehrer und Lehrerinnen, Pfarrer und Pfarrerinnen neigen durch ihre berufliche Pflicht und Übung des Vortragens dazu, aus dem reichen Schatz ihrer Kenntnisse auch ungefragt zu referieren. Das Schlimme ist, viele merken gar nicht mehr, wie sie mit ihrem übersprudelnden Fachwissen die zaghaften Versuche anderer, ihre Vorstellungen zu entfalten, ersticken. Folglich scheint ein Schüler oder eine Schülerin mindestens ebenso zur Leitung eines solchen Gesprächs geeignet zu sein, in dem der Geist Gottes durch die Gaben aller Teilnehmenden wirken will.

Dieser Geist des Friedens (1. Kor 14,33) wird es auch möglich machen, einen partnerschaftlichen, integrativen Leitungsstil zu praktizieren, der auf dem schmalen Pfad zwischen autoritärer Bevormundung und unverbindlicher Verzettelung zum Ziel eines gemeinsam entwickelten Gottesdienstes gelangt. Der Gesprächsleiter oder die Leiterin hat also die Aufgabe, die Mitarbeitenden zu aktivieren, die Beiträge zu ordnen sowie eine Atmosphäre der Sachlichkeit, Freundlichkeit und Kompromißbereitschaft zu fördern.[4] Ein gewisser liturgischer Rahmen, wie er z. B. auf S. 96 vorgeschlagen ist, entlastet alle Beteiligten. Er hilft, die Planungsgespräche zu strukturieren, und läßt doch genügend Spiel-Raum für die Einfälle der Mitarbeiter und Mitarbeiterinnen.

Die gleiche Integrationsbereitschaft wie im Blick auf die unterschiedlichen Gaben und Beiträge ist natürlich auch gegenüber Neulingen in der Vorbereitungsgruppe notwendig. Auch jede und jeder Neue hat Gaben und ist Gabe Gottes. Vor diesem Hintergrund der gegenseitigen Akzeptanz müßte es möglich sein, die beiderseitigen, gruppendynamisch bedingten Hemmungen bald zu überwinden und die Chance zu erkennen, die darin liegt, daß Neulinge Eingespieltes und manchmal Eingefahrenes aufbrechen und die Vorbereitung bereichern.[5] Entscheidend ist, daß über aller notwendigen Vorbereitungsarbeit und den damit verbundenen nicht immer konflikt- und schmerzfreien Gruppen- und Entscheidungsprozessen die Freude am gemeinsamen Gestalten und Feiern erhalten bleibt. Aber wie kann diese Freude überhaupt aufkommen?

2. Die Vorbereitung gottesdienstlich erfahren

Das Vorbereitungsteam stellt sich nicht einfach einem organisatorischen Gestaltungsproblem, das etwa im sinnvollen Zusammenfügen der verschiedenen Bausteine des Gottesdienstes besteht, sondern einer zutiefst geistlichen Aufgabe. Die Mitarbeiter und Mitarbeiterinnen wollen mit den Gottesdienstteilnehmern und -teilnehmerinnen den auferstandenen Christus feiern und so Gott erfahrbar machen. Daß dies nicht mit methodischen Entscheidungen allein zu bewerkstelligen ist, liegt auf der Hand (vgl. S. 47f). Schon die Vorbereitung muß gemeinschaftlichen Erlebniswert haben, wenn die Feier als befreiendes Geschenk erlebt werden soll.

Dazu gehört das Reden mit dem, von dem im Schulgottesdienst die Rede ist, sonst wird seine Anrede an uns von den vielen anderen Stimmen in uns (z.B. zur machbaren Methodik) übertönt. Wenn wir aber nicht gehört haben, haben wir auch nichts zu sagen. Die Folge ist ein nichtssagender Gottesdienst. Nicht das äußere Gelingen, nicht das zufriedene Aufatmen der Akteure und Akteurinnen nach überstandener »Aufführung« zeigen an, daß der Gottesdienst etwas zu sagen hatte, daß der Dialog zwischen Gott und den Teilnehmern und Teilnehmerinnen in Gang gebracht wurde – diese Wirkung des Geistes läßt sich schlechterdings nicht messen. Sie läßt sich auch nicht mit angestrengter Sorgfalt in der Vorbereitung, ja nicht einmal mit inbrünstigem Gebet herbeiführen. Sie bleibt unverfügbar.

Dieser Sachverhalt ist nun keineswegs entmutigend, sondern höchst verheißungsvoll und entkrampfend. Gott vermag sich selbst Zugänge zu den Gottesdienstteilnehmern und -teilnehmerinnen zu verschaffen. Gerade so füllt er unseren leeren Hände, mit denen wir alle, ob Pfarrer und Pfarrerinnen, Lehrer und Lehrerinnen oder Schüler und Schülerinnen, mitwirkend oder teilnehmend, wie Bettler vor ihm stehen. Mit diesem ersten Schritt, dem »Beten«, wird die entscheidende Weiche für das geistliche Gelingen (Vollmacht) des ganzen Unterfangens gestellt, auch wenn das Ergebnis nach Maßstäben der Medien- und Kommunikationsforschung nichts »Berauschendes« darstellen mag.

Das Beten der Vorbereitungsgruppe läßt sich nicht methodisieren, abgesehen vom sehr geräumigen Gebet des Herrn, das allemal unserer Sprachlosigkeit Worte gibt. Nach Jesu Meinung birgt das Beten mit anderen die Verlockung in sich, es vor anderen zu zelebrieren (Mt 6, 5–7). Erfahrungsgemäß haben auch deshalb viele Jugendliche und Erwachsene tiefsitzende Vorbehalte gegen das gemeinschaftliche freie Beten. Z.B. ist die klassische pietistische Gebetsgemeinschaft den einen eine Selbstverständlichkeit, womöglich gar ein Gradmesser für die Gläubigkeit der übrigen, diesen aber vielleicht gerade deshalb suspekt oder schlicht völlig fremd nach dem Motto: Beten ist Sache des Pfarrers in der Kirche. Mit diesem von vielen als intim empfundenen Glaubensvollzug ist in einem mehr oder weniger informellen Vorbereitungskreis sicher sehr behutsam umzugehen, zumal wenn der Initiator oder die Initiatorin z.B. im Lehrerzimmer oder im SV-Raum Gast ist. Aber wir brauchen uns der Chancen nicht zu begeben: Indem beispielsweise Schüler und Schülerinnen mit oder eben auch für Lehrer und Lehrerinnen beten, erfahren beide Seiten, daß sie trotz unterschiedlichen Wissensstandes auf einer gemeinsamen geistlichen Ebene stehen (Gal 3,28).

Jedenfalls braucht das Gebet seinen Ort und seine Gestalt in der Vorbereitungsphase, sonst kann es schlicht vergessen werden, oder Verfahrensfragen drängen es an den Rand. Jedes Team wird seine Form selbst herausbilden. Diese kann auch das stille Bedenken eines Bibeltextes sein, denn Beten ist nicht nur Reden. Ein gesungener Gebetsruf, z.B. nach der Art der Taizé-Gesänge (etwa: Veni Creator Spiritus), öffnet Herz und Mund zum Gebet. Ebenso verleiht eine Psalmlesung oder -meditation dem Beten Sprache. In der Form eines (an-)betenden Wortes und/oder Gebetsstille vollzieht sich der erste wegbestimmende Vorbereitungsschritt. Er erschließt uns Zugänge zu Gott und zu anderen: »Mit meinem Gott kann ich über Mauern springen« (Ps 18,30); alleine bin ich außerstande, die Hindernisse auf dem Weg zu Gott und den Menschen zu überwinden (Joh 15,5).

Bis zu dieser theoretischen Einsicht ist schon mancher und manche vorgedrungen. Allein, die praktische Durchführung stößt immer wieder auf Hindernisse, z.B. den Eindruck, daß die knappe Vorbereitungszeit keinen Raum mehr für das (stille) Beten läßt. Ich möchte auch dies annehmen. Es gehört zum Auf und Ab unserer noch nicht vollkommenen Gottesbeziehung, die tägliche Umkehr erfordert. Vielleicht befähigt gerade die Erkenntnis, daß ich auch dieses Beten nicht vermag, zum Beten. Alles andere bleibt verkrampftes, selbstherrliches Geplapper.

In der Kindergottesdienstarbeit ist über diesen grundlegenden Aspekt der Vorbereitung – weil es dort Helferkreise gibt – mehr nachgedacht worden als im Blick auf den pfarrerzentrierten Sonntagsgottesdienst. So empfiehlt etwa G. Ruddat eine »Liturgie der Vorbereitung«,[6] in der allerdings das Gebet nur marginal als Alternative zu einem Ausklang-Lied Erwähnung findet. Geistlich tiefer hat z.B. A. Schlatter das aller Verkündigung vorausgehende Empfangen gottesdienstlich verstanden. Im Rückblick auf seine Lebensarbeit schreibt er: »… Der nach innen gekehrte Vorgang am Lesen ist das Hören. Das war somit meine Amtspflicht und der von mir zu erfüllende Gottesdienst, auf Jesus und seine Boten zu hören, so zu hören, daß ihr Gedanke mein Gedanke und ihr Wort mein Wort wurde. Dann ging es auch in die Jugend hinein.«[7]

Am Anfang der Vorbereitung steht also nicht die Frage: Wie gestalten wir den Gottesdienst?, sondern: Was haben wir zu sagen? Bevor wir etwas mitteilen können, müssen wir es empfangen haben. Wenn das Wort Gottes und die Lebenswelt der Schüler und Schülerinnen uns bereits in diesem frühen Stadium (be-)treffen und zu einer Gemeinschaft verbinden, können wir mit allen Gottesdienst feiern. Im gemeinsamen Leben während eines Wochenendes läßt sich dies sicher intensiver erleben, aber auch in der konzentrierten Vorbereitungssitzung erschließt das bewußte Sich-öffnen für Gott spirituelle Erfahrungen.

3. Text und/oder Thema auswählen

Eine Rangfolge zwischen Text und Thema läßt sich nicht festlegen, etwa mit den geläufigen Abstufungen: »Das Thema ist aus dem Text zu entwickeln und nicht umgekehrt«, oder: »Der Gottesdienst kann auf ein Thema verzichten, aber nicht auf den Text.« Grundsätzlich ist christlicher Gottesdienst auf die biblische Überlieferung als Glaubensfundament und Textsammlung bezogen. Andererseits hat jeder Text ein Thema. Text- bzw. Themenwahl ergeben sich daraus, daß das biblische Wort und die Teilnehmersituation als Text ernstgenommen und in Beziehung gesetzt werden.[8] Wir hören auf das wirklichkeitsverändernde Evangelium, fragen aber auch, was für die Schüler und Schülerinnen momentan »dran ist«. Text und/oder Thema sollen dem situativen Kon-Text korrespondieren. Die Alternative »Text oder Thema« ist falsch; beide ergänzen sich.

Ebenso läßt sich nicht festlegen, ob bei der Text-Themawahl zuerst nach der Situation oder nach der biblischen Botschaft zu fragen ist. Beides ist möglich: Das Hinhören auf biblische Texte wird in den meisten Fällen ihre Aktualität offenbaren. Umgekehrt werden sich zu Gegenwartsfragen biblische Bezüge bzw. Parallelen entdecken lassen.[9] In jedem Falle ist es gut, darauf zu achten, daß der eine »Text« nicht dem anderen als Interpretationskorsett angelegt wird.

Für den Vollzug der Vorbereitung bedeutet das, unverkrampft mit dem Meditieren eines Textes oder eines Problems zu beginnen, aber dann auch bereit zu sein, in einem zweiten Schritt das jeweils andere ebenso intensiv zu sich reden zu lassen. Gleichzeitig können Möglichkeiten symbolischer Kommunikation erwogen werden. Alle drei Faktoren: biblischer Text, sinnenhafte Vermittelbarkeit und die Situation bilden ein Interdependenzgefüge.

Ob die Themenwahl leicht oder mühsam ist,[10] muß hier nicht entschieden werden. Nach meinen Erfahrungen kann schon in dieser Phase der Vorbereitung die erste Durststrecke durchzustehen sein. Vorschläge werden zur Genüge eingebracht, diese aber dann aktuell, schülernah, sprachlich griffig und christlich ehrlich zu formulieren – und zwar so, daß ihre ursprüngliche Intention auch noch wiederzuerkennen ist –, halte ich für ebenso schwierig wie reizvoll.

Zur inhaltlichen Eingrenzung der möglichen Themenfülle wie zur Anregung dient die Orientierung am Kirchenjahr; weitere thematische Anlässe sind z.B.: eine Projektwoche, Friedenstage, ein Unterrichtsthema oder das Schuljahresende. Bewußt »anstoßende« Formulierungen schlägt E. Lade vor, z.B:

○ »Ein feste Burg ist unser Trott (zum Reformationsfest)
○ Was bleibt, muß uns doch reichen (zum Thema ›Sinn des Lebens‹)
○ Gerechtigkeit ist, wenn's mir gut geht ...«[11]

Ich bevorzuge Themenstellungen, die weniger zum Widerspruch reizen und mehr der sabbatlichen Intention Raum geben, z.B.: »Zeit für mich« (Ps 31,16a) oder »Herr, gib mir Mut zum Brückenbauen«. Dabei haben sich durchweg Formulierungen (und Gottesdienste) als ansprechend erwiesen, die eine Beziehung herstellen (»Du hältst mich bei meiner rechten Hand« [Ps 73,23b]), die Identifikation zulassen (»Ich habe Angst, aber ...« [Joh 16,33]), die eine Tür öffnen (»Vertrauen ist besser«) oder ein existentielles Problem anpacken (»Ihr werdet sein wie Gott« [Gen 3,5]).

Weniger geeignet sind Fragesätze, die den Eindruck erwecken, daß der Gottesdienst zur Wissensvermittlung dient, wie z.B. »Wer ist Gott?« oder »Was ist der Mensch? (Ps 8)«. Völlig ungeeignet waren diese Themen allerdings nicht, weil sie menschliche Grundfragen aufwerfen. Ebenfalls zu sehr nach Information und zu wenig kommunikativ klingen Themen in Form von bloßen Begriffen, wie z.B. »Eifersucht« oder »Spuren«.

Die Positivbeispiele zeigen, daß die Bibel eine Fundgrube attraktiver Themen darstellt, etwa auch für einen Schulanfängergottesdienst (mit Eltern!) gegen zu viel Leistungsorientierung unter der Überschrift: »Was nützt es einem Menschen, wenn er die ganze Welt gewinnt, dabei aber sein Leben verliert?« (Mk 8,36).

4. Zeit und Raum bestimmen

4.1. Die Gottesdienstzeit

Die sabbatliche Konzeption macht den Schulgottesdienst zu einem Symbol der Zeit: Er öffnet einen Zeit-Raum des festlichen Lebens zwischen arbeitsgefüllten Stunden. Die zyklische Gliederung unserer Zeit in Tag und Nacht, Arbeit und Ruhe, Werktag und Sonntag ist eine lebensfördernde Maßnahme Gottes (Pred 3; Ps 31,16).[12] Auch die Glocken, die in der Tradition der Horen mönchischer Gemeinschaften mancherorts noch zum Morgen-, Mittags- und Abendgebet rufen, erinnern wohltuend an die von Gott geschenkte Zeit. Dagegen verursacht die Stunden- und Minuteneinteilung häufig Hektik und

Zeitdruck. Davon zeugt unüberhörbar penetrant der Schulgong, aber auch etwa der methodistische Viertelstundenschlag der Kirchenglocken. Der Schulgottesdienst symbolisiert im hektischen Schulalltag, daß Gott Zeit hat (für uns) und sie auch uns gegeben hat.

Diese kurzen theologisch-psychologischen Erwägungen ändern nichts daran, daß die Gottesdienstzeit in der Schule wesentlich vom Stundenplan und Schulbusfahrplan diktiert wird. Um den unausgesprochenen Zwang zur Teilnahme nicht noch zu verstärken, wird man in der Regel von der 2. bis 5. Unterrichtsstunde absehen und den Schulgottesdienst entweder in der ersten oder letzten Schulstunde feiern. Dann besteht eher die Möglichkeit zum Fernbleiben. Ein Gottesdienst am Nachmittag oder (frühen) Abend, so ideal dieser Zeitpunkt vor allem für eine gelassene Vorbereitung und die Durchführung ohne Zeitdruck erscheinen mag, ist in aller Regel nicht organisierbar.

Für den Gottesdienst zu Beginn eines Schultages spricht die Affinität zur Morgenandacht: Besinnung auf Gott vor der Tagesarbeit. Auch sind die Konzentrationskräfte noch unverbraucht. Dagegen spricht die immer zu knappe Zeit vor Gottesdienstbeginn für letzte Vorbereitungen und Absprachen (in Einzelfällen auch die Müdigkeit der »Morgenmuffel«).

Mittags ließe sich im Sinne der Tagzeitengebete die Teilung des Arbeitstages sabbatlich begehen. Da der Gottesdienst keine Lehrveranstaltung sein soll und darf, kann er nach einem anstrengenden Vormittag als willkommene »Raststätte« (hoffentlich nicht nur als zusätzliche Stunde) empfunden werden. Nachteiliger ist der Zeitpunkt für die »Akteure« und »Akteurinnen«, die ihre ganze Kraft brauchen.

Grundsätzlich können Gottesdienste zu jeder Tages- und Nachtzeit stattfinden (Apg 2,46: täglich).[13] Weder die Bibel noch eine Kirche treffen hier allgemeinverbindliche Festlegungen, schon gar nicht für den Schulgottesdienst.

Allerdings gibt es für den Gottesdienst günstige und weniger günstige Zeiten, Zeiträume mit Symbolcharakter und solche ohne besondere Aussagekraft. Schon früh feierte die christliche Gemeinde ihren Gottesdienst am ersten Tag der Woche, dem Sonntag, dem Tag der Auferstehung Christi (Apg 20,7), ohne die traditionelle Sabbatfeier zu mißachten. Einen ähnlich herausragenden und beziehungsreichen Tag hat die Schulwoche nicht. Sie ist Teil des Sieben-Tage-Zyklus, der mit dem Sonntag, dem Herrentag, beginnt! (entgegen heutiger Kalenderschreibweise, die sich völlig dem »Wochenend-Denken« des modernen Menschen angepaßt hat und entsprechend die Woche mit dem Montag anfangen läßt.)

Der Schulgottesdienst ist also bei aller Eigenständigkeit kein Ersatz und keine Konkurrenz für die sonntägliche Feier der Auferstehung Christi in der Ortsgemeinde. Darum könnte er aus Ausgewogenheitsgründen in der Mitte der Woche stattfinden. Berücksichtigt man allerdings, daß die meisten Schulgottesdienstteilnehmer und -teilnehmerinnen ohnehin nicht den Sonntagsgottesdienst besuchen,[14] so erscheint auch der bewußte Beginn oder Abschluß der Schulwoche mit einem Gottesdienst sinnvoll.

Aus diesen Überlegungen ergibt sich die erste Stunde am Mittwochmorgen als günstiger, wenn auch durchaus nicht einziger vertretbarer Zeitraum für den Schulgottesdienst. Langfristiger betrachtet, bietet sich die Orientierung an den Kirchenjahreszeiten an. Schulgottesdienste in zeitlicher Nähe zu den großen Fest-(zeit)en erleichtern nicht nur die Themenwahl, sie bewahren auch den symbolischen Charakter des (wiederkehrenden) Zeitpunktes: »Die rhythmisch gegliederte Zeit muß sich in ihren Einschnitten verweisungsstark darstellen, mit einer Symbolik, die dem Sein Raum läßt, das Tun sein läßt und zum Personwerden Zeit läßt.«[15]

Eine weitere Zeitfrage stellt sich mit der Dauer des Schulgottesdienstes. Der äußere Rahmen ist in der Regel durch die 45 Minuten einer Schulstunde abgesteckt. Füllt der Gottesdienst aber diesen Zeitraum aus, so bleibt nicht genügend Zeit zum Aufräumen oder zur Nachbesinnung: Die Teilnehmer und Teilnehmerinnen verlassen eilig den Gottesdienstraum, um rechtzeitig ins Klassenzimmer zu gelangen, und die Verantwortlichen müssen hastig ihr Material zusammenräumen. Eine solche Zeitknappheit am Ende wird oft schon am Anfang verursacht, wenn nämlich der Gottesdienst nicht pünktlich beginnen kann, und das ist meistens der Fall. Demgegenüber hat es sich als eine angenehme sabbatliche Erfahrung erwiesen, wenn Mitwirkende und Teilnehmende nach dem Segen noch spontan Lieder anstimmen, während andere bereits ruhig und allmählich die Kirche verlassen. Auch dafür muß Zeit bleiben. So kann das gottesdienstliche Leben in den Schulalltag hineinwirken.

Daraus ergibt sich ein auf etwa 30 Minuten konzipierter Gottesdienst. Hierfür spricht auch die nachlassende Konzentrationsfähigkeit. Denkbar sind natürlich ebenso (regelmäßige) 10-Minuten-Andachten oder ein doppelstündiger Schulgottesdienst (ca. 80 Min.). Die letztere Möglichkeit bietet Raum für zeitfüllende Aktionen und z. B. die Abendmahlsfeier.

4.2. Der Gottesdienstort

Die Wahl des Gottesdienstraumes wird ebenfalls durch die schulischen Gegebenheiten bestimmt. In den seltensten Fällen steht eine Kirche oder ein größerer sakraler Raum als Teil des Gebäudekomplexes der Schule zur Verfügung. Vielleicht aber besteht die Möglichkeit, ein Kirchengebäude ohne allzugroßen (zeitlichen) Aufwand zu Fuß zu erreichen. An den meisten Schulen wird der Schulgottesdienst in einem großen Schulsaal, in der Regel der Aula, stattfinden müssen. Immer beliebter werden, zumindest im Primarbereich, Schulgottesdienste im Klassenzimmer.

Alle »Raumlösungen« haben Vor- und Nachteile. Das große Manko vieler Kirchengebäude sind ihre auf eine »Frontalverkündigung« ausgerichteten unbeweglichen Sitzbänke. Positiv dagegen wirkt auch auf Jugendliche die gottesdienstliche Atmosphäre, die durch die Architektur des Raumes, angenehme Düfte (nicht muffigen Geruch!), Symbole und Bilder erzeugt wird. Dieser Vorzug überwiegt den Nachteil, daß einige Schüler und Schülerinnen von sakralen Räumen und ihrer Ausstattung abgestoßen werden und sich in einem neutralen Raum wohler fühlen würden. Allerdings ist zu bedenken, daß das Verlassen des Schulgeländes und der Weg hin zu einer benachbarten Kirche den Zusammenhang von Gottesdienst und Schulalltag zurücktreten läßt. Andererseits setzt dieser Weg ein Zeichen für die Verbindung von Schule und Kirche und hält die Kirche allein schon durch ihr Gebäude im Bewußtsein der Schüler und Schülerinnen.

In einer eigenen schulinternen Befragung von 140 evangelischen und katholischen Schülern und Schülerinnen im Alter von 12 bis 16 Jahren sprachen sich deutlich mehr, nämlich 79, gegen die Benutzung eines Kirchenraumes aus, z.B. mit der Begründung: »Es kommt nicht auf das Äußere an.« Es finden sich aber auch so interessante Argumente wie: »Der Gottesdienst sollte besser in einem normalen Raum (Gemeindehaus) stattfinden, damit eine besondere Atmosphäre entstehen kann.« Die meisten der 55 Befürworter des Sakralraumes geben allerdings das spezifisch gottesdienstliche Fluidum dieses Versammlungsortes als Grund an.

Wenn zwischen mehreren schulischen Räumen ausgewählt werden kann, ist es ratsam, dem Raum den Vorzug zu geben, der durch seine Bauweise, Dekoration und sein Mobiliar mehr Wärme und Geborgenheit vermittelt als andere. Eine Sporthalle etwa, die als hoher, kahler Raum höchstens den Blick auf gestapelte Sportgeräte freigibt, verbreitet nichts als Kälte. Selbst eine Pausenhalle erscheint geeigneter, weil sie im allgemeinen nicht so groß und hoch und besser zu gestalten ist. Außerdem fungiert sie auch sonst als Kommunikationszentrum.

Der Vorteil schulischer Säle mit beweglicher Bestuhlung liegt darin, daß in ihnen eine Randzone für weniger Interessierte entstehen kann. Die Brüder von Taizé haben beim Bau der Versöhnungskirche dieses Anliegen baulich verwirklicht: Ein erhöhter Umgang (Déambulatoire) um das innere Kirchenschiff bietet den zurückhaltenden, vielleicht nichtchristlichen Besuchern und Besucherinnen einen Raum der Ungezwungenheit; »hier können sie verweilen und aus einer gewissen Distanz dem Gottesdienst zuhören und zuschauen.«[16] Wenn der Schulgottesdienst etwas zu bieten hat – im Sinne einer einladenden sabbatlichen Feier, nicht einer Show –, braucht man sich um mögliche Unruhe auf den Stehplätzen am Rande keine Sorgen zu machen.

Sinnvoll ist in jedem Falle, die Größe des Raumes in etwa der voraussichtlichen Zahl der Teilnehmer und Teilnehmerinnen anzupassen.[17] Zu viele leere Plätze verhindern die horizontale Kommunikation und kühlen das »Klima« ab. Überfüllung führt dagegen leicht zu einer dauernden störenden Geräuschkulisse.

So sehr eine gottesdienstliche Atmosphäre auch von den räumlichen Gegebenheiten geschaffen wird, sie hängt keineswegs allein von ihnen ab. W. Jetter bemerkt im Blick auf den symbolischen Ort zu Recht: »Je mehr sich der Gottesdienst freilich von der gebauten Symbolik abhängig fühlt und sich eng an sie bindet, desto weniger scheint er seiner eigenen symbolischen Überzeugungskraft zu vertrauen.«[18]

Der Geist Gottes weht nicht nur unter einem Barockaltar. Ihm geht es um die im Namen Gottes versammelten Menschen. (Jes 66,1: »So spricht der Herr: Der Himmel ist mein Thron und die Erde der Schemel meiner Füße! Was ist denn das für ein Haus, das ihr mir bauen könntet, oder welches ist die Stätte, da ich ruhen sollte?«) Gott bindet sich an keinen Ort. Darum kann Gottesdienst überall stattfinden: im Wald und in Katakomben, auf dem Marktplatz und in der Gefängniszelle.

Die Behauptung einer geistlichen Eigenmächtigkeit des Sakralbaus ist ebenso zu bedauern wie »das museale Selbstmißverständnis vieler Kirchen«[19]. In dem Moment, wo ein solches Verständnis vorausgesetzt wird, behindert das Gebäude Gottes Absicht, mit Menschen in Beziehung zu treten. Leider haben in der Kirchengeschichte oft genug nicht nur das Kirchengebäude, sondern z.B. auch das Amt unvermerkt diese hinderliche, vermeintlich kultische Würde angenommen. Jesus dagegen stieg in die Niedrigkeit, die Ehrlosigkeit und Unbehaustheit hinab. Er bedurfte zur Unterstützung seiner vollmächtigen Verkündigung weder besonderer Räume noch der Ämter und Gewänder. Wir sind nicht Jesus, darum brauchen wir Räume, die durch ihre Gestaltung den Gottesdienst fördern, aber ich möchte bei dieser Aufgabe Christus nicht aus den Augen verlieren.

Ein segensreicher Schulgottesdienst kann also auch in einer Fabrikhalle oder eben der Sporthalle erlebt werden. Schulgottesdienste dürfen nicht mangels geeigneter Räume ausfallen. Vielmehr fordert und beflügelt eine weniger brauchbar erscheinende Örtlichkeit die Gestaltungsphantasie der Vorbereitungsgruppe. Dies kann unter Umständen fruchtbarer und angenehmer sein, als die von Küsteraugen argwöhnisch behütete Anbetungsstätte der (Erwachsenen-)Gemeinde betreten zu dürfen.

5. Die Einstimmung vorbereiten

Wenn wir von Einstimmung reden, sprechen wir implizit die »Stimmung« an, deren ambivalenter Charakter hinsichtlich des Gottesdienstes zu bedenken ist. Wir werden unser ständiges So-oder-so-Gestimmtsein und die Beeinflußbarkeit unserer Stimmungen nicht ignorieren[20] und darum eben auch die Gefahr der »Stimmungsmache«, etwa einer weihnachtlichen, die dem mehrdimensionalen Gottesdienstgeschehen eher abträglich als dienlich ist,[21] nicht verkennen dürfen. Dennoch, das Evangelium fordert und ermöglicht das Bemühen um eine warme statt kalte, eine liebevolle statt beziehungslose Atmosphäre im Gottesdienst. Sie wirkt wie die uns umgebende Luft, in der wir uns entweder fröstelnd verschließen oder behaglich öffnen (»freimachen«).

5.1. Der Weg zum Gottesdienst

Die Einstimmung beginnt schon auf dem Weg zum Gottesdienst. Zumindest dort, wo Glockengeläut ruft, werden die Kommenden bereits auditiv vorbereitet, wenn auch wahrscheinlich nur unbewußt.

Zu besonderen Anlässen, z. B. in der Adventszeit, besteht die Möglichkeit, daß die einzelnen Klassen mit brennenden Kerzen singend durch das Schulgebäude zum Gottesdienstraum ziehen (Lichtergang). Vor Buß-, Mahn- oder Trauergottesdiensten könnte der Weg zum Versammlungsort in einer Schweigeprozession zurückgelegt werden.

Denkbar ist auch, am Weg hier und da auf das Gottesdienstthema einstimmende Bilder oder selbstgefertigte Symbole anzubringen. Z. B. haben wir zum Gottesdienst unter dem Thema »Spuren« Fußabdrücke auf den Weg zur Kirche geklebt, die z. T. noch ein halbes Jahr später zu sehen waren.

5.2. Den Gottesdienstraum gestalten: den Geruchs- und Gesichtssinn berücksichtigen

Eine zweite Phase der Einstimmung, oft ist es die erste, beginnt mit dem Betreten des Raumes. Welcher Geruch, welches Licht umfängt die Eintretenden? Worauf fällt ihr Blick zuerst – auf eine kahle, kalte Wand, streng angeordnete Stuhlreihen oder auf ein Kreuz, ein freundlich begrüßendes Gesicht, eine singende Schülergruppe? Kann hier jeder mit seiner momentanen Befindlichkeit er selbst sein – der von der Diskussion über das gestrige Fußballspiel erregte Schüler, die über den morgendlichen Streit der Eltern traurige Schülerin, die ob der schlecht ausgefallenen Klassenarbeit unzufriedene Lehrerin?

Die Sinnesorgane samt der psychischen Sensibilität »schalten« beim Betreten des Raumes zu dieser nicht alltäglichen Schulveranstaltung auf erhöhte »Empfangsbereitschaft«. Es ist nicht feststellbar, welche Wahrnehmungsweise generell dominiert. Darum bedeutet die nachstehende Reihenfolge keine Rangfolge.

Ich beginne mit dem *Geruchssinn*. Schweißgeruch beispielsweise, der sich in einer Turnhalle noch von der letzten Sportstunde gehalten haben könnte, wäre die denkbar schlechteste »Begrüßung«. Ein anderes Extrem, zumindest für »evangelische Nasen«, ist ein konzentrierter Weihrauchgeruch. Er läßt manche(n) nicht gerade eine fröhliche Gottesdienstfeier erwarten, sondern eher eine steife, wirklichkeitsferne Zeremonie.

Die Bedeutung dieses Sakramentale der römisch-katholischen Kirche als Symbol für das Aufsteigen der Gebete ist für evangelisches Empfinden nicht ohne weiteres einsichtig. Wenn die Weihräucherung magisch verstanden sogar dämonische Einflüsse abhalten oder reinigend und heilend wirken soll, so wird dies auch theologisch höchst fragwürdig. Die Fremdheit schließt freilich nicht aus, sondern gerade ein, sich mit diesem antiken (heidnischen), seit dem 4. Jahrhundert christlichen und erstaunlicherweise bis ins 19. Jahrhundert auch evangelischen[22] Brauch in unserer heutigen sinnenarmen evangelischen Kirche einmal näher zu befassen. Ohne eine solche eingehende Beschäftigung mit dem Für und Wider in der Schülerschaft halte ich den Gebrauch des Weihrauchs in einem ökumenischen Schulgottesdienst jedoch für deplaziert.

Zwischen diesen, wenn man so will, extremen, weil penetranten Gerüchen, ist dem christlichen Gottesdienst biblisch-theologisch vor allem der Duft frisch gebackenen Brotes und die Blume des Weines angemessen. Schon das bloße Riechen läßt einem das »Wasser im Munde zusammenlaufen«, macht also in körperlicher und geistlicher Hinsicht aufnahmebereit für die erquickende, stärkende Gabe Gottes. Dazu kam sicher sehr früh in den nächtlichen und frühmorgendlichen Gottesdiensten in der Zeit der Christenverfolgung durch die Römer der herb-süßliche Geruch brennender Kerzen. Dieser Wohlgeruch vermittelt Wärme und Behaglichkeit und bewirkt in Verbindung mit dem optischen Eindruck meditative Stille. Außer diesen wohlbekannten Wahrnehmungen könnte beispielsweise in einem Erntedankgottesdienst duftendes Heu und frisch geschältes Holz über die Geruchsnerven auch die innere Empfänglichkeit beleben.

Brot, Kelch und Kerzen sind zugleich wesentliche Anziehungspunkte für *unsere Augen.* Nach landläufigem Verständnis symbolisieren Kerzen im Gottesdienstraum Christus als das Licht der Welt. Dies ist reformierterseits zu Recht umstritten.[23] Dennoch kann nicht geleugnet werden, daß Kerzen durch ihr warmes, natürliches Licht eine Atmosphäre der Ruhe und Feierlichkeit schaffen. Durch das Auge, das in eine Kerzenflamme blickt, ziehen Schweigen und Besinnung in unser Inneres ein und lassen Anspannung und Hektik langsam abklingen. In Taizé z. B. schauen die Teilnehmer und Teilnehmerinnen der Tagzeitengebete und Gottesdienste auf eine Fülle von Kerzen, die hinter dem Altartisch in ungeordnet gestapelten Hohlkörperziegeln leuchten und so Leib und Seele konzentrieren. Der Raum der Versöhnungskirche liegt in dämmrigem Halbdunkel – nur wenig Sonnenlicht fällt durch kleine Oberlichter ein –, so daß der Kerzenschein auch am hellichten Tag seine sammelnde Wirkung ausübt.

Nun mag solch ein abgedunkelter Kirchenraum im sonnenüberfluteten Burgund seine Berechtigung haben. In meiner regenreichen deutschen Mittelgebirgsheimat dagegen hat der strahlende Sonnenschein solchen Seltenheitswert, daß ich eine fensterarme oder gar fensterlose Kirche als ein Vergehen an Gottes guter Schöpfung empfinde. Wenn der Schöpfer seine helle Sonne strahlen läßt, möchte ich nicht den Gottesdienstraum verdunkeln. Die Folge könnte nämlich sein, daß der Gottesdienst eher wie ein Trauerritus in einer Grabkammer wirkt, dessen Ende man herbeisehnt, um endlich wieder aufatmend ans Licht treten zu können. Die Sonne soll auch in unseren Gottesdienst scheinen dürfen, um Herz und Sinne zu beleben. Lieder wie »Die güldne Sonne« oder »Hell strahlt die Sonne« helfen uns, diesem ganzheitlich empfangenen Eindruck lobend Ausdruck zu verleihen.

Der Einsatz von Kerzen als optisches Gestaltungsmittel ist also abhängig von der Tages- und Jahreszeit bzw. vom Wetter. Eine sakrale oder gar sakramentale Dignität eignet ihnen nicht. Die Pausenhalle bedarf nicht der Kerzen, um als Gottesdienstraum zu fungieren. Das Licht der Welt, Jesus Christus, heller als tausend Sonnen, läßt sich im Kerzenlicht nicht erkennen. Auch als Symbol der Freude bleibt es deutungsbedürftig. Gleichwohl ist der geschilderte Beitrag der Kerzen zur Festlichkeit und Sammlung nicht zu unterschätzen. Vor allem aus diesen Gründen votierten 80 der befragten 140 Schüler und Schülerinnen für Kerzen im Gottesdienstraum (entgegen 55 Nein-Stimmen).

Deutlichere symbolische Aussagekraft hat demgegenüber das Kreuz. In den Kirchengebäuden hängt oder steht es oft mehrfach und wird infolgedessen kaum mehr wahrgenommen. Dagegen überrascht es als Fremdkörper in einem Schulsaal und zieht die Blicke auf sich. Allerdings dürfte eine in irgendeiner Weise kunstvoll-pompöse Ausführung, z. B. mit Silber oder Gold überzogen, kitschig und abstoßend wirken. Ich plädiere für eine schlichte Form ohne Korpus, vielleicht von einer Schülergruppe aus zwei Birkenstämmen gezimmert, vielleicht von der Anfangs- oder Abschlußklasse jährlich erneuert.

Als Haupgestaltungsgegenstand kann ein Tisch angesehen werden. Auch er könnte selbst in schlichter rustikaler Form gezimmert werden. Sinnvoll ist ferner, daß die Tischdecke in einer Vorbereitungsgruppe oder im Religionsunterricht gemalt bzw. gebatikt wird. Auf dem Tisch können Symbole wie das Kreuz oder eine aufgeschlagene Bibel sichtbar angebracht werden. Im Herbst zieren wir den Tisch des öfteren mit einigen Tellern Weintrauben, auch wenn keine Abendmahlsfeier vorgesehen ist. Sie ziehen zunächst die Blicke auf sich, dienen uns gelegentlich als Meditationsgegenstand zu etlichen biblischen Bezügen, werden schließlich verteilt und verzehrt, so daß sie auf diese unkomplizierte Weise auch noch den Geschmackssinn ansprechen.

Viele andere gebastelte Gegenstände, Bilder oder Dekorationen für Anspiele vermögen die Blicke der Eintretenden zu fesseln. Wichtig ist hier, daß man sich weder wie der Besucher oder die Besucherin einer Kunstunterrichts-Ausstellung vorkommt noch angesichts eines imposanten Bühnenbildes in die Rolle des erwartungsvollen Theaterbesuchers gedrängt wird. Äußerste Sparsamkeit in allen illustrierenden und provozierenden Darstellungen erscheint mir angebracht. Ein überladener Raum sammelt nicht, sondern lenkt ab und irritiert. Absicht ist es ja, die Einstimmung in den Gottesdienst, und das heißt in Anbetung, Hören und Feiern, zu fördern und nicht zu blockieren.

Konzentration, auch in der Blickrichtung, bewirkt z. B. ein bereits zu Gottesdienstbeginn projiziertes Dia. – Auf ein Lesepult verzichte ich in der Regel. Es entfernt, wenn auch nicht so deutlich wie die Kanzel, den Redner von der Gottesdienstgemeinschaft und legt die Erwartung einer (langweiligen) Vortragsveranstaltung nahe.

Alle diese Erwägungen und Vorschläge gehen von der traditionellen Zentrierung des gottesdienstlichen Geschehens auf eine Mitte im vorderen (Altar-) Bereich des Raumes aus. Beachtenswert sind darum die Überlegungen, die Herbert Muck im Anschluß an Gerhard Kunze anstellt: Nach beider Auffassung soll der Kirchenraum so gestaltet sein, daß sich die Gegenwart Christi »ereignen« kann: »Demgemäß ist nicht eine Mitte auszuformen, um die man sich sammelt, und nicht eine Platzordnung zu erzwingen, die auf eine Mitte fixiert; vielmehr ist innerer Ereignisbereich als ›Mitte‹ baulich zu fassen und räumlich anzubieten, so daß Zusammenfinden, Erarbeitung und Hilfe, Freude und Mahlverbundenheit geschehen können.«[24]

Gedacht ist also an große Freiflächen, die für szenische Darstellungen, Aktionen und Elemente gemeinschaftlicher Bewegung frei bleiben oder von den Gottesdienstteilnehmern und -teilnehmerinnen mittels vom Eingang mitgebrachter Stühle selbst in Sitzgruppen strukturiert werden.[25] Diese Vorstellungen deuten die vielen, dem jeweiligen Anliegen angemessenen Gestaltungsmöglichkeiten an, die für den Schulgottesdienst in schulischen Räumen bestehen.

Die Raumgestaltung sagt manches über das Gottesdienstverständnis der Akteure und Akteurinnen aus.[26] Anders gesagt: Das Innere des Gottesdienstraumes kann so hergerichtet werden, daß es so weit wie möglich das sabbatliche Anliegen des Schulgottesdienstes verkündigt, z.B. durch die Gemeinschaftsdienlichkeit der Sitzordnung. Die gradlinigen Sitzreihen eines Auditoriums fördern die Kommunikation eben weniger als ein Halbkreis, der mit flexiblem Mobiliar gebildet wird.

Klassenräume bedürfen ganz besonders der liebe- und phantasievollen Um- und Ausgestaltung, denn sie tragen ja alle Merkmale der schulischen Arbeit. Sabbatlicher Schulgottesdienst will aber ein befreiendes Gegengewicht zur Mühe und Last des Alltags bilden. Allerdings wird das Ausschmücken des eigenen Klassenzimmers die Schüler und Schülerinnen besonders motivieren; auch eignet sich ein solch kleiner Versammlungsraum vor allem unter zeitlichem Aspekt gut für das gemeinsame Essen bzw. Abendmahlfeiern. Hier ist die kommunikative Sitzordnung kein Problem, so daß ein geschmückter Tisch als Symbolträger wieder bewußter in die Mitte gerückt werden könnte, um auch der vertikalen Dimension des gottesdienstlichen Geschehens gestalterischen Ausdruck zu verleihen.[27]

Bei allem Sinn für Neues und »Gewagtes« suchen auch Kinder und Jugendliche nach Vertrautem im Gottesdienstraum. Z.B. stellt das selbstgefertigte Kreuz ein solches »Element der Kontinuität«[28] dar oder der (Altar-)Tisch an einer, wenn auch variierenden, Stelle des Raumes. Die Anordnung des Gestühls wird ebenfalls tunlichst nicht zu jedem Gottesdienst wechseln, wenn nicht »Orientierungslosigkeit« die Folge sein soll.

Schließlich bringt die Raumgestaltung auch die Offenheit des Gottesdienstes zum Ausdruck. Es widerspricht nicht der Funktion des »Gotteshauses« oder eines anderen Gottesdienstraumes, wenn sich die Besucher und Besucherinnen hier zunächst ungezwungen bewegen und unterhalten wie an anderen Orten auch.[29] T. Lehmann z.B. sieht bei seinen Chemnitzer Jugendgottesdiensten in der einstündigen Kommunikationsphase vor Gottesdienstbeginn die wichtige Funktion, eine verkrampfte Atmosphäre abzubauen: »Es herrscht ein großes Durcheinander, allgemeines Begrüßen, Schwätzen, Herumlaufen, Treffpunkt junger Christen.«[30]

Die Kirche muß wieder zum Ort der Begegnung werden, und zwar nicht einer elitären, esoterischen Clique; sie muß offen werden für den »Alltag der Welt« – schon in ihrer Innen- und Außenarchitektur.[31] Zwar fungiert in der Schule der Pausenhof als Treffpunkt, dennoch eignet sich auch der Schulgottesdienst mit seiner knapp bemessenen Zeit, diesen Aspekt zumindest ansatzweise erfahrbar zu machen.

Zusammenfassend ist festzuhalten: Weder der Kirchenraum als solcher noch Gegenstände in ihm dürfen nur für sich selbst da sein. Die Gegenwart Gottes in seinem Geist ist – anders als im alttestamentlichen Tempelverständnis – nicht an einen sakralen Raum gebunden. Sein Wert besteht allein in seiner Funktion: Er bietet der sich versammelnden Gemeinde Raum, Gottesdienst zu feiern – mit allen Sinnen.

Darum verlangen um Gottes und seiner sinnenbegabten Menschen willen auch die nonverbalen peripheren Bereiche des gottesdienstlichen Geschehens eine verantwortliche Gestaltung. Der Schulgottesdienst kann die Chancen, die sich durch benachbarte Kirchengebäude bieten, ebenso nutzen wie die nahezu grenzenlose Variabilität eines schulischen Versammlungssaales.

5.3. Der Tast- und Hörsinn

Ohne großen Aufwand ist es möglich, den *Tastsinn* der Gottesdienstteilnehmer und -teilnehmerinnen schon beim Betreten des Raumes anzusprechen. In der Vorbereitung eines adventlichen Gottesdienstes zur Thematik »Schenken – Beschenkt werden« fiel einer Schülerin das irische Märchen »Die kleinen Leute von Swabeedo«[32] ein: Die Lebensfreude dieser Leute besteht darin, sich bei allen Gelegenheiten kleine, warme, weiche Pelzchen zu schenken, bis ein einsamer Kobold das Geschenk nicht annehmen will und zudem die Swabeedoler warnend darauf hinweist, daß ihnen bei zu viel Großzügigkeit die Pelzchen ausgehen könnten ...

Dazu machte die Schülerin den Vorschlag, allen Gottesdienstteilnehmern und -teilnehmerinnen schon am Eingang ein kleines Pelzchen in die Hand zu legen und dies während des Gottesdienstes weiterschenken zu lassen. Aus einem alten Autositz-Fell waren die 250 Stücke leicht zu gewinnen; sie lösten Überraschung aus und wurden von den Eintretenden gerne angenommen ... Ähnliches läßt sich etwa mit Steinen oder Blumen und entsprechenden Texten inszenieren.

Der Tastsinn wird in der Einstimmungsphase ferner durch das Ergreifen der Liedblätter berührt. Dieser Vorgang hat zwar keinen Symbolgehalt, ist aber gleichwohl gerade für den Schulgottesdienst zu bedenken. Denn wenn es im Gottesdienst sonst nichts zum Anfassen gibt, verleiten die Blätter zu einer zweckentfremdenden »Behandlung«. Liederbücher sind auch in anderer Hinsicht besser geeignet:[33] Sie lösen urheberrechtliche Probleme, verhindern Papierverschwendung, machen Kontinuität möglich und schlagen etwa in Gestalt der diversen Zusatzhefte zum Evangelischen Kirchengesangbuch eine Brücke zum traditionellen Liedgut. Die Overhead-Projektion der Liedtexte spart zwar den Papier- und Verteilungsaufwand, ist aber nur in nicht allzugroßen Räumen lesbar. Außerdem beeinträchtigen technische Gerätschaften die Raumatmosphäre negativ.

Entscheidet man sich für vervielfältigte Liedtexte (in Buch- oder Blattform), so empfiehlt es sich, diese schon frühzeitig auf die Plätze zu legen. Ein Austeilen an die bereits Sitzenden ist der inneren Einstimmung eher abträglich. Werden die Blätter am Eingang verteilt, so läßt sich damit allerdings eine freundliche Begrüßung verbinden.

Mehr als der Tastsinn wird schon vor Beginn des Gottesdienstes der

Hörsinn beansprucht. Die Einstimmung in den Gottesdienst wird erschwert bzw. unmöglich gemacht, wenn das Gehör der Ankommenden sogleich von einer polyphonen Geräusch- oder gar Lärmwelle überrollt wird. Als wirksame Vorbeugung dagegen hat sich meditative Instrumentalmusik bewährt. Das Singen ist erst sinnvoll, wenn die meisten Gottesdienstteilnehmer und -teilnehmerinnen bereits sitzen, damit die Texte nicht in der Unruhe des Platzeinnehmens verhallen. Orgelmusik, jedenfalls in ihrem konventionellen Klang, vermag Schüler und Schülerinnen nach meiner Erfahrung nur wenig einzustimmen, wohl schon deshalb, weil Organistin bzw. Organist und Instrument in der Regel nicht zu sehen sind, aber auch, weil dies Instrument den »veralteten« Gottesdienst repräsentiert.

Das Chaos der in den Raum strömenden Klassen mit autoritären Befehlen regulieren zu wollen, habe ich als gänzlich fehl am Platze erlebt. Kinder und Jugendliche, die sich nach dem Betreten der Kirche einem mürrischen Lehrer gegenübersehen, der ihnen barsch einen Platz anweist, können sich schwerlich wohlfühlen. Wer »Ruhe« brüllt, erreicht sie höchstens für eine Schrecksekunde und zerstört zudem die sabbatliche (Aus-)Gelassenheit. In Taizé werden die zum Tagzeitengebet strömenden jungen Menschen unaufdringlich und wirksam zum Beenden der Gespräche angehalten, indem Jugendliche schon vor der Kirche und an einigen Stellen in ihr Schilder mit der Aufschrift »Stille« weithin sichtbar hochhalten. Diese Methode ist übertragbar. Eine kurze Phase der Stille, wenn erreichbar auch ohne Musik, ermöglicht m. E. die tiefstgehende Einstimmung in den Gottesdienst.

Bei alledem darf aber nicht der Eindruck entstehen, als sei es das oberste Ziel eines Gottesdienstes mit Kindern und Jugendlichen, Ruhe herzustellen. Gottesdienst ereignet sich nicht nur in andächtiger Stille, sondern ebenso in lautem Jubel. Wenn das ausgelassene, unbeschwerte Mitteilungsbedürfnis in die Kirche stürmender Kinder z. B. durch die Musik zum kräftigen, ja lautstarken Lob Gottes sublimiert werden kann, geschieht ebenfalls Gottesdienst.[34]

Anders geartet ist das Einüben neuer Lieder. Die Gelegenheit vor Beginn des Gottesdienstes bietet sich an, damit es nicht den Gang der Feier in Form einer Lernaufgabe unterbricht.[35] Je nach Anliegen oder Thema des Gottesdienstes können Lieder vor der Stillephase eingeübt werden, z. B. bei einem Meditationsgottesdienst. Oder das gemeinsame Üben dient mit rhythmischen, fröhlichen Liedern zur Beteiligung aller an einer Feier mit Herzen, Mund und Händen; dann ereignet sich die Einstimmung im »Einsingen«.

Notwendig für die Konzentration, sei es nun in Gestalt gesammelter Stille oder des herzlichen Lobes, ist die entsprechende sichtbare Gestimmtheit der Akteure und Akteurinnen. Wir haben sehr deutlich festgestellt, daß die Vorbereitungsgruppe indirekt erheblichen Einfluß auf die Einstimmungsphase nimmt. Darum versuchen wir, organisatorische Absprachen so weit wie möglich vor dem Eintreten der ersten Gottesdienstteilnehmer und -teilnehmerinnen beendet zu haben, damit jedes hektische Herumlaufen und Reden unterbleiben kann.

5.4. Die Kleiderfrage

Auch dieses Problem muß schon im Zusammenhang der Einstimmung in den Gottesdienst bedacht werden, denn die Gewandung der Akteure und Akteurinnen – sofern sie von der Alltagskleidung abweicht – fällt den Schülern und Schülerinnen sogleich ins Auge. (Anders wäre das bei einem Einzug der Liturgen und Liturginnen zum Gottesdienstbeginn, der aber m.E. durch seine Hervorhebung der besonders aktiven Personen keinen dem Schulgottesdienst adäquaten Ritus darstellt.) In Ermangelung liturgischer Gewänder in der Normalschule wie in der evangelischen Normalgemeinde reduziert sich die Kleiderfrage im wesentlichen auf das Talarproblem des Pastors bzw. der Pastorin.

140 Schülern und Schülerinnen aus unserer Schule wurde auch diese Frage gestellt. Die Antwort fiel eindeutig negativ aus: 95 hielten einen Talar für unnötig, weil es »nicht wichtig (ist), was er anhat, sondern was er sagt«. Nur 27 haben sich für das Tragen der Amtstracht ausgesprochen, etwa weil »dann alles viel vertrauter ist« oder auch »weil es sonst kein richtiger Gottesdienst ist«(!). Ein Unterschied in der Beurteilung zwischen evangelischen und katholischen Schülern und Schülerinnen ist nicht festzustellen. Lediglich fällt ein geringfügiges Altersgefälle auf: Von den jüngeren Befragten hat ein etwas höherer Prozentsatz mit »Ja« votiert als von den älteren.

Natürlich gibt es gute Argumente für das Tragen des Talars, die auch von den Schülern und Schülerinnen z.T. angeführt werden. Der Talar setzt ins Bild, besser: ins Kleid, daß der Pfarrer oder die Pfarrerin im Namen Gottes redet und nicht im eigenen. Er unterstreicht den Auftrag. Der Prediger oder die Predigerin tritt dahinter zurück – verbirgt sich selbst, teilweise. Nicht die Person wird durch die kleidsame(?) Kennzeichnung herausgehoben, sondern das Dienstamt. Die Feierlichkeit eines Gottesdienstes kann durch die Amtstracht betont werden.

Dennoch wiegen m.E. die Gegenargumente schwerer. Person und Amt lassen sich nicht trennen. Die Jugendlichen spüren das offenbar und drücken es aus, wenn sie ihr Nein zum Talar folgendermaßen begründen: »Pastor ist Pastor«, oder: »Der Pastor ist mit oder ohne Talar derselbe Mensch.« Die Amtstracht schafft Distanz; sie zementiert das traditionelle Pfarrerbild. Ein katholischer Jugendlicher von 16 Jahren wendet sich gegen eine »durch Kleidung bestimmte Rangordnung, die Gespräche blockieren kann«.[36]

Wird nicht durch den Talar auch die Scheidung des Gottesdienstes in der Kirche vom Gottesdienst im Alltag mehr als ohnehin schon manifestiert? Pastorin und Christ sind doch immer Zeugen und Zeuginnen des Evangeliums.

Ein weiteres Gegenargument liefert die unerläßliche Solidarität mit den Mitarbeitenden. Mit welchem Recht darf sich der Pastor oder die Pastorin durch sein bzw. ihr Kleid aus der Gestaltungsgruppe von Schülern und Schülerinnen, Lehrern und Lehrerinnen herausheben?[37] Dies ist nicht nur psychologisch wenig ratsam, sondern auch theologisch fragwürdig angesichts der Geistbegabung und des Priestertums aller Gläubigen.

Vielleicht wäre die gefühlsmäßige Ablehnung des Talars nicht ganz so groß, wenn dieser statt in düsterem, strengem Schwarz in freundlichem, der österlichen Freude angemessenem Weiß getragen würde.[38]

Das Bedenken der Kleidung im Schulgottesdienst erschöpft sich indes doch nicht ganz in der Talarfrage. Auch die anderen Mitwirkenden, zumindest die Erwachsenen unter ihnen, werden sich fragen, ob sie sich angesichts der Tatsache, daß mehrere hundert Schüler und Schülerinnen auf sie schauen, anders als alltäglich kleiden sollen. Sofort einsichtig ist die Problematik z. B. im Blick auf die sensible Atmosphäre eines Trauergottesdienstes in der Schule, an dem auch die Eltern der verstorbenen Schülerin teilnehmen. Es wäre denkbar lieblos, die Gefühle der Trauernden durch eine betont (nach-)lässige oder gar provozierende Kleidung zu verletzen und damit ihre innere Teilnahmebereitschaft am gottesdienstlichen Geschehen von vornherein zu blockieren. Dieses Extrembeispiel macht deutlich, daß auch hinsichtlich des »Normalgottesdienstes« die Kleiderfrage nicht völlig belanglos ist. Je nach Anlaß und Anliegen des Gottesdienstes wird die Kleidung von einfach-dezent über modisch-schlicht bis festlich-elegant ausfallen können. Nicht die Kleidung soll Aufsehen erregen – abgesehen von Kostümierungen bei Anspielen –, sondern das Evangelium.

Allerdings gestehe ich Jugendlichen zu, daß sie durch ihre Kleidung Zeichen setzen. Sie dürfen auch als Mitgestaltende im Gottesdienst durch ihr Äußeres etwas von ihrem jeweiligen inneren Zustand zeigen. Jede Reglementierung würden sie wohl als einen (Ver-)kleidungszwang zu Recht ablehnen. Ein betont jugendliches, fetziges Outfit, das von einem Erwachsenen zur Schau getragen anbiedernd wirken würde, kann bei Jugendlichen, die im Gottesdienst zu ihresgleichen sprechen, geradezu Voraussetzung für eine ungehinderte Kommunikation sein. Ein Jugendlicher, der allen nur in verwaschenen Jeans bekannt ist, würde, gewandet in einen Nadelstreifenanzug samt Krawatte, schallendes Gelächter auslösen. Beim festlicheren Abiturientenentlassungsgottesdienst erledigt sich das Problem dadurch, daß sich fast alle ein wenig schicker kleiden. Aber auch hier muß jeder und jede mit der Kleidung ausdrücken können, was er oder sie will. Anpassungszwang, Kleiderzwang jedweder Art zerstört die Kommunikation, statt sie zu fördern.

Schließlich hat auch die Kleidung der Gottesdienstteilnehmer und -teilnehmerinnen Einfluß auf die Atmosphäre des Gottesdienstes – man denke an den Sonntagmorgen-Gottesdienst. Wegen der zu achtenden jugendlichen Selbständigkeit erübrigt sich eine Diskussion dieses Aspektes. Es sei denn, eine Vorbereitungsgruppe, und vor allem die Schüler und Schülerinnen in ihr, wollten ihre Mitschüler und Mitschülerinnen z. B. in Hinsicht auf einen besonders festlichen Gottesdienst zu einer bewußt angemessenen Kleidung anhalten.

Zusammenfassung:
Die Einstimmung in den Schulgottesdienst ist schwierig, weil sie die Stimmung der Ankommenden betrifft, also hauptsächlich auf der Gefühlsebene wirkt. Rationale Argumente eignen sich infolgedessen nicht, um Entscheidun-

gen über die verschiedenen Determinanten herbeizuführen.[39] Gefühle können nicht überzeugt, nur verletzt oder bestätigt werden. Dem einen helfen Kirchenraum, Kerzen und Talar, um sich gottesdienstlich einzustimmen, eine andere wird durch all diesen »unnötigen Schnickschnack« – so eine 15jährige – gehindert, sich frei und wohl zu fühlen. Dasselbe Gestaltungsmittel kann je nach Disposition des oder der Erfahrenden von diesem bzw. dieser entweder als hilfreich oder als ablenkend empfunden werden. Eine Gefahr sehe ich zum einen in der »Heiligsprechung« irgendwelcher Rituale oder Ausgestaltungsgegenstände und zum anderen in der irrigen Meinung, Gottesdienst vollziehe sich allein auf der rationalen und nicht ebenso auf der affektiven Erlebnisebene. »Die dem Menschen von seinem Schöpfer geschenkten Gaben der Sinnlichkeit und des Ausdrucksvermögens sind wesentlich an der Kommunikation zwischen Mensch und Gott beteiligt.«[40] Dem entspricht es, auch die visuellen und akustischen, die taktilen und odoratischen (Ein-)stimmungselemente des Schulgottesdienstes sorgfältig zu bedenken und vorzubereiten.

6. Lieder und Musik auswählen

Das Singen gehört so ursprünglich und wesenhaft zum Gottesdienst wie das Lachen zum menschlichen Ausdrucksverhalten. Sein Fehlen wäre ein Krankheitssymptom. Die glaubenstärkende und gemeinschaftsstiftende Kraft des gemeinsamen Singens hat die christliche Gemeinde von Anfang an erfahren (Eph 5,19; Kol 3,16). Freude und Lobpreis drängen zu vielstimmiger Äußerung.

Die Umfrage unter unseren Schülern und Schülerinnen beinhaltete keine ausdrückliche Frage zum gottesdienstlichen Singen. Dennoch haben viele unter den Rubriken »Vorschläge« und »Allgemeine Kritik« das Singen angesprochen. Kurz zusammengefaßt: Man wünscht sich vehement mehr moderne, rhythmische Lieder, die vornehmlich von Gitarren sowie Flöten und Schlagzeug, nicht aber von der Orgel begleitet werden sollen. Kritisiert werden schwierige Melodien und unverständliche Texte.[41] Keine einzige Stimme verlangt nach mehr Liedern aus dem Kirchengesangbuch.

Diese Erwartungen sind vor dem Hintergrund des enormen Musikkonsums junger Menschen in ihrer Freizeit nur zu verständlich. Das Hauptkriterium für die Liedauswahl besteht demnach in der Singbarkeit der Lieder. Wünschenswert ist, daß sie durch ihre Musikbegleitung, Melodieführung und Textfassung zum Mitsingen animieren. Außerdem fördert es entscheidend das freudige und kräftige Mitsingen, wenn einige der ausgewählten Lieder bereits den meisten bekannt sind. Achtet man z. B. ausschließlich auf den inhaltlichen Bezug, so werden am Ende – was gar nicht so selten vorkommt – (fast) nur unbekannte Lieder (vor-)gesungen. Statt zum bewegten Ausdruck der Freude gereichen dann die Singphasen zur Qual. Von einem guten Text mit einer fremden Melodie hätten die Gottesdienstteilnehmer und -teilnehmerinnen mehr, wenn er nur gesprochen vorgetragen würde. Die Kritik einer 16jährigen Schülerin, die sich nicht ausdrücklich nur auf alte Kirchenlieder bezieht, macht die Problematik deutlich: »Die Lieder haben derart grauenhafte Melodien, daß man gleich anfangen könnte zu heulen. (Jedenfalls die meisten!) Man kann den Glauben doch auch als etwas Schönes ansehen und ihn auch so gestalten, oder?« Sicherlich spielt bei einem solchen (vernichtenden) Urteil auch der Bekanntheitsgrad der Melodien eine Rolle. In einem Gottesdienst dürfen darum m. E. nicht mehr als ein, im Ausnahmefall zwei unbekannte Lieder gesungen werden.[42]

Und für dieses unbekannte Lied wird im Gottesdienst, besser noch vor Beginn, Zeit zum Erlernen eingeplant. Nur wenige Songs sind so eingängig, daß sie durch bloßes ein- oder zweimaliges Hören problemlos mitgesungen werden können. Refrainlieder stellen hier allerdings einen gangbaren Mittelweg dar. Im Vorteil ist jedenfalls die Vorbereitungsgruppe, die in ihren Reihen jemanden hat, der oder die es versteht, den Gottesdienstteilnehmern und -teilnehmerinnen schon beim Einüben Freude am Singen zu vermitteln. Eine bewährte und den Gottesdienst entlastende Möglichkeit besteht darin, das neue Lied mit Hilfe einer Schülergruppe im Religionsunterricht der verschieden Klassen einstudieren zu lassen.[43]

Nun kann aber der berechtigte Schülerwunsch nach modernem Liedgut nicht der einzige Maßstab für die Auswahl sein. Ich halte es nach wie vor nicht nur für möglich, sondern auch für nötig, den Jugendlichen alte, nahezu zeitlose Choräle zu erschließen. Sie reichen inhaltlich tiefer als manche Neuschöpfung (und haben darum Jahrhunderte überdauert) und bilden darüber hinaus ein Verbindungselement zu den Gottesdiensten am Sonntag mit vorwiegend erwachsenen Teilnehmern und Teilnehmerinnen. Schulgottesdienst ist keine Insel, die weit weg vom liturgischen bzw. kirchenmusikalischen Festland ihr völlig losgelöstes Eigenleben entwickeln dürfte. Seine Beziehung zum Gottesdienst der Ortsgemeinden kann sich z. B. in einem traditionellen Lied ausdrücken. Mehr müssen es nicht sein, aber eins ist angemessen. Genauso plädiere ich im Blick auf den Gemeindegottesdienst für mindestens ein modernes Lied, nicht nur, damit die Jugendlichen wenigstens dieses Lied gerne mitsingen, sondern auch, damit die Älteren die Lieder der Jüngeren lernen. Die Pflege der Generationsbeziehungen ist keineswegs nur Aufgabe der Jugend, im Gegenteil: Von reiferen Menschen dürfte noch mehr Verständnis und Entgegenkommen erwartet werden können. Freilich fordert es beiden Altersgruppen Geduld und Liebe ab, der anderen die jeweils fremden Lieder nahezubringen und einzuüben. Eine Synthese stellen m. E. die Taizé-Gesänge dar.[44] Aber warum sollten Jugendliche nicht auch für ein Paul-Gerhard-Lied zugänglich sein, das anhand der bewegenden Biographie des Autors inhaltlich sowie in seiner Sprachgestalt erläutert wird und dann von einer musikalisch bewanderten Schülerin, mit oder ohne Instrumentenbegleitung, mit den Gottesdienstteilnehmern und -teilnehmerinnen eingeübt wird?

Ein weiteres Kriterium ist die Aussage des Liedes. Die Auswahl wird sich am Thema bzw. dem Text des Gottesdienstes orientieren. Dabei auch den Aussagegehalt vor allem neuer Lieder ein wenig unter die Lupe zu nehmen, legt sich erst recht in einem Vorbereitungskreis nahe.[45] Allerdings schadet m. E. eine zu engherzige, orthodoxe Kritik sowohl dem Zeitplan der Vorbereitung als auch der unbeschwerten Singfreude mehr als ein Lied, das nicht gerade die Summa der Theologie in Reime faßt. Verspürt eine Vorbereitungsgruppe Lust, sich selbst ans Texten und Komponieren zu wagen, so findet sie bei D. Trautwein hilfreiche Werkstattberichte.[46]

Unabhängig von den bisher genannten Anhaltspunkten kann in den meisten Gottesdiensten ein fröhliches Loblied gesungen werden. Im Loben ereignet sich der dialogische Charakter des gottesdienstlichen Geschehens gewissermaßen zwangsläufig: »Freude … kann nicht monologisch bleiben, sie sucht sich als Adressaten den, dem sie das wiedergewonnene Leben verdankt.«[47]

Ein allen bekanntes Loblied läßt sich aus vollem Herzen und voller Kehle schmettern. Der Wahl der Instrumente sind dabei nach Ps 150 keine Grenzen gesetzt, im Gegenteil: Orchestraler Vielklang und Phantasie sind gefragt. Warum nicht auch einmal (oder immer?) originelle Instrumente einsetzen, z. B. selbst gebaute oder das »Waschbrett aus Omas Bodenkammer«.[48] Die Gitarre eignet sich besonders als Begleitinstrument, weil sie nicht nur die Melodie zu unterstützen vermag, sondern auch den Rhythmus mittels einfacher Schlagweisen lebendig macht. In jeder Schule dürften sich genügend musizierende Schüler und Schülerinnen finden lassen. Eine gemeinsame musikalische Vorbereitung zu organisieren, ist schon ein schwierigeres Unterfangen. Nicht die Quantität der Instrumente ist entscheidend, sondern die den Liedern entsprechend arrangierte Qualität, wobei selbstgespielte Musik auch mit qualitativen Mängeln allemal angemessener und lebendiger ist als klanglich »vollkommener«, aber »künstlicher« Sound von einem technischen Tonträger.[49]

Vom vielstimmig-lauten instrumentalen Lob Gottes mit oder ohne Gesang möchte ich die gesangunterstützende Begleitung unterscheiden. Ihre Aufgabe besteht darin, die Melodieführung zu erleichtern und den Gesang zu vollerem, mehrstimmigem Klang zu erheben, nicht aber, die Stimmen zu übertönen und damit zu behindern. Flöte, Gitarre oder eine behutsam registrierte Orgel beispielsweise eignen sich erfahrungsgemäß besonders für die Untermalung meditativer Lieder.

Für die Gottesdienstgestaltung in Taizé ist bezeichnend, daß die Orgel – wiewohl von stattlicher Größe – nicht ihre Klangwogen durch die Kirche brausen läßt, sondern dezent im Hintergrund bleibt. Während der Gebetszeiten schweigt sie sogar weitgehend. Es sind die Stimmen der Teilnehmer und Teilnehmerinnen, die die mehrstimmige Musik erklingen lassen. Auch im Schulgottesdienst ist es möglich, z. B. das Kyrie oder andere Litaneien mehrstimmig zu singen. In Taizé beteiligen sich verhältnismäßig wenige Jugendliche an den nachmittäglichen Singübungen. Aber es sind offenbar genug, um bei den Tagzeitengebeten und Gottesdiensten die »Gemeinde« fermentartig zu durchsetzen und die anderen zum Mitsingen in ihrer jeweiligen Stimmlage zu befähigen. Dort kann sich jeder und jede überzeugen, zu welch harmonischem Singen junge Leute in der Lage sind. Dieser Gesang trägt auch diejenigen, die (noch) nicht einstimmen können oder wollen.

Die Klage gehört ebenso wie das Lob zum gottesdienstlichen Beziehungsge-

schen im manchmal leidvollen Schulalltag. Allerdings mit dem Unterschied, daß in unseren Liederbüchern nur ganz wenige Klagelieder im Sinne des »Aus tiefer Not schrei ich zu dir ...« (Ps 130, EKG 195) zu finden sind. Das hindert freilich nicht, gesprochene Klagegebete z.B. mit dem vielfältig vertonten Kyrie zu verbinden und so die Bitte um Hilfe gemeinsam gesungen vor Gott zu bringen.

Auch das bloße Vortragen von Liedern oder Instrumentalstücken kann im Schulgottesdienst seinen Platz finden. Besinnliche Musik hilft zur inneren Sammlung und Einstimmung in eine Meditation oder Gebetszeit.[50] Dabei achten wir darauf, daß reine Vortragsstücke eines Chores oder einer Band nicht die gemeinsam gesungenen Lieder überwiegen. Was nur konsumiert wird, kann nicht so tief dringen wie selbst Vollzogenes.

Die vorgetragenen oder gesungenen Lieder müssen nicht unbedingt alle geistlichen Inhalts sein. Mancher »weltliche« Song vermag treffend ein Stück Wirklichkeitserfahrung zu artikulieren, wie etwa Herbert Grönemeyers Trinker-Ballade, oder eine direkte Brücke zum biblischen Text zu schlagen, wie Cat Stevens' Klassiker »Father and Son«. Die Ten Sing-Bewegung und in ihrem Gefolge mancher Jugendchor verstehen es, Chorgesang und Rockmusik sowie Tanz und Drama zu einer harmonischen Einheit zu verschmelzen.[51] Weniger eindrucksvoll – aber auch möglich – ist das Abspielen eines modernen Musikstücks von CD oder Kassette. Allerdings wirkt dies in einem Gottesdienst immer etwas unpersönlich und kalt. Beim Einsatz eines Hits als »reißerisches« Medium gebe ich zu bedenken, »ob die Erwartungshaltung, die dadurch hervorgerufen wird, im weiteren Verlauf erfüllt werden kann oder der Rest des Schulgottesdienstes aufgrund dieser Vorgabe verblaßt.«[52]

In unseren »Normal«-Schulgottesdiensten hat sich die Zahl der gesungenen Lieder bei drei bis maximal fünf eingependelt, es sei denn, es ist genügend Zeit, in einer Singephase die Vorschläge der Gottesdienstteilnehmer und -teilnehmerinnen aufzunehmen. Damit wird die meist morgendlich eingeschränkte Singfähigkeit der Schüler und Schülerinnen nicht überstrapaziert und die Freude nicht erstickt.

Ich fasse die Kriterien für die Liedauswahl zusammen:
1. Die Singbarkeit ergibt sich aus einem dem jugendlichen Geschmack angemessenen Rhythmus, einer gängigen Sprachgestalt und einem hohen Bekanntheitsgrad des Liedes.
2. Die gelegentliche Erschließung eines traditionellen Liedes dient der Pflege des Gemeindebezugs.
3. Das Einüben eines neuen Liedes pro Gottesdienst ist zumutbar.
4. Die Funktion der Musik besteht im Unterstützen, nicht im Ersetzen des Gesangs.
5. Wenn schon während der Vorbereitung Freude an den ausgewählten Liedern und der Musik aufkommt, sind diese auch für den Gottesdienst geeignet.
6. In Bewegungslieder können schlechte Sänger und Sängerinnen zumindest körperlich »einstimmen«.

7. Die Eröffnung festlegen

Aufgabe der Eröffnungsphase ist es, die nonverbal eingestimmten Anwesenden nun auch verbal in das Gottesdienstgeschehen einzubeziehen. Was schon für die Einstimmung gilt, ist auch hier virulent: »Der Anfang eines Geschehens bestimmt weitgehend dessen Fortgang. Zu Beginn des Gottesdienstes entscheidet es sich, ob aus dem Besucher ein Beteiligter wird.«[53]

Die Elemente dieses Eingangsteiles sind im allgemeinen: Nennung des Gottesnamens, Begrüßung, Hinführung zum Thema und Eingangslied. Entfallen kann eine Begrüßung, evtl. auch eine ausdrückliche thematische Einleitung, nicht aber der Name Gottes und das gemeinsame Singen. Aus den bereits dargelegten Gründen (S. 48f) plädiere ich dafür, den Gottesdienst in seinen verbalen »Verlautbarungen« mit dem Namen Gottes zu beginnen und nicht mit dem »Ich« einer Schülerin, eines Lehrers, einer Pfarrerin oder dem »Wir begrüßen ...« der Vorbereitungsgruppe.[54]

Das hört sich z. B. so an: »Wir feiern diesen Gottesdienst nicht in unserem Namen, sondern im Namen Gottes ...« oder »Wir sind versammelt im Namen Gottes, des Vaters, des Sohnes und des Heiligen Geistes.« Es kann aber auch zur guten Gewohnheit werden, knapp und bestimmt zu beginnen: »Im Namen des Vaters ...« Damit das »In nomine patris ...« dennoch nicht zu einer »bewußtlosen« Formel abgedroschen wird, kann es als Chorus gesungen oder textlich vielfältig ergänzt werden, etwa: »... im Namen Gottes, der der Vater allen Lebens ist, der durch Christus das Leben erneuert hat und der durch seinen Heiligen Geist bei uns ist.« Dabei lassen sich auch schon Bezüge zum Gottesdienstthema herstellen.

Es trifft m. E. nicht zu, daß die Beziehung der Gottesdienstteilnehmer und -teilnehmerinnen untereinander bzw. zwischen dem Vorbereitungsteam und den übrigen vernachlässigt wird, wenn der Gottesdienst nicht mit einer freundlichen Begrüßung an deren Adresse beginnt. Das Gegenteil ist der Fall: Die gemeinsame Berufung auf den Stifter christlicher Gemeinschaft läßt etwas von der tieferen, geschwisterlichen Verbindung erahnen, in die wir als Kinder desselben Vaters hineingenommen sind.

Auch den desinteressierten Gottesdienstteilnehmern und -teilnehmerinnen tun wir keinen Gefallen, wenn wir ihretwegen den Namen Gottes zunächst verschweigen und sie mühsam dort »abzuholen« versuchen, wo sie (vielleicht) stehen. Sie haben wie die anderen ein Recht darauf, sofort zu erfahren, um was und um wen es geht. Außerdem sprechen wir den Namen Gottes ja nicht gegen sie aus, sondern gerade für sie und über ihnen. Denn nur im Namen dessen, der sich mit Zöllnern und Sündern an einen Tisch setzte, werden wir zu ihren Herzen vordringen, nicht indem wir in unserem Namen eine vermeintliche religiöse Ansprechbarkeit aufzuspüren und zu treffen versuchen. Wenn einer diese Disposition erzeugen kann, dann »Jesus, der Anfänger und Vollender des Glaubens« (Hebr 12,2).[55] Der Name Gottes am Anfang des Gottesdienstes befreit uns gerade im Blick auf die Ungläubigen von der nicht zu bewältigenden Aufgabe, diese zu Christen zu machen. Er befreit uns zum aufatmenden Feiern der Liebe Gottes mit diesen Gästen, was diesen die »offenbarte Transzendenz mitten in der Immanenz zu erschließen vermag«.[56] Überlassen wir die Beantwortung der bangen Frage, ob die anfängliche Namensnennung solche »Fremden« nicht sogleich abstoße, getrost dem Inhaber des Namens, der über alle Namen ist. Das Vertrauen auf ihn und die Liebe zu den Schülern und Schülerinnen verhindert, daß der Name Gottes zu einer gottesdienstlichen Leerformel gerinnt.

Oder erstickt diese traditionelle, steife Wendung doch schon zu Beginn jede, vielleicht durch die Einstimmungsmusik »aufgeheizte« Feierstimmung? Ganz anders jedenfalls setzt T. Lehmann in seinen Chemnitzer Jugendgottesdiensten mit 2500 Teilnehmern und Teilnehmerinnen ein: Am Anfang steht »unbedingt« ein Witz, »(kein Gottesdienst ohne Lachen!)«.[57] Das Wort und der Name Gottes kommen erst später, aber die Ehre Gottes bleibt das erklärte Ziel.[58]

Sicher kann der Witz als Einstieg nicht zur Norm für Schulgottesdienste erhoben werden – er müßte der vortragenden Person, der Situation und dem Anliegen des Gottesdienstes entsprechen –, daß aber auch das herzliche Lachen zur Sinnenhaftigkeit des Gottesdienstes beiträgt, ist nicht zu bestreiten. Nicht nur in der Begrüßung kann ein Witz seinen Platz haben. An Anekdoten- und Witzesammlungen besteht ja kein Mangel.

Als erstes Wort möchte ich allerdings am Namen Gottes festhalten, wobei mir nicht der Zeitpunkt der Namensnennung der entscheidende Punkt zu sein scheint, sondern die vor ihm verantwortete Begründung, mit der der Name, der Gruß oder der Witz an den Anfang gestellt wird. Eine Vorbereitungsgruppe unterliegt hier also keinerlei Zwängen.

Allerdings erscheint mir eine *Begrüßung*, die sich in Banalitäten erschöpft, als überflüssig, etwa: »Wir freuen uns, daß so viele gekommen sind und begrüßen euch alle. Wir wünschen euch einen schönen Gottesdienst.« Das löst nur gähnende Langeweile aus. Auch eine Vorstellung der Vorbereitungsgruppe samt Klassenbezeichnung und Name der Religionslehrerin erübrigt sich. Man sieht ja, wer agiert. Das genügt. Denn wir treten nicht im Theater oder Fernsehen auf, wo die Akteure und Akteurinnen beklatscht werden.

Alle Armutszeugnisse, Entschuldigungen und Beteuerungen, etwa: »Die Zeit war zu knapp« oder »Der Text war so schwer«, haben keinen Sinn. Sie führen das Gottesdienstgeschehen in keiner Hinsicht weiter. Auch technische Hinweise zum Verlauf können überaus störend wirken. Wenn sie überhaupt nicht zu umgehen sind, lassen sie sich, so kurz wie nur möglich, vor Beginn des Gottesdienstes oder im Zusammenhang mit der Hinführung zum Thema einstreuen.

Leider wird die Begrüßung meist wie eine Nebensache einem Mitglied der Vorbereitungsgruppe zugewiesen und dann nicht mehr weiter beachtet. Wenn trotz aller Vorbehalte dieser Teil vorgesehen ist, erfordert er dieselbe Vorbereitungsmühe wie die anderen Elemente. Ein wenig Originalität tut dabei gut, etwa: »Wir haben über Euch nachgedacht. Das Ergebnis hat uns überrascht. Wir sind auch ›Ihr‹. Wir wollen Euch nichts beibringen, sondern mit Euch auf Gott hören, mit ihm reden und ihm singen. Darauf freuen wir uns. Wir laden Euch ein mitzumachen …«[59] Der Jugendevangelist T. Lehmann wendet sich ebenfalls gegen Geistlosigkeiten in der Begrüßung und berichtet, daß ihn »die Vorbereitung der vierminütigen Begrüßung manchmal zwei volle Tage« kostet.[60] Das scheint mir zwar etwas übertrieben, aber es zeigt, welche Sorgfalt er hier walten läßt.

In der Regel wird die Begrüßung inhaltlich bereits *zum Thema hinführen*. Eine weitere Möglichkeit der substantiell-geistlichen und zugleich menschlich-herzlichen Eröffnung ist die meditative direkte Anrede. In K. v. Merings Psalmmeditationen zu den Sonntagen des Kirchenjahres finden sich geeignete, beziehungsreiche Texte, z.B. für den Himmelfahrtstag zu Ps 47:

> *»Klatscht in die Hände vor Freude, ihr Völker der Welt.*
> *Denn die Angst vor der Zukunft ist überwunden.*
>
> *Vergeßt eure Sorgen und Nöte,*
> *die kleinlichen Händel und Streitigkeiten laßt beiseite.*
> *Wir haben einen Herrn, der uns frei macht.*
> *Er zeigt unsern Wegen das Ziel und die Richtung.*
> *Die Satten werden das Hungern lernen,*
> *und die Armen werden reiche Ernte einbringen.*
> *Er schafft den Ausgebeuteten Gerechtigkeit*
> *und Friede den Opfern des Krieges.*
> *Er ist der Herr und kein anderer,*
> *auch die Zweifler werden lernen, mit ihm zu rechnen.*
> *Ein brüchiges Leben kann er heilen,*
> *und wo Mutlosigkeit herrscht, wird Hoffnung einziehen.*
> *Verzweifelte fassen wieder Tritt,*
> *und den Zerschlagenen wächst unerwartete Kraft zu.*
>
> *Darum: Klatscht in die Hände vor Freude, ihr Völker der Welt;*
> *denn die Angst vor der Zukunft ist überwunden.«*[61]

Ein solcher Weckruf wirkt m.E. einladender und einleitender als alle (lang-atmigen) Erklärungen zu Personen und Inhalten.

Schließlich ist von Zeit zu Zeit der Einstieg mit Worten denkbar, die die Symbolik von Raumgestaltungselementen beleuchten und so zum gottes-dienstlichen Geschehen hinführen:

»Die Glocken haben euch zum Gottesdienst hierher gerufen. Der Kirchenraum ist keine Sporthalle, in der Kommandos und Anfeuerungsrufe die Wände erzittern lassen. Hier will Gott mit uns reden und wir mit ihm. Gott ist nicht schwerhörig. Gott sei Dank. Er hört deine Fragen, deine Klagen und deine Freude, die du nicht in Worte fassen kannst.«

Und/oder:

»Wir wollen ihm zuhören wie einem guten Freund. Dazu brauchen wir Stille um uns, aber auch in uns. Alles, was ihr hier seht, hilft uns, zur Ruhe zu kommen, unsere Gedanken zu Gott hin zu sammeln. Schaut auf die brennenden Kerzen ...«

Entscheidend ist die Beteiligung aller. Dies geschieht zu Beginn intensiv und extensiv im gemeinsamen Singen. Gerade als *erstes Lied* eignet sich darum eins der bekannten, textlich zugänglichen und fröhlich singbaren Lieder am ehesten.[62] Morgenlieder oder frische Loblieder bieten sich für diese erste Bewegung von Herzen, Mündern und Händen an. Ein inhaltlicher Bezug zum Thema ist nicht nötig.

Ich fasse zusammen: Der Eröffnungsphase ist bereits eine Einstimmung vorausgegangen. Die dadurch (hoffentlich) erzeugte Erwartungshaltung wird durch nichtssagende oder gar flapsige, vermeintlich Eindruck heischende Grußadressen sowie durch ausgedehnte, belehrende Informationen zu Gestalt und Gehalt des Gottesdienstes ge- bzw. zerstört. Der Name Gottes am Anfang wird m. E. der gottesdienstlichen Würde der versammelten Menschen eher gerecht als das »Ich« oder der Name von Mitarbeitern und Mitarbeiterinnen. Begrüßung und thematische Einleitung erfüllen ihre Funktion, wenn sie kurz und prägnant die Gottesdienstteilnehmer und -teilnehmerinnen ansprechen und schon bald zum gemeinsamen Singen überleiten. Das Ziel der Eröffnungsphase ist es, alle von Anfang an in das Gottesdienstgeschehen hineinzunehmen.

8. Psalm und Gebet formulieren

In der Anfangsphase des Gottesdienstes greifen die Elemente Psalm, Lesung, Gebet und Lied ineinander. Sie können additiv konzipiert werden oder integrativ: Als Lesung wird ein Psalm vorgetragen, das Gebet wird gesungen usw. bis dahin, daß die Vorbereitungsgruppe einen Psalm selbst formuliert. Beispiele für Psalmgebete vor allem im Anschluß an biblische Vorlagen gibt es in Fülle.[63] Trotz dieser reichhaltigen Fundgrube lohnt es sich, Klage und Lob, Angst und Freude in eigene Worte zu fassen. Dies wird auch häufig im Gottesdienstteam vorgeschlagen. Denn mancher spricht auf diese Weise eher von sich und öffnet sein Inneres Gott.

Ein grobes *Raster für das Formulieren eines Gebetes* kann davor bewahren, in das stereotype Schema von Dank und Bitte oder gar nur das Aneinanderreihen von Bitten zu verfallen. In Anlehnung an den Aufbau der Psalmen schlage ich folgende Grundstruktur vor:

o Anrede
o Was ich an Gott habe (Lob der Taten Gottes)
o Was ich erbitte
o Worauf ich vertraue

Liegt der Akzent auf dem Lob, so kann sich die Begeisterung sprachlich völlig formlos im Preisen der Werke Gottes Ausdruck verschaffen. Die Freude an Gott drängt zum Singen: »Die Sprache allein reicht nicht aus, das Lob will als Lied gesungen oder als Reigen getanzt sein, es ist ein Ausbruch der Freude am wiedergefundenen Leben.«[64]

Am direktesten läßt sich die Gestalt des ausgesprochenen Klagegebetes von den entsprechenden Psalmen übernehmen: Nach der Anrede schildern die Betenden ihre Not und Angst und stellen ihre zweifelnden Fragen; es kann die Bitte um Hilfe folgen, jedenfalls dringen die biblischen Klagepsalmen zum »Dennoch des Glaubens« durch: die von Menschen, Schmerzen und Unsicherheit Geplagten bergen sich vertrauensvoll im »Du-bist-bei-mir« (z. B. Ps 73).[65]

Wer Gebete selbst formuliert, läuft Gefahr, Gott als den Adressaten aus den Augen zu verlieren. Das Gebet wird mißbraucht, wenn man mit ihm Gottesdienstteilnehmer und -teilnehmerinnen oder gar Abwesenden etwas »predigen« will. Das bedeutet freilich nicht, daß Gott in jedem Satz ausdrücklich angeredet werden muß. In den Psalmen der Bibel finden sich viele Berichte, Beschreibungen und Erwägungen über Gottes Tun und des Menschen Leben, die die Beter und Beterinnen nun allerdings nicht ins Leere richten, sondern vor Gott aussprechen. Zu Recht nennt I. Baldermann den gottgetrosten Vers eines elfjährigen Mädchens »Psalm«:

»Wenn Gott sieht,
ich bin glücklich,
freut er sich.«[66]

So wertvoll es ist, die eigenen Gedanken und Betroffenheiten vor Gott auszubreiten, so hilfreich ist es auf der anderen Seite, sein freudig oder schmerzlich verwirrtes Inneres in den Gebetsworten anderer geordnet und ausgedrückt zu finden. Das entscheidende Kriterium für die Auswahl eines Gebetes aus dem stets aktuellen »Gebetbuch der Bibel«[67] oder einer anderen Gebetssammlung (s.o.) besteht darin, daß die Schüler und Schülerinnen mit ihren Anliegen und Empfindungen darin vorkommen.

Da wir die jeweilige Verfassung der Jugendlichen aber nicht exakt ermitteln können, ist es erfahrungsgemäß um so wichtiger, daß sich der »Vorbeter« oder die »Vorbeterin« in den Text hineingedacht und ihn zum eigenen Gebet gemacht hat. Eine teilnahmslos rezitierte Wörterfolge erreicht weder Gott noch die Gottesdienstteilnehmer und -teilnehmerinnen.

Wenn sich allerdings die innere Überzeugung und Beteiligung in einem künstlichen Pathos der Stimme oder der Sprechmelodie äußert, wirkt das auf Jugendliche lächerlich. Besser eignet sich z. B. die Körperhaltung als Ausdrucksmittel. Dabei denke ich weniger an gefaltete Hände als daran, daß der oder die laut Betende nicht den übrigen Gottesdienstteilnehmern und -teilnehmerinnen gegenübersteht, sondern mit ihnen in die gleiche Richtung schaut. Mittels eines Handmikrophons können die stellvertretend gebeteten Texte und auch etwaige Liedeinsätze von allen problemlos wahrgenommen und aufgenommen werden.

Die Tagzeitengebete in Taizé sind auch in dieser Hinsicht vorbildhaft: Nur die Schriftlesung wird von einem im Zentrum der Versammlung stehenden Liturgen (nicht vom Altar aus!) vorgetragen. Alle anderen Psalmen, Gebete und Lieder werden von den in der Mitte des Kirchenraumes knieenden Brüdern in offenbar spontanem Wechsel gesprochen, gesungen bzw. angestimmt. Sie handhaben die Mikros so unauffällig, daß meistens nicht erkennbar ist, wessen Stimme gerade klingt. Mit allen anderen Gebetsteilnehmern und -teilnehmerinnen sind ihre Blicke auf den Altarraum gerichtet. Für jeden Teilnehmer und jede Teilnehmerin ist hier nicht nur sichtbar, sondern in gewissem Sinne körperlich erlebbar, daß alle gemeinsam Gott anrufen. Diese Erfahrung wird durch die immer wieder eingestreuten, mehrstimmig gesungenen Gebetsrufe verstärkt. Die Gemeinde wiederholt die Gesänge oft viele Male, aber auch das Aufhören ist kein Problem: Durch das Langziehen des Schlußtones (über Mikro), eine besondere Schleife oder ein gesungenes Amen wird für jedermann verständlich das Ende markiert. Dirigierende Worte sind unnötig!

Die Anrufung Gottes im Schulgottesdienst erschöpft sich also nicht in einem gesprochenen Gebet. Das freudige Lob will sich in Liedern Ausdruck verschaffen, und zum bewußten Beten trägt ganz entscheidend die es umgebende Stille bei. Die Dauer einer vielleicht nach der Art von Taizé mit kurzen Anbetungsliedern durchsetzten Gebetszeit variiert je nach Anliegen des Gottesdienstes stark.

Jugendliche, die Taizé erlebt haben, äußern ihre Wünsche zu Form und Inhalt des Gebets folgendermaßen:

»Es genügen ganz einfache Mittel, um dem Gebet einen meditativen Charakter zu geben: Zeiten der Stille, in denen sich Menschen verschiedenster Einstellungen in ein und derselben Haltung wiederfinden; unaufdringliches Licht, das die innere Beteiligung erleichtert; einfache Gesänge; Fürbitten, welche die schwerwiegenden Konfliktsituationen unter den Menschen aufnehmen; Vermeidung aller überflüssigen Worte.«[68]

Mehr als der Gemeindegottesdienst kann der Schulgottesdienst den Erwartungen der Jugendlichen entsprechen, und er wird damit die Anbetungsphase, wenn auch wesentlich kürzer als in Taizé, angemessen vollziehen.

9. Über Verkündigungsformen entscheiden

9.1. Wider die Langeweile: elementare Verkündigung

Die Kritik junger Menschen an der Langweiligkeit der gottesdienstlichen Verkündigung, d.h. an der Predigt, ist hinlänglich bekannt. Sie wurde auch durch unsere schulinterne Umfrage bestätigt. Für ihr Urteil nennen die Schüler und Schülerinnen im wesentlichen drei Gründe: Die Predigten sind zu lang; ihre Aussage ist unverständlich; ihre Themen sind uninteressant.[69]

Neben der Beanstandung der langatmigen, belanglosen Abstraktheit gottesdienstlicher Verkündigung ist auch zu berücksichtigen, daß die Schüler und Schülerinnen damit nicht grundsätzlich die Verkündigungsform der Predigt ablehnen, sondern lediglich deren fehlende Lebendigkeit und mangelnde Relevanz monieren. Es wäre eine völlige Fehleinschätzung der Jugendlichen, wollte man sie für unfähig halten, einem längeren Monolog zuzuhören und zu folgen. Das beweisen z. B. die einstündigen »Bibelarbeiten« (in Gestalt eines Ein-Mann/Frau-Vortrages) auf den Kirchentagen oder etwa die Jugendgottesdienste Theo Lehmanns in Chemnitz, in denen die Predigt »in Form eines 30minütigen Monologes« grundsätzlich den Hauptteil bildet.[70] Die Beispiele ließen sich mit Konferenzen und Jugendevangelisationen beliebig fortsetzen. Paulus dehnte seine »Abendpredigt« in Troas sogar bis Mitternacht aus – wobei der Jüngling Eutychus allerdings von (lebensgefährlichem) tiefem Schlaf überwältigt wurde (Apg 20, 7–12).

Es kommt offenbar darauf an, daß das Wort Gottes den Gottesdienstteilnehmern und -teilnehmerinnen erlebbar nahe begegnet und sich nicht als abstrakte Belehrung über ihre Köpfe hinweg entfernt. Im Vordergrund steht also nicht die Entscheidung für oder gegen die Predigt, sondern die Frage nach der für die Schüler und Schülerinnen erkennbaren Relevanz des Gesagten. Dazu gibt P. Bukowski »vier Hinweise:

(1) Jugendliche ›wollen es genau wissen‹! Deshalb weg von ›großen Worten‹ und ›dogmatischen Allgemeinplätzen‹ hin zu konkreter, mit Anschauung und Erfahrung gefüllter Rede.

(2) Jugendliche haben ein gutes Gespür für Stimmigkeit bzw. Unstimmigkeit. Deshalb: Wo Wirklichkeit zur Sprache kommt, muß das Gesagte stimmen … Die Anfälligkeit und Gebrochenheit christlicher Existenz darf und muß nicht verschwiegen werden.

(3) Da Jugendliche sich an Vorbildern orientieren, hilft ihnen das persönliche Zeugnis und ein persönliches Bekennen …

(4) Das Wort Gottes gebietet uns, für die in ihren Lebensmöglichkeiten Behinderten Partei zu ergreifen. Jugendliche werden es aufmerksam und dankbar registrieren, wenn sie in der Verkündigung solche Parteinahme erfahren …«[71]

Inhaltlich bringen der Christus- und Alltagsbezug solchermaßen elementare Verkündigung hervor. Was im Verkündigungsteil des Gottesdienstes vermittelt wird, ist nicht beliebig, sondern besteht im fleischgewordenen Wort Gottes. Wie sich Christus selbst entäußerte und Knechtsgestalt annahm (Phil 2,5–11), so erniedrigt sich das Wort in die Ärmlichkeit unserer menschlichen Vermittlungsmethoden.[72] Wir haben den Schatz in irdenen Gefäßen (2. Kor 4,7). Das Wort Gottes übertrifft somit jedes Medium, und sei es der Bibeltext. Es ist Christus selbst, der sich uns im Gottesdienst mitteilen will.

Jesu Wort, sein Leben, Sterben und Auferstehen werfen Licht auf die von den Jugendlichen geforderten aktuellen Themen: Drogen, Abtreibung, Generationenkonflikt, Außenseiterproblematik, Rassenkonflikt, Krieg, Umweltverschmutzung … Aus solchen Vorschlägen spricht das elementare Verlangen nach Sinn, Frieden und Zukunft. Allerdings dient das Evangelium nicht nur der Meinungsbildung, es ist kein Diskussionsbeitrag unter anderen, sondern zielt auf die metanoia (Sinnesänderung) der Hörer und Hörerinnen. Elementarisierung ist nicht mit Vereinfachung zu verwechseln,[73] sondern meint eine die Jugendlichen in ihrer Lebenswelt angehende, verständliche Verkündigung des lebensverändernden Wortes Gottes. Elementar wird die Verkündigung nicht zuletzt dadurch, daß der Prediger bzw. die Predigerin von dem neu zu sagenden Wort zuallererst selbst angesprochen und erneuert wurde.

Formal hängt die Christus- und Lebensnähe der Verkündigung an der Beteiligung der Schüler und Schülerinnen. Dabei stellt die monologische oder dialogische Übernahme von Verkündigungsteilen durch Gottesdienstteilnehmer und -teilnehmerinnen nur einen untergordneten Aspekt dar. Wesentlicher ist, daß so viele wie möglich in das Wortgeschehen einbezogen werden, indem erstens außer dem Gehör auch andere Sinne angesprochen werden, zweitens das Wort in den Sprachformen der biblischen Texte verkündigt[74] und drittens die Beziehungsebene zwischen Prediger und Hörer im Sinne der Sprechakttheorie beachtet wird.[75]

9.2. Ohne Predigt verkündigen

Bevor ich näher auf einige Predigtformen eingehe, sei zunächst auf zwei Beispiele »predigtloser« Verkündigung hingewiesen:

An jedem letzten Samstag im Monat feiern junge Christen im Kirchenkreis Gifhorn »gottesdienst spontan«. Seit 1974 findet dieser Jugendgottesdienst statt und zieht jeweils 500 bis 700 Jugendliche an. Der Verkündigungsteil besteht darin, daß Gottesdienstteilnehmer und -teilnehmerinnen – nach einer Hinführung zum Thema in unterschiedlichen Formen durch einen Mitarbeiter oder eine Mitarbeiterin – auf eine Frage spontan eingehen. Nach Auskunft des Leiters sind diese Äußerungen tatsächlich unvorbereitet, also spontan entwickelt. Darauf wird auch im Gottesdienst des öfteren hingewiesen. Man nimmt die Anwesenden mit ihren Gaben und Ideen als wesentlichen Gestaltungsfaktor neben dem Wort und dem Geist ernst. Darum werden auch die Lieder von den Gottesdienstteilnehmern und -teilnehmerinnen vorgeschlagen. Absichtlich spielt keine Band, weil diese die Konsumhaltung fördern würde. Die Einführung ins Thema und die Formulierung der Einstiegsfrage werden im Mitarbeiterkreis sorgfältig vorbereitet. Als zweiter Grundpfeiler stützt das Gebet von den ersten Vorbereitungsschritten an dieses spannungerregende Wagnis und bewirkt, daß der ganze Gottesdienst von einer geistlichen Mitte getragen ist.

Ein anderes Beispiel gibt wiederum Taizé. Wie in den Stundengebeten anderer monastischer Gemeinschaften wird auch hier in den Gebetszeiten und Gottesdiensten werktags wie sonntags nicht gepredigt. Die einzige über eine Schriftlesung hinausgehende Ansprache hören die Besucher und Besucherinnen am Samstagabend beim sogenannten »Treffen mit Frère Roger« nach dem Abendgebet. Darin geht dieser auf Fragen von Jugendlichen ein, die im Laufe der Woche an ihn herangetragen wurden. Der Grund für den Verzicht auf Predigten liegt nicht allein in der Schwierigkeit, eine solche ohne allzugroße Störungen in viele Sprachen zu übersetzen, sondern auch darin, daß Monologe »erfahrungsgemäß selten Gemeinschaft, höchstens Gefolgschaft« stiften.[76] Die Brüder verstehen ihr Leben in der Kommunität und die gemeinschaftliche Gottesdienstfeier als Predigt des Evangeliums.

Auch in diesen Gottesdienstformen ohne ausgeführte Predigt fehlt nicht die verbale Verkündigung. Im ersten Beispiel geschieht sie recht ausführlich in zeugnishafter Weise durch die Gottesdientteilnehmer und -teilnehmerinnen. In Taizé wird das Wort Gottes in Lesungen verkündigt. Diese erhalten durch eine anschließende Stille von 5–10 Minuten ein besonderes Gewicht. Das Wort der Schrift kann reden, ohne daß ein Prediger es in bestimmte (von ihm bevorzugte) Denkbahnen lenkt. Das hat unbestreitbare Vorteile[77], aber auch den Nachteil, daß sich die Gedanken selbständig machen oder im eigenen Vorverständnis steckenbleiben können. Mit der Stimme Gottes konkurrieren immer auch andere äußere und innere Stimmen.[78] Zur Stille muß im Schulgottesdienst behutsam hingeführt werden, aber dann erweist sie sich auch hier als Hilfe zum Innewerden.

9.3. Predigen

Erzählend predigen

Erzählen ist die grundlegende Sprachform der Bibel. Auch die Prophetie und die paulinische Dogmatik bauen auf den erzählend tradierten Heilstaten Gottes auf. Alttestamentlicher Glaube lebt in den Erzählungen von Gottes rettendem und segnendem Handeln, allem voran von der Geschichte der Befreiung aus Ägypten. Jesus erdachte Gleichnisgeschichten; und die Evangelien verkündigen Jesus als den Christus, indem sie sein Leben, Sterben und Auferstehen erzählen. »Wir benötigen Geschichten, weil wir von der einen Geschichte der Versöhnung leben.«[79]

Seit den 70er Jahren haben neben vielen (Kinder-)Gottesdienstpraktikern auch Exegeten und praktische Theologen die Erzählstruktur biblischer Texte neu entdeckt.[80] A. Grözinger macht zu Recht darauf aufmerksam, daß die programmatische Bezeichnung »Narrative Theologie« mißverständlich wirkt: »In den seltensten Fällen verfährt die Theologie als Wissenschaft narrativ.«[81] Das schließt aber nicht aus, daß die Forschungsergebnisse, statt sie argumentativ-belehrend vorzutragen, in die – der Bibel gemäße – Sprachform des Erzählens verwoben werden.

Packendes Erzählen bedarf einer intensiven Vorbereitung. Es ist geradezu eine Kunst, allerdings eine erlernbare. Einige Vorbereitungsschritte für ein Erzählstück in der Predigt oder eine Erzählpredigt seien genannt:[82] Die Geschichte so lesen und meditieren, sich so hineinfühlen, daß man selbst von ihr ergriffen wird, daß sie aus innerer Betroffenheit zum Erzählen drängt; die Situation der Hörer und Hörerinnen exegesieren, damit Identifikation ermöglicht wird; den Handlungsablauf zerdehnen (W. Neidhart) und einen Spannungsbogen aufbauen. Ziel der Vorarbeit ist das möglichst freie und anschauliche Erzählen.[83]

Als Erzählstoff bieten sich biblische Geschichten, eigene Erlebnisse und von anderen tradierte (Symbol-)Geschichten an.

P. Bukowski konstatiert kritisch eine »notorische(n) Hinwendung mancher

Prediger zu außerbiblischem Material«.[84] Demgegenüber öffnet er die Tür zum schier unerschöpflichen Symbol- und Geschichtenpotential der Bibel: »Um des in ihr bezeugten Gottes willen ist die Bibel eben auch dies: Ein Buch, in dem es von der ersten bis zur letzten Seite um mich geht; um mein Leben, um die mich umgebende Welt und in all dem um meine Erfahrung ... Das Verhältnis des Menschen zum eigenen Körper, zu Krankheit und Gesundheit, zur Sexualität kommen zur Sprache wie das Verhältnis zwischen Mann und Frau, Eltern und Kindern, Regierenden und Regierten. Themen wie Arbeit und Arbeitslosigkeit werden ebensowenig ausgespart wie das Verhältnis des Menschen zur ihn umgebenden Natur ...«[85]

Auch der Neugestaltung biblischen Erzählmaterials entsprechend einer aktuellen Situation oder durch Verfremdung sind kaum Grenzen gesetzt. Sollte dennoch bei Vorbereitenden oder den Teilnehmenden der Eindruck entstehen, die biblischen Geschichten seien allzu bekannt und »abgenutzt«, so gibt dies Anlaß, unbekanntere Stoffe aufzuspüren.[86]

Auch das Bezeugen eigener (Glaubens-)Erfahrungen erregt die gespannte Aufmerksamkeit der Gottesdienstteilnehmer und -teilnehmerinnen.[87] Diese Beobachtung mache ich immer wieder an den Gesichtern der Zuhörenden. Dabei bin ich mir allerdings der Ambivalenz jeder Erfahrung bewußt. Subjektive Erfahrungen können keinesfalls als Beweis einer Aussage über Gott dienen.[88] Das gilt auch für alle außerbiblischen Erzählungen.[89] Selbst die biblischen Geschichten beanspruchen keine Beweiskraft; sie offenbaren Gott, indem sie seine von Menschen erfahrenen Taten und Worte bezeugen, beweisen können sie ihn nicht. Biblische und andere Erzähler zeichnen Gottes Spuren in unserer Welt nach, vermögen ihn aber weder sich noch uns greifbar zu machen.

Häufig wird eine Beispielerzählung zur Verdeutlichung einer Aussage nachgestellt. Dabei läuft man Gefahr, den Erzählstoff zurechtzustutzen und so seiner Eigendynamik zu berauben. Die Hörer und Hörerinnen empfinden die damit vorgenommene Verkürzung oder Funktionalisierung der Wirklichkeit und haben außerdem nicht die Gelegenheit, ihre Gedanken von der Erzählung weitertragen zu lassen. Das legt nahe, die Lebenswirklichkeit bzw. die sie beschreibende Geschichte genauso zu exegesieren und sprechen zu lassen wie den Bibeltext und so die Situation und die Wirklichkeit des Wortes Gottes miteinander zu versprechen.[90]

Schließlich besteht die Gefahr der Pädagogisierung einer Erzählung.[91] Offenbar ist bei Lehrenden und Predigenden die Neigung tief verwurzelt, aus einer Geschichte sogleich eine »Moral« abzuleiten. Dem steht aber die wesentliche Funktion des Erzählens entgegen: »Ein wirklicher Erzähler will nicht, daß wir uns von seiner Erzählung flugs distanzieren und gleich nach ihrer Lehre fragen, sondern er will uns zu allererst gefangennehmen ...«[92]

Unsere Predigten sind interessanter und relevanter, wenn wir die Geschichten der Bibel und des Lebens erzählend predigen, statt über sie zu referieren.

Auch dies ist eine Form elementarer Rede. Was Jugendliche im Schulgottes-dienst behandelt hören und sehen möchten, sind fast durchweg ethische Fra-gen (s. o. S. 127). Die jungen Menschen suchen Orientierung. Glaubende jeden Alters sprechen die fundamentale Bitte nach, die die Psalmen vielfach vor Gott bringen: »Herr, weise mir deinen Weg ...« (z. B. Ps 27,11). Die Antwort ergeht als elementare biblische Sprachform: Gebot (Weisung) und Paränese.

»Evangelisch« geschulte Sinne wittern sogleich die Pädagogisierung und Ethisierung der Verkündigung oder gar Gesetzlichkeit, wo doch »auffordern« ohnehin der dominierende Sprechakt unserer Predigten ist. Aber dabei wird übersehen, welchen Sitz im Leben Israels die Weisungen haben: Sie wurden herbeigesehnt und dankbar als großes Geschenk angenommen. Dem ent-spricht die Warnung D. Trautweins, daß die Hörer und Hörerinnen mit der Frage »Was sollen wir denn tun?« sich selbst überlassen werden, anstatt ihnen die nächsten Schritte aufzuweisen.[93]

Israel hatte erkannt, daß die Tora den Weg zeigt, auf dem sich das Mensch-sein bewähren kann, weil sie wie ein Geländer vor den tödlichen Abgründen bewahrt. I. Baldermann nennt die Gebote »die Sprache der Menschlichkeit«.[94] Sie sind Wohltat Gottes. Sie erleichtern die Frage: Was muß ich tun?, indem sie zeigen, was ich nicht zu tun brauche: Das Sabbatgebot besagt z. B., daß Schüler und Schülerinnen, Lehrer und Lehrerinnen am Sonntag keine Schul-aufgaben zu machen brauchen, sondern frei haben, um Gott und das Leben zu feiern. Die Gebote weisen zu Gott und zum Menschen und damit zum wahren Leben.

Wenn wir diese lebensfördernde Funktion der Weisungen Gottes auch für uns entdecken, werden wir den Schülern und Schülerinnen Orientierungs-hilfen geben können und ihnen darin die sabbatliche Erfahrung der Entla-stung und Befreiung ermöglichen. Die Gebote sind »im Grunde nur eine an-dere Form der Verheißung: eine Verheißung für eine menschlichere Gestal-tung unseres Lebens«.[95]

Der Dekalog und die Bergpredigt, aber auch Paränesen des Paulus wie etwa Röm 12,9–21 können den Jugendlichen wegweisende Antworten auf die sie umtreibenden persönlichen und gesellschaftlichen Fragen geben. Gesetz-lich überfordernd wird die orientierende Predigt allerdings dann, wenn sie sich in wohlfeilen oder auch unbequemen Handlungsanweisungen erschöpft. Befreiend wegweisend können wir nur vor dem Hintergund der Einsicht predigen, daß der Mensch sich nicht selbst aus seinem Incurvatus-in-se-ipsum erlösen kann, sondern aufgrund der geschenkten Gnade Christi Befreiung und Bewährung in der Freiheit erfährt.[96] Auch die wegweisende Verkündigung bleibt ja Teil der sabbatlichen Feier des Versöhners.

Dialogisch predigen

Unter dialogischem Verkündigen soll mehr gefaßt werden als das »Du«, »Sie« oder »Ihr« des monologisch Predigenden. Zum einen läßt sich Predigt als

Dialog in der Weise auch formal gestalten, daß zwei Personen in kurzen abwechselnden Redebeiträgen Text oder Thema entfalten und aktualisieren, etwa die »Stillung des Sturmes« (Mk 4,35–41): A berichtet in der Rolle eines Jüngers rückblickend von dem Sturmerlebnis mit dem zunächst schlafenden Jesus an Bord ... B reagiert jeweils in der Rolle eines kritischen jungen Menschen unserer Tage: »Es scheint, als schliefe Gott ...«[97]

In einem sogenannten Predigtgespräch werden noch mehr Anwesende direkt beteiligt. Ein Mitarbeiter oder eine Mitarbeiterin initiiert eine Aussprache, indem die Gottesdienstteilnehmer und -teilnehmerinnen nach einer Einführung und/oder Startfrage um ihre Beiträge gebeten werden. Hier ist auch der beschriebene »gottesdienst spontan« (vgl. S. 128) einzuordnen. W.J. Hollenweger schildert einen solchen Gottesdienst, in dem die Gemeinde »sich selbst« predigt;[98] er beschränkt sich als Pfarrer auf die zurückhaltende Gesprächsleitung und eine kurze Zusammenfassung am Schluß, und zwar faßt er die »Predigt der Gemeinde und nicht das, was ich mir bei ihrer Predigt gedacht hatte[99]« zusammen. Auch W.J. Hollenweger empfiehlt die gründliche Vorbereitung des Einstieges in die ›Gemeindepredigt‹: »Fragen der Katechese, der Definition, des Wissens oder der Alternative« und solche, die »mit ›ja‹ oder ›nein‹ beantwortbar« sind, sind zu vermeiden.[100]

Wenn derartige Dialogformen schon im Gemeindegottesdienst als wünschenswert erachtet werden, legen sie sich für den Schulgottesdienst erst recht nahe.

Eine weitere Variante des Predigtgespräches, die allerdings nur im Oberstufengottesdienst zu einer guten Beteiligung geführt hat, verläuft folgendermaßen: Die vorgesehene Predigt wird in alle Religions-Kurse gegeben mit der Bitte, Fragen bzw. Beiträge dazu zu formulieren und im Schulgottesdienst bereitzuhalten. Dem Prediger sind diese Einwürfe vorher nicht bekannt. Während der Predigt werden sie von den Schülern und Schülerinnen an den entsprechenden Stellen vorgebracht und spontan beantwortet. Dabei ist wichtig, daß keine Diskussion, etwa über richtig oder falsch einer Aussage entsteht, und der Prediger nicht meint, sich verteidigen zu müssen. Vielmehr ist dem Evangelium zuzumuten, daß es gerade auch als hinterfragtes, angefochtenes Wort seine befreiende Wirkung ausübt.

Schließlich sind diverse Formen des Gruppengespräches denkbar. Schon recht häufig wird ein Gedankenaustausch der Gottesdienstteilnehmer und -teilnehmerinnen unter sich vor der »normalen« Predigt eingeschoben, in der Weise, daß sich vier bis sechs Bank- bzw. Stuhlnachbarn zueinander drehen und eine zum Thema hinführende Frage einige Minuten lang besprechen (Bienenkorb-Methode).[101] Eine solche überaus kommunikative Phase lockert auf, stiftet Gemeinschaft und macht aufnahmebereit für die nachfolgende Verkündigung. Natürlich ist eine Ausspracherunde auch nach der Predigt vorstellbar.

Gespräche in kleineren Gruppen können aber auch an die Stelle der Predigt treten. Eine mündlich oder schriftlich fixierte Grundlage ist hierzu vonnöten. Dabei werden Diskussionen im negativen Sinn der Auseinandersetzung und im positiven Sinn des gemeinsamen Bemühens um eine Problemlösung[102] nicht ausbleiben. Wenn dann allerdings auch noch aus jeder Gruppe ein

Ergebnis vorgetragen werden soll, steht man nicht nur vor der leidigen Aufgabe, viele Berichterstatter gewinnen zu müssen, sondern ein derart katechisierter Verkündigungsteil gleicht auch mehr einer Unterrichtsstunde als einer sabbatlichen Gottesdienstfeier. Schulgottesdienstmodelle, die Gruppengespräche vorsehen (vgl. S.24, Anm. 11), lassen leider kaum eine vertiefende Fortführung und Zusammenfassung der Diskurse erkennen.

9.4. Verbale und nonverbale Verkündigungselemente verbinden

Metaphorisch predigen

Da die Bibel weithin in Bildern spricht, legt sie uns die metaphorische Rede geradezu in den Mund. Bildworte, Sprachbilder und Gleichnisse sprechen neben dem Verstand auch eine tiefere Wahrnehmungsebene an, auf der wir Geborgenheit und die Korrelation von Diesseitigem und Jenseitigem erfahren. Metaphern haben einen geheimnisvollen Mehrwert und üben so eine verwandelnde Kraft aus: »Wohlan, alle, die ihr durstig seid, kommt her zum Wasser!« (Jes 55,1a)

Damit die »tröstende oder erweckende Kraft« solcher Bilder (Brot, Weinstock, finsteres Tal, Licht, Schatz ...) nicht unterdrückt wird, ist es nützlich, daß »wir uns geduldig der bildhaften Redeweise aussetzen. Wir wollen sie nicht auflösen, als ginge es um die Auflösung eines Rätsels, sondern in ihr verweilen.«[103] Oft ist es gar nicht zu aufwendig, den Schülern und Schülerinnen auch eine äußere Anschauung des Bildgegenstandes zu geben, z.B. einen Weinstock mit Reben – zumindest gemalt oder als Dia –, Wasser aus einem Krug plätschernd, ein Senfkorn oder die Hände. Schwieriger wird es etwa beim Thema: »Eine geöffnete Tür« (Joh 10,9), aber auch hier helfen selbstgemachte oder übernommene Dias.[104]

Ein Gottesdienst unter dem Thema »Kleines Senfkorn Hoffnung« hat mir die Besonderheit der metaphorischen Redeweise besonders bewußtgemacht. Der natürliche, aber langwierige Vorgang, daß aus einem kleinen Samenkorn ein großer Baum wächst, verdichtet sich im Senfkorngleichnis zu einem Bild. Diese komprimierte Darstellung löst Widerspruch aus, denn das mächtige Reich Gottes ist nicht zu sehen. Die sichtbare Realität sperrt das Bild gleichsam dagegen, nur als Zeichen für die Größe des Gottesreiches auf der Ebene digitaler Kommunikation instrumentalisiert zu werden, z.B. mit der Aussage: Der Vergleich lehrt, wir müssen glauben, daß das Reich Gottes einmal so groß wird. Vielmehr nötigt das Bild dazu, der Winzigkeit des Senfkorns standzuhalten, erst einmal darin eigene Erfahrungen wiederzuerkennen und dann zu entdecken, daß allein Gott sein Reich wachsen läßt und es groß machen wird. Daraus entwickelte sich folgender Predigtaufriß:

1. So klein ist: – ein Senfkorn, – Jesu Gefolgschaft, – mein Glaube, – unsere Kirche.

2. Ich bekomme Mut zum Kleinsein, denn Gott macht groß: – die Senfstaude, – sein Reich, – meine Hoffnung.

Von einem »großen Erfolg« weiß ich folglich nicht zu berichten, aber die verborgene »Größe des kleinen Anfangs«[105] hat uns zum Vorläufigen ermutigt.

Mit Bildern verkündigen

Ich unterscheide drei Weisen des möglichen Einsatzes von Bildern im Gottesdienst: Bildbetrachtung, Bildmeditation und Bildpredigt.[106]

Die *Betrachtung* ist eine Vorstufe zur Meditation: etwa das Anschauen eines Altarbildes, ohne daß dies im Gottesdienst Erwähnung findet; oder z. B. das Foto eines Baumes, als Dia projiziert, zur Untermalung einer Metapherpredigt über den Baum. H. Barié empfiehlt, Konfirmanden und Konfirmandinnen dadurch stärker in das Verkündigungsgeschehen einzubeziehen, daß ihre Augen beschäftigt werden: »Das Anschauungsbedürfnis (nicht nur) junger Predigthörer legt es nahe, Medien einzusetzen. Durch die vielfach beliebt gewordenen ›Meditationen‹ über Kunstwerke werden Konfirmanden aber meistens überfordert. Bei der Auswahl von Dias ist zu beachten, daß Jugendliche nach Realien hungrig sind.«[107] Barié schlägt drei Möglichkeiten vor: »Erläuterung des Predigttextes durch Dias«, etwa das Töpferhandwerk zu Jer 18,1–6; »Dias zur Predigt«, z. B. »in einer Osterpredigt über 1. Kor 15,35–44a ... die Entwicklung des Tagpfauenauges von der Raupe bis zum Schmetterling ...«; »ein bebilderter Lebenslauf als Teil der Predigt« – ein Vorbild im Bild.[108] Die eigenen Erfahrungen mit solchen visuellen Verstärkungen verbaler Verkündigung sind durchweg positiv.

Derartige Betrachtungsweisen wenden sich nach außen, das Bild dient als Information und Illustration. Dagegen wenden sich Meditierende nach innen.[109] Sie lassen das Bild an sich heran, lassen es ein, um in sich Neues zu schauen. K. Tilmann trifft die Unterscheidung, indem er die Betrachtung als aktiv und die Meditation als eher passiv charakterisiert.[110] Im Gegensatz zur Bildbetrachtung, die, wo es hilfreich erscheint, zur Veranschaulichung eingesetzt werden kann, bedarf die Meditation einer näheren Erörterung der Vorbereitungsschritte.

Die wesentlichen Fragen der *Bildmeditation* lauten: »Wie wirkt das Bild auf mich? Was kann es mir sagen? Was fällt mir dazu ein?«[111] Auch hier gilt wieder, daß die Vorbereitenden zuerst das Bild auf sich wirken lassen, bevor sie es im Gottesdienst einsetzen: »Nur was ich selbst reflektiert, durchgeübt, meditiert und erfahren habe, das kann ich anderen weitergeben.«[112]

Zuvor aber ist ein taugliches Bild auszuwählen. Als Faustregel gibt K. Tilmann: »Ein Bild eignet sich um so mehr, je mehr es aus der Meditation kommt (...) »Prunkvolle Bilder der Renaissance oder moderne Gemälde der Anklage und des Entsetzens kommen aus anderen Haltungen und wollen anderes ... Anders ist es mit den Ikonen und den Miniaturen alter Evangeliare. Sie sind durchbetete, durchmeditierte Darstellungen, lassen weg, was der eigentlichen Aussage nicht dient, und geben das Meditierte weiter ... Sie schenken Innerlichkeit, meditierten Glauben, geistliche Erfahrung und wecken zugleich durch ihre Beschränkung auf das Wesentliche die innere Bilderwelt des Schauenden.«[113]

Das zu zeigende Bild muß so groß sein, daß alle Gottesdienstteilnehmer und -teilnehmerinnen auch die Details erkennen können. Dies ist am ehesten durch Diaprojektion zu erreichen. Die Empfehlung von R. Volp und K. Tilmann, nach Möglichkeit das Original, »am besten im Kontakt mit dem Künstler«, zu benutzen,[114] ist für den Schulgottesdienst in aller Regel zwar illusorisch, aber dennoch der Erwähnung wert.

Das Meditieren erfordert äußere Ruhe und innere Sammlung. Eine Hinführung zur Stille ist also notwendig. Dabei sind aufrechtes, entspanntes Sitzen, gelöstes, bewußtes Atmen und wache Sinne das Ziel.[115] Je kleiner eine Gottesdienstversammlung ist, desto leichter ist eine solche Empfangshaltung zu erreichen. Bei größeren Teilnehmerzahlen lösen Hinweise zum Sitzen und Atemübungen eher Heiterkeit aus. Meditative Musik dagegen wirkt erfahrungsgemäß »beruhigend«.

Für die Gestaltung der eigentlichen Bildmeditation sehe ich im wesentlichen drei Möglichkeiten, die alle zur Voraussetzung haben, daß die Gottesdienstteilnehmer und -teilnehmerinnen ausreichend Zeit zum eigenen Schauen und Entdecken haben. Einmal können die Meditierenden Geschautes mittels eines Handmikrophons einander mitteilen. Dabei geht es nicht um richtige oder falsche Deutungen, sondern um das, was das Bild bei jemandem auslöst. Allerdings kann bei dieser Methode durch das Herumreichen des Mikrophons Unruhe entstehen.

Eine zweite Weise der Anleitung besteht darin, die Meditation durch Hinweise behutsam zu führen. Z.B. sind der Dia-Serie mit Farbholzschnitten zur Bibel von Thomas Zacharias hilfreiche Erläuterungen beigefügt.[116] Eigene Entdeckungen der Meditationsleiterin eignen sich besonders zur Annäherung an ein Bild, solange den übrigen das Schauen nicht abgenommen wird. Die vorsichtige Erschließung dient dazu, »daß das Bild selbst zum Zuschauer zu sprechen beginnt«.[117]

Schließlich ist es möglich, nach einem längeren Zeitraum des stillen Schauens einen meditativen Text zum Bild vorzutragen.[118] Oder die Bildmeditation bildet eine »Brücke zum Gebet«[119] und mündet nach der Meditation etwa einer Darstellung des Sturms auf dem See in die Artikulation der Ängste und Bitten vor Gott.[120]

Zur Kategorie der *Bildpredigt,* die sich gerade auch der Botschaft moderner Gemälde bedienen kann, verweise ich auf S. 81. Begründende Überlegungen und eine Reihe von ausgeführten Predigten samt Bildfolien zu diesem Verkündigungstyp, der nach R. Volp »zu den schwierigsten Aufgaben im Gottesdienst« zählt,[121] bieten H.-U. Schmidt und H. Schwebel in ihrem Buch »Mit Bildern predigen«.

Mit Symbolen predigen

Viele Symbole, seien sie der Bibel oder unserer technisch geprägten Lebenswelt entnommen, können um so eher zu den inneren Sinnen vordringen, je umfassender sie von den äußeren Sinnen wahrgenommen werden.[122] Die Aussagekraft des Symbols Brot beispielsweise wirkt tiefer, wenn wir nicht nur von ihm hören, sondern es auch sehen – riechen – fühlen – und gar kosten. Es ist also sinnvoll, zeichen- und symbolhafte Gegenstände so weit wie möglich jedem Gottesdienstteilnehmer und jeder -teilnehmerin in die Hand zu geben und nicht nur vorzuzeigen, etwa einen Schlüssel, eine Schale, eine Osterglocke, ein Stück Stacheldraht oder ein Weizenkorn.

Auch ein mehrdeutiges Symbol kann seine Aussagekraft nur entfalten, wenn es nicht als Aufhänger oder zu Illustrationszwecken eingesetzt wird, sondern Gelegenheit erhält, selbst zu sprechen (vgl. S. 72–79). Eine Fülle von Anregungen geben z. B.:

o W. Hoffsümmer: 144 Zeichenpredigten durch das Kirchenjahr. Mit Gegenständen aus dem Alltag, Mainz [5]1991.
o W. Hoffsümmer: 133 Kinderpredigten. Mit Gegenständen aus dem Alltag, Mainz [8]1992.
o H. Rupp: Mit Uhren und Nüssen, mit Tauben und Nagelkreuzen, in: entwurf. Religionspädagogische Mitteilungen, Jg. 1985, Heft 2, S. 56-58.
o W. Riewe: Einladender Gottesdienst, in: Das missionarische Wort, Jg. 1990, Heft 5 (= Studienbrief A 32).
o E. Domay (Hg.): Vorlesebuch Symbole. Geschichten zu biblischen Bildwörtern für Kinder von 6-12 Jahren, Lahr/Düsseldorf [2]1990.

Nicht zu vergessen sind unter der Rubrik Symbolpredigt die Taufansprache und Worte zum Abendmahl. Zugleich stellen die Sakramente Symbolhandlungen dar.[123]

Symbolisch handeln oder szenisch gestalten

Eine der ältesten und bekanntesten gottesdienstlichen Symbolhandlungen nach den Sakramenten und dem gemeinsamen Essen und Trinken dürfte das *Weiterreichen des Lichtes* sein, etwa in der Osternacht. In Taizé wird auf diese Weise an jedem Samstagabend zeichenhaft die Auferstehung Christi nachvollzogen.

Hilfen, wie der nicht ganz ungefährliche Umgang mit Kerzen auch unter den Bedingungen des Schulgottesdienstes möglich ist, gibt E. Lade.[124]

In unserer Schule ist es Brauch, daß zum 1. Advent die Schüler und Schülerinnen einer 5. Klasse Kerzen an der Altarkerze in der Kirche entzünden, singend durch die Schule ziehen und die Klassen einladen, sich ihnen auf dem Lichtergang anzuschließen. Die Lichtträgerinnen führen ihre Mitschüler und Mitschülerinnen zu einem geräumigen Treppenhaus, wo mit viel Gesang und besinnlichen Worten – auch zum Lichtsymbol – Christi Advent gefeiert wird. Die jüngeren Schüler und Schülerinnen sind mit Freuden und Andacht dabei, manche ältere fühlen sich diesem Zeremoniell entwachsen, aber behalten es erfahrungsgemäß doch als emotional tiefes Erlebnis in guter Erinnerung.

Durch einen Kirchentag vor etlichen Jahren ist das *Netzknüpfen* in Mode gekommen. Dieses vieldeutige Tun symbolisiert z. B. Verstricktheit, aber auch Halt und Gemeinschaft.[125] In Abwandlung dieser inzwischen etwas verbrauchten Symbolhandlung wurden in einem Gottesdienst (Klasse 10–12) zum Thema »Offene Tür« allen Gottesdienstteilnehmern und -teilnehmerinnen Papierschlüssel in die Hand gegeben; darauf schrieben diese ihren »Schlüsselwunsch« für Weihnachten unter der Leitfrage: Welche Mauer möchte ich überwinden? Alle Zettel wurden mittels längerer Wollfäden zusammengebunden und über den Weihnachtsbaum in der Pausenhalle gebreitet. Dort waren sie bis zum Beginn der Ferien zu sehen (und zu lesen) und hielten so das Gottesdiensterlebnis über die Versammlung hinaus wach.

Eine einfachere Art und Weise, die gottesdienstliche Gemeinschaft »handgreiflich« auszudrücken, besteht darin, daß sich die Gottesdienstteilnehmer und -teilnehmerinnen vorn im Raum beginnend nacheinander die Hand reichen, so daß von Reihe zu Reihe eine Menschenkette wächst.[126]

Mit ein wenig Phantasie lassen sich im Vorbereitungskreis symbolische Handlungsformen mit vielen Bezügen zu ganz unterschiedlichen Themen entwickeln. Sie beziehen oft alle Gottesdienstteilnehmer und -teilnehmerinnen ein, jedenfalls mehr als ein herkömmliches Anspiel. Anregungen für solche Formen finden sich in Modellsammlungen von Schul- und Jugendgottesdiensten reichlich. Aber auch in diesem Fall gilt: die eigenen Ideen sind in der Regel passender.

Zunehmender Beliebtheit erfreut sich die pantomimische Gestaltung vor allem von Beziehungskonstellationen, aber auch von biblischen – oder Alltagsgeschichten.[127] Sie bedarf einer sorgfältigen Einstudierung, am besten unter fachkompetenter Anleitung. (Diese Kompetenz kann heute vielerorts in einem Wochenendseminar erworben werden.) Viele Jugendliche äußern sich anscheinend in der Körpersprache leichter und freier, als ihnen dies in der Form des pointierten, sauberen Sprechens vor einer großen Versammlung möglich ist. Die Pantomime kommt ihrem natürlichen Bedürfnis nach ausdrucksstarken Bewegungen entgegen, oder sie beginnen, ihre körperlichen Ausdrucksmöglichkeiten zu entdecken. Die Aufmerksamkeit der Gottesdienstteilnehmer und -teilnehmerinnen ist erfahrungsgemäß sehr hoch. Ein großes Problem dieser Verkündigungsform im Schulgottesdienst liegt allerdings darin, daß in unseren Räumen, ob in Schule oder Kirche, die Akteure und Akteurinnen häufig nur von den vorderen Sitzreihen aus ganz gesehen werden können.

Eine pantomimische Szene kann auch eine von einem Sprecher bzw. einer Sprecherin erzählte und/oder vom Chor gesungene Handlung illustrieren. Besonders eindrucksvoll wirkt diese Vorform des dialogischen Rollenspiels als Schattenspiel. Sprachlicher und körperlicher Ausdruck bleiben personell getrennt; zudem ist die Textfassung relativ einfach zu formulieren und vorzutragen.

Szenische Darstellungen mit gesprochenen Dialogen erfordern den größten Vorbereitungsaufwand. Mit dem eilig entworfenen Text etwa eines Streitgesprächs zwischen Mutter und Tochter am Frühstückstisch zum anstehenden Gottesdienstthema ist es nicht getan. Wenn die Szene ankommen soll und die Darsteller und Darstellerinnen sich nicht der Lächerlichkeit preisgeben wollen, müssen Handlung, Requisiten, Sprechweise und Gestik dramaturgisch aufeinander abgestimmt werden. Eine gelungene szenische Darstellung erfordert ähnliche Mühe, wie sie Theater-AGs auf das Einstudieren eines Bühnenstückes verwenden.

Auch halte ich es für bedenkenswert, daß es immer eine »Aufführung«

bleibt, die die Gottesdienstteilnehmer und -teilnehmerinnen in der Zuschauer-
rolle beläßt. Dennoch findet der gut »gemachte« Auftritt von Schülern und
Schülerinnen meist die ungeteilte Aufmerksamkeit der Gottesdienstversammlung. Umso wünschenswerter ist es, daß auch die Funktion und Position der
Spielszene in der inhaltlichen Struktur des Gottesdienstes genügend beachtet
werden, sonst verpufft die Aussage unversehens. Der Aufwand lohnt nicht,
wenn das Stück zum Vorprogramm, Pausenfüller oder auch nur zum thematischen Aufhänger degradiert wird.

Spielhandlungen setzen Wirklichkeit – christliche und unchristliche – in
Szene und bilden so einen Teil der Verkündigung. Sie verdienen wie alle anderen verbalen und nonverbalen Verkündigungsformen den angemessenen
Zeit-Raum, damit sie verstanden werden und ihnen nachgedacht werden
kann – im Kontext des Wortes Gottes. Z. B. läßt J. Gauer die »Schnecke So-
phia« auf einem langen szenischen Weg zur Krippe in Bethlehem kriechen
und sagt in der nachfolgenden Ansprache, was er von der Schnecke gelernt
hat, nämlich daß wir »dem Wunder von Weihnachten … nur im Schnecken-
tempo näher« kommen.[128] Spiel und Predigt bilden eine Einheit.

Spielszenen vermögen auch im Anschluß an das gepredigte Wort dieses
auf ihre Weise in Alltagswirklichkeit zu transformieren und den Gottesdienstteilnehmern und -teilnehmerinnen mit auf den Weg zu geben. Schließlich
kann szenische Verkündigung die Ansprache mit Kontrastbildern aufbrechen
oder auch ganz ersetzen. Welcher Aufwand einer sabbatlichen Zielsetzung
auch für die Mitarbeiter und Mitarbeiterinnen noch entspricht, wird der
Vorbereitungskreis entscheiden. Ich votiere, auch wegen der umfassenderen
Mitbeteiligung aller, für Kreativität im Blick auf Symbolhandlungen.

Abschließend ist zu sagen, daß natürlich einzelne Verkündigungsformen
vielgestaltig ineinander verwoben sein können. Letztlich kommt es nicht auf
die Formvollendung, sondern auf die Vollmacht an. Die erwächst aus der
wirklichkeitsverändernden Kraft des Wortes Gottes und dem Gebet. Sie läßt
sich durch keine Methode zwingen.

10. Das Bekenntnis bedenken

10.1. Sündenbekenntnis

Das gottesdienstliche Bekenntnis der Schuld (Confiteor) hat als Antwort auf
den Zuspruch und Anspruch des Evangeliums seinen sachgemäßesten Platz
nach der Predigt.[129] Allerdings führt die Erfahrung der liebenden Zuwendung Christi nicht automatisch zu der Reaktion: »Herr, geh weg von mir! Ich
bin ein sündiger Mensch« (Lk 5,8). Darum stellt das Sündenbekenntnis m. E.
keinen unabdingbaren Bestandteil des Schulgottesdienstes dar. Ohne den erkennbaren Antwortcharakter wirkt es aufgesetzt, gequält oder gar morali-
sierend.

Auch dem Abendmahl braucht nicht zwingend die Gemeindebeichte vorgeschaltet zu sein, im Gegenteil: »Eine zu enge Verklammerung zwischen Beichte und Abendmahl führt zu einem verengten Abendmahlsverständnis, als sei das Abendmahl ausschließlich Zueignung der Sündenvergebung ...«[130] Die ebenso wichtigen Komponenten Fest und (Vor-)Freude bei der Feier der Gemeinschaft mit Christus und untereinander (Apg 2,46) können durch eine ausführliche Beichte verdeckt werden. Am angemessensten erscheint es mir allerdings, wenn das Sündenbekenntnis aus dem Winkel scheinbar unzeitgemäßer ritueller Pflichtübungen herausträte ins Licht einer mit Freude erfüllenden Buße. Ein solches Abladen-Dürfen unter dem heilenden Kreuz entspricht dem anschließenden Gestärktwerden am Tisch des Herrn.

Denn Kinder und Jugendliche kennen Schuld und Schuldgefühle zur Genüge. Einige schleppen entsprechende »Lasten« mit sich herum. Freilich können sie im Gottesdienst nicht wie in einem Beichtgespräch alles hörbar benennen;[131] dennoch läßt der Gottesdienst am Lebensort Schule Konkretion nicht nur zu, er ermöglicht sie auch.

Entscheidet man sich aufgrund des Themas (z.B. Frieden) oder des Anlasses (z.B. Entlassungsgottesdienst, Abendmahlsfeier) für ein ausdrückliches Schuldbekenntnis, so bietet sich die Gestaltung im Wechsel von konkreten Aussagen, Stillephasen für persönliches Gebet und gemeinsam gesungenem Kyrie an. Einzelne Bekenntnissätze von den Gottesdienstteilnehmern und -teilnehmerinnen spontan mündlich oder schriftlich formulieren zu lassen, verstärkt zwar die Aktualität, bringt aber die Gefahr in sich, daß die Aussagen in peinliche Selbstbezichtigungen, hochmütige Demutsbezeigungen oder verkappte Schuldzuweisungen abgleiten.

10.2. Glaubensbekenntnis

Auch das Bekennen des Glaubens (homologeō) gehört eindeutig auf die Antwortseite der gottesdienstlichen Kommunikation. Wir reagieren auf Gottes Anrede, indem wir ihn mit der Zusage unseres Vertrauens loben. Zugleich bekennen wir unseren Glauben vor den Menschen – vordergründig konkret auch darin, daß die Banknachbarn hören, ob ich in das Credo einstimme oder stumm bleibe. Dieser gleichzeitige Öffentlichkeitscharakter des auch individuellen gottesdienstlichen Bekennens verdichtet sich bei der Taufe und der Konfirmation.

Der Form nach sind die altkirchlichen Glaubensbekenntnisse deklaratorisch.[132] Weder Gott noch die Menschen werden direkt angeredet. Ihre doxologische und kerygmatisch-konfessorische Funktion lassen sich also nicht trennen. Im weiteren Sinne tragen auch Lieder, die Verkündigung und der Gottesdienst als solcher diesen doppelten Bekenntnischarakter.[133]

Zu erwägen ist also, ob und wenn ja, in welcher Gestalt ein ausdrückliches Glaubensbekenntnis im Schulgottesdienst seinen Platz erhalten soll. Das explizit gesprochene Bekenntnis ist eine Form der Antwort auf Gottes Wort, aber keine zwingende. Für den Schulgottesdienst eignen sich sehr gut Anbetungslieder, z.B. der dreistimmige Kanon: »Vater unser im Himmel, dir gehört unser Leben, wir loben dich …«[134] D. Trautwein sieht eine weitere Möglichkeit: »Es kann sein, daß eine gegen Ende des Gottesdienstes eingebrachte und dann verabschiedete Resolution zum Bekenntnis wird.«[135]

Erfahrungsgemäß wird das geläufige Apostolikum aufgrund seiner Sprachgestalt und Länge sowie nicht zuletzt wegen einiger Aussagen, z.B. über die Jungfrauengeburt, von den meisten Jugendlichen als antiquiert, wenn nicht gar als inhaltlich überholt eingestuft. Diese Form des Bekenntnisses gehört nach Meinung vieler zu den abgedroschenen, unreflektierten Formeln eines Erwachsenengottesdienstes.

Theoretisch halte ich es für möglich, nicht mit hinführenden Erläuterungen, wohl aber in Unterrichtsgesprächen das ökumenische Gepräge der altkirchlichen Bekenntnisse bewußtzumachen, namentlich des Nicaeno-Constantinopolitanums,[136] und die Jugendlichen zur Bekundung ihrer Solidarität mit Christen anderen Alters und anderer Konfession durch das gemeinsame Sprechen des traditionellen Textes zu gewinnen. Die bisher ablehnende Haltung der Vorbereitungsgruppen hat es noch nicht zu diesem Versuch kommen lassen.

Bevorzugt wird, wenn man sich überhaupt für ein Bekenntnis als Gottesdienstelement entscheidet, ein zeitgemäßer Wortlaut.[137] Dabei wird auf den inhaltlichen Bezug zur Verkündigung geachtet, der natürlich am ehesten durch eine selbständige Formulierung des Vorbereitungskreises zu erreichen ist. Gelegentlich werden die Gottesdienstteilnehmer und -teilnehmerinnen gebeten, persönliche Bekenntnisse (martyréo) niederzuschreiben, die dann in Auswahl vorgelesen werden. Ideal wäre es, wenn Schüler und Schülerinnen bereit wären, sich vor die Versammelten zu stellen und (spontan) von ihrem Glauben Zeugnis abzulegen. Dabei wiegt der Gewinn an Echtheit gottesdienstlicher Kommunikation stärker als die mögliche Gefahr des Mißbrauchs oder der Banalisierung einer solchen Glaubensbekundung.

Bei eigenen Formulierungsversuchen, in welcher Form auch immer, besteht die Gefahr, daß sich die Jugendlichen überfordert fühlen. Zum einen befinden sich viele in einer Phase innerer Unklarheit hinsichtlich des Glaubens. Zum anderen hemmt die Vorstellung, ein Bekenntnis müsse alles für den Glauben wichtige enthalten und womöglich noch triadisch aufgebaut sein: »Weil sich im Bekenntnis ›der Konflikt von Individuation und Kommunikation‹ zeigt, das persönliche Reagieren des einzelnen auf ein bestimmtes einzelnes Erkennen mit dem Reagieren, Erkennen und Folgern vieler anderer zu einem consensus gebracht werden soll, ist hier in vielen Fällen weniger mehr, ist das konkrete situations- und konfliktbezogene Artikulieren universaler als ein globales Bekenntnis.«[138]

Schließlich ist zu überlegen, ob dem Antwortcharakter des Credos – sei es in seiner doxologischen oder kerygmatischen Dimension – nicht dann am ehesten entsprochen wird, wenn es, gleich dem Confiteor und wie in der römisch-katholischen Messe üblich, seinen Platz nach der Verkündigung erhält.[139]

11. Die Mahlfeier planen

11.1. Biblische Mahlzeiten

Miteinander essen und trinken im Schulgottesdienst muß nicht immer in der Form des Herrenmahls geschehen. Aus der Fülle biblischer Gastmähler und kultischer Mahlzeiten[140] greife ich drei heraus, die im Schulgottesdienst verwirklicht werden können: schlichtes Gemeinschaftsmahl, Agape-Feier, christliche Passamahlzeit. »Diese Formen eignen sich besonders gut für den Klassenverband oder die kleine Gruppe. Der Zeitbedarf ist unterschiedlich. Er beträgt aber sicher volle 45 Minuten, wobei die Vor- und Nachbereitung hinzukommt. Die Erfahrung zeigt, daß eine Gruppe von 20–25 Schülern mit ca. 4,–DM Eigenbeitrag je Teilnehmer bzw. Teilnehmerin auskommt.«[141]

Eine *einfache Mahlzeit* in Anlehnung an die Speisungsgeschichten kann dadurch biblisch gestaltet werden, daß die elementaren Nahrungsmittel Brot und Wasser oder Fisch und Wein miteinander geteilt werden. Auf diese Weise kommt die Bibel auch in den genossenen Lebensmitteln zur Geltung. Den Verzehr von Fisch halte ich allerdings im Binnenland auch in Kleingruppengottesdiensten für schwierig, da er etliche Schüler und Schülerinnen vor »handwerkliche« Probleme stellt. Statt dessen bieten sich landschaftstypische Nahrungserzeugnisse, besonders etwa aus Anlaß des Erntedankfestes, an. Zu Recht betont H. Höner, daß nur hungrige Teilnehmer und Teilnehmerinnen die stärkende, labende Wirkung des Essens wirklich leiblich erfahren.[142] Natürlich kann auch ein »normales« Frühstück miteinander eingenommen werden, verbunden etwa mit einer Andacht oder einer Meditation.[143] Eine gute Gemeinschafts- und Festerfahrung machten wir mit dem gemeinsamen Zubereiten und Verzehren eines Obstsalates aus Früchten der Jahreszeit im Rahmen der Religiösen Schulwoche (vgl. S. 184).

Das *Agape-Mahl* steht liturgisch gesehen zwischen einer sogenannten Bibelmahlzeit und dem Abendmahl. Der Übergang von einer gottesdienstlichen Tischgemeinschaft nach biblischen Vorbildern zu einer Agape ist fließend. Charakteristisch für das »Liebesmahl« ist, daß es gemäß 1. Kor 11,21f und Jud 12 als Sättigungsmahl gefeiert wird und ausdrücklich an Jesu Tischgemeinschaft mit Sündern und Gerechten erinnert.[144] Das Abendmahl dagegen wird erst durch die verba testamenti konstituiert.[145] Agapefeiern eignen sich besonders für Mahlfeiern in ökumenischen Schulgottesdiensten (vgl. S. 144f).

Zur Vorbereitung gehört – wie bei einer anderen Mahlzeit – eine sorgsame Raum- und Tischgestaltung. Je nach Thema kann das Mahl mehr anamnetischen, besinnlichen oder festlichen Charakter tragen. Im zeitlich knapp bemessenen schulgottesdienstlichen Normalfall muß das Sättigungsmahl aber wohl doch auf wenige Speisen, z. B. Brot und Weintrauben, reduziert werden.

Schließlich möchte ich eine »*christliche Seder-Feier*« erwähnen, wie sie von H.-J. Thilo aus amerikanischer Praxis wiedergegeben[146] und von der Projektgruppe Schulgottesdienst, Westfalen für den Schulgottesdienst vorgeschlagen wird.[147] Dabei handelt es sich um eine Abendmahlsfeier, in die Elemente der

Seder-Feier integriert sind. Die Abendmahlsliturgie erfährt durch die Erinnerung an die Befreiung aus Ägypten eine wesentliche Bereicherung und Anbindung an ihre biblisch-jüdische Wurzel.[148] Ob damit allerdings dem heutigen, nichtchristlichen jüdischen Empfinden der nötige Respekt widerfährt, bleibt dahingestellt. – Die Vorbereitung einer solchen Feier wird dadurch etwas erschwert, daß Bitterkräuter (Thymian, Minze, Meerrettich) und ungesäuertes Brot benötigt werden.

11.2. Abendmahlsfeier

Zwar stellt auch ein »Wortgottesdienst« eine vollwertige Feier und eine sinnvolle Schulveranstaltung dar. Dennoch kann das Abendmahl nach christlichem Gottesdienstverständnis nicht grundsätzlich ausgeklammert werden und vermag zudem aufgrund seiner Symbolkraft und vielförmigen Sinnenhaftigkeit den sabbatlichen Geschenkcharakter des Schulgottesdienstes entscheidend zum Ausdruck zu bringen. Darum möchte ich vor dem Hintergrund der gemeindlichen Praxis (mit Erwachsenen und Jugendlichen) einige Gestaltungsvorschläge für eine Abendmahlsfeier entwickeln.

Formal maßgebend ist die Zahl der Gottesdienstteilnehmer und -teilnehmerinnen und die zur Verfügung stehende Zeit. Im Normalfall wird der Schulgottesdienst mit mehreren hundert Schülern und Schülerinnen während einer Schulstunde, also 45 Minuten, gefeiert. Kann er sich über zwei Unterrichtsstunden erstrecken oder wird er mit den Schülern und Schülerinnen von nur einer oder zwei Klassen durchgeführt, so ist die Gestaltung relativ unproblematisch. In der Regel zwingt aber die knappe Zeit und die große Schülerzahl dazu, sorgfältig zu überlegen, welche Austeilungsform die angemessene ist, damit die Feier nicht durch Hektik beeinträchtigt wird.

Form der Austeilung

Es gibt zwei Austeilungsformen, die relativ zügig vonstatten gehen: die Herrnhuter Art, also das Weitergeben von Brot und Wein durch die Sitzreihen, sowie die Wandelkommunion mit mehreren Austeilungsstellen im Gottesdienstraum. Bei beiden Versionen sind viele Helfer und Helferinnen nötig, was dem Gemeinschaftscharakter durchaus nicht abträglich ist; die Mitglieder des Vorbereitungsteams werden die Austeilung übernehmen. Zu entscheiden ist, ob die Austeilenden zu Beginn das Abendmahl empfangen, um damit zu zeigen: Bevor wir weitergeben können, bedürfen wir selbst der Stärkung, oder ob sie erst nach der Austeilung empfangen, um auszudrücken: Wir sind auch Gastgeber, wenngleich mit euch Gäste unseres Herrn.

Die Wandelkommunion eignet sich besonders für Räume, die durch viele Gänge unterteilt sind, so daß die Kommunikanten und Kommunikantinnen von allen Seiten an die im Saal verteilten Austeilungsstellen gelangen können. In einer Kirche mit einem einzigen (schmalen) Mittelgang wird man schon aufgrund dieser Raumstruktur die Herrnhuter Form wählen müssen. Außerdem kommt beim letzteren Modus das Priestertum aller Gläubigen noch umfassender zum Vollzug, denn alle reichen Brot und Kelch.

Die herkömmliche Weise, daß lediglich der Pastor oder die Pastorin, eventuell unterstützt durch einen oder zwei Helfer im Altarraum, an nach vorne tretende kleine Gruppen austeilt, ist im Regel-Schulgottesdienst völlig unpraktikabel. Ebenso wird die Verbindung mit einer (Sättigungs-)Mahlzeit, wie sie C. v. Lowtzow fordert,[149] nur in Ausnahmefällen möglich sein.

In jedweder Form ist die Empfindung eines Gruppendrucks schädlich: »Die Einladung muß so ›herüberkommen‹, daß sich alle in das Geschehen hineingenommen fühlen, ohne durch die Form des Abendmahls vereinnahmt zu werden.«[150]

Die Wandelkommunion in der beschriebenen Form scheint dem etwas mehr zu entsprechen, aber auch die Herrnhuter Austeilungsform läßt sich mit dem ausdrücklichen Hinweis praktizieren, daß man Brotteller und Kelch an sich vorübergehen lassen kann, ohne damit aus der Gemeinschaft herauszufallen.[151]

Art der Elemente

Obwohl bei der Verwendung von Oblaten das eingeprägte Kreuzsymbol die Aussagekraft steigern könnte, plädiere ich entschieden für ganz gewöhnliches Brot. Zu besonderen Anlässen mögen Mazzen (ungesäuertes Brot) die Passafeier in Erinnerung rufen. Frisches, duftendes, nach Möglichkeit selbstgebackenes Brot aber, in kleinen Stücken zu zweit gebrochen, besser noch als Stangenbrot, von dem sich die Teilnehmenden ihr Stück abbrechen, macht den doppelten Gemeinschaftscharakter des Herrenmahles – Gemeinschaft mit dem Geber und untereinander – am sinnenfälligsten.[152] Denn gerade im Empfinden Jugendlicher wird durch die (papierähnliche) Künstlichkeit und Fremdheit der Oblate die Symbolkraft des Brotes eher geschmälert als gesteigert.

Die zahlreichen Argumente für und gegen die Verwendung von Wein bzw. Traubensaft brauchen hier nicht referiert zu werden. M.E. tut es weder der biblischen Einsetzung des Abendmahls noch seinem Symbolgehalt Abbruch, wenn grundsätzlich auf Alkohol verzichtet wird. Der unvergorene Saft vom »Gewächs des Weinstocks« (Mk 14,25) hat genügend Aussagekraft. Gerade weil im Schulgottesdienst zum einen Kinder teilnehmen, zum anderen aus Rücksicht auf die Suchtgefährdung einiger Jugendlicher und nicht zuletzt wegen anderer verborgener Krankheiten (bei denen Alkoholgenuß schädlich wäre, z.B. der Epilepsie), scheint mir die ausschließliche Verwendung von Traubensaft zwingend zu sein.

Gemeinschaftskelch oder Einzelkelch?

Die Hygiene stellt beim gemeinsamen Abendmahlsempfang ein nicht zu unterschätzendes Problem dar. Die Benutzung von Traubensaft verschärft es noch etwas, weil so jede desinfizierende Wirkung des Alkohols wegfällt.

Nicht erst die – wohl vermeintliche, aber dennoch in manchem Kopf festsitzende – AIDS-Ansteckungsgefahr wirft die Frage nach Gemeinschafts- oder Einzelkelch auf, sondern auch schon die mögliche Übertragung von alltäglichen Krankheiten wie Erkältungen oder Magen-/Darminfekten. Die Tatsache, daß die meisten Jugendlichen diese Gefahr nicht ernst nehmen und keine »Ekel-Hürde«[153] empfinden, befreit das Vorbereitungsteam nicht von seiner Verantwortung. Und es sind eben nicht alle Jugendlichen in dieser Beziehung lässig; zu denken ist ebenso an die womöglich empfindlicheren Lehrer und Lehrerinnen, die ja nicht schon durch die Form an der Abendmahlsteilnahme gehindert werden sollen.

Gleichwohl scheint der Einzelkelch, der jede hygienisch bedingte Animosität vermeiden würde, nicht die geeignete Problemlösung für den Schulgottesdienst darzustellen. Zum einen ist der organisatorische Aufwand bei einer großen Teilnehmerzahl von der Beschaffung über die Austeilung bis zum Reinigen der Kelche enorm und unvertretbar. Zum anderen sträuben sich nach meinen Erfahrungen gerade die Jugendlichen – im Gegensatz zu vielen Erwachsenen – gegen den wenig gemeinschaftlichen Einzelkelch.

Da ist die Intinctio, wie sie z. B. in Taizé praktiziert wird, schon eine praktikablere und sinnenhaftere Lösung: In der Form der Wandelkommunion empfängt dort jeder Kommunikant und jede Kommunikantin die Oblate, die der austeilende Bruder zuvor in Wein getaucht hat. Damit geht allerdings die Erfahrung des gemeinschaftlichen Trinkens aus einem Kelch verloren. Wer dies nicht möchte, dem wird wohl nichts anderes übrigbleiben, als den Gemeinschaftskelch mit dem Vertrauen zu reichen, daß Gott den Genuß zum Heil und nicht zur Infektion gereichen läßt. Wer unter den Teilnehmern und Teilnehmerinnen große Angst vor Ansteckung hat, wird sich auf das Brotbrechen beschränken.

Ökumenische Abendmahlsfeier?

Eine gemeinsame Eucharistiefeier von katholischen und evangelischen Christen ist offiziell (noch) nicht möglich. Damit bleibt in der Schule streng genommen nur die Wahl zwischen einem ökumenischen Wortgottesdienst und getrennten Abendmahlsgottesdiensten.

Eine Weise der gemeinsamen Feier wird vom »Dienst an den Schulen« der Ev. Kirche von Westfalen in Abschlußgottesdiensten von religiösen Schulwochen praktiziert: Die katholischen und evangelischen Schüler und Schülerinnen werden in ein- und demselben Gottesdienst getrennt an den Tisch des Herrn geladen. In unserer Schule wurde dieser äußerste Notbehelf von den Schülern und Schülerinnen als unerträgliche Demonstration der Spaltung abgelehnt.

E. Lade schlägt die Reduktion auf eine Agapefeier als Ausweg aus diesem Dilemma vor: »Ökumenische Agapemahl-Feiern sind eine legitime und wirkungsvolle Möglichkeit, der Sehnsucht nach Wiedervereinigung aller Christen in der einen Kirche Ausdruck zu verleihen und auf dem Weg dorthin ein Stück miteinander voranzukommen.«[154]

Am weitesten vorangeschritten ist die Communauté de Taizé. Täglich wird hier die Eucharistie gefeiert und dabei versucht, die divergierenden Bekenntnisse der Anwesenden zu respektieren: »Die Brüder tun alles, damit möglichst niemand in seinem Gewissen verletzt wird. Interkommunion findet in der Kirche der Versöhnung nicht statt. Beim Eingang der Kirche informiert ein Text in sechs Sprachen: ›Die eucharistischen Gaben werden im Tabernakel neben der Marienikone aufbewahrt: von dort aus wird jeden Morgen die Kommunion ausgeteilt. Der tägliche Kommunionempfang ist in den evangelischen Kirchen unüblich. Evangelische Christen können das Abendmahl jeden Tag am Eingang der Kapelle neben der Kreuzikone empfangen.‹«[155]

De jure vollzieht sich also keine interkonfessionelle Eucharistiegemeinschaft, de facto kommunizieren aber fast alle Gottesdienstteilnehmer und -teilnehmerinnen. Niemand wird nach seiner Kirchenzugehörigkeit gefragt oder gar von der Feier zurückgewiesen. Andererseits hat jeder und jede die Möglichkeit, nach der Ordnung seiner Kirche das Abendmahl zu empfangen. Die Kommunität beschreitet damit einen Weg zu mehr ökumenischer Gemeinschaft über die Annäherung an das römisch-katholische Verständnis (wie auch z. B. in der Frage des Papstamtes), ohne die Angehörigen anderer Konfessionen auf diesen Kurs festlegen und vereinnahmen zu wollen.

Ob dieser (Aus-)Weg für den Schulgottesdienst Modellcharakter haben kann, erscheint zweifelhaft. Nachahmenswert ist die Praxis von Taizé aber darin, daß man sich nicht mit dem Status quo abfindet, sondern mit Phantasie, Mut und gleichzeitiger Achtung vor dem anderen Bekenntnis den schmalen Pfad zur ökumenischen Mahlgemeinschaft begeht. Zur Zeit heißt das, bewußt und gemeinschaftlich den Schmerz über die getrennte Abendmahlsfeier im ökumenischen Schulgottesdienst auszuhalten.[156]

Liturgische Gestaltung

Wesentliche Elemente der Abendmahlsfeier im Schulgottesdienst sind neben Liedern das Gebet, die Einsetzungsworte und die Austeilung.[157] Die Präfation am Beginn (Danksagung – Eucharistie) kann durchaus in einem jugendgemäßen Lied erklingen. Sündenbekenntnis, Anamnese und Epiklese können im Gebet enthalten sein. Eine ausdrückliche verbale Absolution ist nicht konstitutiv, deutet und unterstreicht aber den im Abendmahlsempfang vollzogenen Zuspruch der Vergebung.

Die Einsetzungsworte konstituieren die Abendmahlsfeier und heben sie damit ab von einer Agape oder anderen Mahlzeit. Während der Austeilung kann musiziert, gesungen, gesprochen werden oder aufnahmebereite Stille herrschen. Sinnvoll und bereichernd ist es – wenn dies nicht als Überforderung empfunden wird –, beim Weiterreichen von Brot und Kelch jeweils dem Nachbarn oder der Nachbarin einen Segenswunsch oder eine Spendeformel zuzusprechen.

Zum Abschluß wird der Gemeinschaftscharakter des Mahles noch einmal dadurch unterstrichen, daß sich alle bei den Händen fassen und ein Sendungswort hören oder etwa den Kanon »Danket, danket dem Herrn« miteinander singen. Ein Danklied oder -psalm ist jedenfalls als Antwort angemessen. Die Sendung in den Alltag kann auch bewußt ausführlicher ausfallen (vgl. S. 151).

Schließlich ist der Umgang mit nicht mehr benötigtem Brot und Saft nach dem Gottesdienst zu bedenken. Ein sorgloses Wegwerfen bzw. -schütten der Reste wird Katholiken und Katholikinnen entsetzen und manche Evangelische zumindest befremden. Wenn ökumenische Abendmahlsfeiern erstrebenswert sind, müssen wir schon im evangelischen Gottesdienst Rücksichtnahme einüben und praktizieren, nicht zuletzt auch, weil sich einzelne katholische Schüler und Schülerinnen unter den Teilnehmern und Teilnehmerinnen befinden könnten. Die Aufbewahrung von Brot und Saft bis zum nächsten Gottesdienst ist schon wegen der Verderblichkeit dieser Lebensmittel nicht möglich und widerspricht unter dem Gesichtspunkt einer Konsekration evangelischem Verständnis. Von daher ist es m.E. am sachgemäßesten, die Reste im Anschluß an den Gottesdienst im Vorbereitungs- und Helferkreis in unanstößiger Weise zu verzehren oder sie an Schülergruppen zu verteilen, die sich noch im Gottesdienstraum aufhalten.

12. Abkündigungen und Kollekte bestimmen

Abkündigungen sind nicht mit Ankündigungen zu verwechseln, auch wenn diese sinnvollerweise – aber beschränkt auf die Hinweise zu aktuellen Veranstaltungen – angeschlossen werden. Das Wesen der Abkündigungen besteht darin, die Gottesdienstteilnehmer und -teilnehmerinnen über das zu informieren, was sich in ihrer Gemeinschaft, besonders auch außerhalb der Versammlung, ereignet hat und was sie infolgedessen zu Lob, Klage oder Fürbitte veranlaßt. Abkündigungen fungieren also als eine Art Familiennachrichten mit Blick über die eigenen vier Wände hinaus.

Die klassischen Abkündigungen wie Sterbefälle, Aufgebote und Taufen kommen im Schulgottesdienst selten vor. Aber es gibt noch andere die Gottesdienstteilnehmer und -teilnehmerinnen betreffende Ereignisse, die aufgrund der Einheit von Versammlung und Gottesdienst im Alltag hier ihren angemessenen Platz haben, z.B. ein regelmäßiger Kurzbericht über das Ergehen eines Patenkindes der Schule. In ähnlicher Weise kann die Schulgemeinde etwa über die Situation eines politischen Gefangenen auf dem laufenden gehalten werden, für den man sich fürbittend und mit Protestschreiben an die Botschaft des betreffenden Staates (in Zusammenarbeit mit »amnesty international«) eingesetzt hat.

Weiter ist hier der Ort, die Schülerschaft über die Höhe, Verwendung und etwaige Wirkung der Kollekte des letzten oder eines anderen Schulgottesdienstes zu informieren. Schließlich treten gelegentlich akute Probleme einer Klasse, einer Schülerin, eines Lehrers oder der gesamten Schule auf, die den Gottesdienstteilnehmern und -teilnehmerinnen zum Mittragen und Mitbeten bekanntgemacht werden. Dies kann die schwere Krankheit eines Mitgliedes der Schulgemeinde ebenso sein wie die Gefährdung des Schulbetriebes durch eine politische Entscheidung.

Bei all diesen Anliegen, die einzelne oder viele existentiell betreffen, erst recht bei schwelenden Konflikten, muß vor einer gottesdienstlichen Veröffentlichung sorgsam geprüft werden, ob sich dadurch nicht eine Situation ungewollt verschlimmert. Das Gebot der Liebe steht über dem Recht auf Information und gegen jede Sensationslust. Eine lebendige und verständliche Formulierung bzw. Gestaltung der Abkündigungen hilft den Gottesdienstteilnehmern und -teilnehmerinnen, das Mitgeteilte besser zu erfassen. Dazu trägt beispielsweise bei, daß mehrere Personen die Dinge, die sie jeweils besonders angehen, selbst vortragen.

Die Vorstellung des Verwendungszweckes der Kollekte – sofern eine erhoben wird – gerät leicht zu langatmig oder auch zu knapp. Eine konkrete Formulierung, womöglich unterstützt durch plakative Illustrationen im Gottesdienstraum oder Eingangsbereich, dient der Sache. Noch wirkungsvoller ist die Vorstellung des Zweckes durch einen Vertreter oder eine Vertreterin der Institution oder ein Mitglied der Gruppe bzw. Gemeinschaft, für die gesammelt werden soll.[158]

Das Einsammeln einer Kollekte/eines Opfers ist zwar nicht konstitutiv für den Schulgottesdienst und wohl vielerorts unüblich, aber ich sehe darin einen geeigneten Weg, um den unbedingten Zusammenhang von gottesdienstlicher Versammlung und Alltag zu dokumentieren. Im Sinne eines solchen wohlüberlegten Aktes könnte sogar C. Grethleins Anregung aufgegriffen werden, die »Sitte des Opfergangs«, also einer »Prozession zum Opferstock« wieder einzuführen.[159] Jedenfalls bedarf auch die Art und Weise des Einsammelns inklusive der Beschaffung von geeigneten Sammelgefäßen der Vorplanung bzw. Erledigung. Als keineswegs nebensächliche Handlung plaziert man die Sammlung sinnvollerweise bewußt innerhalb des Gottesdienstes, z.B. im Anschluß an die Abkündigungen, zumindest zwischen Verkündigungsteil und Fürbitten und nur bei Zeitnot am Ausgang.

13. Fürbitten zusammenstellen

Aus den Abkündigungen und dem Kollektenzweck ergibt sich bereits ein Teil der Gebetsanliegen. Zur Fürsorge für ein Patenkind etwa gehört auch die Fürbitte. Aber nicht nur Personen, auch Institutionen wie Schule, Kirche und Staat bedürfen der Fürsprache vor Gott. Allerdings kann nicht immer alles ausgebreitet werden; das Thema des Gottesdienstes und die jeweilige aktuelle Situation beeinflussen die Auswahl.

Gut ist es, wenn sich die Fürbitten durch Konkretheit und Weitblick zugleich auszeichnen. Ein grobes Raster stellt die mögliche Unterteilung der Bitten in drei konzentrisch ineinanderliegende Bereiche dar:

o der oder die einzelne, in der Schule oder in der Ferne,
o die Gemeinde und Schule als direktes Umfeld des Gottesdienstes und alltäglicher Lebensraum,
o die soziale und politische Situation der Welt, in der wir leben.

Wenn dieser Gebetsteil gegen Ende des Gottesdienstes als Fürbittengebet vorgesehen und betitelt ist, dann entspricht ihm die Beschränkung auf konkrete Fürbitten. Deplaziert wirkt, sich in Problemanalysen und (erneuten) Schuldbekenntnissen zu ergehen oder gar in eine weitere »Predigt« zu verfallen, wie ich es häufiger erlebe. Informationen über die Personen oder die Gegenstände der Fürbitte brauchen wir Gott nicht zu geben, und die Gemeinde bekommt sie vorher, z.B. in den Abkündigungen, mitgeteilt.[160]

Auch die sprachliche Gestalt muß m.E. eindeutig sein. »Laßt uns beten für ...« ist in meinen Augen keine Fürbitte, sondern lediglich die Einladung dazu.[161] Angeredet sind in dieser Form die Gottesdienstteilnehmer und -teilnehmerinnen, nicht der Herr. Wir haben aber die große Chance, uns im Namen Jesu Christi direkt an den dreieinigen Gott zu wenden, warum sollte es dann der Liturg oder die Liturgin nicht stellvertretend tun: »Herr, wir bitten dich für ...« Jesus lehrt uns im Vaterunser die direkte Anrede des Vaters (vgl. Röm 8,15).

Die einzelnen Bitten können von verschiedenen Personen, z.B. denen, die sie formuliert haben, vorgetragen (= vor Gott getragen) werden. Noch stärker werden die Gottesdienstteilnehmer und -teilnehmerinnen einbezogen, wenn sie selbst ihre Bitten vorbringen können. Bewährt hat sich dazu das Auslegen von Zetteln und Bleistiften. Beschriftete Gebetszettel werden eingesammelt und an ein Brett, ein Kreuz oder einen mit dem Gottesdienstthema in Zusammenhang stehenden größeren symbolischen Gegenstand, z.B. einen »Baum«, geheftet. Spontan werden einige Bitten laut vor Gott und der Gemeinde ausgesprochen, und nach dem Gottesdienst hat jeder Gelegenheit, die Fürbitten anderer zu lesen. Diese variierbare Methode[162] läßt sich ebenso für einen ausführlicheren Gebetsteil anwenden, der neben den Bitten auch dem Dank und der Klage der Versammelten Raum geben soll. Der ganze Gottesdienst kann aus besonderem Anlaß – so z.B. nach Ausbruch des Golfkrieges im Januar 1991 an vielen Schulen – auf diese Weise als Fürbittgottesdienst gestaltet werden.

Als Nebeneffekt schafft die Beteiligung mehrerer den nötigen Zeit-Raum zum Beten. Denn jede Hektik schadet. Auch die Stille zwischen einzelnen Bitten bietet die Möglichkeit zum Mitdenken und Mitbeten: »Beten braucht Pausen! Pausen des Nachdenkens, in denen es zum inneren Einverständnis der Gemeinde mit dem Beter kommt. Darum überlasse sich der laut Betende seinem ruhigen Atem und vermeide hastiges Sprechen ebenso wie hektisches Gebaren.«[163]

Dagegen kann ein zu langes vorformuliertes Fürbittengebet am Ende viele positive Eindrücke und das Bewußtsein des »Du« wieder verwischen.

Der Charakter des gemeinsamen Betens wird dadurch unterstrichen, daß die Versammelten nach jeder oder mehreren Bitten z.B. den Gebetsruf »Herr, erbarme dich!« singen, sei es in deutsch oder griechisch, nach den bekannten

Melodien von Taizé, P. Janssens, der orthodoxen Liturgie o.a. Wie bei anderen Gebeten setzen die hörbar Betenden mit ihrer Körperhaltung ein Zeichen, wenn sie nicht der Gemeinde gegenüberstehen, sondern mit ihr vor Gott.

Das Vaterunser ersetzt nicht das Fürbittengebet, kann dieses aber vor allem aufgrund seines doxologischen Rahmens sinnvoll abschließen und dabei »sprachlosen« Betern und Beterinnen Gott und Welt umfassende Gebetsworte verleihen.

14. Segen und Sendung überdenken

»Bedarf der Schulgottesdienst überhaupt einer ›Segensformel‹ am Schluß?«, fragen Mitarbeitende. Sie haben dabei den im Sonntagsgottesdienst gebräuchlichen »Aaronitischen Segen« (Num 6,24–26) im Ohr, der – womöglich teilnahmslos am Ende des Gottesdienstes »heruntergebetet« – für manche Jugendliche zu den Symptomen eines in unverständlichen Floskeln erstarrten Kultes zählt.

Unbedacht, nur der Konvention wegen rezitiert, gerinnt der Segen zu einer »Leerformel« und ist so freilich überflüssig. Aber auch junge Menschen spüren, daß im Gegensatz dazu gerade in dieser Handlung (der Segenszuspruch geht über die Verkündigung und das Gebet hinaus, s.u.) die Fülle göttlicher Gaben überfließt – zu uns. Gottes Gnade, Gottes Mit-uns-Sein und der Shalom werden den Gottesdienstteilnehmern und -teilnehmerinnen wie frisches Quellwasser mit auf den Weg in den Alltag gegeben. Das geschieht, indem wir den Namen Gottes auf die Gemeinde legen (V. 27).

Zwar ist der Segen weder als solcher noch gar in seinem verbreiteten Wortlaut nach Num 6 konstitutiv für den Gottesdienst, aber ausgehend von dem sabbatlichen Verständnis des Schulgottesdienstes, sehe ich keine Veranlassung, die Austeilung dieser Gabe Gottes den Schülern und Schülerinnen vorzuenthalten. Wenn die grundsätzliche Frage nach dem »Ob« positiv beantwortet wird, sind eine Reihe weiterer Entscheidungen im Blick auf die Gestaltung der Segenshandlung fällig.

Zunächst: Welchen Segenswortlaut wählen wir: den aaronitischen; einen anderen biblischen, z.B. aus Ps 121; den immer beliebter werdenden altkirchlichen »Der Herr sei vor dir, um dir den rechten Weg zu zeigen. Der Herr sei neben dir ...«[164]; einen weiteren agendarischen[165] oder einen selbstformulierten? Es spricht vieles dafür, hier dem Moment der Stetigkeit Raum zu geben.[166] Die positiv entlastende und beheimatende Funktion des Rituals (vgl. S.68f) könnte wie in der Namensnennung Gottes zum Eingang des Gottesdienstes auch an der Schwelle zum Alltag greifen. Als stetige Form legt sich der Aaronitische Segen nahe, weil er zum einen unsere jüdisch-biblische Gottesdiensttradition vergegenwärtigt und zum anderen auch ein Stück Kontinuität zu den meisten außerschulischen Gottesdiensterfahrungen herstellt.

Entscheidet man sich für diese alttestamentliche Segensformel Num

6,24–26, so erhebt sich die Frage nach deren angemessener Sprachgestalt. Mindestens vier Varianten sind anzutreffen: die Lutherübersetzung: »Der Herr segne dich ...«, wobei dieser Modalis häufig auch pluralisch gefaßt wird: »Der Herr segne euch ...«; die Wunschform: »Der Herr segne uns ...«; die imperativische Bitte: »Herr, segne uns ...« und der Realis: »Der Herr segnet dich ...«.[167] B. J. Diebner zeigt in seiner gründlichen Untersuchung des hebräischen Textes, daß »die Segensworte in der Sprachform des Segnens (Modalis): Der HERR segne dich ... (= will dich segnen = Verheißung)« als einzige dem biblischen Wortlaut wie auch »der liturgischen Funktion von Segen im Gottesdienst gerecht« wird.[168] »›Segen‹ in der ›Wunschformel‹« hält Diebner für »liturgischen Unsinn«, weil Segen gespendet wird.[169] Die zwar »liturgisch legitime« Segensbitte »ist natürlich kein Segen, sondern – wie das nomen regens sagt – eine Bitte, ein Gebet.«[170] Beim Realis: Der Herr segnet dich ... »handelt es sich nicht um einen Segen, sondern um Verkündigung«; diese erfüllt aber nicht die »gottesdienstliche Funktion von Segen« in der Situation des Aufbruchs in den Alltag.[171]

Schließlich verdient die singularische Gestalt des biblischen Wortlautes den Vorzug vor der pluralischen Formulierung. Denn die Singularform redet die »Kollektiv-Person« Gemeinde an, nicht den einzelnen, während gerade die Pluralform »einem individualistischen Mißverständnis Vorschub« leisten könnte, »als gälte es jedem/jeder Einzelnen in der Gemeinde.«[172] Wir haben also auch im Schulgottesdienst die Möglichkeit, Gottes Segen schlicht im biblischen Wortlaut zuzusprechen. Dieses segnende Handeln unterscheidet sich sprachlich vom Wünschen, Bitten und Verkündigen und stellt inhaltlich – innerhalb der verbalen Gottesdienstelemente – die direkteste Zueignungsform der Zuwendung Gottes dar. Dennoch verfügt der oder die Segnende nicht über eine magische Wirkmächtigkeit des Segens: Die Beauftragung zu segnen (Num 6,23) korreliert mit der Tatsache, daß Gott segnet (Num 6,27).

Als nächstes ist zu entscheiden, ob die Handlung durch den Gebrauch der Hände sichtbar unterstrichen werden soll. Einer um ein ganzheitliches Erleben bemühten Gottesdienstgestaltung entspricht jedenfalls der von den jüdischen Tempelpriestern überkommene Segensgestus der erhobenen Hände und geöffneten Handflächen.[173]

Dennoch scheint mir im Schulgottesdienst Behutsamkeit in der Gebärdensprache angebracht zu sein, zumal in Gegenden, wo die Segensgeste aus dem Sonntagsgottesdienst nicht bekannt ist. Der geringste Eindruck des schauspielerisch Aufgesetzten kann Schüler und Schülerinnen zum Lachen statt zum Empfangen veranlassen.

Die Frage, wer den Segen spenden soll, ist also aufs engste mit der Gestik verbunden. Im Sinne des allgemeinen Priestertums ist dazu jede und jeder Gläubige in seinem Verantwortungsbereich befugt, im Schulgottesdienst können somit alle Mitarbeitenden den Segen spenden. Gerade Schüler und Schülerinnen tun aber gut daran – im Blick auf einige womöglich »sensationslüsterne« Mitschüler und Schülerinnen –, die Wahl der körperlichen Ausdrucksmittel sorgfältig zu bedenken sowie allen Beteiligten und sich selbst einen Prozeß der Hinführung und wachsenden Akzeptanz zu gestatten.

Eine weitere biblisch bezeugte Segensgeste ist die Handauflegung; z. B. segnet Jesus auf diese Weise die Kinder (Mk 10,16 par.). Im evangelischen Gottesdienst macht dieses Zeichen bei Taufe, Konfirmation und verschiedensten Dienstbeauftragungen die Segenshandlung durch die Berührung auch körperlich spürbar – ein 10 cm-Abstand der Hand über dem Kopf des oder der zu Segnenden wäre also widersinnig. In Abwandlung dieser auch den Tastsinn ansprechenden Segensgeste können sich die Gottesdienstteilnehmer und -teilnehmerinnen bei den Händen fassen oder besser noch die Arme um die Schultern des Nachbarn legen. Dabei kann man Nebenstehenden einen Wunsch oder Segen zusprechen, oder ein bzw. mehrere Liturgen tun dies, oder alle singen gemeinsam ein Segenslied u. ä.

Es bleibt nicht aus, daß insbesondere pubertierende Jugendliche bei solcher Art »verordnetem« körperlichen Kontakt innere Widerstände durch Kommentare, Kichern oder gar Verweigerung ausdrücken. Darum empfiehlt es sich, auch diese sinnenhaften Vollzüge schonend nach und nach einzuführen, bis sie zu einer angenommenen, freilich nicht wieder erstarrten liturgischen Gewohnheit geworden sind. Ein gewisses Maß an blödelnden Äußerungen kann sicherlich übergangen werden. Besteht aber die Gefahr, daß sich andere dadurch in ihrer Andacht erheblich gestört fühlen, müßte die Austeilung des Segens als ganze oder die Hinführung überdacht werden.

Eine weitere Stufe zu mehr sinnlicher Erfahrung im Bereich des Segnens, die wohl noch behutsamer zu ersteigen ist, besteht in einem gelegentlichen Segensteil an irgendeiner Stelle des Gottesdienstes. Einzelne Gottesdienstteilnehmer und -teilnehmerinnen kommen nach vorne oder in einen Gang zwischen Sitzreihen und nennen ihr Anliegen öffentlich oder im persönlichen Gespräch mit dem Mitarbeiter oder der Mitarbeiterin. Diese(r) spricht dann unter Handauflegung ein Segensgebet. Natürlich ist der persönliche Segenszuspruch auch ohne die Mitteilung eines Anliegens möglich, z. B. wenn der Anlaß für alle derselbe ist, etwa bei der Schulentlassung.[174]

Der Segen am Ende der Gottesdienstversammlung als Stärkung für den weiteren Weg schließt die Sendung in den alltäglichen Gottesdienst ein. Segnung ist Sendung, denn die Segnung war ursprünglich zugleich Abschiedsgruß.[175] Ein dem Segen voran- oder nachgestelltes »Gehet hin im Frieden des Herrn!« bringt die implizierte Sendung auch sprachlich zum Ausdruck. Der Segen setzt also keinen Schlußpunkt, sondern einen Doppelpunkt, nach dem der Gottesdienst auf andere Weise in demselben Namen fortgesetzt wird. Diese Sendung kann natürlich, z. B. nach Abendmahlsgottesdiensten, ausdrücklich und konkret erfolgen, etwa mit den Worten:

Geht mit der Stärkung, die euch gegeben ist:
o in eure Klassenzimmer und teilt die empfangene Liebe mit denen, die ungeliebt sind,
o in eure Freundeskreise und teilt den empfangenen Glauben mit denen, die nicht glauben können,
o in eure Familien und teilt die empfangene Hoffnung mit denen, die sich vor morgen ängstigen.

15. Technische Fragen berücksichtigen

15.1. Funktionen verteilen

Grundsätzlich gilt, daß keine Aufgabe im Schulgottesdienst bestimmten Personen »von Amts wegen« vorbehalten ist. Die im Vorbereitungskreis Zusammenarbeitenden unterscheiden sich in dieser Hinsicht lediglich dadurch, daß einige von ihnen bereits eine kirchliche Vokation (Religionspädagogen und Religionspädagoginnen) oder Ordination (Pfarrer und Pfarrerinnen) erhalten haben, während die anderen – ob Schüler und Schülerinnen oder Lehrer und Lehrerinnen – diese Beauftragung vom Mitarbeiterkreis in der Verantwortung vor Gott und der Gemeinde empfangen. Keine(r) kann sich selbst zur Verkündigung oder Sakramentsverwaltung berufen. Ein Predigtteil etwa muß also durchaus nicht von einem »Berufschristen« gestaltet werden. Gerade in der besonderen Situation des Schulgottesdienstes kann das schüchterne »Gestotter« eines Schülers besser ankommen als das gewandte Dozieren einer Theologin.[176] Der Geist Gottes bindet sich an das Wort, nicht an Stand und Alter.

Die Rolle der Lehrer und Lehrerinnen, Pfarrer und Pfarrerinnen ist schon in der Vorbereitungsgruppe problematisch. Einerseits erwarten die Schüler und Schülerinnen die Hilfe und das Engagement der sachkundigen Bezugspersonen. Diese vermögen zu motivieren, vielleicht sogar für die Sache zu begeistern. Andererseits können zu viele Lehrkräfte oder zu viele Ideen von ihnen – wie Praxisbeispiel 2 (vgl. S.14–18) zeigt – die Initiative der Schüler und Schülerinnen ersticken. Die Erwachsenen sind wie im Unterricht auf ihre Sensibilität für das nötige Maß an Beteiligung und Zurückhaltung angewiesen, damit sich das Ganze nicht auf einen Akademiegottesdienst mit Schülerteilnahme reduziert.

Für die Pfarrer und Pfarrerinnen gilt das Zurückhaltungsgebot in noch größerem Maße, weil sie in der Regel mit der Situation der Schüler und Schülerinnen weniger vertraut sind. Zwar meinen 102 von 140 befragten Schülern und Schülerinnen, daß ein Pfarrer oder eine Pfarrerin mitwirken solle (»damit es ein richtiger Gottesdienst ist«), aber diese (Amts-)Person ist nach meiner Erfahrung durchaus nicht zur Legitimation oder zum Gelingen des Unternehmens vonnöten (vgl. Praxisbeispiel 3, S.18–20). Das bedeutet allerdings keineswegs, daß die Pfarrer und Pfarrerinnen von ihrer Verantwortung für die Schulgottesdienstarbeit entbunden wären. Ebenso wie oder gar mehr noch als die Religionspädagogen und -pädagoginnen sind sie prädestiniert, eine solche Chance wahrzunehmen – zusammen mit den Schülern und Schülerinnen.

In der Durchführung des Schulgottesdienstes hat es sich bewährt, daß so viele Funktionen wie möglich von Schülern und Schülerinnen übernommen werden. Die Rollenverteilung ergibt sich aus den Vorbereitungsgesprächen oft nach folgendem Muster: Wem ein Part besonders am Herzen liegt, oder wer zu dessen Vorbereitung Besonderes beigetragen hat, hat auch die Gelegenheit, dies im Gottesdienst umzusetzen. Dabei achten wir darauf, daß niemand auf einen Planungsbeitrag verzichtet, weil er oder sie »Angst« bekommt, diesen Teil dann auch im Gottesdienst ausführen zu müssen.

15.2. Moderation oder Programmblatt?

Ein in vielen Einzelelementen vorbereiteter Gottesdienst fordert eine Art Moderator oder Moderatorin, der bzw. die die einzelnen Stücke zueinander in Beziehung setzt. Diese Person führt quasi durchs Programm und muß doch jeden Anschein des Entertainers oder Ansagers vermeiden. Auch darf sie nicht in die Position bzw. Funktion eines Aufpassers geraten, der jeden Mißton aus dem Gottesdienstraum mit einer Mahnung zur Ruhe ahndet. Aber manche Aktionen, Symbole oder Szenen erfordern eine (sparsame) Erläuterung, damit sie (besser) verstanden werden. Ferner bedürfen Lieder der Ansage, damit alle schon die erste Strophe mitsingen können und nicht noch mit dem Hervorkramen des Blattes und dem Suchen des Liedes beschäftigt sind. »Eine durchgängige Moderation, die den Verlauf mit ansagenden, überleitenden und motivierenden freien Sätzen begleitet, kann wesentlich zu einem menschlichen Gottesdienst beitragen, dessen Feierlichkeit nicht steif ist.«[177]

Ich erfahre es als Konzentrationshilfe, wenn zu jedem Zeitpunkt des Gottesdienstes klar ist, was gerade geschieht: beten, hören, schauen usw. Außerdem schadet m. E. unverständliche Beziehungslosigkeit von aneinandergereihten Einzelteilen der sabbatlichen Feier genauso wie der Charakter einer gut moderierten religiösen Show. Für diese heikle Aufgabe einer einfühlsamen Moderation eignet sich ein einigermaßen sicherer und flexibler Sprecher oder eine Sprecherin, der bzw. die zu spontanen Äußerungen fähig ist und sich doch nicht zu Kurzpredigten hinreißen läßt.

Ausführliche vervielfältigte Gottesdienstprogramme erfüllen denselben Zweck und werden zudem gerne nach dem Ende des Gottesdienstes mitgenommen.[178] In dem einen oder der anderen werden dadurch auch später noch einmal Inhalt und Eindrücke des erlebten Gottesdienstes wachgerufen. Da ein lediglich mit Liedern bedrucktes Blatt erfahrungsgemäß zurückgelassen bzw. weggeworfen wird, bietet sich die Anfertigung eines einladend arrangierten Programmblattes also aus mehreren Gründen an.

Dennoch entspricht grundsätzlich das Medium der Sprache eher der sabbatlichen Feier als das Druckerzeugnis. Überflüssige Worte stören die Kommunikation aber ebenso wie zuviel Papier.

15.3. Technische Hilfsmittel

Auch bei der Verwendung technischer Hilfsmittel empfinde ich Sparsamkeit als angemessen. Sabbatlich verstandener Schulgottesdienst kann Erholung von der technisch-medialen Reizüberflutung unseres Alltags bieten. Unverzichtbar erscheint mir allein – in größeren Gottesdiensträumen – eine Lautsprecheranlage. Das zu verkündigende Wort ist nun einmal auf eine klare Sprechweise und eine saubere Tonübertragung angewiesen, sonst wird sein Inhalt nicht transportiert, kommt also nicht an. Dabei bleibt die Qualität bzw. Defektanfälligkeit dieses technischen Mittlers ein Problem. Aus bitterer Erfahrung muß ich feststellen: Ein nicht einwandfrei funktionierendes Mikro macht nicht nur die verbale Kommunikation nahezu unmöglich, es zerstört auch jede Stille.

D. Trautwein erörtert die technischen Medien im Lichte der Kommunikations- und Diffusionsforschung und betont ihre »Stimulus-Funktion« »im Bereich von Information, Dokumentation und Einführung ...«[179] Er denkt dabei an Tonband, Schallplatte, Foto, Dia und Film. Als Tonträger kommt heute der leichter zu handhabende Kassettenrecorder hinzu; als visueller Mittler der nahezu lautlose und im Schulbereich nicht mehr auffällige Overhead-Projektor.

Prinzipiell stimme ich den Hinweisen des Pädagogischen Institutes der Westfälischen Kirche voll zu:

»Technische Einrichtungen wie Verstärkeranlage, Diaprojektor usw. dürfen im Gottesdienst keine Vorherrschaft gewinnen, sondern haben dienende Funktion. Alle technischen Vorbereitungen sollen unbedingt vor Beginn des Gottesdienstes, möglichst auch vor dem Eintreffen der ersten Besucher getroffen sein.«[180]

15.4. Werbung

Schulanfänger- und Entlassungsgottesdienst erfordern eine schriftliche Einladung an die Eltern. Der Termin eines »normalen« Schulgottesdienstes wird den Schülern und Schülerinnen durch ihre Klassenlehrer und Lehrerinnen mitgeteilt. Auf den ersten Blick scheint eine solche Schulveranstaltung keiner besonderen Werbeaktion zu bedürfen.

Dennoch fördert eine ansprechend aufgemachte Einladung die Motivation, dann auch teilzunehmen (obwohl die Eckstunde zu anderweitiger Verwendung lockt), sowie die Konzentration im Gottesdienst. Sie zeigt den Schülern und Schülerinnen schon im Vorfeld, daß da nicht einfach von Seiten des Vorbereitungsteams eine schulische Pflichtübung absolviert werden soll, sondern daß sich engagierte Mitschüler und -schülerinnen gemeinsam mit anderen etwas haben einfallen lassen. Eine solche Einladung wird durch ein graphisches Symbol oder zumindest durch die Themaangabe bereits einstimmen.

Die geschickte Formulierung des Wortlautes ist für die Werbewirksamkeit einer schriftlichen bzw. Plakatwerbung von zentraler Bedeutung. »Der werbende Text muß informieren, aber zugleich auch ein Such- und Frageverhalten provozieren ...«[181]; er muß neugierig machen, in Spannung versetzen und eventuell auch zu Widerspruch reizen. Natürlich darf nicht mehr versprochen werden, als nachher auch gehalten werden kann.

Die Gestaltung eines Einladungszettels und/oder eines -plakates ist eine dankbare Aufgabe für zeichnerisch und phantasiebegabte Mitglieder der

Planungsgruppe. Aber auch andere Schüler und Schülerinnen können, eventuell in Zusammenhang mit dem Kunstunterricht, um einen Entwurf gebeten werden. Sinnvoll ist es, Gestaltungselemente der Einladung auf dem Gottesdienstprogramm wiederkehren zu lassen.[182]

Ferner hat ein »gelungener« Schulgottesdienst eine nicht zu unterschätzende Werbefunktion für den nächsten (vgl. S. 62f). Es spricht sich herum, ob da »was los ist« oder nicht. Einem sabbatlich gefeierten Schulgottesdienst, dessen Vorbereitungsaufwand in angemessenen Grenzen gehalten werden soll, entspricht diese Methode wohl am ehesten: Gute Erfahrungen sind die wirksamste Einladung. Die Mund-zu-Mund-Propaganda kann vom Vorbereitungskreis auch bewußt als Werbemittel eingesetzt werden. Nach den Ergebnissen der Kommunikationsforschung vertieft und ergänzt eine solche »interpersonale face-to-face-Kommunikation« die ansonsten begrenzte Wirkung der visuellen und auditiven Werbeträger entscheidend.[183]

Schließlich erreicht eine zusätzliche Veröffentlichung des nächsten Schulgottesdienstes im Gemeindebrief der Kirchengemeinde(n) zumindest diejenigen Schüler und Schülerinnen mit ihren Familien, die die Gemeindenachrichten lesen. Neben dem Werbeeffekt wird den Ortsgemeinden so auch das fürbittende Mittragen des Schulgottesdienstes ans Herz gelegt und ermöglicht.

ERLEBEN

Ich wähle für die Beschreibung des Gottesdienstvollzuges das Verbum »erleben«, weil es im Gegensatz zu »vollziehen« oder »feiern« das passive Empfangen aller Beteiligten benennt. Gleichwohl schwingt in diesem Ausdruck »erleben« auch etwas von der ebenfalls den Gottesdienst konstituierenden Aktivität der Teilnehmenden mit. Vieles von dem, was einen Gottesdienst ausmacht, wie predigen, singen, segnen und noch deutlicher hören, schauen und schmecken, ist aktives und passives Geschehen zugleich.

1. Sich einstimmen

Der erste Gedanke an einen Schulgottesdienst wird bei den Schülern und Schülerinnen durch eine sprachliche oder visuelle Information ausgelöst. Man hört von der geplanten Veranstaltung durch eine Lehrerin oder einen Mitschüler oder sieht die Einladung auf Handzetteln bzw. Plakaten. Schon diese erste Wahrnehmung bewirkt unweigerlich eine innere Stellungnahme zu dem bevorstehenden Ereignis, die von Ablehnung über Gleichgültigkeit bis zu gespanntem Interesse reichen kann. Durch die Reaktion anderer und das Gespräch über die Ankündigung kann diese Grundhaltung durchaus positiv oder negativ beeinflußt bzw. verändert werden.

Zur festgesetzten Zeit rufen die Glocken – wenn welche vorhanden sind – zum Gottesdienst. Sie verbreiten akustisch einen Hauch von Sonntag im Schulalltag. Vorstellbar ist aber auch, daß der Klang Assoziationen wie »Langweiliger Gottesdienst« oder »Verschlafener Sonntagmorgen« auslöst.

Der darauf folgende Weg zum Gottesdienstraum wird (gegebenenfalls) nicht nur von Glockengeläut begleitet, sondern mittels sichtbar angebrachter Symbole oder etwa durch die Verabredung, dabei zu schweigen, gottesdienstlich *begangen* (vgl. S. 108f).

Als nächstes wirken der Raum und seine Gestaltung auf die Eintretenden. In der Regel muß zuerst eine Art Foyer durchschritten werden, das entweder durch kalte Leere auslädt oder dazu genutzt wird, die Ankommenden, in welcher Form auch immer, willkommen zu heißen. Im Versammlungsraum sodann sprechen viele gewollte und unbeabsichtigte Zeichen die Sinne der Hereinströmenden an (vgl. S. 109–117). Je ganzheitlicher die Signale wahrgenommen werden, desto eingehender beeinflussen sie die (Ein-)Stimmung der Gottesdienstteilnehmer und -teilnehmerinnen.

Ambivalente Empfindungen werden durch Verlaufs- und Verhaltenshinweise vor Gottesdienstbeginn geweckt. Einerseits tragen sie zu entspannender Sicherheit beim Vollzug des Rituals bei; andererseits stört jedes schulmeisterliche Lehren und Einüben von Gottesdienststücken oder gar Verhaltensnormen das Entstehen der gewünschten Feierstimmung empfindlich.

2. Feiern

Es erscheint gewagt, einen Gottesdienst mit den Worten zu beginnen: »Wir *feiern* ...« Was folgt, mag zwar meistens die Züge ritueller Feierlichkeit tragen, in den seltensten Fällen aber auch die Merkmale eines fröhlichen Festes. Gottesdienste werden gemeinhin *gehalten, veranstaltet, begangen* oder *zelebriert*. Ein Fest feiern dagegen hieße, den Gottesdienst aus der Eintönigkeit steifer Forme(l)n und religiöser Belehrung emporzuheben zu einer offenen, spielerisch-vielgestaltigen Festlichkeit.[1] Nur so bietet er den Schülern und Schülerinnen die sabbatliche Chance, aus der Alltäglichkeit von Mühe und Arbeit herauszutreten.

Breiter Konsens besteht in dem Wunsch: Wir wollen »schöne Gottesdienste« feiern, ob in der Ortsgemeinde oder in der Schule, am Sonntag oder am Werktag. Sie sollen ein Genuß sein, eine wahre Lust. Dagegen assoziieren Erwachsene wie Jugendliche beim Stichwort »Gottesdienst« wohl eher *Dienst* im Sinne von Pflichtübung. Wir hören aus der Bezeichnung zu wenig heraus, daß und wie Gott *uns* dient.

Weit attraktiver klingt da Rudolf Bohrens Ausspruch: »Gott ist schön.«[2] Dieser Satz faßt nicht nur einen Aspekt des Barthschen Gottesbildes zusammen[3] – er hat auch die ganze Tradition christlicher Ästhetik bis zurück auf Augustin hinter sich, der wiederum auf platonisches und aristotelisches Gedankengut zurückgreift.[4] Die Kategorie »schön« erscheint uns zunächst Gott unangemessen. »Schön« nennen wir etwas Leiblich-erfahrbares: einen Menschen, eine Landschaft, den Urlaub oder das Fest. Gott offenbart seine liebenswerte Schönheit in der Leibwerdung seines Sohnes. Daß dazu auch die Häßlichkeit des Kreuzes gehört (vgl. Jes 53), erlaubt es uns, in dieser schmerzerfüllten Welt von Gottes Schönheit zu sprechen. Das Kreuz zeigt sie ebenso wie das leere Grab. Bemerkenswert ist in diesem Zusammenhang J. Moltmanns Hinweis auf Dostojewski: »Im Blick auf die Transfiguration Christi und die in ihr antizipierte Transfiguration der Welt gilt das merkwürdige Wort Dostojewskis: ›Die Schönheit wird die Welt erretten.‹ Er meinte mit dieser Schönheit die leibliche Gestalt der Gnade. Und er schilderte diese Anmut der gelebten Freiheit an der Hure Sonja, die sich des unglücklichen Mörders Raskolnikow erbarmt. Die Herrlichkeit Gottes auf dem Angesicht des verworfenen Menschensohns befreit zu dieser Freude.«[5]

Schönheit gibt es nicht an sich, sie läßt sich nur in der Begegnung, im Schauen erleben. »Gottes Schönheit ist eine Schönheit, die den Menschen ins

Schönwerden hineinzieht.«[6] Wenn der Schulgottesdienst diese leidenschaftliche Freude an Gott vollzieht, ist er ein Fest.

Daß ein solches Schauen Gottes in der noch nicht erlösten Welt möglich sein muß, zeigt Psalm 27: Der Beter kann sich nicht sattsehen an der Schönheit Gottes. V.4: »Eines habe ich von Jahwe erbeten, danach trachte ich: mein Bleiben im Hause des Herrn alle Tage meines Lebens, zu schauen (mit Lust zu sehen) die Pracht Jahwes und zu betrachten (forschen) in seinem Tempel.« Luthers Übersetzung: »... zu schauen die schönen Gottesdienste des Herrn ...« entspricht nicht dem hebräischen Wortlaut, aber er hat »genau den doppelseitigen Vorgang des Gottesdienstes im Heiligtum Israels getroffen, daß nämlich Gott selbst sich in seiner Schönheit zeigt und so dem Menschen dient, der ihn zu sehen begehrt, um an seinem Bilde satt zu werden.«[7]

In diesem Dienst Gottes liegt der Grund zum Feiern: Wir feiern den schönen Gott, den auferstandenen Christus. Wir feiern das Fest der Befreiung, der Versöhnung, des Glaubens und der Gemeinschaft.[8] Vom Grund ist der Anlaß zu unterscheiden.[9] Dieser kann durch eine Kirchenjahreszeit, einen Schuljahreshöhepunkt oder einfach eine Absichtserklärung von Seiten der Schülerschaft, der Lehrerschaft oder der Kirche gegeben sein.

Ein Fest setzt Gemeinschaft voraus. Eine oder einer allein kann nicht feiern. Jede Zwietracht (zer-)stört das Fest; Liebe und Herzlichkeit, gemeinsames Erinnern und geteilte Freude bauen es auf. Alle Versammelten feiern Gottesdienst, nicht die Vorbereitungsgruppe, schon gar nicht ein einzelner (Pastor oder eine Pastorin) für sie. Die *Gemeinde* singt, hört, betet, predigt, spielt, tanzt ...

Weil der schöne Gott uns dient, wird *jeder* Gottesdienst gefeiert und drängt zu einer festlichen Gestaltung. Dennoch ist nicht jeder Schulgottesdienst ein Fest, etwa ein Trauer- oder ein Bittgottesdienst. Nicht einzelne Elemente machen den Gottesdienst zur Feier, sondern das Zusammenspiel aller gottesdienstlichen Komponenten im Namen Gottes: Grund, Anlaß, Raum, Gestimmtheit, Ausdrucksformen und Gemeinschaft.

Daß einem Gottesdienstfest weder die liturgische Tradition noch die Sakramente prinzipiell fremd sein müssen, sondern daß sie im Gegenteil die Festlichkeit zu fördern vermögen, zeigen die »Kirchentagsentwicklungen« »Liturgische Nacht« (1973) und »Feierabendmahl« (1979). Als wesentliche neue Merkmale treten hier zu den herkömmlichen Gottesdienstelementen zum einen die Bewegung in Form von Einzug, Umzug und Tanz hinzu:[10] Zur rhetorischen kommt die motorische Sprache; die Teilnehmer und Teilnehmerinnen drücken körperlich aus, was sie *bewegt*. Zum anderen erhalten Meditation, Ruhe und Stille ein größeres Gewicht. Schließlich kann das gemeinsame Essen über den Abendmahlsempfang hinaus in die Festkonzeption aufgenommen werden.[11]

Der These, daß jeder Gottesdienst per definitionem Feier ist, widerspricht auch nicht die Ausdehnung des Begriffs auf den »Gottesdienst im Alltag«. Leben in der Glaubensgemeinschaft mit dem Auferstandenen ist festliches Leben. Das bedeutet keineswegs, daß solches Dasein nur aus Höhepunkten besteht. Der Auferstandene ist auch der Gekreuzigte, in dessen Nachfolge der Glaubende unterwegs ist. Aber in jedem Gottesdienst feiern wir den Überwinder von Sünde, Ungerechtigkeit und Tod: »Das befreiende Fest und das Leben als Fest ohne Ende ergänzen sich gegenseitig. Keines kann ohne das andere in der Wahrheit Christi bleiben. Im Grunde verschmelzen hier Alltag und Festtag zu einem einzigen ›vernünftigen Gottesdienst‹ (Röm 12,1), nämlich zur Freude an der Freiheit.«[12]

Aber wie kann sich die Freude an der Freiheit unter den Bedingungen des Schulgottesdienstes einstellen und ausdrücken? Der mehr oder minder ausgeprägte Zwang zum Besuch widerspricht dem Feiercharakter des Gottesdienstes.

Der entscheidende Punkt ist aber: Gott gibt sich und damit den Grund zur Feier. Schulgottesdienst ist keine religiöse Zwangsveranstaltung, in der die Teilnehmer und Teilnehmerinnen (kultische) Rituale gegen ihren Willen vollziehen, um damit einer mit der Gottheit im Bunde stehenden Obrigkeit Gehorsam zu leisten; auch kein verordnetes Werk zur Erlangung des Heils, sondern die Einladung des Vaters Jesu Christi an seinen festlich gedeckten Tisch. Wer kommt, empfängt Wasser und Brot des Lebens; er darf die verborgene Schönheit Gottes schauen.[13]

Mit einem Fest assoziieren wir Üppigkeit und Überfluß; der damit verbundene Vorbereitungsaufwand könnte im Team allerdings die Vorfreude auf den Schulgottesdienst dämpfen. Dagegen plädiert Frère Roger angesichts unserer übersättigten Gesellschaft zwar nicht für Bequemlichkeit, wohl aber für befreiende Schlichtheit in der Wahl der Mittel: »Die Armut der Mittel bewirkt, daß man intensiv und fröhlich im Heute lebt … Aus der Armut der Mittel entspringt der Sinn für das Allumfassende … und das Fest beginnt von neuem. Das Fest wird nie aufhören.«[14]

3. Den Namen Gottes nennen

Der ausdrücklich am Anfang und Ende des Gottesdienstes genannte Name Gottes markiert die »aktive Mitte der gottesdienstlichen Kommunikation«.[15] Der Grund der Feier wird mit dem Gottesnamen gleich zu Beginn benannt (vgl. S. 48f; 121–124). Alles nachfolgende Geschehen leitet sich von ihm her: Von ihm kommt das Wort, das wir im Hören, Schauen und Schmecken empfangen. Auf ihn bezieht sich unser Antworten im Anrufen, Ansagen und Anerkennen, im Beten, Bezeugen und Bekennen.[16] Die Nennung des Namens Gottes eröffnet den Raum, in dem wir sabbatlich Atem schöpfen können. Das ganze widersprüchliche Leben, die beiden Seiten unserer Welterfahrung haben hier Platz: Armut und Reichtum, Gelingen und Mißlingen, Kreuz und Auferstehung, Tod und Leben, Eingang und Ausgang, Sonntag und Alltag.

Aktive Mitte des gottesdienstlichen Geschehens ist der Gottesname auch insofern, als er die Präsenz seines Trägers ansagt. Die Offenbarung des Namens (schem) Jahwe Ex 3 als Ableitung vom Verbum hajāh (sein) zeigt uns Gottes Mit-uns-Sein und Für-uns-Sein.[17] H.W. Wolff verweist auf 1. Kön 9,3, wonach mit dem Namen Gottes auch seine Augen (»Aufmerksamkeit«) und sein Herz (»innerste, völlige Zuneigung«) im Tempel anwesend sind.[18] In der Namensnennung wird Gottes Mit-uns-Sein proklamiert: »Die Wirkung, welche ein Name auslöst, beruht auf der Macht, welche die Person, die diesen Namen trägt, besitzt. Daraus ergibt sich die Verwendung von schem in dynamischem Sinne als Inbegriff der Taten und Leistungen, des Vermögens und des Ruhmes« des Benannten.[19]

Daß der Jahwename zur christlichen trinitarischen Formel erweitert ist, verwischt diese Funktion nicht etwa, sondern konkretisiert sie: In Jesus ist Jahwe leibhaft den Weg der Menschen mitgegangen bis zum Tod am Kreuz.[20] Der Heilige Geist ist die unsichtbare Weise seines heutigen Mit-uns-Seins: paraklētos – Beistand (z. B. Joh 14,16–18).

Im Gottesdienst geschieht Gottes Gegenwart (Mt 18,20). Sinnenhaft erfahrbar wird sie im Wort, den Sakramenten sowie in der Gemeinschaft mit Schwestern und Brüdern. Daß es sich somit um eine wirkmächtige Anwesenheit handelt, läßt sich auch an der Unterscheidung von Wort (dābār) und Name (schem) Gottes ablesen: »Der schem als Name Gottes bezeichnet ihn als Person, hat es also mit Gott in seiner Totalität zu tun. Der dābār ist Ausdruck der Gedanken und des Willens Gottes … Der schem vermittelt Gottes Gegenwart in der Welt, der dābār seine Wirksamkeit in ihr. Ersterer ist die repräsentative, Letzterer die voluntative Erscheinungsform Jahwes.«[21]

Diese Unterscheidung darf allerdings nicht zu einer Scheidung zwischen statischem Namen und dynamischem Wort führen, denn Jahwe hat sich seinen Namen durch die Rettung seines Volkes aus Ägypten gemacht (vgl. z. B. Dan 9,15); auch die bewahrende Aktion verbindet sich mit seinem Namen (etwa Ps 20,2: »… der Name des Gottes Jakobs beschütze dich!«).

Wir begegnen also im Gottesdienst nicht etwas Heiligem, sondern dem Heiligen. Die Frage jedoch, ob nach alttestamentlichem Verständnis mit der Namensnennung eine Hypostasierung gegeben ist, ist umstritten.[22] O. Herlyn warnt mit Recht vor dem magischen Mißverständnis, als vollzöge sich das Wort Gottes in einer solchermaßen begonnenen Versammlung »›in, mit und unter‹ allen nun folgenden menschlichen Worten … gewissermaßen automatisch.«[23] Gott wird durch die formelhafte Namensnennung nicht verfügbar.[24] Dennoch erleben Vorbereitende wie Teilnehmende die Erfüllung der Verheißung, daß er gegenwärtig ist und durch seine Macht unserer Ohnmacht zu Hilfe kommt.

Mit dem aaronitischen oder einem anderen Segen wird zum Schluß des Gottesdienstes der Name des Herrn auf die Versammelten gelegt (vgl. auch S. 149ff). »Das ist der Fluchtpunkt jedes Gottesdienstes. Das ist gleichsam die Schwelle vom liturgischen Gottesdienst zum Gottesdienst im Alltag der Welt.«[25] Auch nach dem Amen in der Kirche vollzieht sich gottesdienstliches Leben im Namen Gottes.

4. Singen

Das Singen beginnt schon vor dem Gottesdienst. Nachdem die Vorbereitung dem Team oder einem Singkreis (hoffentlich) bereits Freude bereitet hat, werden einige Minuten vor Gottesdienstbeginn mit allen die unbekannteren Lieder eingeübt (vgl. auch S. 117–120). Darin vollzieht sich die Einstimmung der Teilnehmer und Teilnehmerinnen in mehrfacher Hinsicht. Sie hören und sind zum Mittun aufgefordert. Beides soll sich im Gottesdienst fortsetzen. Ihre Zungen und Stimmbänder lösen sich. Ansatzweise wird schon jetzt – je nach Art und Bekanntheit der Songs – die Stimmung der Anwesenden ausgedrückt bzw. beeinflußt. Ferner lenkt der Liedtext die Gedanken bereits in eine thematische Richtung. Schließlich entsteht in diesem inoffiziellen Vorfeld, das noch keine höchste Konzentration fordert, auf unkomplizierte Weise ein erster Kontakt zwischen der Vorbereitungsgruppe und den Gottesdienstteilnehmern und -teilnehmerinnen: »Die Gemeinde wird ... eingeladen, noch an einem letzten Stück Gruppen- und Vorbereitungsarbeit teilzunehmen. Das kann sehr dazu angetan sein, die Kommunikationsschwelle zwischen der Gruppe und der Gemeinde abzubauen.«[26]

Die Akteure und Akteurinnen verlieren dabei auch einen Teil ihres Lampenfiebers und ihrer Unsicherheit.

Das Singen zählt zu den verbalen Ausdrucksformen und bringt doch weit mehr hervor als gesprochene Worte. Durch instrumentale Untermalung und melodiöse Variation wird die Sprache sublimiert. Sie gewinnt eine wesentlich größere Ausdrucksbreite: Im Gesang nehmen Stimmungen durch die Höhe der Töne und die Art der Tonfolge hörbare Gestalt an. Dazu zählt in stärkerem Maße als beim Sprechen die Variabilität der Geschwindigkeit und der Lautstärke. Auf diese Weisen unterstreichen die musikalischen Ausdrucksformen die Aussage der Liedtexte: »Wer singt, betet doppelt.«[27] Hinzu kommt, daß, umfassender als die die Sprache begleitende Gestik, Bewegungen des ganzen Körpers dem Rhythmus der Musik Nachdruck verleihen.

Ein Loblied wird in der Regel rhythmisch und mit voller Lautstärke gesungen, sonst lassen sich keine Reigen tanzen (Ps 150,4).[28] Pauken, Posaunen und Pfeifen sind nicht immer schön, aber laut; so darf auch der Gesang, so dürfen auch die heißen Rhythmen zur Ehre Gottes tönen. Da kommt Begeisterung auf. Da bricht Freude hervor; sie macht sich Luft und läßt die Lobenden durchatmen. Je rockiger, je »fetziger«, desto mehr gehen junge Leute mit und aus sich heraus. Wohin gehen sie? – zu Gott und zueinander. Das übrige Gottesdienstgeschehen bestimmt die Richtung. Der Einsatz der Motorik verstärkt die Sinnenhaftigkeit des Erlebens, z.B. im Schrittkanon »Und richte unsere Füße auf den Weg des Friedens«. Daß das Lob Gottes auch weniger lautstark aber ebenso ausdrucksstark erklingen kann, zeigen die Taizé-Lieder: »... endlose mehrstimmige Wiederholgesänge, die mit dem Atem gehen und darum als gesungene Meditation die Tiefe des eigenen Inneren aufschließen.«[29]

Gottesdienstliches Singen geschieht gemeinschaftlich und fördert die

Gemeinschaft.[30] Die vielen Stimmen vereinigen sich zum Lob Gottes »einmütig mit einem Munde« (Röm 15,6). Jede und jede Mitsingende erfährt sich als ein Glied der Gemeinschaft. Ein Kanon etwa macht besonders erlebbar, daß jeder und jede gebraucht wird und daß Harmonie erst dadurch entsteht, daß einer auf die andere hört. M. Josuttis nennt diesen Vorgang »Identifikationsekstase«:

Über die Brücke des Gesangs »tritt der einzelne aus sich heraus in die Gruppe hinein. Wie zum Singen immer ein Stück Selbstvergessenheit gehört, so mündet im Gemeinschaftsgesang die ekstatische Ausdrucksform in die Identifikation mit der Gruppe. Entsprechend sinkt der Anteil an gegenständlich-rationalen Sprachinhalten zugunsten der Expression von Gefühlen, Ängsten, Erwartungen. Die Integration in die Gruppe verläuft mit Hilfe der Expression von Emotionen. Dabei kann das Singen sowohl die gemeinsame Arbeit steigern als auch die gemeinsame Feier ausschmücken helfen. Im Gesang verstärkt man die eigenen Kräfte zur Lösung einer bestimmten Aufgabe, im Gesang schließt man sich aber auch zusammen zum Rühmen eines besonderen Namens.«[31]

Gemeinsames Singen macht Freude. Das zeigt sich immer wieder in Jugendkreisen, die vor dem Gespräch über ein angesetztes Thema erst einmal ausgiebig ihr Liederheft »von hinten nach vorn« durchsingen. In manchen Jugendgottesdiensten oder auch charismatisch ausgerichteten Gemeindegottesdiensten gehört ein freies, etwa halbstündiges Singen zum Eingangsteil des Programms. Die Liedwünsche kommen gemäß 1. Kor 14,26 aus der Gemeinde, und man singt mit wachsender Begeisterung Gottes Lob. In einem normalen Schulgottesdienst von der Dauer einer Unterrichtsstunde läßt sich das höchstens ansatzweise praktizieren. Wo aber eine fähige Singgruppe besteht, ist dies schon ein Grund, gelegentlich einen längeren Gottesdienst mit ausgedehnter Singphase zu feiern. Denn der sinnlichen Ganzheitlichkeit dieser Kommunikationsform kommt – auf andere Weise – lediglich das gemeinsame Mahl gleich.

Zur Vielfalt der musikalischen Ausdrucksformen gesellen sich die verschiedenen Zielrichtungen der Liedtexte. Die meisten tragen Antwortcharakter. Sie geben der Anbetung, der Klage und dem Lob Worte. Ihre Urform sind die biblischen Psalmen (vgl. Kol 3,16).

Lieder können aber auch eine Verkündigungsfunktion übernehmen. »Gesprochenes Predigtwort ist forensisches, explikatives, absolvierendes Wort; gesungenes Wort ist dagegen anamnetisches, wiederholendes, verallgemeinerndes, meditatives Wort.«[32] Klassische Gattungen solcher verkündigenden Kirchenmusik sind z. B. Motette, Kantate, Passion und Oratorium.[33] In der modernen christlichen »Musikszene« entstehen damit vergleichbare oratorische Singspiele.[34] Im Gegensatz zum klassischen Oratorium wird die Gemeinde im modernen Singspiel immer wieder in den Gesang und die Bewegung einbezogen, so daß auch auf diese Weise Gottesdienst ganzheitlich erlebt wird.

Entgegen der Zurückhaltung von Zwingli und Calvin im Blick auf Musik und Gesang im Gottesdienst hat Luther die evangelische Kirchenmusik als

Autor und Komponist nachhaltig geprägt. »Er rühmt die diakonische, apotropäische Wirkung der Musik angesichts depressiver Gemütszustände ...«[35] Diese therapeutische Funktion kommt m.E. bei jungen Menschen mit ihrer oftmals aufgewühlten Gefühlswelt auch heute besonders zum Tragen. In Anbetracht der immensen Bedeutung, die Musik für junge Leute hat, kann der Erlebniswert jugendgemäßer Musik im Schulgottesdienst kaum überschätzt werden.

5. Hören und Schweigen

Im Gottesdienst erleben wir nicht nur unser Hören bzw. das Hin- oder Weghören der Gottesdienstteilnehmer und -teilnehmerinnen, sondern auch das Zu- und Erhören Gottes: »... er hört die Stimme meines Flehens. Er neigte sein Ohr zu mir ...« (Ps 116,1f) Diese fundamentale Dimension gottesdienstlichen Hörens darf nicht übersehen werden: Gott leiht uns sein Ohr! Gegenstand einer deskriptiven Erörterung kann indes nur unser menschliches Hören sein.

Auch dabei ist wieder zu differenzieren, wem wir unsere Aufmerksamkeit schenken. Bevor und während wir auf Gott hören, hören wir aufeinander. Die aktuelle Befindlichkeit der Schüler und Schülerinnen hat in der Vorbereitung zu den Mitarbeitenden gesprochen, jetzt hören diese die Sprache der Kleider, der Gesichter, der Bewegungen und ganz direkt die mitsprechenden oder widersprechenden Worte bzw. Laute. Die Hörer und Hörerinnen bilden eine Nachricht für die Akteure und Akteurinnen, die es ernstzunehmen gilt.[36] Nur so kann jenen das Wort Gottes zu Gehör gebracht werden. Das wechselseitige und gleichzeitige Aufeinanderhören aller am Gottesdienst Beteiligten ist Voraussetzung für das gemeinsame Hören auf Gott.

Das Hören ist die absolut dominante Wahrnehmungsweise im Gottesdienst. Vom Anfang bis zum Ende wird der Gehörsinn angesprochen, auch wenn noch andere Sinne hinzukommen. Ausnahmen bilden lediglich pantomimische Szenen. Die Vorherrschaft des Hörens hat ihren Grund im Vorrang des verkündigten Wortes gegenüber anderen Vermittlungsmedien (vgl. S.89–92). Der Glaube wächst aus dem Hören. »Hört doch auf mich, so werdet ihr Gutes essen und euch am Köstlichen laben« (Jes 55,2).

Was geschieht beim gottesdienstlichen Hören?, ist zu fragen, denn auch im Alltag wird das Gehör ständig berieselt. Es bleibt ihm nichts anderes übrig, als Eindrücke zu selektieren – »eine Schutzmaßnahme«, wie die Kommunikationsforschung zeigt.[37] Wenn die Bibel vom Hören spricht (schama, akouō), meint sie ein tieferreichendes, umfassenderes Geschehen als das bloße Aufnehmen von Schallwellen mit dem entsprechenden Sinnesorgan. Sie sieht im Gehör lediglich ein Eingangstor für den Logos, der bis zum Herzen, der Personmitte vordringen will, um das ganze Leben zu bestimmen. »Höret, so werdet ihr leben« (Jes 55,3). Das Wort Gottes will uns »zum Gehören und Gehorchen«, zum »Hören mit Folgen« führen.[38] Wir können Hörende sein, »ganz Ohr sein«:

»Manchmal gelingt es mir
nicht nur zu hören
sondern
ganz ein Hörender zu sein
Dann bin ich
nicht wie sonst
registriere dann
mit meinen Ohren
Töne, Worte
Gedudel
Gerede
Gelärm
Geräusch
als Kulisse meines Lebens
sondern
sammle alles
was ich bin
und pole es
auf das eine
das es nun zu tun gilt:
Zu hören
zu empfangen
aufzunehmen
Antenne zu sein ...«[39]

Wenn das, was Gott uns sagt, Gewicht bekommen soll, so daß es tiefer sinken und unser Leben von Grund auf verändern kann, dann müssen wir ihm Raum schaffen. Stille befähigt uns zum Hören, z.B. nach einer Schriftlesung (vgl. S.129). Zu viele Wörter erdrücken das Wort, verleiten zum Über- und Weghören. Erst unser Schweigen gibt Gott Gelegenheit, zu uns zu reden. Gemeint ist also eine gefüllte Stille, keine nichtssagende Pause: Das (biblische) Wort – gehört oder erneut gelesen – wirkt weiter; es entfaltet sich dem Hörer, der Betrachterin. Trost, Zuspruch oder Weisung sprechen im Licht oder Dunkel der individuellen Situation des oder der Hörenden noch einmal neu.

Auf diese Weise vernehmen auch einige derer, die am Schulgottesdienst eher distanziert, abwartend teilnehmen, das Evangelium. Auf andere desinteressierte Beobachter und Beobachterinnen dagegen wirkt die Stille wie das ekstatische Beten in Korinth auf die Unkundigen: unverständlich und abstoßend. Der Mystiker Dionysius Areopagita meint gar: »Die Sprache des Schweigens versteht nur ein Glaubender ...«[40] Ob allerdings die Nichtglaubenden ohne die Stille vom Wort wirkmächtiger getroffen werden, ist ebenso fraglich. Die Fülle der verbalen Akte im Gottesdienst gibt Anlaß, die Stille zu wagen. In die Stille führen (nicht sie »verhängen«) heißt zu Gott führen. Das macht K. Tilmann m.E. überzeugend deutlich: »Nur wer schweigen kann, findet zu Gott. Nur er hört wahrhaft auf Gottes Wort und achtet auf den leisen Zug seiner Gnade; nur er vermag sein Inneres in Ruhe Gott zu öffnen und ist wach für Erfahrungen mit ihm. Schweigen ist der Raum, in dem Gott gegenwärtig werden kann, sich mitteilt und den Menschen verwandelt.«[41]

Die Brüder von Taizé verstehen ihr Schweigen darüber hinaus als Solidarität mit den Wartenden, die Gott nicht haben.

Die Stille vertieft Gehörtes. Sie ist zwar eine vernachlässigte, aber freilich nicht die einzige Form des Hörens im Gottesdienst. Die geläufigere Weise ist das *Zuhören*. Lydia hörte Paulus zu (ēkouen), und der Herr tat ihr das Herz auf … (Apg 16,14). Gott benutzt Menschenworte sowie das menschliche selektive Hören, um auf den Grund unserer Existenz zu gelangen und dort sein erneuerndes Werk zu tun. »Das Hören wird zugleich als Gabe und Werk Gottes und als Kunst und Werk des Menschen ineinander- und durcheinandergehen.«[42] Das geschieht auch im Schulgottesdienst.

Eine besondere Wirkung hat das Hören von Geschichten. Der Beginn einer Erzählung macht hellhörig. Statt Informationen speichern oder Lehren ziehen zu müssen, habe ich die Möglichkeit, mich entspannt auf einen Ausflug mitnehmen zu lassen. Da ich noch nicht weiß, was mir am Wege alles begegnet und wo die Reise hinführt, bin ich gleichzeitig gespannt.[43] M. Luther hat den fesselnden Reiz von Erzählstücken in der ihm eigenen trefflichen Art geschildert: »Wenn man articulum justificationis predigt, so schlefft das Volck und hustet; si autem inceperis historiam aut exemplum, tum arrectis auribus cum summo silentio attendunt.«[44]

Eine Geschichte nimmt gefangen, ohne die Zuhörer und Hörerinnen ihrer Freiheit zu eigenen Gedanken zu berauben. Vielmehr lädt sie ein zum Weiterdenken: zur Identifikation mit einer Person der Geschichte oder zur Applikation einer berichteten Erfahrung auf die eigene Weltanschauung und -gestaltung:[45] »Erzählungen bringen menschliche Grunderfahrungen zur Sprache. Im Hören der Erzählung ›wirft‹ der Hörer seine Erfahrungen mit den in der Erzählung aufbewahrten und vermittelten Erfahrungen ›zusammen‹ (›symballo‹ …) … Erzählen verbindet. Es braucht und schafft Gemeinschaft …«[46]

Was als apodiktische Lehre Widerspruch auslösen oder gar nicht erst beachtet würde, findet als erzählte Wirklichkeit Gehör. Dies gilt um so mehr, wenn Selbsterlebtes bezeugt wird. Allerdings haben die jugendlichen Zuhörer und Hörerinnen ein gutes Gespür für Authentizität: Jedes glorifizierende Pathos und auch Ignoranz gegenüber der Ambivalenz unserer Welterfahrung verletzt und mißbraucht ihre Hörbereitschaft (vgl. S. 129f).

Schließlich darf nicht unerwähnt bleiben, daß Lieder und Musik in all ihren beschriebenen Variationen über das Hören Eingang in uns finden. Sie befreien zum fröhlich bewegten Lob Gottes, transportieren Verkündigung oder führen zu und begleiten in meditativer Stille (vgl. S.19).[47]

Wie sich das Hören nicht nur in der Stille vollzieht, so erschöpft sich das Stillesein nicht im konzentrierteren Weiter-hören. Das *Schweigen* im Gottesdienst kann auch andere Intentionen verfolgen. Auf das meditierende Schauen und die Funktion des Schweigens als Vorstufe zum Gebet wird noch näher einzugehen sein.

Zu erwähnen ist aber auch das Stumm-, das Sprachloswerden aus tiefer seelischer Betroffenheit. Dies kann durch die Erkenntnis eigener Schuld ebenso ausgelöst werden wie durch das Erschrecken vor unübersehbarer menschlicher Not.[48] Der »liturgische Ort«[49] eines solchen Schweigens ist z.B. der Weg zum Schulgottesdienst. Man denke an die beredte Ausdruckskraft einer Schweigeprozession in unserer geschwätzigen (Schul-)Welt – beispielsweise aus Anlaß eines Kriegsausbruchs.[50]

Weitere gottesdienstliche Orte des Schweigens sind das Sündenbekenntnis, in besonderem Maße innerhalb eines speziellen Bußgottesdienstes,[51] z.B. in der Passionszeit oder zur Erinnerung an die Reichspogromnacht, sowie die Abkündigung eines katastrophalen Ereignisses bzw. wiederum im Einzelfall als Element des Trauergottesdienstes.

Schließlich kann die Stille im Gottesdienst auch einfach der Ruhe und inneren Sammlung dienen, um Abstand zu gewinnen vom Lärm des Alltags und frei zu werden zur Feier des Glaubens (vgl. S.53–56). Nach C. v. Lowtzow ist eine solche Phase »vor allem von der Freude über Gottes Zuwendung bestimmt; sie ist darum ›festlich‹ und eher heiter als bedrückend.«[52] Sie kann auch durch ein kurzes Gebet gefüllt sein, wie es K. Meyer zu Uptrup als Taizé-Erfahrung weitergibt:

»Das Wichtigste, was wir Jugendlichen für die stille Zeit vorschlagen können, ist sehr einfach: Sage zu Gott: ›Hier bin ich. – Hier bleibe ich, weil DU mich liebst.‹ Vor Gott sagen zu dürfen, ›ich bin so, wie ich bin‹, ist eine Befreiung ... Heranwachsende müssen sich aufspielen und sich zeigen, weil sie sich selber nicht zumuten, wie sie sind. In der Stille aber sind sie wie ausgezogen; sie können sich nicht absetzen gegen Erwachsene, gegen die sie sich in falscher Selbstsicherheit abheben. In der Stille können sie erfahren: Du kannst so sein, wie du bist; Gott liebt dich obendrein. So ist die junge Generation von der Stille angetan. Der Zuspruch Gott liebt dich! ist das Entscheidende.«[53]

Solches Schweigen entkrampft, erquickt und belebt Leib und Seele. Gerade so macht es kommunikationsfähig. »Schweigen trennt nicht, es verbindet ... die Menschen, die den Gottesdienst feiern.«[54] Auch im Schulgottesdienst läßt sich behutsam die Stille einüben und ihre heilsame Wirkung erfahren.

6. Schauen

»Schauen« bezeichnet die Wahrnehmung auf einer höheren Ebene menschlicher Erkenntnisfähigkeit (vgl. S.80–82). Meditierende beispielsweise gelangen zu einer inneren Schau. Sie sehen mit dem Herzen. K. Tilmann charakterisiert das »Erkennen rationalen Denkens« zusammenfassend mit den Worten: »Ich bin in Bewegung, das Ding ruht« und im Vergleich dazu das »Erkennen der Innerung« mit: »Ich bin in Ruhe, das Ding kommt in Bewegung«.[55] D.h., ein an sich toter Gegenstand, etwa ein Schlüssel, beginnt durch seine alltägliche Funktion zu sprechen und avanciert so zum Symbol, das über sich hinausweist auf viele Arten von aufzuschließenden Türen. Diese Betrachtungsweise erschließt dem inneren Anschauungsvermögen Ansichten und Einsichten, die mit der rein verstandesmäßigen Untersuchung des metallenen Objektes nicht zu gewinnen sind.

Ebenso bewirkt die Meditation von Bildern und (Bibel-) Worten eine solche tiefere Sicht der Wirklichkeit, wobei nicht etwa die Methode den Heiligen Geist ersetzt, sondern ihm gerade den Raum öffnet, der bei einer ausschließlich rationalen Exegese verschlossen bleibt.[56] Der Geist stellt uns das Kreuz gleichsam als hermeneutisches Prinzip für die Welt und das Wort Gottes vor Augen. Wir schauen in diesem Bild unser wahres, unmenschliches Gesicht wie in einem Spiegel[57] und zugleich Gottes menschliches, liebendes Gesicht.

Alles gottesdienstliche Sehen und Schauen verfolgt letztlich das Ziel, Gott zu schauen. Sehen kann ihn kein Mensch (Ex 33,20), und zudem wandeln wir »im Glauben und nicht im Schauen« (2. Kor 5,7), d. h., das Schauen gehört zur Kategorie der Verheißung. Aber Gottes Reich ist nicht nur zukünftige Größe; es hat spätestens im fleischgewordenen Gottessohn sichtbare Gestalt angenommen. Auch wenn jener sich wiederum dem menschlichen Zugriff entzogen hat – zu unserem Glück – (vgl. S. 87), ist das Suchen des Antlitzes Gottes (Ps 27,8f) weder illusionär noch biblisch illegitim.

Die Mystiker trachten nach einer solchen Vereinigung mit Gott. In ihrem Streben nach dem Einswerden sind sie zwar häufig von orthodoxen Eiferern bekämpft worden,[58] um so mehr jedoch lehren sie die unter einem häufig krankhaften Hang zur Verkopfung leidende Christenheit von jeher das Schauen. Ein sehr früher Vertreter dieser christlichen Geistesrichtung, der unter dem Namen Dionysius Areopagita bekannt geworden ist, beschreibt das Geheimnis der Annäherung an Gott gegenüber unseren fortwährenden rational-verbalen Anstrengungen unter der Überschrift »Gott wird nur im Schweigen geschaut«:

»Je näher wir Gott sind, um so karger werden unsere Worte. Wo wir viele Worte machen, statt anzubeten, statt zu verehren, statt voll Ehrfurcht auf die Knie zu sinken: Da sind wir von Gott noch weit. Je näher wir Gott sind, um so stiller wird es. Und beginnt das Schweigen, dann hört auch das Fragen auf: Dann sind wir bei Gott.«[59]

Diese Anschauung Gottes gewinnen wir indes nicht aus dem Nichts oder gar aus uns selbst, sondern durch das Wort:

»Denn wer ... ohne vorher durch Worte geschritten zu sein, zu schweigen beginnt: Dessen Schweigen kann dann auch nicht sprechen. Dessen Schweigen ist nicht Gottes Gegenwart, sondern nur menschliche Leere.«[60]

Das Schauen ist also durchaus nicht an den Einsatz von bildhaften Medien gebunden. Was R. Volp als »Aufgabe der Bildkategorie« benennt: »im Diesseits Gottes Jenseits evident werden zu lassen«,[61] geschieht ebenso durch Symbole, Metaphern[62] und vornehmlich das (verkündigte) Wort. Das Wort Gottes – in seiner dreifachen Gestalt – konfrontiert uns mit der göttlichen Wirklichkeit. Es weitet den Blick, läßt die Gottesdienstteilnehmer und -teilnehmerinnen schon jetzt etwas vom Eschaton schauen. Gottesdienst ist Antizipation des zukünftigen Reiches Gottes.

Die Erfahrungen im Schulgottesdienst auf der Wahrnehmungsebene des Schauens mittels der Meditation verbaler oder nonverbaler Gegenstände sind durchweg positiv (vgl. S. 18–20).[63]

7. Mit-teilen

Das Wort Gottes geschieht (vgl. S. 49; 78f). In diesem mehrdimensionalen Kommunikationsprozeß sind die Hörenden – wie wir sahen – nicht einfach nur passiv. Sie nehmen teil durch ihr Singen, Bezeugen, Bekennen, Besprechen, Meditieren. Nachdem wir nun die mehr rezeptive Seite dieses Vorgangs betrachtet haben, ist der Blick auch auf die in besonderer Weise aktiven Sprecher und Sprecherinnen zu richten: Wie erleben sie das Verkündigen?

Die Akteure und Akteurinnen teilen mit ihren Worten und Aktionen nicht nur etwas mit bzw. aus, sie teilen sich selbst mit. Nicht daß sie selbst das Evangelium darstellten, aber je mehr sie mit ihrer Botschaft, mit dem, was sie von ihr her sagen und tun, eins sind, desto näher kommen sie an die übrigen heran: Der Funke springt über. Der Geschichts- und Erfahrungsgraben wird überbrückt. Verkündigende und Hörende teilen die Botschaft und die Gemeinschaft. Wie tief sich die Verschmelzung von Zeuge und Zeugnis vollziehen kann, zeigt klassisch eine chassidische Erzählung, die M. Buber überliefert:

»Eine Geschichte«, sagte ein Rabbi, »soll man so erzählen, daß sie selber Hilfe sei.« Und er erzählte: »Mein Großvater war lahm. Einmal bat man ihn, eine Geschichte von seinem Lehrer zu erzählen. Da erzählte er, wie der heilige Baalschem beim Beten zu hüpfen und zu tanzen pflegte. Mein Großvater stand und erzählte, und die Erzählung riß ihn so hin, daß er hüpfend und tanzend zeigen mußte, wie der Meister es gemacht hatte. Von der Stunde an war er geheilt. So soll man Geschichten erzählen.«[64]

Damit ist auch die immer neu verblüffende paradoxe Erfahrung beschrieben, daß diejenigen, die weitergeben, selbst am reichsten beschenkt werden, daß also diejenigen, die sich im Schulgottesdienst mit viel Vorbereitungsarbeit um das Mitteilen mühen, den größten Gewinn davontragen.

Dieses Erlebnis wird aber zuweilen durch ein anderes überschattet oder gar verhindert: das Lampenfieber. Das bis zum Hals klopfende Herz, das einem die Kehle zuschnürt, ist der Alptraum fast aller Akteure und Akteurinnen. Das beste Gegenmittel ist erfahrungsgemäß, einfach mit dem Gottesdienst anzufangen. Wer das Problem nicht kennt, hat zweifellos Vorteile. Diejenigen, die die Erregungssymptome trotz Einübung in den »öffentlichen Sprechakt« nicht loswerden, haben den Vorteil, daß sie sich nicht auf ihr eigenes Vermögen verlassen können, sondern von der Verheißung leben: »Meine Kraft ist in den Schwachen mächtig« (2. Kor 12,9).

Die chassidische Geschichte offenbart aber auch die Möglichkeit, von einem anderen Fieber ergriffen zu werden, der Leidenschaft. Ein übervolles Herz fiebert dem Mitteilen entgegen. R. Bohren eröffnet seine Predigtlehre mit einem passionierten Kapitel über das »Predigen als Leidenschaft«: Predigen macht Freude, es ist (Kinder-)Spiel, Wagnis, Grenzüberschreitung, Passion.[65] Eine gequälte Rede quält auch die Hörenden. Spürbares Ergriffensein dagegen steckt an, teilt sich mit. Das läßt Distanz gewinnen zum Alltag, ohne weltfremd zu werden; der Boden für entspannte Festlichkeit wird bereitet. »Sonntagsarbeit« muß »Freude machen«[66] – auch im sabbatlichen Schulgottesdienst.

Der Gebrauch des Verbs »predigen« könnte den Eindruck erwecken, als sei das Erlebnis der Freude am Verkündigen den Berufsrednern und Rednerinnen vorbehalten. Auch darum spreche ich lieber von »mitteilen«, denn jeder hat etwas von Gott mit-bekommen, das er anderen mit-teilen kann. Im Marburger Jugendgottesdienst »Christus-Treff« werden im Eingangsteil alle Neuen eingeladen, den anderen mitzuteilen, wie sie heißen, woher sie kommen, warum sie da sind usw. Daraufhin erhält jeder und jede erstmals Teilnehmende ein Begrüßungsgeschenk. Die Jugendlichen nehmen diese Möglichkeit unbefangen wahr, selbst wenn es 50 Vorstellungen werden. Auch im Schulgottesdienst können neue Schüler und Schülerinnen begrüßt werden – es sind ja jeweils nur einzelne –, um diesen und damit allen übrigen die Erfahrung zu vermitteln, daß jede und jeder ernstgenommen wird.[67]

Wenn in der gottesdienstlichen Öffentlichkeit einer oder eine das konfessorische Ich gebraucht, teilt er oder sie mit, was die Wirklichkeit (des Glaubens und der Welterfahrung) mit ihm oder ihr »gemacht« hat. Er oder sie teilt sich mit. Dieses Zeugnisrecht ist – im Schulgottesdienst besonders – nicht auf die theologisch Vorgebildeten beschränkt.

R. Rohr verweist auf das Beispiel der lateinamerikanischen Basisgemeinden: »Entscheidend für ihre Gottesdienste ist der Austausch ihrer Erfahrungen als Laien. Was sagt ihnen Jesus durch die heilige Schrift in ihrem Alltag? In ihren Gottesdiensten haben sie die Gelegenheit, darüber zu reden – und das ist nicht-akademisch, nicht-männlich, nicht-klerikal. Es ist viel familiärer und konkreter und deshalb – viel lebendiger.«[68]

Freilich, die Schule ist weder eine Basisgemeinde noch eine Kommunität, wie sie R. Rohr leitete. Und doch hat sie von beiden etwas: Man lebt in einer eingeschränkten Lern-, Lebens- und manchmal Leidensgemeinschaft. Wer sein Christsein ernst nimmt, versucht es auch im Gemeinschafts- und Konfliktpotential des Schullebens zu gestalten, sei es im Schulbus, bei der Suche nach einem Freiwilligen für die Klassenkasse, in der Auseinandersetzung mit einem ungerechten Lehrer oder angesichts von Gemeinheiten im Pausenhof.

Beispielsweise erhält der Vorbereitungskreis oder besser noch eine Klasse – weil dann auch konträre Vorverständnisse zum Tragen kommen – die Aufgabe, eine Woche mit einem Bibeltext zu leben. Wenn dann die Mitteilung der Erfahrungen die Verkündigung eines Gottesdienstes bildet, erleben alle Beteiligten, daß sie und ihre Beiträge relevant sind (vgl. S. 128: »gottesdienst spontan«). Sie haben Teil an der Gabe Gottes in seinem Wort und lassen die anderen teilhaben.

Rollenspiele sind nur eine (Kunst-)Form, in der die Schüler und Schülerinnen ihre Welt- und Glaubenserfahrung äußern.

Wenn das Grundmuster: Anspiel – Predigt zu häufig wiederkehrt, läßt die Aufmerksamkeit erfahrungsgemäß nach. Die »eindrucks-volle« Ausnahme einer »nur verbalen« Szene bildete allerdings der Dialog zwischen einem Schüler, der das Vaterunser betet, und Gott, der ihm ständig kritisch antwortend dazwischenredet – Titel: »Unterbrich mich nicht, Herr – ich bete«.[69] Der Schüler in der Rolle Gottes verbarg sich geschickt in der Kanzel und sprach den prägnanten Text mit gekonntem Tonfall, so daß die Versammelten zwischen Lachen und Betroffenheit hin- und hergerissen waren.

Der Gottesdienst am Lebensort Schule bietet dennoch weit mehr als der traditionelle Gemeindegottesdienst die Chance, daß sich die Teilnehmer und Teilnehmerinnen ihre Einsichten auch ohne szenische Einkleidung mitteilen. Eine relative Unbefangenheit voreinander kennzeichnet ohnehin die Atmosphäre und verstärkt sich im Laufe der Zeit. Durch solches Mit-teilen wächst Gemeinschaft.

8. Schmecken

Auch dieses Verb weist uns wie die vorangegangenen Überschriften auf eine umfassendere, tiefere Erlebnisebene, als es der bloße Vorgang der Nahrungsaufnahme vermuten läßt. Selbst im alltäglichen Sprachgebrauch sagen wir nicht nur: »Das Essen schmeckt mir«, sondern gleichermaßen z.B.: »Dieses Wetter schmeckt mir aber gar nicht.« Kleinkinder erkunden ihre Umwelt schmeckend, und die Beurteilung von Stil und Schönheit bezeichnen wir als Geschmack.[70] Die Erfassung von Reizen durch die oralen Geschmacksnerven ist also offenbar mit einer tieferen Empfindungs- und Aufnahmefähigkeit eng verbunden. Diese Synthese klingt an, wenn sich etwa nach Ps 34,9 die Freundlichkeit des Herrn (sehen und) schmecken läßt (vgl. die nahe Verwandschaft von hören und schmecken in Jes 55,1–3). Entsprechend bezeichnet Abraham a Sancta Clara die Predigt als »ein Gastmahl, das die Seele speist«,[71] das Wort Gottes – ein Festschmaus.

Gegenüber der elementaren leibhaften und symbolischen Bedeutung, die dem (gemeinsamen) Essen im Alten wie im Neuen Testament zukommt, wäre es völlig unbiblisch, das Erlebnis des Schmeckens im Gottesdienst nun doch wieder theologisch-psychologisch verbrämt auf die rein geistige Ebene beschränken zu wollen. Im gemeinschaftlichen Mahl – in welcher Form auch immer (vgl. S.141f) – erfahren die Teilnehmenden mit allen(!) Sinnen gegenseitige Annahme und Verbundenheit. Eine gemeinsame Zubereitung des Essens und das Tischgespräch unterstreichen diesen Effekt. Werden die schlichten biblischen Lebensmittel Brot und Wasser oder auch Fisch und Wein genossen und geschieht dies mit echtem Hunger, so spüren die Essenden am eigenen Leibe, daß die von Gott geschenkte Nahrung lebensnotwendig und doch nicht selbstverständlich verfügbar ist. Diese Bewußtmachung sensibilisiert zugleich für die Einsicht, daß der Mensch nicht vom Brot allein lebt. Gerade die Kargheit der Mahlzeit kann zur Festfreude an der Freundlichkeit des Herrn befreien (vgl. S.160); aber ebenso stellt die Feier an einem üppig gedeckten Tisch eine »biblische Mahlzeit« dar (z.B. Lk 15,23).

Besonders macht eine Agape (vgl. S.141) Jesu bedingungslose Zuwendung gerade zu den Ausgestoßenen erlebbar. Die überdurchschnittlich vielen »Randsiedler« oder gar Ungläubigen im Schulgottesdienst erfahren in der gottesdienstlichen Tischgemeinschaft Jesu Freundschaftsbeweis an die Zöllner und Sünder seiner Zeit. Gastfreundlichkeit, die mancher und manche so von zu Hause nicht mehr kennen mag, kennzeichnet das Füreinander-Vorbereiten und Miteinander-Essen im gottesdienstlichen Kontext.[72]

Vor dem Hintergrund der biblischen Mahlgemeinschaften und den zunehmenden Sättigungsmahlzeiten in der heutigen kirchlichen Praxis (Bibelfrühstück, Feierabendmahl) verlagert sich der Akzent beim Herrenmahl immer mehr vom Charakter der (strengen) kultischen Feier zum Gepräge eines fröhlichen Festes. Das Abendmahl wird nicht einfach nur einsetzungsgemäß und möglichst agendengetreu begangen, sondern wir feiern Christus, die Freiheit, die Gemeinschaft, das Leben.[73]

Dies vollzieht sich im Empfangen und Mit-teilen. Brot und Wein weisen auf Christi gebrochenen Leib und vergossenes Blut, womit er uns die Last unserer Schuld abnimmt. Wir nehmen den Zuspruch der Vergebung hörbar und schmeckbar auf. Christus selbst schenkt sich uns. Nicht anders sehen das die reformierten Bekenntnisschriften: »Diese Mahlgemeinschaft ist eine geistliche Teilhabe, ›in der Christus uns sich selber mitteilt samt allen seinen Gütern und macht, daß wir dabei ihn selber ebensosehr genießen wie das Verdienst seines Leidens und Todes ...‹«[74]

In der so erfahrenen Gemeinschaft und dankbaren Festfreude erhalten wir einen Vorgeschmack des Himmels. In der Mahlfeier verdichtet und verleiblicht sich die gottesdienstliche Antizipation des zukünftigen Reiches Gottes.

Neben dieser leibhaften Erfahrung der Kommunikation mit Christus stiftet das Abendmahl auch Gemeinschaft untereinander. Wir teilen miteinander »das Brot des Lebens« und »die Güter der Erde«.[75] Hierzu erzählt E. Lade folgendes Erlebnis:

»Nach einem Schulgottesdienst mit integrierter Abendmahlsfeier fiel einer Schülerin auf, daß hier etwas geradezu Ungeheuerliches geschehen war. Schüler und Lehrer reichten sich gegenseitig die Elemente des Abendmahls ... weiter, und zwar mit den Worten: ›Christi Leib für dich gegeben; Christi Blut für dich vergossen.‹ Sie ›duzten‹ sich gegenseitig, ohne daß irgend jemand eine ›Anbiederung‹ vermuten würde, und sie behandelten sich völlig gleich: der Altersunterschied wurde uninteressant, auch ob da Lehrerin X oder Lehrer Y sitzen. Das Entscheidende jedoch war für die Schülerin: Nach der geschmeckten Versöhnung mit Christus dürfte es eigentlich allen Versammelten nicht mehr möglich sein, in die alten Rollenklischees zurückzufallen, und zwar gerade dann, wenn sie sich im Unterricht oder auf dem Pausenhof begegnen. Beide Gruppen sind gleichermaßen auf ihre gemeinsame Jüngerschaft in der Nachfolge Jesu angesprochen. Diese verbietet Ungerechtigkeiten und kleine Bosheiten gegeneinander ...«[76] – Hier wird etwas spürbar von »der Verwandlung der versammelten Christen in den Leib Christi«.[77]

9. Beten

Das Beten im Schulgottesdienst geschieht *gemeinsam*, nicht kollektiv:[78] Nicht jeder einzelne spricht sein privates Gebet, sondern die Gemeinde, der Leib Christi kommuniziert mit dem Haupt, Christus. Es wird im Gottesdienst nicht nur von und über Gott gesprochen, vielmehr erschließen sich die Versammelten die Wirklichkeit Gottes elementar, indem sie mit ihm sprechen. Die betende Gemeinde erfährt Gott im »DU«.

Daß sich dieses dialogische Geschehen mit den anderen und für die anderen vollzieht, birgt ein Erlebnispotential in sich, das das – ebenso sinnvolle – Beten »im Kämmerlein« (Mt 6,6) nicht hervorbringt. A. Stökl beschreibt diese Erfahrung im Bereich der Taizé-Kommunität so: »Jeder Bruder findet im gemeinsamen Gebet einen Rahmen, innerhalb dessen seine Begrenzungen relativiert, wenn nicht gar aufgehoben werden. Hier kann der Bruder sich von dem lösen, was ihn von der Gemeinschaft mit Gott und seinen Brüdern trennt. Das gemeinsame Gebet läßt auch Einmütigkeit unter den übrigen Beteiligten der Gottesdienste entstehen.«[79]

Jugendliche nehmen gerne an diesen Gebeten teil; eine schildert ihre Eindrücke: »Als ich zum ersten Mal die Kirche betrat, hat mich etwas in der Tiefe berührt. Bis dahin wußte ich nicht, daß es eine solche Art zu beten gibt. Die Dichte des Gebets hat mich fast ungestüm ergriffen. Mehrere Tage lang konnte ich mich nur vom Gebet der anderen tragen lassen. Am Ende der Woche betete ich dann selbst.«[80]

Freilich geht es im Schulgottesdienst bescheidener zu, aber sobald sich das Beten hier nicht in einigen hastig »heruntergehaspelten« Forderungen erschöpft, sondern das Zur-Ruhe-Kommen vor Gott ermöglicht, stellen sich vergleichbare gemeinschaftliche Erlebnisse ein. Die Bedeutung der Stille für diesen Prozeß läßt sich wieder am besten an der Gebetspraxis von Taizé zeigen:

»Während der Gebete in Taizé spielt die Stille eine besondere Rolle. Man ist sich bewußt, daß menschliche Worte immer armselig bleiben: Im Vergleich mit der unermesslichen Weite des verborgenen Gebets Christi in jedem Menschen bleibt das Gebet mit Worten auf einen schmalen Bereich beschränkt. ›Das Wesentliche ereignet sich vielleicht in einem großen Schweigen‹, sagt Frère Roger. ›Weshalb sich Sorgen machen, daß man nicht richtig beten kann? In der Stille des Herzens sagt Jesus leise: Hab keine Angst, ich bin da.‹«[81]

Die jugendlichen Besucher und Besucherinnen von Taizé empfangen somit eher Gebete, als daß sie sie von sich aus zu formulieren versuchen. Sie »lernen, um Christi willen zu beten, das heißt ›umsonst‹ (gratuit) zu beten, nichts anderes zu wollen, als ... sich auf Ihn zu beziehen, Ihm zu danken.«[82] Diese Absichtslosigkeit, in der wir nichts von Gott fordern und er nichts von uns, wirkt sich ungemein befreiend auf unsere oftmals verkrampfte private und gottesdienstliche Gebetspraxis aus. Stillezeiten helfen, sich in die »gratia« Christi fallen zu lassen. Kein Wunder, daß aus solcher Kontemplation lebendige und fröhliche Gesänge zum Lob Gottes »quellen« – in Taizé und im Schulgottesdienst.

Neben und in diesem Aufnahmevorgang vollzieht sich im Beten zugleich unsere Antwort auf Gottes Anrede. In den Psalmen hat dieser Dialog mit Gott den umfassendsten und eindrücklichsten Niederschlag gefunden. Auch sie sind kein Ausdruck maßloser Beredsamkeit im Gebet, sondern existentiell-elementarer Sprache, vor allem in der Form des Lobes und der Klage.

Die Israeliten loben die Taten Gottes. In Jesus hat sich das Heilshandeln Gottes weiter konkretisiert, so daß auch die neutestamentliche Gemeinde nicht anders kann, als Gott in »Psalmen, Lobgesängen und geistlichen Liedern« (Kol 3,16) zu preisen. Im Loben antworten wir mehr oder weniger explizit auf Gottes An-ruf; wir reagieren auf sein Agieren. In der hebräisch-biblischen Sprachform des Lobens, das viel tiefer und weiter greift als unser oft nur pflichtgemäßes Danken,[83] leuchtet die Freude der täglichen Buße auf. Ich wende mich mit meinem an-erkennenden Lob(-lied) dem Gott zu, der mich längst erkannt und angenommen hat. Die als Gemeinde anbetenden Schüler und Schülerinnen erleben oder erahnen zumindest die Wahrheit des Satzes: »Das Gebet ist der Atem ihres (sc. der Kirche, W.N.) Glaubens.«[84] Leben heißt: Gott loben.

Die Klage wird im heutigen Schulgottesdienst genauso wie im israelitischen Gottesdienst vor 3000 Jahren in der Sprache der Angst, der Einsamkeit und der Warum-Fragen vor Gott ausgebreitet. Ich zitiere das Klagegebet einer Mädchengruppe, das für die Betenden zum Raum der Gottesbegegnung, der Selbstfindung und des Trostes wird:

»Gott, ich fühle mich allein –
täglich warte ich auf Dich,
daß Du mich aus meiner Einsamkeit erlöst.
Ich bin nicht mehr das kleine Kind,
das in seiner Familie geborgen war,
ich sehe mich Problemen gegenübergestellt,
die mich meinem Elternhaus
innerlich entfremden.

Gott, ich bin voller Ungewißheit und Zweifel –
täglich warte ich auf Dich,
daß Du mir eine Antwort
auf meine Fragen gibst.
Ich habe Freunde,
aber sie können mir innerlich nicht weiterhelfen,
denn sie haben diesselben Probleme wie ich.

Gott, ich weiß nicht, wie ich Dir nahe kommen soll –
täglich warte ich auf Dich,
daß Du mir einen Ausweg zeigst.
Ich gehe in die Kirche, aber sie vermag mir
die innere Geborgenheit nicht zu geben,
die ich suche.

Dennoch glaube ich,
Gott, daß Du mir helfen kannst,
an dich kann ich mich mit meinen Fragen wenden.
Ich sehe die Schönheit und Vollkommenheit
des Lebens um mich herum.
Ich möchte daran teilhaben
und Dir von ganzem Herzen danken können,
denn Du bist der Herr, mein Gott.«[85]

Wie im zugrundeliegenden Psalm 13 dringen die betend Fragenden zum »Dennoch« des Vertrauens und zum (hier nur zaghaften) Lob durch. Zudem zeigt dieses Gebet, wie das biographische Ich im »Klagelied des einzelnen«[86] zugleich das repräsentative Ich der gemeinsam betenden Gemeinde ist.

Andere Jugendliche vermögen durchaus nicht von der Schönheit der sie umgebenden Welt zu sprechen. Sie sehen nur die Ausbeutung und drohende Vernichtung der Schöpfung durch den Menschen und fragen, wie Gott Leid und Ungerechtigkeit zulassen kann. Auch dafür haben die Psalmen Namen.[87] Ps 22 etwa ist obendrein in der Lage, den Klagenden den Blick für Gottes Mitleiden im gekreuzigten Christus zu öffnen.

Die Psalmen machen aussprechbar und darin erlebbar, daß Gott an unserer Not teilnimmt und wir an seinem Heil teilhaben: »Herr, zu dir schreie ich und sage: Du bist meine Zuversicht, mein Teil im Lande der Lebendigen« (Ps 142,6). Die Anrufung Gottes in Lob und Klage ist nicht nur Reaktion, sondern sie bewirkt auch Rekreation.[88] Das entspricht dem sabbatlich konzipierten Schulgottesdienst.

Werden die Schüler und Schülerinnen in einer der beschriebenen Formen an den Fürbitten beteiligt (vgl. S.147–149), dann bleiben die Bitten konkret, die Gottesdienstteilnehmer und -teilnehmerinnen sind erwartungsvoll dabei, und sie nehmen auf diese Weise helfend am Ergehen des nahen und fernen Nächsten teil. Daß Worten auch Taten folgen müssen, wissen die meisten Jugendlichen besser als viele Erwachsene; die Fürbitte sensibilisiert für den Gottesdienst im Alltag. Welche Macht etwa das Bittgebet für den Frieden hat, auch wenn daran viele dem traditionellen Gottesdienst gegenüber indifferente Personen teilnehmen, davon gaben die Ereignisse im Herbst 1989 in der ehemaligen DDR beredtes Zeugnis.[89]

Im gemeinsamen Gebet vollzieht sich die gesamte gottesdienstliche Kommunikation in komprimierter Form.[90] Psalm 143 z.B. enthält nahezu alle Gottesdienstelemente samt der Verkündigung (V. 5). In der (an-)betenden Hinwendung zu Gott erfährt die Gemeinde dessen Zuwendung.

10. Bekennen

Mit dem Beten verwandt und teilweise identisch sind zwei weitere Formen gottesdienstlichen Antwortens: das Sündenbekenntnis (Confiteor) und das Glaubensbekenntis (Credo). Beide haben ebenfalls eine biblische Psalmentradition: die sieben kirchlichen Bußpsalmen (Klagelieder des einzelnen), z.B. Ps 51 sowie neutestamentliche Hymnen, die doxologisch geformte Bekenntnisse darstellen, z.B. Phil 2,6–11.

Mehr als das Glaubensbekenntnis erscheint das Sündenbekenntnis manchem Zeitgenossen anachronistisch. Dem Trend, etwa in Bewerbungsschreiben sich und seine Fähigkeiten ungeniert anzupreisen, läuft das (öffentliche) Eingestehen von Schuld stracks zuwider. Der Schulgottesdienst, der dennoch dem Schuldbekenntnis Raum und Worte gibt, tut dies nicht aus Traditionsverpflichtung, sondern um auch auf diese Weise der Wahrheit zu ihrem Recht zu verhelfen. Das Sündenbekenntnis hilft zur Ehrlichkeit vor sich selbst, vor den Mitmenschen und vor Gott. Im Lichte des wirklichkeitsverändernden Evangeliums braucht man vor der menschlichen Realität der Sünde die Augen nicht mehr zu verschließen. Im angstfreien – weil vergebungsvollen – Raum des Gottesdienstes kann man zugeben, wer und wie man ist. Bekennen befreit; abladen entlastet und richtet empor zum aufrechten Gang mit aufgehobenem Blick für die Welt um uns herum.

In einem Jugendgottesdienst stand während der Gebetsphase unmittelbar hinter mir ein junger Mann auf und bekannte, daß er als Drogenabhängiger vor ein paar Tagen »einen Rückfall gebaut« habe. Eine solche Offenheit wird im Schulgottesdienst die Ausnahme sein – ich habe sie noch nicht erlebt –, auch ist die Grenze zwischen Schwachheit und Sünde nicht klar zu ziehen, aber im Eingeständnis unseres Angewiesenseins auf Gott, auf seine und der Menschen Hilfe, erleben der einzelne und die Gemeinschaft allemal Befreiung und Stärkung.

Dem Bekennen der Schuld korrespondiert das Bekennen des Glaubens. Hier sprechen wir aus, auf wen wir unser Vertrauen setzen, wenn denn kein Anlaß zum Rühmen unserer selbst besteht. Das Credo vollzieht sich in denselben drei Dimensionen wie das Confiteor: als Reflexion, Reaktion und Demonstration. Mit anderen Worten: Ich mache mir bewußt, wo ich stehe, ich antworte auf Gottes Wort und gebe den Versammelten hörbaren Anteil an meiner inneren Haltung. Das gemeinsame Bekennen vermittelt manchem und mancher die persönliche Erfahrung: Ich habe eine Antwort gewagt; mit der Hilfe der anderen habe ich aussprechen können, was mir alleine mißlang; trotz und in meinen Zweifeln bin ich von der Gemeinschaft getragen worden. Das Bekenntnis hilft den Glaubenden zur Vergewisserung ihres Standpunktes und den Nichtglaubenden zur Überprüfung ihrer Überzeugungen.

11. Mit dem Körper sprechen

Auch dieser Aspekt eines mit allen Sinnen zu erlebenden Gottesdienstes verdient Beachtung. Gemeinhin beschränkt sich die Körperbewegung im evangelischen Gottesdienst auf den Wechsel von sitzen und stehen. Im Schulgottesdienst wird aus Rücksicht auf die Bequemlichkeit auch noch darauf verzichtet. D.h., die Agierenden stehen, während die Teilnehmenden sitzen. Darin drückt sich eine dem hier zugrundeliegenden Gottesdienstverständnis völlig unangemessene Teilung der Versammelten in Produzenten und Konsumenten aus. Die Körpererfahrung, wenn denn überhaupt eine stattfindet, ist negativ. Nicht ohne Grund wird in unserer Schülerumfrage zum Schulgottesdienst das anstrengende Sitzen auf den harten Kirchenbänken mehrfach beklagt. Ein Gottesdienst dagegen, der als festliches Beziehungsgeschehen definiert ist, ereignet sich auch in den Bewegungen aller. Das hat vielgestaltige biblische Tradition: z.B. opfern, wallfahrten, tanzen, küssen, Hände auflegen.

Folgende Formen der Körpersprache können im Schulgottesdienst bewußt ausgeführt werden: Haltung, Geste (Bewegung von Händen und Armen), Gehen, Berührung, Tanz.[91] Die Haltung des *Stehens* unterstützt das Singen. Damit wird nicht nur das lange Sitzen unterbrochen, das Aufstehen führt erfahrungsgemäß »schnell – bei entsprechenden Liedern – zu einer Wiederentdeckung der motorischen Dimension, u.U. bis hin zum liturgischen Tanz.«[92] Zu den rhythmischen Bewegungen gesellt sich das Klatschen, oder die körperlichen Ausdruckshandlungen während des Singens setzen damit ein. Das Stehen hat den Rang einer »liturgische(n) Grundhaltung« und bringt z.B. beim Beten oder Abendmahlsempfang »Achtung, Aufmerksamkeit, Ehrerbietung zum Ausdruck«.[93]

Die *Hände* sind »das Hauptwerkzeug der Körpersprache«.[94] Sie unterstützen das Beten, Loben (Klatschen) und die Kontaktaufnahme mit Menschen. »Die gefalteten Hände symbolisieren vor allem Sammlung, Ergebung und Hingabe ..., die ausgebreiteten und erhobenen Hände (und Arme) Offenheit und Empfangsbereitschaft ...«[95] In der heutigen kirchlichen bzw. freikirchlichen Vielfalt signalisieren die beim Beten oder Singen ausgebreiteten Hände im allgemeinen die Zugehörigkeit zu einer charismatischen Gruppe. Dadurch ist diese ausdrucksstarke Geste leider für viele negativ besetzt. Diese Bewertung wird aber sehr gut aufgefangen, indem sich die Teilnehmer und Teilnehmerinnen - wie etwa in manchen Kirchentagsgottesdiensten – die erhobenen Hände reichen. Diese Haltung verleitet bei Liedern zudem zur gemeinsamen wiegenden Bewegung des Oberkörpers im Rhythmus der Musik.

Das *Gehen* bringt den ganzen Körper in eine harmonische Bewegung der Gliedmaßen. Es kann vor allem auf dem Weg zum oder vom Gottesdienst sowie beim Abendmahlsgang bewußt erlebt werden. Ferner werden im Gottesdienst Gaben oder notierte Gebetsanliegen nach vorne getragen. Dabei erfährt der und die Gehende: Ich trage bei, ich antworte, ich bin wichtig. »Das aufrecht Gehen ist symbolischer Ausdruck der Menschenwürde. In der Form der Prozession kann es zum Symbol des wandernden Gottesvolkes werden. Das gemeinsame rhythmische Gehen kann sich auch zu einfachen Tanzformen entwickeln.«[96]

Im *Tanzen* schließlich verschafft sich der Körper auf komplexeste Weise Ausdruck. Trotz einer schon bei den Kirchenvätern einsetzenden und in deren Folge zur Tradition gewordenen Ablehnung[97] hat sich der liturgische Tanz immer wieder als gottesdienstliches Sprachmittel vor allem in den Kirchen armer und naturverbundener Völker herausgebildet.[98] Durch die mit den Kirchentagsfeiern verknüpften Bemühungen um den »Gottesdienst in neuer Gestalt« hat der gottesdienstliche Tanz längst auch in unseren Breiten »seine Gemeinde«.[99] Viele Formen[100] eignen sich allerdings nur für kleinere Gruppen, zumindest muß genügend Bewegungsspielraum zur Verfügung stehen. Beides ist im Schulgottesdienst selten gegeben. Deshalb sind Erfahrungen bisher noch spärlich, aber für die Zukunft ist die Einbeziehung des Tanzes in das gottesdienstliche Geschehen durchaus nicht ausgeschlossen. B. Hintersberger beschreibt meditatives Stehen und Gehen als Vorübung zum befreienden meditativen Tanzen[101] und erklärt eine »Lied- und Tanzmeditation«,[102] die für eine größere Gottesdienstgemeinde modifiziert werden könnte.

Wird die körperliche Motorik durch den Wechsel von Ausdruckshandlungen ausreichend aktiviert und in das Gottesdienstgeschehen einbezogen, so kann auch das Sitzen bewußt als ein Verharren in aufnahmebereiter Ruhehaltung erlebt werden.[103]

Schließlich bringen Symbolhandlungen die Gottesdienstteilnehmer und -teilnehmerinnen in Bewegung (vgl. S. 136–138). In diesen Fällen tritt zu den beschriebenen Ausdrucksformen der Körpersprache durch die »Behandlung« von Gegenständen die Reizung der Sinne hinzu, vor allem des Gesichts- und Tastsinns. Solche Aktionsteile tragen also entscheidend zum ganzheitlichen Erleben des Gottesdienstes bei. Gemeinschaftliche Bewegungen aller Art dienen der Kontaktaufnahme untereinander und verstärken so die Erfahrung der Gemeinsamkeit.

12. Segnen und gesegnet werden

Nicht wenigen Teilnehmern und Teilnehmerinnen des Sonntagsgottesdienstes gibt der Segen am Ende die nahrhafteste Wegzehrung für die beginnende Woche. C. Möller behauptet sogar: »Es gibt … Menschen, die allein um dieses Segens willen in die Kirche kommen«; als Beispiel erzählt er: »Ich weiß von einem Taubstummen, der mit seiner Frau jeden Sonntag zum Gottesdienst kommt, obwohl er kein Wort versteht und kein Lied mitsingen kann. Gefragt, warum er dennoch komme, antwortete seine Frau, er warte immer auf den Augenblick, da der Pfarrer die Hände zum Segen erhebt. Dann weiß auch er, daß er gesegnet wird.«[104]

In dieser Erfahrung leuchtet auch die Relevanz der den Zuspruch begleitenden Gestik auf. Im Segnen und Segen Empfangen verdichtet sich das gott-menschliche und zwischenmenschliche Kommunikationsgeschehen zu einem ganzheitlichen Erleben; im Erheben der Hände wird es auch visuell wahrge-nommen, in der Handauflegung wird es handgreiflich.

Zunächst möchte ich die Segenshandlung aus der Sicht der Segnenden be-trachten. Ihr Tun geht über das Verkündigen und Beten hinaus (vgl. S. 149ff). Sie legen den Namen Gottes auf die Gemeinde (Num 6,27); sie teilen nicht nur mit, sondern aus. Die Hände werden zum Geben geöffnet – eine herzliche Geste; es ist beglückend, die Barmherzigkeit Gottes von Herzen schenken zu dürfen. Was können wir mit unseren Händen nicht alles tun: streicheln und schlagen, aufrichten und wegstoßen, wir können sie falten und zu Fäusten ballen. Es gibt nichts Gottgemäßeres und Menschenfreundlicheres als das Segnen. Wer den Segen des dreieinigen Gottes spendet, wird in diesem Tun reich gesegnet.

Damit ist schon viel von dem angedeutet, was den Versammelten zuteil wird. Gesegnet werden hat eine theologisch-objektive, eine rational- und emotional-subjektive sowie eine leibhafte Dimension. Nicht immer erleben wir das Empfangen des Segens ganzheitlich auf allen drei Ebenen zugleich.

Theologisch gesehen wird jeder und jede Gesegnete unter den Namen Gottes gestellt. Damit ruft Gott sein Eigentumsrecht über unser Leben in Erinnerung, wie es schon in der Taufe persönlich begründet und in der Konfirmation bestätigt wurde. In der sprachlichen und zugleich jedes mensch-lich-sprachliche Ausdrucksvermögen überbietenden Gestalt des Jahwe-Na-mens (vgl. S. 48f) geht der Herr mit uns. Aufgrund der Tatsache, daß der Aa-ronitische Segen auch im christlichen Gottesdienst gespendet wird, verleitet sein triadischer Aufbau zu einer trinitarischen Auslegung: Gott, der Vater, nimmt seine Kinder in seine Obhut, was nicht mit einer Sicherheitsgarantie zu verwechseln ist, sondern sein Bei-uns-Sein auch im finsteren Tal (Ps 23) be-zeichnet. Im Sohn Jesus Christus wendet er uns sein leuchtendes und gnädi-ges Angesicht menschlich sichtbar zu. Mit Recht weist K.-P. Jörns darauf hin, daß die im Segen »zugesagte Solidarität Gottes« »als kritische Solidarität verstanden« werden muß: »Der Sünde gilt auch bei den Gesegneten des Herrn bleibend der Fluch Gottes, gilt um des Lebens, um des Geistes willen, das Wehe! Den Sündern aber gilt bleibend die Gnade.«[105]

Die Gabe des Heiligen Geistes ist eine weitere Form des göttlichen Beistan-des; in ihm stiftet Gott Frieden. Der Segen des dreieinigen Gottes läßt uns schon jetzt partizipieren am shalom des ewigen shabat; er hat eine geschichts-umfassende eschatologische Komponente (Gen 12,1–3).

Daß dieser komplexe Vorgang von den Schulgottesdienstteilnehmern und -teilnehmerinnen bewußt wahr- und angenommen wird, ist weder machbar noch nachprüfbar. Wir sind dieser Macht nicht mächtig. Der Segen hat wie alle gottesdienstlichen Zueignungsworte keine magische Zauberkraft. Er wird durch unseren Auftrag zu segnen nicht der souveränen Wirkung des Geistes Gottes entzogen: »Denn ihr sollt meinen Namen auf die Israeliten legen, daß ich sie segne« (Num 6,27). Viele Schüler und Schülerinnen empfinden schlichtweg nichts. Der Name Gottes geht ihnen nicht auf wie ein Licht, obwohl er auf sie gelegt ist. Zugleich, während die einen scheinbar leer ausgehen, kann ein anderer die heilende Kraft des Segens erfahren.

J. Scharfenberg berichtet von einer suizidgefährdeten Frau, die ihn nach dem Gottesdienst bewegt anspricht und für den Segen dankt. Sie hatte aus lauter Verzweiflung die Kirche aufgesucht, verstand jedoch von dem, was sie hörte und sah, sehr wenig. »Aber da ganz am Schluß, da habe sie mich mit erhobenen Händen am Altar stehen sehen, und da habe ich etwas gesagt, was sie wie ein Lichtblitz plötzlich getroffen habe, und auf einmal sei ein ganz tiefer Friede in ihr eingekehrt.«[106]

Die bergende und zugleich sendende Geste der zum Segen erhobenen Arme und Handflächen macht die objektive Wirklichkeit des Gesegnetwerdens anschaulich und dadurch emotional-subjektiv zugänglicher. Die Handauflegung läßt zudem körperlich spüren, daß Gottes Segen zu uns fließt. In unseren zwischenmenschlichen Beziehungen empfangen wir in jedem Lebensalter durch die Hand anderer deren Zuwendung, Trost und Liebe. Gott wählt eben diesen überaus menschlichen Gestus, um die Geborgenheit in seiner Hand auch handgreiflich fühlen zu lassen.[107]

13. Den Schulgottesdienst als Oase erleben

Schul- und Freizeitstreß, Versagen und Einsamkeit, Selbstzweifel und Gottesferne sind die »Wüstenerfahrungen« des (Schul-)Alltags. Jugendliche dürsten nach Liebe und Sinn für ihr Leben. Sabbatlich verstandener Schulgottesdienst will sie erquicken, löscht ihren Durst mit erfrischenden Erfahrungen. Der Spiritus Sanctus macht das Wort, die Gemeinschaft und den Glauben lebendig. So erleben die Gottesdienstteilnehmer und -teilnehmerinnen die sonst so häufig vermißte Spiritualität.

Die Mitte, die Quelle der Oase ist der auferstandene Christus. Er wird im Wort, im Mahl und in der Gemeinschaft erlebt. Wo etwa die Worte des 23. Psalms miteinander gebetet werden, erfahren auch junge Menschen Gottes Mit-uns-Sein. Das Wort vom Kreuz ist heute so aktuell wie zur Zeit des Paulus. Es zeigt, wie sich Gott der schmerzlichen Realität von Schuld, Leid und Tod unterwirft. Beladene, Klagende und Fragende fühlen sich verstanden. Hier finden sie die paradoxe Doppelgesichtigkeit unserer Welterfahrung wie unserer Gottesvorstellung abgebildet: Allmacht und Ohnmacht, Liebe und Haß, Leben und Tod. Im Licht der Auferweckung vermögen sie zu sehen: Der Gekreuzigte nimmt die (un-)menschliche Wirklichkeit auf sich, um uns zu erlösen – nicht so, daß wir schon im Himmel wären, wohl aber so, daß wir in dieser Welt befreit und befreiend leben können.

B. Herrmann zeigt, wie in besonderer Weise Metaphern und Gleichnisse in der biblischen Botschaft zur »Transzendenzerfahrung« führen, denn »sie greifen auf Erfahrungen zurück, die wir schon in der vorhandenen Wirklichkeit gemacht haben, und sie eröffnen uns zugleich Zukunft, indem sie uns auf das kommende Reich Gottes verweisen und uns daran partizipieren lassen.«[108] Daß es sich dabei um Christuserfahrung handeln kann, zeigt er an D. Bonhoeffer, für den »die Nachfolge Jesu zur Transzendenzerfahrung« wird:[109] Die »Begegnung mit Jesus Christus« beinhaltet die »Erfahrung, daß hier eine Umkehrung alles menschlichen Seins gegeben ist, darin, daß Jesus nur ›für andere da ist‹. Das ›Für-andere-da-sein‹ Jesu ist die Transzendenzerfahrung!«[110]

Christus, das eine Wort Gottes, teilt sich auch in außerbiblischen Texten mit, soweit sie dem normativen biblischen Wort nicht widersprechen. Z.B. findet in jüngster Zeit wohl kaum eine Geschichte so häufige Verwendung in Unterrichts- und Gottesdienstmodellen wie die von den Spuren im Sand:[111] Im Traum-Rückblick auf sein Leben vermißt ein Mann gerade in den Zeiten größter Not die ihn begleitenden Fußabdrücke Gottes im Sand des Strandes und erhält zur Antwort, daß der treue Gott ihn da getragen habe.

Die Geschichte faßt die elementare Erfahrung der Abwesenheit Gottes in Worte, und zwar Verständnis, nicht Kritik signalisierend; zugleich öffnet sie die Einsicht in das Getragensein.

Im sichtbaren Wort, dem Abendmahl, empfangen wir leibhaft das Brot des Lebens für das grundlegende Bedürfnis nach Vergebung. Der Wein weist zugleich über das Kreuzesgeschehen hinaus auf die festliche Dimension des Mahles: In dieser Feier »teilen wir das Leben des auferstandenen Christus miteinander und haben Anteil am Ostergeheimnis«.[112]

Wir kommunizieren also mit Christus und den Christen gleichzeitig.[113] Wir sind Christi Leib, so wie wir von einem Brotlaib essen (1. Kor 10,16). Christus teilt sich uns mit, wir teilen miteinander: Brot und Wein, das Wort, Zeit und Geld, den Platz, das Liedblatt und die Kerze. Die Oase Gottesdienst läßt uns so reichlich am Leben des Auferstandenen partizipieren, daß wir überflüssig[114] mitzuteilen haben, und darin erfahren wir Gemeinschaft. Wir kommen vielleicht verschlossen zum Gottesdienst und werden geöffnet, öffnen uns den anderen und gehen aufgeschlossen in den Alltag. Welche Bedeutung die Gemeinschaft an Christi Leib für das Erleben von Spiritualität hat, erweisen theologisch die Verknüpfung von Geist und Kirche im dritten Glaubensartikel sowie empirisch etwa die Kirchentage und Taizé.

In diesem Geschehen ist der Creator Spiritus am Werk. Er stiftet Gemeinschaft, er zeugt den Glauben durch das Zeugnis lebendiger Zeugen[115] und stärkt ihn denen, die schon überzeugt sind. In der Oase Gottesdienst weht der frische Wind des Geistes. Wir können aufatmen, Atem holen. Und das ist nicht mit einem Atemzug erledigt, sondern bedarf der Wiederholung. Denn der Glaube(nde) soll bleiben, wie die Rebe am Weinstock (Joh 15,5).

Bleiben heißt wiederholen. Der sabbatliche Schulgottesdienst gibt den nötigen Ruhe-Raum zur auferbauenden Stetigkeit.[116] Erst die Innerung befähigt zur Äußerung. Erst die häufige Wiederholung beispielsweise eines Psalms läßt dessen Worte tiefer sinken, Wurzeln schlagen und Früchte tragen.[117]

Gottesdienstliche Spiritualität lebt gleicherweise von Kreativität und Kontinuität. »Alles stetig sich Wiederholende im Gottesdienst war einmal ein ›kreatives Element‹, das sich bewährt hat.«[118]

In der Oase Schulgottesdienst können die Schüler und Schülerinnen leben. Sie haben teil an der Ruhe Gottes und am Fest des Lebens. Stetigkeit und stete Erneuerung halten in regenerierendem Atem, ohne in Atemlosigkeit oder Langeweile zu führen. Die Gottesdienstteilnehmer und -teilnehmerinnen können sie selbst sein, sie werden weder vereinnahmt noch alleingelassen. Christus kommt zu ihnen; sie kommen zu ihm, zu sich und zueinander.

14. Sonderfälle des Schulgottesdienstes

Es gibt eine Reihe von Anlässen, die einen Gottesdienst in der Schule bzw. mit der Schulgemeinde möglich oder sogar ratsam erscheinen lassen. Im Zusammenhang mit den kirchlichen Kasualien legt sich am ehesten ein Trauergottesdienst nahe, denkbar ist aber auch ein Taufgottesdienst,[119] in seltenen Fällen sogar ein Traugottesdienst[120] sowie anläßlich der Konfirmation ein von den Konfirmanden gestalteter Gottesdienst. Weitere Anlässe können die Indienstnahme eines Gebäudes,[121] ein Schuljubiläum[122] oder eine religiöse Schulwoche sein. Auf den Gottesdienst aus Anlaß des Todes einer Schülerin oder eines Schülers bzw. einer Lehrerin oder eines Lehrers sowie auf die Religiöse Schulwoche möchte ich näher eingehen, da beide Anlässe in den letzten Jahren in unserer Schule vorkamen.

Anlaß: Trauerfall

Zu den Trauergottesdiensten kommt jeweils der besonders betroffene Teil der Schulgemeinde wenige Tage nach der Bestattung zusammen. Der Tod eines Mitgliedes der Schüler- oder Lehrerschaft, ob als plötzlicher Unfalltod oder nach schwerer Krankheit, erschüttert die Menschen in der Schule ganz erheblich. Das gilt vor allem für die direkt betroffenen Klassen und Lehrer und Lehrerinnen. Die existentiellen Fragen nach der Gerechtigkeit Gottes, dem Sinn des Lebens bzw. Todes brechen mit Vehemenz hervor. Sie verlangen ebenso wie das sprachlose Entsetzen nach einem Raum für die Trauer und vielleicht einem erlösenden, tröstenden Wort.

Die Eltern bzw. Familien eines oder einer Verstorbenen sind häufig zum Gottesdienst eingeladen. Dies berücksichtigen wir bei der Wahl der verbalen und vor allem der nonverbalen Gestaltungsmittel. Keinesfalls sollen die Gefühle der Angehörigen verletzt werden. Schüler und Schülerinnen haben ein Gespür dafür, was sie Eltern zumuten können. In einer schlichten Feier unter Mitwirkung des Bläserkreises und des Schulchores singen wir Lieder aus dem Evangelischen Kirchengesangbuch, hören auf Gottes Trostwort und beten. In einem Fall – nach dem Unfalltod eines 18jährigen Schülers – sprachen eine Lehrerin, ein Mitschüler und eine Elternvertreterin ein Schuldbekenntnis. Uraltes, sonst eher verpöntes Liedgut hilft, der Dunkelheit, aber auch dem Lichtstrahl der Auferstehung Worte und Klang zu verleihen.[123] Stillephasen tun in dieser Situation gut und werden gerne angenommen.

Wir sind uns einig, daß Schuldzuweisungen, an wen auch immer, keinen Platz im Trauergottesdienst haben. Deplaziert erscheinen uns ferner breite Ausführungen über den Unfallhergang oder den Krankheitsverlauf, auch über das, was war und was nun nicht mehr sein wird. So sehr das Wissen um dies alles zu einer sensiblen, nicht von Ignoranz gekennzeichneten Gottesdienstgestaltung gehört, so sehr würde die womöglich lüsterne Entfaltung der weitgehend bekannten Tatsachen nur Wunden vertiefen. Dagegen versuchen wir, in den Fürbitten ganz konkret die Mitleidenden in den Familien, im Krankenhaus, in der Schule zu benennen und ihre Not vor Gott zu tragen.

Die Verkündigung verzichtet auf vorschnelle, einfache Antworten auf die bedrängenden Fragen und verschweigt dennoch nicht den Trost des Evangeliums. Wenn es ein Licht in der Dunkelheit des Todes und der Trauer gibt, dann ist es die Nacht der Verlassenheit, in die der gekreuzigte Jesus fiel, und die Hoffnung, die am Ostermorgen aufstrahlt. Der, den wir in jedem anderen Gottesdienst feiern, hat auch im Trauergottesdienst, und da erst recht, wirklichkeitsverändernde Kraft.

Die Gedanken einer 14jährigen Schülerin, »geschrieben unter dem unmittelbaren Eindruck des Todes ihrer Mutter«, mögen dies abschließend vergegenwärtigen:

>*»Es gibt ein Wort,*
> *das tröstet*
> *die Trauernden,*
> *läßt die Mutlosen*
> *wieder an das Leben glauben,*
> *richtet die Verzweifelten auf,*
> *schafft Liebe dort,*
> *wo gehaßt wird,*
> *gibt Hoffnung denen,*
> *die verfolgt werden.*
>
> *Es gibt ein Wort,*
> *das leuchtet*
> *wie ein Stern*
> *in der Finsternis,*
> *über die Grenzen des Lebens hinaus.*
> *Es klingt wie Musik*
> *in meinen Ohren.*
>
> *Selbst wenn du es nicht hören willst,*
> *dieses Wort,*
> *hörst du es doch,*
> *denn du kannst dich nicht wehren*
> *gegen die Liebe.*
> *Sie ist stärker als du.*

Eines Tages wirst du es verstehen,
dieses Wort:
Jesus Christus«[124]

Anlaß: Religiöse Schulwoche

Religiöse Schulwochen werden im Bereich der Evangelischen Kirche von Westfalen vom »Dienst an den Schulen« für die Jahrgangsstufen 9–13 durchgeführt.[125] Sie enden gemeinhin mit einem ökumenischen Schulgottesdienst, der mit Schülergruppen vorbereitet wird und zu dem die Eltern eingeladen werden.

Anders verläuft die Vorbereitung und Durchführung der Gottesdienste, die in eine parallele Schulwoche für die Klassen 5–8 einbezogen sind. Ich skizziere den weitgehend gelungenen Versuch einer solchen zusätzlichen Veranstaltungsreihe für die niedrigeren Klassen unter dem Thema »Leben in Gemeinschaft«. Hier wurden Eltern und Pfarrer beider Konfessionen aktiv. Die Lehrer und Lehrerinnen hielten sich absichtlich einmal zurück. Für jede Jahrgangsstufe wurde ein Vorbereitungsteam (Eltern und ein Pfarrer) gebildet, das dann für die ca. 90 Schüler und Schülerinnen einen ganzen »religiösen« Vormittag gestaltete.

Zum üblichen Schulbeginn stimmten wir uns in der Kirche mit einer Morgenandacht auf den Tag und sein Thema ein. Dabei wurden Lieder eingeübt, die auch später noch vorkamen, und die Schüler und Schülerinnen erhielten Material für die Gruppenarbeit in den Klassenräumen, z.B. Pappmenschen, die im Laufe des Vormittags nach 1. Kor 12 Gestalt gewinnen sollten.[126] Die Phantasie der Eltern hatte ein vielfältiges Programm entstehen lassen. Es wurden Brücken zueinander gebaut, Rollenspiele entworfen und einstudiert, Geschichten aus der Bibel und aus dem Schulalltag besprochen sowie Obstsalat oder »Häppchen« zubereitet.

Alle Aktivitäten in den Klassengemeinschaften mündeten täglich in einen ökumenischen Abschlußgottesdienst mit den drei Klassen einer Jahrgangsstufe. Dazu waren auch die nichtbeteiligten Eltern eingeladen. Die vielen hörbaren und sichtbaren Gruppenarbeitsergebnisse fügten sich zu einer fröhlichen Gottesdienstfeier zusammen. Das Singen mit begleitenden Gebärden fehlte ebensowenig wie das Miteinander-Essen.

Die Woche wurde zu einem Gemeinschaftserlebnis nicht nur für die Schüler und Schülerinnen. Auch die Eltern, einige Lehrer und Lehrerinnen und die Pfarrer haben etwas von sich, von ihren kreativen Fähigkeiten, ihrem Denken und Glauben eingebracht und sind so einander nähergekommen.

WIRKEN LASSEN

Mit dieser Überschrift ist sowohl das eher passiv erfahrbare Nachwirken des sabbatlichen Erlebnisses gemeint als auch das davon nicht ablösbare aktive Wirken der Teilnehmer und Teilnehmerinnen im Alltag. Aufgrund des biblischen Gottesdienstverständnisses, nach dem die gottesdienstliche Versammlung (synago 1. Kor 5,4, synerchomai – zusammenkommen 1. Kor 11,18; 14,26) und der »Gottesdienst im Alltag der Welt« (Amos 5,21–24; Röm 12,1–2) eine untrennbare Einheit bilden,[1] kann eine Erörterung des Schulgottesdienstes auch aus theologischen Gründen (neben dem pädagogischen Interesse) nicht auf diesen Aspekt verzichten. Nicht zuletzt ist zu berücksichtigen, daß viele kirchenkritische Jugendliche »das entscheidend Christliche« in der »lebenspraktisch-ethische(n) Bewährung«[2] des im Gottesdienst gefeierten Glaubens sehen.

Der Schulgottesdienst zeitigt in jedem Falle Wirkungen. Auch wenn er scheinbar die Teilnehmer und Teilnehmerinnen völlig unberührt läßt, hat er zumindest das (Vor-)Urteil »belanglos« (im Jargon der Jugendlichen: »ätzend«, »kannste in der Pfeife rauchen«) bestätigt. Die Beurteilung des Gottesdiensterlebnisses dürfte allerdings niemals einheitlich ausfallen. Was den einen wie Stolpersteine in seinem Geschmack, in seinem Denken und Glauben stört, wird der anderen zum festen Weg im morastigen, grundlosen Gelände ihrer Erfahrungswelt. Der Geist weht, wo und wie er will. Er ist nicht nur da am Werk, wo Gottesdienste formal gelingen. Armut in dieser Hinsicht läßt dem Geist manchmal sogar mehr Möglichkeiten. Das ist tröstlich, darf aber keinesfalls Nachlässigkeit und gestalterische Phantasielosigkeit rechtfertigen.

Ein und derselbe Gottesdienst vermag also destruktiv und konstruktiv zu wirken. Wer von den Teilnehmern und Teilnehmerinnen seine Lebenswirklichkeit wiedererkennt und Christus in der gottesdienstlichen Gemeinschaft erlebt, kommt Gott und seiner eigenen Identität einen Schritt näher. Dies kann sich hier und da in einer punktuellen Lebenswende (metanoia bzw. 2. Kor 5,17: kainē ktisis – Neuschöpfung) ereignen, wird aber in der Regel einen nicht konkret zu greifenden Wachstumsprozeß darstellen.

Zwar ist der Gottesdienst als sabbatliche Oase im Schulalltag nicht lernzielorientierte Rüststätte, sondern absichtsfreie Raststätte (vgl. S. 53–56), aber die Stillung des Lebensdurstes und die Sättigung an Gottes reich gedecktem Tisch bleiben nicht ohne Folgen: Die empfangene Liebe stiftet zum Lieben an, das Hören zieht das Tun des Wortes nach sich, und die Gaben des Geistes wollen sich im Alltag entfalten.

1. Nachbereiten

Unmittelbarer Raum schulgottesdienstlicher Nachwirkung ist ein Nachbereitungsgespräch. Ihm seien vorab einige Gedanken und Vorschläge gewidmet, bevor dem alltäglichen gottesdienstlichen Leben noch ausführlicher nachzudenken ist.

Der Rückblick auf einen erlebten Gottesdienst kommt zunächst einmal der Weiterarbeit des Vorbereitungsteams zugute. Gottesdienst ist Gottes Gabe, aber dieser läßt sie durch unsere Hände gehen und in ihnen Gestalt gewinnen. Mißlungenes bedarf der Analyse und dient dem Lernen. Solcher Reflexion kann gelegentlich eine breitere Grundlage verschafft werden, indem z. B. im Religionsunterricht nach den persönlichen Eindrücken der Schülerinnen und Schüler gefragt wird.

Daß die Rückschau im Team keinen mühsamen Arbeitsschritt darstellen muß und gegebenenfalls ohne Erwachsene vorgenommen werden kann, macht E. Lade deutlich: »So eine Entlassung der Schüler in selbständiges ›Weiterhandeln‹ kann fröhlich geschehen in Form einer Gottesdiensthelferparty. Bei Getränken und Kuchen, eventuell ein bißchen Musik und Programm, könnte noch einmal alles ohne Termindruck im lockeren Rahmen überdacht werden.«[3]

Gottesdienstnachgespräche mit vielen Beteiligten,[4] wie sie in manchen Gemeinden im Anschluß an den Sonntagsgottesdienst geführt werden, sind in der Schule schon allein aus zeitlichen Gründen kaum realisierbar. Sie unterliegen als reine Manöverkritik nach dem Motto »Wie war's?« zudem der großen Gefahr, den Gottesdienst wieder in die Rolle einer Bühnenveranstaltung zurückzudrängen und die frischen Spuren, die das Geschehen im Fühlen und Denken einzelner möglicherweise hinterlassen hat, zu verwischen.

Das Nachgespräch mit den Gottesdienstteilnehmern und -teilnehmerinnen braucht also eine Atmosphäre und eine Gruppengröße, in denen persönliche Betroffenheit zur Sprache kommen kann und womöglich Verabredungen für weitere Vorhaben getroffen werden können. Dazu bietet sich eine Feedback-runde im Religionsunterricht an[5] oder ein Zusammensein in kleineren Tischgruppen mit Getränken und Gebäck.[6]

Als »eine weitere Form der Nachbereitung« betrachtet E. Lade »die Dokumentation des Schulgottesdienstes in der Schule«: »Das Informationsmaterial, die Texte, Umfrageergebnisse, Auswertungen, Bilder, das Programm und Materialien, die in der Vorbereitung gesammelt wurden, Entwürfe, die aus irgendeinem Grund nicht zum Zuge kamen, könnten an einer Austellungswand in der Schule gezeigt werden.«[7] E. Lade verspricht sich davon eine Vertiefung des Erlebten bei den Teilnehmern und Teilnehmerinnen, eine Konfrontation der Übrigen mit der Gottesdienstthematik sowie einen Werbeeffekt.

Mit diesem Ansinnen wird der Schulgottesdienst m. E. zu sehr einem pädagogischen, allein auf den Erkenntnisfortschritt der Ratio zielenden, Interesse unterworfen. Gottesdienstliches Beziehungsgeschehen läßt sich schlechterdings weder in Bildern noch in Dokumenten adäquat festhalten, es muß erlebt werden. Einem sabbatlich verstandenen Schulgottesdienst mit den wesentlichen Komponenten Ruhe und Fest scheint mir darum die Nachbereitung in dieser Form unangemessen.

2. Auswirkungen des Schulgottesdienstes in der Schule

2.1. Humanisierung des Schulalltags

Im sabbatlichen Schulgottesdienst empfangen die Teilnehmer und Teilnehmerinnen *umsonst*. Damit steht er der schulischen Grunderfahrung diametral entgegen, nach der die Schüler und Schülerinnen nur für gute Leistungen Anerkennung und Lebensgewinn zu erwarten haben. Umsonst gibt es dabei nichts, wie jedermann weiß. Unter diesem gar nicht zu umgehenden Leistungsgesetz leiden Schüler- und Lehrerschaft gleichermaßen, denn sie spüren sehr wohl, wie die Menschlichkeit unter dem Druck häufig zu kurz kommt. Wer nur für die Schule lebt, ist Mitschülern und Schülerinnen wie Lehrern und Lehrerinnen suspekt, wer sich dem umfassenden Anspruch des Schulgesetzes entzieht[8] und sich innerlich abgemeldet hat, ist auch – zumindest von den Lehrern und Lehrerinnen – als Mensch nicht mehr ansprechbar: »Der Mensch in ihm ist irgendwie ausgewandert und läßt am Unterricht ein Phantom teilnehmen.«[9]

Demgegenüber proklamiert und feiert der Schulgottesdienst die Rechtfertigung allein aus Gnaden durch den Glauben. Denen, die unter dem Leistungsgesetz keuchen, ob leistungsschwach oder -stark, vermittelt er: Gott nimmt dich an, wie du bist; dein Wert vor ihm und für deine Mitmenschen ist unabhängig von deiner schulischen Leistungsbilanz. Den innerlich »Ausgewanderten« sagt er: Gott gibt dir, was du von der Schule zu Recht nicht erwartest: Sinn, Wertschätzung und Zukunft. Daran kannst du dein Leben festmachen und Mensch sein, auch in der Schule. Die Vertrauensunfähigen[10] läßt der Schulgottesdienst erfahren: Gott nimmt dich an, die Menschen neben dir nehmen dich an; du kannst vertrauen. Mit dem kostenlosen Angebot des Glaubens erhalten die Jugendlichen Hilfe auf dem Weg zur Identitätsfindung im Gottesbezug (vgl. S. 70f).[11]

Der Schulgottesdienst sät Vertrauen in den Lebensraum Schule, indem er die Treue (pistis) Gottes erfahrbar macht. Daraus wächst ein Klima des Vertrauens. Lehrer und Lehrerinnen werden freier, nicht jegliche Gefühlsregung bei einem Schüler, einer Schülerin oder sich selbst »unmenschlich« zu unterdrücken und sich gleichwohl nicht in kumpelhafte Verschwisterungen oder Schlimmeres zu verstricken, womit auch wieder niemandem gedient wäre. Beamte, Beamtinnen, Amtsträger und Amtsträgerinnen sind auch Menschen mit Fähigkeiten und Schwächen. Vor allem letzteres anderen und sich selbst einzugestehen, schafft Raum für einen menschlichen, partnerschaftlichen Umgang der voneinander abhängigen Schüler und Schülerinnen, Lehrer und Lehrerinnen. Dazu hilft der Schulgottesdienst. Er feiert den menschgewordenen Gott, der seine Macht in Ohnmacht verkehrte, damit wir – Jugendliche und Erwachsene – weder an unserer Macht noch an unseren Schwächen noch an unserer Schwachheit zugrundegehen. Der »Menschensohn« befreit zum Menschsein.

Das vertrauensvolle Miteinanderumgehen als Kennzeichen gottesdienstlichen Lebensstils zeigt sich etwa darin, daß auch solche Begabungen der Schüler und Schülerinnen wahrgenommen werden, die keinen Einfluß auf Zeugniszensuren haben, wie z. B. Integrationsfähigkeit, Organisationsvermögen, Hilfsbereitschaft; die Menschen am Lern- und Lebensort Schule nehmen sich gegenseitig als Wesen von Fleisch und Blut ernst – man wird sensibel auch für die Gefühle, Sehnsüchte und Stimmungen des anderen. Z. B. ist zu beobachten, wie ältere Schüler und Schülerinnen, die sonst die kleineren »herunterputzen«, ihr Verhalten in dem Moment ändern, wo sie für diese, etwa zum Schulanfang, einen Gottesdienst gestalten.

Im Zentrum des Schulgottesdienstes steht die Feier der Liebe Gottes zu den Menschen. Dabei ist das Weitergeben der empfangenen Liebe an den Nächsten nicht erst Konsequenz, sondern Dimension des sabbatlich-festlichen Gottesdienstes: »In der alten Kirche hat Chrysostomos einmal eine entsprechende neue Definition der Festlichkeit gegeben: ›Wo die Liebe sich freut, da ist Festlichkeit‹ (Ubi caritas gaudet, ibi est festivitas). Die Liebe, die dem Nächsten ohne eigene Zwecke und Nutzen dient, ist Freude. Sie ist das Fest des neuen Lebens.«[12] K. E. Nipkow sieht in der Zusammenschau von »Diakonie und Liturgie« die besondere Chance und »das Proprium evangelischer Schulen«.[13] Aber auch in den Schulen in nichtkirchlicher Trägerschaft bleibt ein in der biblischen Weite des Begriffs verstandener Gottesdienst nicht wirkungslos.

Das Evangelium vom gekreuzigten und auferstandenen Christus sensibilisiert für jede Art von Menschenverachtung in schulischen Strukturen oder im Verhalten einzelner. In dieser kritischen, nonkonformistischen Funktion wirkt der Schulgottesdienst widerständig und widerspenstig gegenüber Lieblosigkeit, in welcher Form auch immer.

Die Lüge z. B. hat in einem Klima gegenseitiger Achtung weniger Chancen zu gedeihen. Sie wird leichter als eine Form der Lieblosigkeit entlarvt, die das Gegenüber der Wahrheit nicht für werthält und infolgedessen Beziehungen zerstört. Auch wird der geistige Diebstahl bei Klassenarbeiten als Selbst-, Mitschüler- und Lehrerbetrug durchschaubarer, und seine Ablehnung findet mehr Verständnis.

Aufkeimender Ausländerhaß wird in einer Schule, die Schulgottesdienste feiert, nicht tatenlos oder gar teilnahmslos hingenommen. Man arbeitet mit Information und Aktion für eine fremdenfreundliche Schule. Neue Schüler und Schülerinnen, egal welcher Herkunft, werden hilfsbereit und zuvorkommend aufgenommen. Die Vergebungsbereitschaft nimmt zu. Ellenbogenmentalität wird bekämpft; den schwächeren Schülern und Schülerinnen wird Hilfe angeboten und seelisch angeschlagene Lehrerinnen und Lehrer werden nicht systematisch »fertiggemacht«. Die Mauer der Ablehnung, von der unsympathische Mitmenschen in der Schule umgeben sind, wird zu durchbrechen gesucht. Der Schulgottesdienst ist beziehungstiftend.

Das wirkt sich wiederum auf den Umgang mit Sachen und Räumen – und damit auch mit der Schöpfung inklusive der Menschen – aus. Die Feier des menschenliebenden Gottes öffnet die Augen für die berechtigten Ansprüche der Mitmenschen und der Mitwelt.

Die Religiöse Schulwochenarbeit begründet ihre seelsorgliche Tätigkeit in der Schule u. a. mit dem pädagogischen Auftrag der Schule, zu dem neben der Wissensvermittlung wesentlich das Einüben sozialer Verantwortung gehört: »Ist die Schule ein soziales Lernfeld …, so muß sie offen sein für die religiöse Dimension. Denn das Soziale hat mit dem Religiösen wesentlich so viel zu tun wie die Interaktion mit anderen mit der Interaktion mit mir selbst: ›Ich‹ muß vorkommen dürfen mit meinem Bedürfnis nach Angenommensein und menschlicher Zuwendung, … mit meinen Sehnsüchten und Ängsten; kurz: mit der Frage nach Sinn, die ja in erster Linie nicht im Kopf, sondern im Wie des gelebten Lebens existiert. Das ist mein Ich in seiner religiösen Dimension. Und so gesehen ist das Religiöse zugleich das Menschliche und die religiöse Dimension zugleich die menschliche Dimension.«[14] – Der Schulgottesdienst ist eine Weise solcher Schulseelsorge und hilft mit, dem Lern- und Lebensort Schule ein menschlicheres Gesicht zu geben.

Freilich verwandelt der Schulgottesdienst keine Schule in ein Paradies. Alles Genannte geschieht nur bruchstückhaft und bedarf der täglichen Umkehr, aber auch das Stückwerk ist schon Antizipation des Reiches Gottes in der noch nicht erlösten Welt. Den Weg zum menschenfreundlicheren Schulleben beschreibt ein Leistungskurs Religion der Jahrgangsstufe 12 so:

»Kleine Schritte können wir gehen. Wir möchten die Anonymität der großen Schule überwinden: uns grüßen, Grüße senden an die Kranken, zusammen lachen, geduldiger hinhören, unsere Theorien gegenseitig verständnisvoll prüfen. Wir treffen uns zu Gesprächen, zum Feiern. Wir bereiten Gottesdienste gemeinsam vor. Wir möchten nach dem Maßstab Christi die Schwachen verteidigen, Mut machen, selber mutiger sein. Der Lebensraum unserer Schule soll wärmer und heller werden. Wir versagen, aber wir können uns verzeihen. Wir geben unsere Unsicherheit zu, wir zittern mit, wir verschweigen unsere Hoffnung nicht.

Ich lerne von meinen Schülern die Betroffenheit, das Aufbegehren gegen Ungerechtigkeit, den Hunger nach Gemeinschaft. Ich möchte nicht den Zeigefinger heben, sondern die Arme ausstrecken, wenn sich einer verrennt.«[15]

Wo der Gottesdienst diese Bewegung aufeinander zu initiiert, wächst Gemeinschaft. J. Gauer geht so weit, die gemeinschaftsvertiefende Funktion des Schulgottesdienstes daran festzumachen, daß dieser »die Schulgemeinschaft als Gemeinde Jesu Christi neu qualifiziert«.[16] Diese Sicht trifft zwar theologisch mit Einschränkungen auf die Versammelten zu, könnte aber die Gemeinschaftsbildung ebenso hindern, weil die der Versammlung Fernbleibenden und auch die ausdrücklich Distanzierten unter den Anwesenden ungefragt zum Leib Christi erklärt werden. Sie würden sich zu Recht gegen diese Vereinnahmung verwahren. Dem menschenfreundlichen Zusammenleben in der Schule dienlicher ist indes, die Anschauungen Andersdenkender und Andersglaubender zu respektieren – am besten verbunden mit ehrlichem Interesse.

2.2. Aktionen

Der alltägliche Gottesdienst kann in einer Reihe von Initiativen Gestalt annehmen. Verbindungsglied zur schulgottesdienstlichen Versammlung sind dabei die Abkündigungen (vgl. S. 146f). Hier wird über den Grund und die Organisation geplanter Aktionen informiert; hier kann über Vorschläge abgestimmt werden, die der Vorbereitungskreis zuvor durchdacht hat. Als Ideenbörse oder Diskussionsort eignen sich die Abkündigungen allerdings schon allein aus Zeitgründen nicht. Zur Entlastung des Gottesdienstteams könnte die Aktionsarbeit in die Hände einer separaten Gruppe gelegt werden. Denkbar sind z.B. folgende Einzelaktionen, die sich aber auch in angemessenen Zeitabständen wiederholen lassen:

○ *Briefmarkensammeln für Bethel*, verbunden mit Informationen über die Arbeit der v. Bodelschwinghschen Anstalten und einem Besuch der Einrichtungen mit einer Schülergruppe.

○ *Geldsammlung* in der Schule, in den Familien der Schüler und Schülerinnen und eventuell auf der Straße, z.B. als Beitrag zur Behebung einer sozialen Notsituation im Einzugsbereich der Schule.[17] Wichtig ist hierbei das Interesse an den betroffenen Menschen sowie Kontakte zu ihnen, damit bewußt wird, daß man sich des diakonischen Auftrags nicht einfach mit Almosen entledigen kann.

○ *Altenheimbesuch:* »Schülerinnen und Schüler einer Hauptschule« besuchten »ältere Leute in einem Altenheim, redeten und spielten mit ihnen, begleiteten sie auf Spaziergängen. Die Schüler wurden sensibel für menschliches Leid und dankbar für ihre eigene Gesundheit. Sie merkten, daß sie selbst Not lindern konnten und gewannen dadurch mehr Selbstvertrauen.«[18]

○ *Fastenaktion:* »Die Entscheidung, während der Zeit zwischen Aschermittwoch und Ostersonntagmorgen auf eine Sache zu verzichten, die Schwachstellen des eigenen Lebens markiert (z.B. Alkohol, Zigaretten, Süßigkeiten, Fernsehen), nötigt auch diejenigen, die sich – aus welchen Gründen auch immer – ›heraushalten‹, sich mit der Problematik des Habens, Nehmens und Abhängigwerdens auseinanderzusetzen.«[19]

○ *»Rollstuhlaktion«:*[20] Mit Hilfe eines geliehenen Rollstuhls erfahren Schüler und Schülerinnen die Probleme eines Körperbehinderten am eigenen Leibe. Dies dient der Sensibilisierung, kann aber auch in Vorschläge zu baulichen Umgestaltungen an die Kirchengemeinde und Stadtverwaltung münden.

o   *Schulhofgestaltung:* Diese Aktion kann von Entwürfen für die Schulverwaltung über die Organisation einer Elternbeteiligung bis zu handwerklichen Arbeitseinsätzen reichen.

o   *Demonstration:* Wurzelnd im Schulgottesdienst wird sie – vergleichbar den Leipziger Montagsdemonstrationen im Herbst 1989 – vom Geist des Friedens getragen, also vom Verzicht auf Agitation geprägt sein.

Gottesdienstliche Aktivitäten im Schulalltag können auch in Aktionsgruppen stattfinden:

o   *Schülergebetskreis* (vgl. S. 25f): Wie er Nährboden des Schulgottesdienstes sein kann, so auch seine Frucht – und dann wohl beides zugleich.

o   *Schülercafé:* In Pausenräumen oder einem der Schule nahegelegenen Gemeindehaus wird den Schülern und Schülerinnen in Pausen und Freistunden eine angenehmer Aufenthaltsort mit Bewirtung geboten. Zugleich dient der Treffpunkt dem Gespräch über Glaubens- und Lebensfragen, dem Austausch von Ideen und der Verabredung von Aktionen.

o   *Beratungskreis:*[21] Damit kann z. B. auch eine Antwort auf Drogenprobleme an der Schule gegeben werden. Neben der Drogenberatungslehrerin sollten weitere Lehrer und Lehrerinnen, Pfarrer und Pfarrerinnen zur Mitarbeit bereit sein, nicht zuletzt, um die hier engagierten Schüler und Schülerinnen seelsorgerlich zu begleiten.

o   *Bläserkreis* oder eine andere musikalische Gruppe, die die Schulgottesdienste mitgestaltet, aber auch bei weiteren schulischen bzw. gesellschaftlichen Gelegenheiten mitwirkt.[22]

o   *Ausländerkreis:* Von oder zumindest mit ausländischen Schülern und Schülerinnen der Schule kann eine Deutschunterrichts- und Schulaufgabenhilfe sowie ein Beratungsnetz aufgebaut werden, verbunden mit Öffentlichkeitsarbeit in der Schule und darüber hinaus.

o   *Amnesty-Zirkel,* der Informationen über politische Gefangene im Gottesdienst und in der Schulöffentlichkeit weitergibt sowie Protestschreiben formuliert.

Diese Beispiele zeigen einen Ausschnitt der vielfältigen Möglichkeiten, im Schulalltag gottesdienstlich zu handeln.

2.3. Religionsunterricht

Der Vergleich von Religionsunterricht und Schulgottesdienst ergab, daß zwischen beiden ein komplementäres Verhältnis besteht (vgl. S. 38–43). Die überwiegend im Rationalen angesiedelte »Unterrichtung« ruft nach dem Vollzug des Glaubens, der Gottesdienst verlangt nach der Reflexion des Gehörten und Erlebten. Ob die religionspädagogischen Konzeptionen es berücksichtigen oder nicht: Der Schulgottesdienst wirkt als affektive Ergänzung zum kognitiven Religionsunterricht. W. Langer geht sogar so weit, dem

Vollzug des Glaubens »die primäre katechetische Kompetenz« zuzusprechen.[23] Gemeint ist der Glaubensvollzug, der sich im umfassenden, auch alltäglichen Gottesdienst ereignet und im kommunikativen Geschehen der gottesdienstlichen Versammlung konzentriert.

Damit leistet der Schulgottesdienst einen wertvollen Beitrag zur Stabilisierung des Religionsunterrichts. Der Unterricht kann Themen des Schulgottesdienstes aufnehmen und umgekehrt. Dadurch wird das Interesse an der jeweils ergänzenden Veranstaltung verstärkt. Indem kirchliche Mitarbeiter und Mitarbeiterinnen und gelegentlich sogar Eltern im Schulgottesdienst mitwirken, also religionspädagogische Mitverantwortung wahrnehmen, erfahren die Religionslehrer und -lehrerinnen in ihrer bisweilen – von den übrigen Fächern und erst recht von den kirchengemeindlichen Angeboten – isolierten Aufgabe Ermutigung und Unterstützung.

Interessanterweise wird die gegenwärtige Akzeptanz des Religionsunterrichts völlig unterschiedlich eingeschätzt. Während die einen von einer »schweren Krise« des Religionsunterrichts sprechen,[24] ist er nach einer Untersuchung von A. Feige bei Lehrern und Lehrerinnen wie Schülern und Schülerinnen akzeptiert bis beliebt.[25] Dieser divergierende Befund ist m. E. bezeichnend für die nicht selten festzustellende Gleichzeitigkeit von religiösem Interesse und Interesselosigkeit, von dem Bedürfnis nach Transzendenz und ebensolcher Bedürfnislosigkeit des von Gott getrennten Menschen. Indem der Schulgottesdienst beiden Strömungen mit einem Potential an erlebbarer Spiritualität begegnet, macht er die Schüler und Schülerinnen auch für die nun einmal unabdingbare rationale Reflexion der Glaubensgrundlagen zugänglicher.

Auch in der kontroversen Diskussion um die Einführung des Religionsunterrichts in den neuen Bundesländern[26] vermag der Schulgottesdienst m. E. einen vorläufigen Ausweg zu weisen. Er stellt einen Mittelweg dar zwischen staatlich organisiertem Religionsunterricht auf der einen Seite, den die einen als Relikt einer längst überfälligen verbürgerlichten Kirche ebenso ablehnen wie als Neuauflage staatlicher Indoktrination mit umgekehrtem Vorzeichen, und der freiwilligen Christenlehre im kirchlichen Raum auf der anderen Seite, die sich die Chance entgehen läßt, im Rahmen schulischer Bildungsziele vielen anderen sonst unerreichbaren jungen Menschen Zugänge zur Befreiungsbotschaft der Bibel zu erschließen.

Der Schulgottesdienst könnte einen unaufdringlichen Beitrag zur Wahrnehmung der kirchlichen Mitverantwortung für die Schule in den östlichen Bundesländern leisten.[27] Denn neben der zu betonenden Freiheit zur Teilnahme (wie im RU) stellt er primär weder eine Aktion der Schule noch der Kirche, sondern engagierter Schüler und Schülerinnen sowie Lehrer und Lehrerinnen dar. Freilich bedürfen diese für ihr Tun der Zustimmung durch die Schulleitung – besser noch eines ähnlichen Rechtsrahmens wie in vielen alten Bundesländern (vgl. S. 37f) – sowie des Anstoßes, der helfenden Begleitung oder auch der intensiven Mitwirkung kirchlicher Mitarbeiter und Mitarbeiterinnen. Jedoch müßte sich das Team wie in der sonstigen Schulgottesdienstpraxis im wesentlichen aus Schülern und Schülerinnen zusammensetzen. Jungen Christen, die schon in der Gemeinde verwurzelt sind (Christenlehre), aber auch solchen, die dem Glauben auf der Spur sind, würde damit ein lohnendes Betätigungsfeld außerhalb der Gemeinde eröffnet. Ihnen wie allen Teilnehmenden tut sich zudem ein Erfahrungsfeld auf, das nicht einmal der Religionsunterricht bieten kann.

Daraus könnte der Einwand hergeleitet werden, einem vereinnahmenden »Kultakt« wären die Schüler und Schülerinnen noch wehrloser ausgeliefert als dem Religionsunterricht, in dem die kritische Auseinandersetzung mit dem Inhalt, etwa in Form des Widerspruchs, ein didaktisches Prinzip und keine Störung darstelle. Demgegenüber verweise ich auf die hier dargelegte Konzeption der sabbatlichen Feier, die keinem seine Freiheit nehmen, sondern im Gegenteil unser wie auch immer gefärbtes Profit- und Konsumdenken als Unfreiheit entlarven und auf den Weg der Freiheit eines Lebens mit Gott einladen will.

Die Reflexion des erlebten Glaubensvollzuges kann in informellen und formellen Gesprächsangeboten im Bereich der Schule sowie vor allem in der kirchlichen Jugendarbeit bzw. Christenlehre wie bisher erfolgen. Sie kann ihren Ort aber auch zunehmend in einem kirchlich-schulischen Gemeinschaftsangebot finden, nämlich einem Religionsunterricht, der den Zugang eröffnet »zur Hoffnung der Bibel und zu der Wahrnehmung des unendlichen Wertes jedes Menschen, mit der diese biblische Hoffnung untrennbar verbunden ist. Das ist alles andere als eine Vereinnahmung, die die nachfolgende Generation möglichst reibungslos einpassen will in die Vorstellungen der Älteren.«[28] Der Schulgottesdienst bietet sich somit als ein erster Schritt an in Richtung auf eine engere Zusammenarbeit von Kirche und Schule, die besonders die Schüler und Schülerinnen zum Zuge kommen läßt. Auf diese Weise schafft er einen angstfreien Raum für einen künftigen Religionsunterricht in den Schulen der neuen Bundesländer.

2.4. Lernprozeß

»Lernen« und »erfahren« lassen sich nicht scharf trennen und dann ausschließlich dem Religionsunterricht bzw. dem Gottesdienst zuordnen (vgl. S. 38–43). D. h., auch im Schulgottesdienst wird gelernt. Er verfolgt zwar ausdrücklich keine Lernziele (vgl. S. 53–56), dennoch vollzieht sich ein Lernprozeß quasi als Nebenwirkung des Gottesdienstes. D. Trautwein hat diesen Vorgang in den Mittelpunkt seiner Untersuchung der »Gottesdienste in neuer Gestalt« gestellt.[29] Er legt ausführlich dar, wie das Lernen aller Beteiligten im Gottesdienst geschieht: Schon die Vorbereitungsgruppe durchläuft die fünf Lernstufen des zugrundegelegten lerntheoretischen Modells: Motivation, Problemdarstellung, trial and error, Problemlösung und Lösungsverstärkung bzw. -anwendung.[30] Sodann ordnet D. Trautwein die Elemente des traditionellen (Meß-)Gottesdienstes diesem Aufriß zu[31] und kommt zu dem Ergebnis: »Über den Lernprozeß entscheidet das Maß der Mitbeteiligung.«[32] Demnach wächst die Lernfunktion des Schulgottesdienstes in dem Umfang, wie es gelingt, nicht nur die Planungsgruppe, sondern alle Gottesdienstteilnehmer und -teilnehmerinnen aus einer distanzierten Zuschauerhaltung herauszuführen und in das Gottesdienstgeschehen einzubeziehen. Daraus folgt: Je mehr der Gottesdienst seine ureigenste Sache betreibt, nämlich die Feier des Auferstandenen mit der gesamten Gemeinde, desto mehr wird damit ein Lernprozeß angestoßen und vollzogen, ohne daß davon im Gottesdienst auch nur mit einem Wort die Rede sein müßte. Was sich der Religionsunterricht wünscht und zuweilen krampfhaft als affektives Lernen herbeizuführen sucht, geschieht im gottesdienstlichen »Raum« nahezu wie von selbst – zumindest der Möglichkeit nach. Was von der Reformpädagogik angestoßen wurde und von der heutigen Pädagogik zunehmend an Erlebnis-, Gemeinschafts- und Feierelementen für das Schulleben gefordert wird, erfüllt der Schulgottesdienst, ohne daß dies bisher in konzeptionellen pädagogischen bzw. religionspädagogischen Werken ausreichende Beachtung gefunden hätte (vgl. S. 199f).[33]

Der Lernerfolg des absichtslos gefeierten Schulgottesdienstes besteht nicht etwa in der Aneignung allgemeingesellschaftlicher Verhaltensweisen, also in einer religiös überhöhten Verinnerlichung des »Seid-nett-zueinander«, sondern in einem erfahrenen Befreiungsakt. Das vernommene und gefeierte Evangelium von der liebenden Zuwendung Gottes in Jesus Christus befreit zur kritischen und gleichzeitig liebenden Hinwendung zu Gott, dem Nächsten und sich selbst. Mit diesem spirituellen Erfahrungspotential leistet der Schulgottesdienst einen Beitrag zur Identitätsbildung, die nicht in »selbstzweckhaft gesetzte(r) Selbstverwirklichung«[34] steckenbleibt. Was K.E. Nipkow für die Religionspädagogik fordert, kann der Gottesdienst weitergehender als der Religionsunterricht leisten: »Die Eröffnung der doppelten Fähigkeit zur Kommunikation mit sich und mit anderen bedeutet, daß die geschuldete Identitätshilfe erfahrungsnah ist.«[35]

Der im Gottesdienst vollzogene Dialog mit Gott als dritte Beziehungsdimension hindert die beiden anderen nicht etwa, sondern fördert wie ein guter Nährboden deren Entfaltung. Die notwendige ethische Orientierung aller Erziehung bleibt erkennbar. Sie wird in der sabbatlichen und alltäglichen Erstreckung des Schulgottesdienstes weder unter Wissensstoff verschüttet noch auf gesetzliche Appelle reduziert.

Die Betrachtung des gottesdienstlichen Glaubensvollzuges unter dem Aspekt des Lernprozesses unterstreicht, daß Lernen ein den ganzen Menschen in seinem Denken, Fühlen und Handeln umfassendes Geschehen darstellt. Indem die Schüler und Schülerinnen gemeinschaftlich Glauben leben, lernen sie leben.

3. Auswirkungen des Schulgottesdienstes in der Kirche

3.1. Gottesdienst

Der Schulgottesdienst ist eine Schule des Gottesdienstes. Lernende und Lehrende üben sich in gottesdienstliches Feiern ein. Durch immer neues Vorbereiten und Vollziehen in der Spannung von Vertrautem und Neuem lernen sie lebendige Liturgie (vgl. S. 94–97) kennen und schätzen. Daraus ergeben sich Anstöße für den Gemeindegottesdienst, z. B. schon über die Person des Pfarrers, der Pfarrerin oder etwa in der Wahl der Lieder und Verkündigungsformen; die sinnliche und motorische Verarmung des protestantischen Gottesdienstes kann durch Impulse aus dem Schulgottesdienst richtungweisend aufgebrochen werden.

Aber nicht nur einzelne Elemente werden aufgrund einer anregenden Schulgottesdienstpraxis durchdacht und neu gestaltet, viel grundsätzlicher lehrt der Schulgottesdienst die Beteiligung aller Versammelten. Dazu gehört einmal das, was W. Hollenweger 1979 noch den »Gottesdienst der Zukunft« nennt, nämlich, daß der Gottesdienst »nicht mehr dem Hirn eines einzigen Mannes« entspringt, sondern daß ein »Koordinator« »zusammen mit vielen nebenamtlichen Mitarbeitern den Gottesdienst« entwirft.[36] In der Gemeindepraxis kann das so aussehen, daß die diversen Gruppen einmal pro Jahr einen Gottesdienst gestalten.[37] Dies macht nicht nur den Gottesdienst lebendig, es zentriert zudem die vielfältige Gemeindearbeit in der sonntäglichen Feier und läßt die Gemeinde am Geschehen in den Gruppen teilhaben. Zum anderen wird ein Schulgottesdienst, wie er hier entfaltet wurde, die Vorbereitungsgruppe eines Sonntagsgottesdienstes veranlassen, alle Anwesenden möglichst kreativ in das Kommunikationsgeschehen einzubeziehen.

Der Gemeindegottesdienst profitiert also hinsichtlich seiner Attraktivität vom Schulgottesdienst. Dies ist als Chance zu sehen, aber auch unter dem Gesichtspunkt der Verantwortung für die jungen Menschen, die sowohl am Schulgottesdienst als auch am Sonntagsgottesdienst teilnehmen. Die beiden Erfahrungen dürfen nicht »meilenweit« auseinanderliegen. Die Jugendlichen müssen sich auch in der Feier der Gemeinde an- und aufgenommen fühlen. Wie der Schulgottesdienst nicht grundsätzlich vom Gemeindegottesdienst absehen darf, so der Gemeindegottesdienst nicht vom Schulgottesdienst. Am besten ist dies gewährleistet, wenn Mitarbeiter und Mitarbeiterinnen des Schulgottesdienstes, seien es Schüler und Schülerinnen, Lehrer und Lehrerinnen oder Eltern, auch Einfluß auf die Gestaltung des Sonntagsgottesdienstes haben.[38]

Wenn der Gottesdienst, mitbedingt durch den fortschreitenden Säkularisierungsprozeß, in einer dauerhaften Krise steckt,[39] dann braucht er solche Lernfelder wie den Schulgottesdienst, damit er nicht etwa aufgrund einer Ablehnung durch den sogenannten »modernen Menschen« ganz aufgegeben wird. Der Schulgottesdienst kann durch seine liturgischen Impulse sowie durch die Vielzahl der Menschen, die er beteiligt und erreicht, dazu beitragen, daß Gottesdienst wieder gesellschaftsfähiger wird – freilich niemals unter Preisgabe des dem säkularen Menschen immer auch widersprechenden Evangeliums.

Im gottesdienstlichen Geschehen, in welcher Form auch immer, sind wir zuallererst Empfangende. Wo das festgehalten wird, dürfte der Schulgottesdienst nicht als Experimentierfeld im negativen Sinne mißbraucht werden. Beispielsweise wäre die Absicht: »Wir zeigen der Gemeinde, wie man's macht«, engführend und lieblos. Gegenseitige Lernbereitschaft und das Bewußtsein des gemeinsamen Gewiesenseins auf den auferstandenen Christus als das Zentrum der Feier dienen dagegen beiden Gottesdiensttypen.

Zur Auswirkung des Schulgottesdienstes auf den Kindergottesdienst verweise ich auf den entsprechenden Abschnitt S. 29–31. Noch einmal sei betont, daß keine der beiden Gottesdienstformen die andere ersetzt, sondern sich beide befruchtend ergänzen, ebenso wie Schul- und Gemeindegottesdienst.

3.2. Konfirmandenunterricht

Schulischer Religionsunterricht und kirchlicher Tauf- bzw. Konfirmationsunterricht werden weitgehend ohne irgendeine Beziehung zueinander durchgeführt. Das führt nicht selten, wenn auch unter anderen pädagogischen und didaktischen Voraussetzungen und Lernzielen, zu Themenüberschneidungen, gelegentlich sogar im selben Zeitraum, etwa bei den Gegenständen Bibel oder Gebote. Der Schulgottesdienst stellt ein Bindeglied zwischen beiden religionspädagogischen Institutionen dar. Z. B. bleibt es nicht aus, daß sich Religionslehrer, Lehrerinnen, Pfarrer und Pfarrerinnen, die gemeinsam Schulgottesdienste vorbereiten, von Zeit zu Zeit über Inhalte und Zielsetzungen ihrer Unterrichtspraxis austauschen sowie die Gelegenheit zu Absprachen nutzen. Die Schüler und Schülerinnen machen die Erfahrung, daß Themenstellungen aus beiden Unterrichtsversionen auch auf der gottesdienstlichen Erlebnisebene relevant sind. Auf diese Weise motiviert der Schulgottesdienst wiederum, wenn auch nicht meßbar, zur Mitarbeit im Konfirmandenunterricht. Gelegentlich nehmen Konfirmanden und Konfirmandinnen im Unterricht auf Schulgottesdiensterlebnisse Bezug.

Auch der ebenso berechtigten wie problematischen Forderung nach Teilnahme der Katechumenen und Konfirmanden am Gemeindegottesdienst schafft der Schulgottesdienst eine realistischere Aussicht auf Erfüllung. Einerseits bietet er den Sonntagslangschläfern und notorischen Wochenendurlaubern die Möglichkeit, doch noch etwas vom Vollzug des Glaubens und der Kirche zu erleben. Andererseits können Elemente des Schulgottesdienstes in den Sonntagsgottesdienst aufgenommen werden (s. o.) und diesen damit für die 12–14jährigen akzeptabler machen. Auch die übrige Gemeinde hat davon ihren Nutzen.

3.3. Seelsorge

Verkündigendes und diakonisches Handeln der Kirche wird vom heutigen Menschen offenbar verstärkt in der Form seelsorglicher Hilfe erwartet und in Anspruch genommen. Das zeigt die wachsende Zahl von Angeboten wie etwa der Telefonseelsorge, der Ehe-, Familien- und Lebensberatung oder der Suchtkrankenberatung, die mit der ständig steigenden Nachfrage kaum Schritt halten können.

Der Schulgottesdienst bleibt nicht ohne Auswirkung auf die Seelsorgepraxis der Gemeinde. Dadurch, daß er (hoffentlich) das Vertrauen in christliche Lösungsmöglichkeiten und ihre Vertreter verstärkt, bedarf er der Ergänzung durch Gesprächsangebote.[40] Zumindest muß den Mitarbeitenden die Bereitschaft zum Zuhören abzuspüren sein. Den kirchlichen Mitarbeitern und Mitarbeiterinnen kommt dabei als Hoffnungsträgern im doppelten Sinne – sie tragen die christliche Hoffnung zu den Schülern und Schülerinnen und genießen bei einigen aufgrund ihrer gewissen Distanz zum Schulleben größeres Vertrauen – eine besondere Verantwortung zu. Festgelegte Gesprächszeiten, eine Beratungsecke in der Pausenhalle oder ein Schülercafé im Gemeindehaus z.B. können den nötigen Raum für seelsorgliche Gespräche schaffen. Die Kirche darf die Schule bei der Erfüllung dieser Aufgabe nicht allein lassen.

Nicht nur passive Gesprächsbereitschaft, auch aktives Zugehen auf die Jugendlichen und Erwachsenen ist denkbar und nützlich. Der Besuchskreis der Gemeinde kann, ebenso wie er den Umzug, den Geburtstag oder das Taufjubiläum zum ›Aufhänger‹ für einen Hausbesuch macht, die Schulgottesdienstteilnahme zum Anlaß nehmen. H.R. Preuß berichtet, warum und mit welchen positiven Erfahrungen er die Familien der Schüler und Schülerinnen einer Grundschule besucht: »Der Distanz zur Kirche kann in vielen Fällen nur durch Besuch und Gespräch begegnet werden. Aber offensichtlich haben auch die Distanziertesten noch Erwartungen an die Kirche ... Die Gesprächsbereitschaft der Menschen ist groß ... Es ist selten, daß Menschen religiöser Thematik gegenüber unzugänglich sind, aber ebenso selten trifft man auf ausgeprägte christliche Identität. Unsicherheit in Glaubensdingen ist ein Merkmal der Zeitgenossen, zumal der jüngeren Elternschaft ...«[41]

Der Kontakt zu den Eltern ist also ein dem Schulgottesdienst sehr zuträglicher Nebeneffekt seelsorglicher Besuche.

Der Schulgottesdienst belebt notwendigerweise das seelsorgliche Handeln der Gemeinde, auch wenn es (vorerst) nur von der Person des Pfarrers oder der Pfarrerin wahrgenommen wird. Ferner wird deutlich, daß eine von der Gemeinde verantwortete Seelsorgepraxis die Integration des Schulgottesdienstes in das Gemeindeleben in hohem Maße fördert.

3.4. Gemeindeaufbau

Unter Gemeindeaufbau (oikodomē) ist nicht nur das zahlenmäßige, sondern auch das geistliche Wachstum der Gemeinde zu verstehen. Wo sich die Schulgemeinde aus Personen mehrerer Ortschaften zusammensetzt, wird der Schulgottesdienst kein direkter Bestandteil eines missionarischen Veranstaltungsprogramms sein, das sich vornehmlich dem erstgenannten Sinn von Gemeindeaufbau verpflichtet weiß. Indirekt kann er sich indes auf die Beteiligung der Jugendlichen an den verschiedenen Gemeindeaktivitäten, insbesondere der Jugendarbeit, auswirken.[42] Denkbar ist sogar, daß der Gemeinde aus der Schulgottesdienstarbeit Mitarbeiter und Mitarbeiterinnen zuwachsen. Auch hier gilt wieder, daß gerade das zweckfreie Feiern des Schulgottesdienstes unverhoffte Früchte zu tragen vermag.

Im Vordergrund der sabbatlichen Unterbrechung des Schulalltags steht jedoch die geistliche Auferbauung. Die konzentrierteste Verwendung des Begriffs oikodomē findet sich im paulinischen Gottesdienstkapitel 1. Kor 14.[43] Auferbauung der Gemeinde geschieht als und im Gottesdienst. Das Singen, Verkündigen und Hören (V. 26) stärkt die Gemeinde wie die Speise den Leib. Die aktive Beteiligung aller ist für Paulus selbstverständlich: »Wenn ihr zusammenkommt, so hat ein jeder einen Psalm, eine Lehre ...« (V. 26). Die gemeinschaftliche Form der Vorbereitung eines Schulgottesdienstes und das Bemühen, alle Versammelten in das Geschehen einzubeziehen, sind also bereits Akte des Gemeindeaufbaus.[44]

Paulus ermahnt die Korinther, ihre Neigung zu individualistischer Selbsterbauung[45] mittels unverständlicher Zungenrede zurückzunehmen zugunsten der Erbauung der Gemeinde mit verständlichen Worten (V.4.19). Der heilige Geist bewirkt, daß wir »als die guten Haushalter (oikonomoi) der mancherlei Gnade Gottes« (1. Petr 4,10) dienend tätig werden. Im Schulgottesdienst wie in jeder anderen gottesdienstlichen Versammlung lassen wir den Bauherrn Jesus Christus mit seinem Dienst zum Zuge kommen. Indem wir ihn feiern, baut er – nicht wir – auch in der Schule das Haus (oikos) Gottes, seine Gemeinde. Solch qualitatives Wachstum der Gemeinde schließt, wenn auch unberechenbar, ihr quantitatives Wachsen ein, erst recht da, wo wie im Schulgottesdienst besonders viele Ungläubige und Unkundige (1. Kor 14,24) dabei sind.

Soweit es zutrifft, daß der »Mangel an Jugendgottesdiensten ... eine besonders gravierende Ursache für die zunehmende Entkirchlichung unserer Zeit« ist,[46] stellt der Schulgottesdienst eine geeignete Antwort auf diese Herausforderung des christlichen Glaubens dar.

3.5. Ökumenische Beziehungen

Wesentlich intensiver als im übrigen Gemeindealltag können im Schulgottesdienst ökumenische Kontakte geknüpft und gepflegt werden. Während im Leben der Ortsgemeinde nahezu alle Aktivitäten – mit Ausnahme vielleicht von einzelnen diakonischen Initiativen – parallel stattfinden, sind ökumenische Schulgottesdienste bereits die Regel. Wenn auch die katholische Kirche dem schulischen Wortgottesdienst nicht denselben Wert beimißt wie der Messe, so vollzieht sich das gemeinsame Tun doch in der essentiellsten christlichen Lebensäußerung, dem Gottesdienst.

Wir erleben gottesdienstliche Gemeinschaft, wobei jedoch der Stachel der noch nicht möglichen (Inter-)Kommunion schmerzt. Die skandalöse Trennung der Kirchen am Tisch ihres Herrn bleibt auch im Schulgottesdienst nicht verborgen. Aber in der Schule kann die Versöhnung unkomplizierter gelebt werden als auf der Ebene der Ortsgemeinden (vgl. S. 144f). Mit behutsamen Schritten zu einer ökumenischen Mahlgemeinschaft trägt der Schulgottesdienst dazu bei, daß die Jugendlichen nicht resignieren, sondern den Erwachsenen ein Beispiel versöhnter Gottesdienstgemeinschaft vorleben.

Schließlich werden ökumenische Kontakte auch ohne die Absicht einer gemeinsamen Feier gefördert, indem Termin- und Raumabsprachen zu treffen sind. Evangelische und katholische Mitarbeiter und Mitarbeiterinnen begegnen sich auf diese Weise zwangsläufig, lernen einander kennen und werden vielleicht irgendwann erste gemeinsame Schritte wagen. Grundsätzlich kann jede zum Alltagsgottesdienst zählende Aktion ökumenisch durchgeführt werden. Auch darin übernimmt der umfassende Schulgottesdienst eine Vorbildfunktion für die getrennten Ortsgemeinden.

4. Das Verhältnis von Schule und Kirche

Es verwundert nicht, daß nach dem Ende der jahrhundertelangen Beaufsichtigung der Schule durch die Kirche nicht sogleich eine partnerschaftliche Beziehung zwischen beiden Institutionen gedeihen konnte. Entsprechend stiefmütterlich wird der Schulgottesdienst behandelt. An diesem Mißstand ändert auch der Konsens darüber nicht viel, daß die Kirche eine gesamtgesellschaftliche und dezidierte religionspädagogische Bildungsverantwortung trägt[47] sowie der Schule die Erteilung des Religionsunterrichts und z.T. die Ermöglichung von Gottesdienstfeiern zur Pflicht gemacht worden ist.

Die Erneuerung der Ehe von Schule und Kirche ist sicher nicht anzustreben, schon allein wegen der Gefahr einer erneuten einseitigen Bevormundung. Daß aber eine intensivere Zusammenarbeit erstrebenswert ist um der jungen Menschen willen, die beiden Einrichtungen anvertraut sind, wird inzwischen mit Deutlichkeit gefordert:

»Ausgehend von der Erkenntnis, daß eine engere Vebindung von Kirche und Schule notwendig ist«, regt die westfälische Landessynode 1989 unter dem Stichwort »Glauben weitergeben – in der Schule« »erste Konkretionen« an.[48] Der Schulgottesdienst findet zumindest im Zuge personalpolitischer Empfehlungen Erwähnung: »In den Kirchenkreisen soll erörtert werden, ob Arbeitsplätze für Kontaktpersonen mit der Aufgabe eingerichtet werden …, z.B. bei der Entwicklung von Schulgottesdiensten mitzuhelfen …«[49]

Auch die EKD-Kammer für Bildung und Erziehung appelliert an die Landeskirchen und Kirchengemeinden, »christliche Verantwortung in Erziehung und Bildung« »für alle schulischen Institutionen« wahrzunehmen; dabei wird die »Chance« des Schulgebetes und des Schulgottesdienstes als »christliche(r) Beitrag zum Schulleben« mehrfach erwähnt.[50]

Ferner wirbt K. E. Nipkow unermüdlich für »ein gemeinsames Problem- und Aufgabenbewußtsein« von Lehrern und Lehrerinnen, Pfarrern und Pfarrerinnen.[51] Leider findet in seinem neuen, grundlegenden Werk zur Bildungsverantwortung der Kirche trotz eines umfangreichen praktischen Teils der Schulgottesdienst keine Beachtung.[52]

Schließlich verweise ich auf die Forderung G. Martins nach dem »Dienst der Kirche an der Schule«, in deren konkreter Entfaltung er sich allerdings ausschließlich mit den Möglichkeiten des Religionsunterrichts befaßt.[53] In einem späteren Beitrag nennt er jedoch den Schulgottesdienst als einen möglichen kirchlichen »Beitrag zum Schulleben«[54].

M.E. wird das Potential, das der Schulgottesdienst auch für die Intensivierung des Verhältnisses von Kirche und Schule liefert, noch nicht ausreichend erkannt, geschweige denn genutzt.[55] Das überzeugendste Kooperationsmodell zwischen Schule und Kirche ist in meinen Augen der Schulgottesdienst: Indem er die enge Zusammenarbeit fordert, fördert er sie. Zwar bieten ebenfalls Religionsunterricht, Konfirmandenunterricht und die Jugendarbeit Berührungspunkte, aber sie bleiben doch spezifische Unternehmungen der jeweiligen Institution. Zu bedenken ist ferner auch hier, daß im Erleben der Jugendlichen die Eindrücke aus den religiösen Veranstaltungen der Schule und der Kirchengemeinde undifferenziert zusammenfließen. Die Glaubwürdigkeit des Evangeliums hängt also mit davon ab, daß die Schüler und Schülerinnen eine weitgehende inhaltliche Kontinuität vorfinden.

Freilich könnten die schulischen Mitarbeiter und Mitarbeiterinnen alleine den Schulgottesdienst vorbereiten und durchführen. Die Erfahrung zeigt jedoch, daß sie die Unterstützung und Hilfe der kirchlichen Mitarbeiter und Mitarbeiterinnen nicht nur begrüßen, sondern suchen. Der Schulgottesdienst stellt die direkteste Überschneidung der Arbeitsfelder von Schule und Kirche dar. Darum bietet es sich an, daß beide gemeinsam, sozusagen symbiotisch, dieses Feld beackern. Die Früchte kommen beiden zugute. Da allerdings das Messen der Quantität und Qualität der Früchte dem Gottesdienst wesensfremd ist, wie sich letztlich auch die Erziehung – erst recht die christliche Erziehung – der Erfolgskontrolle entzieht, greife ich noch einmal auf das eingangs verwendete Bild zurück: Das vernachlässigte »Kind« Schulgottesdienst bedarf der Zuwendung beider Eltern und wird diesen Freude bereiten. Das »Kind« ist *Gabe* und (nur) darum *Aufgabe* für Schule und Kirche.

Anmerkungen

Einleitung

1 C. Grethlein, Liturgik, S. 80f, gebraucht zunächst beide Begriffe nebeneinander und entscheidet sich im Rahmen einer näheren Erörterung »besonderer Gottesdienste« für die Bezeichnung »Schulgottesdienst« (S. 221f). Vgl. E. Domay, Schulgottesdienste, S. 7.

2 Von der Schule als »fester Lebensgemeinschaft« zu sprechen, wie es H. Kittel, Ev. Unterweisung, S. 119, tut, erscheint allerdings dem heutigen Verhältnis von Schulleben und eigenständiger Freizeitgestaltung nicht mehr angemessen.

Wahrnehmen

1 Vervielfältigt im Umlauf.

2 W. Hoffsümmer, Kurzgeschichten 1, Nr. 220.

3 G. Müller, in: E. Domay, Schulgottesdienste, S. 8.

4 Aus »Leitsätze zur Entscheidung des Bundesverwaltungsgerichts vom 30. 11. 1973«: »1. Die allgemeine Schulpflicht begründet keinen Zwang zur Teilnahme an einem Schulgebet, das an einer nordrhein-westfälischen Gemeinschaftsschule während der Unterrichtszeit außerhalb des Religionsunterrichts gesprochen wird.« Zitiert nach »Informationen zum Religionsunterricht in Nordrhein-Westfalen«, S. 110.

5 So F. Niebergall (Die Kasualrede, 1905, S. 27f) über die günstige missionarische Gelegenheit der Kasualpredigt; zitiert nach R. Bohren, Kasualpraxis, S. 11, der sich sarkastisch mit dieser Metapher des Waidwerks auseinandersetzt, um die missionarische Ungelegenheit unserer Kasualpraxis zu betonen.

6 E. Lade, Musterbeispiele, Bd. 2, 14/7, S. 3. Dazu der Kommentar einer Schulleiterin: »Nicht das Schlechteste! Lieber an den Gottesdienst gewöhnen als an das Rauchen in den Ecken.«

7 Auch E. Lade, Musterbeispiele, Bd. 2, 14/3.1, S. 2f, sieht in der eucharistischen Gastfreundschaft seitens der Evangelischen keinen Ausweg und mahnt zu Recht, »daß die Probleme der beiden großen Konfessionen miteinander nicht auf dem Rücken der Schüler ausgetragen werden dürfen«.

8 Das zeigt auch die Durchsicht einiger Sammlungen von Schulgottesdienstbeispielen (vgl. Anm. 10). R. Kirste spricht sich in: E. Domay, Schulgottesdienste, S. 10, zwar für vertretbare Formen des Abendmahls in Schulgottesdiensten aus und gibt S. 105–109 einige Beispiele für eine Abendmahlsliturgie, aber in den vorgelegten Modellen wird auch hier lediglich in einem Falle (S. 58f) eine Abendmahlsfeier vorgesehen.

9 C. Grethlein, Liturgik, S. 229. Grethlein weist auch darauf hin, daß das Problem da noch größer wird, »wo sich viele Schüler zu einer anderen Religion, meist dem Islam, bekennen« (ebd.).

10 Durchgesehen wurden folgende Beispielsammlungen für Sek. I u. II: M. Bartmann/I. Vrsovsky, Licht; J. Gauer, Hoffnung; J. Gauer, Weite; Gottesdienstpraxis,

Schulgottesdienste; E. Lade, Musterbeispiele, 2 Bde.; H. Nitschke, Gottesdienste mit Schülern; Gestaltungshilfen zum Schulgottesdienst, hg. vom Landeskirchenamt der Ev. Kirche von Kurhessen-Waldeck sowie 22 vervielfältigte Entwürfe aus den Jahren 1986–1990 der »Projektgruppe Schulgottesdienst in der Sek. I«, hg. vom Dienst an den Schulen und dem Pädagogischen Institut der Ev. Kirche v. Westf. unter dem Titel »Bausteine Schulgottesdienst«.

11 H. Nitschke, Gottesdienst mit Schülern, S.83: Ein Schülergespräch unter drei Leitfragen schließt sich an eine rhythmische Pantomime zur Noah-Geschichte an; S.96 wird ein nicht näher erläutertes Predigtgespräch als Alternative zu einer Kurzansprache vorgeschlagen; S.101–110: Gesprächsgruppen mit vier Zitaten als »Aufhänger«. Gespräche sind auch in einigen Modellen der Kurhessen-Waldeckschen Kirche vorgesehen: z.B. S.13; 30.

12 Z.B. E. Domay, Schulgottesdienste und E. Lade, Musterbeispiele; anders: J. Gauer, Hoffnung; ders., Weite und M. Bartmann/I. Vrsovsky, Licht.

13 Zitiert nach E. Domay, Schulgottesdienste, S.8.

14 M. Bartmann/I. Vrsovsky, Licht S.13.

15 R. Kirste, in: E. Domay, Schulgottesdienste, S.9.

16 Ebd., z.B. S.9f; 105–109.

17 Vgl. E. Lade, Musterbeispiele, Bd.2, 14/3; 14/5.2.

18 M. Bartmann/I. Vrsovsky, Licht, S.8.

19 J. Gauer, Hoffnung, S.104; 119.

20 Entgegen anderslautenden Gerichtsurteilen seit 1965 hat das Bundesverfassungsgericht am 16.10.1979 entschieden: »Das Schulgebet ist grundsätzlich auch dann verfassungsrechtlich unbedenklich, wenn ein Schüler oder dessen Eltern der Abhaltung des Gebets widersprechen …«, (zit. nach: Informationen zum Religionsunterricht in Nordrhein-Westfalen, S.110.) Die Freiwilligkeit der Teilnahme muß allerdings gewährleistet sein. Einen Überblick über Anlaß und Entwicklung des Rechtsstreites sowie über wesentliche Passagen der Urteilsbegründung durch das Bundesverfassungsgericht gibt H.B. Kaufmann, Die Christen und die Schule, S.65–68.

21 »In einem Gymnasium folgten fast alle Schülerinnen und Schüler der Einladung zum Friedensgebet – während der großen Pause war die Aula voll und der Schulhof leer.« – Das berichtet nach wenigen Tagen Golfkrieg ein Kommentar im Ev. Sonntagsblatt für Westfalen und Lippe, »Unsere Kirche« vom 27.1.1991, S.1.

22 RGG, Bd.5, Sp.1553.

23 Vgl. E. Lohse, Umwelt des NT, S.115–117.

24 Eine ausführlichere Darstellung der Geschichte des Schulgottesdienstes, als sie hier angebracht erscheint, gibt C. Grethlein, Liturgik, S.222–225.

25 Ebd. S.223.

26 Vgl. ebd. S.224.

27 Ebd.

28 A. Kühn, Die gute Hand, S.82f.

29 Vgl. den Aufsatz von R. Vandré über »Eine eigenständige Begründung für die Emanzipation der Lehrerschaft in der Mitte des 19. Jahrhunderts«, in: P.C. Bloth, Mutuum Colloquium, S.297–313: Der ostfriesische Lehrer H.J. Sundermann forderte »die förmliche(n) Anerkennung der Lehrer als Geistliche« (310), um eine

»Trennung der Schule von der Kirche« (310) zu erreichen. Er wollte damit gerade verhindern, daß einer selbständigen Schule die geistliche Mitte abhanden kommt.

30 Vgl. H. Angermeyer, Schulgottesdienst, in: D. Stollberg, Praxis Ecclesiae, S. 233.

31 Vgl. C. Grethlein, Liturgik, S. 225.

32 Vgl. H. Kittel, Vom Religionsunterricht zur Evangelischen Unterweisung, S. 120.

33 Vgl. ebd. S. 121.

34 K. Wegenast, Gottesdienst mit Schülern, in: Ev. Erz. 1985, S. 3. Wie sehr sich der Schulgottesdienst meist als wöchentliche Pflichtveranstaltung in den Augen von Schüler-, Lehrer- und Pfarrerschaft gleichermaßen abgenutzt hatte, spiegelt besonders eindrücklich der Beitrag von E. Obendiek, Schulgottesdienst – so oder anders? in: Ev. Erz. 1960, S. 204–207. Dagegen versucht G. Saß, Das Problem des Schulgottesdienstes, in: MPTh 1962, S. 367–375, zu retten, was zu retten ist, indem er den Schulgottesdienst mit einer strengen Orientierung am Gemeindegottesdienst diesem gleichwertig erklärt.

35 Vgl. zur Geschichte der Sonntagsschule bis zum heutigen Kindergottesdienst ausführlicher: C. Berg, Gottesdienst mit Kindern; C. Grethlein, Liturgik, S. 148–154; G. Adam, Art. Kindergottesdienst, in: TRE, Bd. 18, S. 183–185.

36 Vgl. C. Berg, Gottesdienst mit Kindern, S. 23f.

37 G. Adam, Art. Kindergottesdienst, in: TRE, Bd. 18, S. 184.

38 Vgl. z. B. C. Berg, Gottesdienst mit Kindern, S. 53.

39 Z. B. die im Gnadauer Verband zusammengeschlossenen Landeskirchlichen Gemeinschaften des Siegerlandes.

40 So z. B. C. Grethlein, Liturgik, S. 155f, mit dem Argument, daß die altersspezifische Situation der Kinder einen dementsprechenden Gottesdienst fordert.

41 So z. B. C. Möller, Gottesdienst als Gemeindeaufbau, S. 174–183, unter Hinweis auf die unbiblische Zerteilung der Gottesdienstteilnehmer und -teilnehmerinnen in Altersgruppen.

42 C. Grethlein, Liturgik, S. 154.

43 J. Hanselmann u. a., Was wird aus der Kirche? S. 192.

44 H. R. Preuß, Gemeindearbeit durch Schulgottesdienst, in: Ev. Erz. 1987, S. 680.

45 Vgl. ebd., S. 681.

46 J. Hanselmann u. a., Was wird aus der Kirche? S. 175.

47 Shell-Studie '85, Bd. 5, S. 168.

48 Vgl. etwa die Berichte von W. Bergau, Die neuen Schüler, in: Ev. Erz. 1987, S. 636, und H. B. Kaufmann, Die Christen und die Schule, S. 80.

49 H. Lenhard, Erfahrungen, in: Ev. Erz. 1987, S. 627, bestätigt diese Beobachtungen und bemerkt sogar: »Selbst das Wort ›Gott‹ muß bei vielen Schülern ›erst neu eingeführt werden‹«.

50 Shell-Studie '85, bes. Bd. 1, S. 265–304.

51 Z. B. I. u. W. Lukatis, Jugend und Religion in der Bundesrepublik Deutschland, in: U. Nembach, Jugend und Religion, S. 107–143, insbes. S. 109–114.

52 Z. B. A. Feige, Erfahrungen mit Kirche; Ders., Kirche auf dem Prüfstand: Die Radikalität der 18–20jährigen. Biographische und epochale Elemente im Verhältnis der Jugend zur Kirche – ein Vergleich zwischen 1972 und 1982, in: J. Matthes, Kirchenmitgliedschaft im Wandel, S. 65–98. Ders./K. E. Nipkow, Religionslehrer, S. 72–77.

53 Vgl. Shell-Studie '85, Bd. 5, S. 208; Auswertung Bd. 1, S. 279–284.

54 I. u. W. Lukatis, in: U. Nembach, Jugend und Religion, S. 111.

55 Vgl. Shell-Studie '85, Bd. 5, S. 208; Auswertung, Bd. 1, S. 279–284.

56 I. u. W. Lukatis, in: U. Nembach, Jugend und Religion, S. 113; vgl. Shell-Studie '85, Bd. 1, S. 282; G. Lämmermann, in: R. Hanusch/G. Lämmermann, Jugend, S. 118.

57 H. Siegel, Gottesdienst und Konfirmanden, in: Comenius-Institut, Konfirmandenarbeit, S. 144f.

58 Diese Äußerungen wurden mit vielen anderen von dem schwedischen Pfarrer Jan Carlquist unter dem Titel »Teenager im Gottesdienst« 1980 im Verlag Wort im Bild, Hammersbach veröffentlicht. Zitiert sind sie hier nach einer Buchbesprechung in: Unsere Kirche, Ev. Sonntagsblatt für Westfalen und Lippe, Nr. 34/1980, S. 6.

59 A. Feige, Erfahrungen mit Kirche, S. 106.

60 Ebd., S. 108.

61 Ebd., S. 109.

62 Vgl. ebd. S. 527–544.

63 Ebd., S. 107; vgl. ausführlicher S. 419.

64 Vgl. auch den Beitrag zur 2. EKD-Umfrage »Was wird aus der Kirche?« von P. Cornehl, Teilnahme am Gottesdienst. Zur Logik des Kirchgangs – Befund und Konsequenzen, in: J. Matthes, Kirchenmitgliedschaft im Wandel, S. 15–53.

65 E. Roth, Religionsunterricht im Fokus des sog. Traditionsabbruches, in: Deutsches Pfarrerblatt 9/90, S. 377.

66 C. Grethlein hat unter den hauptamtlichen(!) Religionslehrern, also kirchlichen Schulpfarrern in Bayern, eine überwiegend positive Einschätzung des Schulgottesdienstes ermittelt: »57,1% der Befragten sprechen sich für das regelmäßige Abhalten von Schulgottesdiensten, 42,8% dagegen aus . . .« (Religionsunterrricht an Gymnasien, S. 100.) .

67 Ebd., S. 146.

68 E. Lade, Musterbeispiele, 4/3.5, S. 1f. Vgl. ebd. 14/4.3, S. 3f: Vom Religionslehrer wird »die Stimmigkeit von Glauben, Reden und Tun« gefordert.

69 Viele haben sich zwar in früheren Lebensjahren aktiv in der evangelischen Jugendarbeit engagiert, aber nach den Umfrageergebnissen von A. Feige übernehmen nur noch 32,4% Aufgaben in ihrer Kirchengemeinde (in: Ders./K.E. Nipkow, Religionslehrer, S. 56, 118).

70 Vgl. J. Kuhn, Der Fundamentalismus und die öffentliche Schule, in: RKZ Nr. 9/88, S. 266–270.

71 Es wäre fatal, wenn Eltern in den Schulgottesdiensten ein weiteres Argument fänden, ihre eigene Verantwortung hinsichtlich der religiösen Erziehung zu vernachlässigen.

72 Eine gute Übersicht bieten E. Goßmann/R. Bäcker, Schulgottesdienst, S. 80–85, tabellarisch S. 81.

73 Zit. nach: Informationen zum Religionsunterricht in Nordrhein-Westfalen, S. 111.

74 Ebd., S. 113.

75 Vgl. G. Otto, Art. Religionsunterricht, in: PThH, S. 516.

76 Vgl. ebd., S. 517.

77 Z. B. J. Lähnemann über Helmuth Kittel in: H. Schröer/D. Zilleßen, Klassiker der Religionpädagogik, S. 261f, H. Halbfas aufnehmend.

78 A. Feige, Christliche Tradition auf der Schulbank, in: Ders./K.E. Nipkow, Religionslehrer, S. 19.
79 Darin besteht nach Comenius-Institut, Orientierungsrahmen Religionsunterricht, S. 2, weitgehender Konsens unter den Vertretern der verschiedenen religionspädagogischen Konzeptionen.
80 E. Rosenboom, Lehrbare Religion?, S. 11f.
81 Ebd.
82 Vgl. H.-J. Fraas, Identität, S. 9: Es »kann einer nur in dem Maß lernen, wie er Vertrauen hat ... Darum wird der Glaube zur Motivation für lebenslanges Lernen.«
83 K. Dienst, Die lehrbare Religion, S. 254.
84 E. Rosenboom, Lehrbare Religion?, S. 28.
85 E. Feifel, in: ders. u. a., Handbuch der Religionspädagogik, Bd. 3, S. 32; vgl. ebd., S. 38f »Glaube als individueller und sozialer Lernprozeß«.
86 H. Lenhard, Erfahrungen, in: Ev. Erz. 1987, S. 632.
87 Ebd.; vgl. z. B. C. Reents, Maria Montessori, in: H. Schröer/D. Zilleßen, Klassiker der Religionspädagogik, S. 207f.
88 H. Lenhard, Erfahrungen, in: Ev. Erz. 1987, S. 634: Dabei »hat eine Gruppe von Lehrern und Schülern den Versuch gemacht, Lebensbedingungen von Menschen in der Dritten Welt zu simulieren«. Es stellte sich die befreiende Erfahrung ein: »Ich kann ja abgeben, ich muß nichts festhalten.«
89 Ebd., S. 633.
90 H. Lenhard nimmt den Einwand K. Wegenasts ernst, »›daß es dem RU mit einer oder zwei Wochenstunden nicht möglich ist, Erfahrungen zu organisieren‹« (ebd. S. 632).
91 D. Trautwein, Lernprozeß Gottesdienst.
92 C. Grethlein, Liturgik, S. 253, stellt fest: »Christlicher Gottesdienst ist grundsätzlich für alle Menschen offen und will die Gemeinschaft der Getauften (und derer, die auf dem Weg zur Taufe sind) darstellen.« Schränkt er damit die prinzipielle Offenheit nicht sogleich wieder ein? Zum Schulgottesdienst kommen jedenfalls auch Getaufte, die nicht mehr zu ihrer Taufe stehen, und Ungetaufte, die sich nicht auf dem Weg dorthin sehen.
93 G. Eichholz, Paulus, S. 20.
94 Vgl. F. Lang, Korinther, S. 196.
95 O. Weber, Versammelte Gemeinde, S. 33.
96 Vgl. ebd.
97 Vgl. ebd. S. 46–53.
98 Vgl. G. Kretschmar, Art. Abendmahlsfeier I, in: TRE, Bd. 1, S. 230f.
99 Vgl. G. Theißen, Soziologie, S. 297.
100 Vgl. ebd., S. 311–317 sowie E. Käsemann, Gäste des Gekreuzigten, in: G. Kugler, Forum Abendmahl, S. 45–60, bes. S. 57.
101 Vgl. E. Käsemann, ebd., S. 45f.57.
102 F. Hahn, Art. Gottesdienst II, in: TRE, Bd. 14, S. 38, stellt bezugnehmend auf 1. Kor 14,23–25 fest, daß der Gottesdienst einschließlich Mahlfeier »in urchristlicher Zeit eine offene Gemeinschaft gewesen (ist), zu der jeder Zutritt hatte«.
103 G. Bornkamm, Das Ende des Gesetzes, S. 125f.
104 Vgl. D. Powell, Art. Arkandisziplin, in: TRE, Bd. 4, S. 6; G. Kretschmar, Art. Abenmahlsfeier I, in: TRE, Bd. 1, S. 246.

105 Vgl. F. Hahn, Art. Gottesdienst II, in: TRE, Bd. 14, S. 38.

106 G. Otto, Art. Abendmahl, in: PThH, S. 41.

107 Vgl. K.-P. Jörns, Lebensbezug, S. 115.119.

108 G. Otto, Art. Abendmahl, in: PThH, S. 41; so auch F. Hahn, Art. Gottesdienst III, in: TRE, Bd. 14, S. 38.

109 G. Otto, Art. Abendmahl, in: PThH, S. 61.

110 Vgl. K.-P. Jörns, Lebensbezug, S. 119, unter Berufung auf K. Wengst, der Did 10,6 nicht mehr als Teil einer einsetzungsgemäßen Herrenmahlsliturgie betrachtet.

111 J. Moltmann, Kirche, S. 270–273, im Anschluß an O. Weber, Grundlagen, S. 678–686. Bemerkenswert ist, daß Moltmanns Plädoyer für das »offene Mahl« damit aus dem reformierten »Lager« kommt.

112 A. Niebergall, Art. Abendmahlsfeier IV, in: TRE Bd. 1, S. 322, kann darum in der heutigen Abendmahlspraxis keine »Maßnahmen der Kirchenzucht im Blick auf den Ausschluß vom Abendmahl« mehr ausmachen.

113 J. Moltmann, Kirche, S. 285.

114 Vorschläge macht E. Lade, Musterbeispiele, 14/5.2, S. 5.

115 So auch erstaunlicher- und erfreulicherweise E. Lade in der eher einem Selbstbedienungsladen gleichenden (was ja durchaus hilfreich sein kann), dickleibigen Modellsammlung »Musterbeispiele«, z. B.: »Da ansprechenden Schulgottesdienst letztlich Gott schenkt, wäre aufrechte und dankbare Demut die wünschenswerte Haltung« (14/8, S. 2); oder: »Höchstleistungen an Vorbereitungen verkrampfen gottesdienstliches Geschehen. Ab einem gewissen Punkt ist Gottvertrauen angesagt« (13/2.12, S. 6).

116 R. Bohren, Predigtlehre, S. 76.

117 Z. B. O. Herlyn, Gottesdienstgestaltung, S. 138, benennt drei unverzichtbare Dinge: »1. daß auf jeden Fall das Wort Gottes laut wird; 2. daß es darüber auf jeden Fall zum Gebet kommt; 3. daß dies auf jeden Fall gemeinschaftlich geschieht.«

118 Vgl. R. Bohren, Predigtlehre, S. 93; O. Weber, Versammelte Gemeinde, S. 113.

119 Gegenüber K. H. Bieritz, der im Anschluß an P. Brunner behauptet, daß sich Wort und Antwort gegenseitig durchdringen (vgl. Gottesdienst, S. 40), folge ich O. Herlyn: »Weder verhalten sich ›Wort‹ und ›Antwort‹ komplementär, noch ›durchdringen‹ sie einander.« Das »Geheimnis des Gottesdienstes« besteht darin, daß sich das Wort Gottes an menschliche Worte bindet, aber nicht, um »sich damit auch inhaltlich nach diesen« zu richten, sondern »um so seine Herrschaft auszuüben ...« (Gottesdienstgestaltung, S. 30f).

120 C. Westermann, Jesaja 40–66, ATD, S. 226.

121 R. Bohren, Predigtlehre, S. 93.

122 So z. B. im Blick auf den Kindergottesdienst auch C. Möller, vgl. Anm. 41; anders C. Grethlein, Liturgik, S. 155f. In einer ausführlichen Erörterung versucht H.-J. Fraas, Grenzfall des Gottesdienstes – der Kindergottesdienst, in: P. Stolt, Grenzen kirchlicher Praxis, S. 131–147, derartige »Separat-Gottesdienste« (S. 137) durch die »Wiederentdeckung des Kultischen« (S. 141) füreinander zu öffnen und so dem Ziel der Integration schrittweise näherzukommen.

123 J. Kluge, Schulgottesdienst, in: Studienheft 3/4 des Päd. Inst. der Ev. Kirche v. Westf. 1969, S. 5, bezeichnet zwar schon 1969 den Schulgottesdienst als »eigenwertigen Gottesdienst« (in Anlehnung an G. Saß: »Schulgottesdienst ist keine Diminutivform des Gemeindegottesdienstes«), unterscheidet ihn aber nicht von den

sog. Zielgruppengottesdiensten, im Gegenteil: »Er ist eine Form unter den Gottesdiensten der jungen Gemeinde.«

124 Zu denken ist hier auch an weitere Gottesdienste, die eine soziale Gruppe feiert, der man zeitweise angehört, z. B. Tagungs-, Gefängnis- oder Krankenhausgottesdienste; vgl. C. Grethlein, Liturgik, S. 222.

125 O. Herlyn, Gottesdienstgestaltung, S. 146–149.

126 Ebd., S. 149.

127 So H. Angermeyer, Schulgottesdienst, in: D. Stollberg, Praxis Ecclesiae, S. 242; vgl. C. Grethlein, Liturgik, S. 222.

128 Man könnte einwenden, daß eine Parochialgemeinde auch eine solche Großgruppe darstellt. Dem ist entgegenzuhalten, daß der Ausdruck »Gemeinde« als Synonym von »Kirche« in erster Linie ein theologischer Begriff ist und daß die volkskirchliche Ortsgemeinde keine so engen sozialen Beziehungen aufweist wie etwa die Schulgemeinde.

129 Vgl. E. Lade, Musterbeispiele, 13/2.9, S. 3f.

130 Ebd., S. 5.

131 J. Stalmann, Gottesdienst als Gestaltungsaufgabe, in: H. Riehm, FS F. Schulz, S. 82f, charakterisiert diesen Gottesdiensttyp inhaltlich und gestalterisch knapp und treffend; vgl. M. Josuttis, Art. Gottesdienst, in: G. Otto, Praktisch Theologisches Handbuch, S. 305–307.

132 P. Cornehl, Art. Gottesdienst VIII, in: TRE Bd. 14, S. 79.

Konzipieren

1 Duden, Herkunftswörterbuch, S. 359.

2 A. J. Heschel, Sabbat, S. 12. Vgl. ferner H. W. Wolff, Anthropologie, S. 203–205; J. Moltmann, Lebensstil, S. 86–89.

3 A. J. Heschel, Sabbat, S. 13. »Er ist ein Tag für Seele und Leib – Luxus und Freude sind integraler Bestandteil der Observanz des Sabbats. Der ganze Mensch, alle Bereiche seines Seins, müssen an dem Segen teilhaben« (S. 17).

4 M. Josuttis, Praxis, S. 185.

5 H. Krimm, Eucharistia, in: Dt. Pfr. Bl. 1991, S. 4.

6 Vgl. H. W. Wolff, Anthropologie, S. 209.

7 Jüdischer Abendgottesdienst für den Sabbat, zit. nach A. J. Heschel, Sabbat, S. 12.

8 H. W. Wolff, Anthropologie, S. 202.

9 C. Möller, Gottesdienst als Gemeindeaufbau, S. 89.

10 G. Heinz-Mohr, Die Kunst des geöffneten Lebens, S. 19.

11 Ebd., S. 90. Hier bezieht sich auch C. Möller auf Taizé: »Der auferstandene Christus kommt, um im Innersten des Menschen ein Fest zu verwirklichen ...« (R. Schutz)

12 Frère Rudolf in einem unveröffentlichten Vortrag 1968, zit. nach A. Stökl, Taizé, S. 115.

13 Vgl. A. Stökl, Taizé, S. 116–126. Die jüngste Entfaltung und Applikation einer derartigen sabbatlichen Gottesdienstkonzeption sehe ich in den neuen Predigthilfen zu den Perikopenreihen unter dem Titel »Meditative Zugänge zu Gottesdienst und Predigt«, hg. von G. Ruhbach, A. Grün und U. Wilckens, also erfreulicher- und konsequenterweise ökumenisch.

14 Vgl. C. Möller, Gottesdienst als Gemeindeaufbau, S. 89: »Wurden nicht auch viele Gottesdienste in neuer Gestalt Opfer eines Leistungszwanges? Ich kann ja auch liturgische Leistungen vollbringen, indem ich ständig möglichst aktuell und originell sein möchte ...«

15 G. Voigt, Die bessere Gerechtigkeit, S. 284f; vgl. W. Grimm/K. Dittert, Deuterojesaja, S. 467f, wo auch eine Anekdote und die »Legende vom modernen Menschen« sowie ein Auszug aus Luthers Jesaja-Vorlesung wiedergegeben sind.

16 Vgl. auch A. Stökl, Taizé, S. 129f. – W. Hollenweger, Leibhaftigkeit, S. 174–180.

17 H. Hempelmann, in: K. Haacker/H. Hempelmann, Hebraica Veritas, S. 76. S. 58.

18 D. Trautwein, Lernprozeß Gottesdienst, S. 112.

19 Vgl. H. Angermeyer, Schulgottesdienst, in: D. Stollberg, Praxis Ecclesiae, S. 234; E. Lade, Musterbeispiele 14/9.2, S. 1.

20 Vgl. M. Pieper, Einander begegnen, in: Das Missionarische Wort 1988, S. 157–161.

21 E. Lade, Musterbeispiele 14/9.2–4.

22 M. Josuttis, Praxis, S. 181.

23 E. Lade, Musterbeispiele 14/9.1, S. 4.

24 H. Schröer, Im Gottesdienst nichts Neues? in: Ev. Erz. 1989, S. 528, kritisiert mit Recht an D. Trautweins Lernprozeß-Konzeption »eine zu starke Anbindung an die Denkweisen der damals auch im themenorientierten Religionsunterricht herrschenden Bemühungen um Problemlösungen ... Doch kam dabei der Spiel- und Feiercharakter des Gottesdienstes zu kurz.«

25 C. Möller, Gottesdienst als Gemeindeaufbau, S. 144. 134.

26 Ders., Charisma, S. 3.

27 Ebd., S. 11; vgl. ders., Gottesdienst als Gemeindeaufbau, S. 90: »Nun kann ich mich den Sorgen anderer Menschen widmen, weil ich mit meinen eigenen Sorgen zur Ruhe gekommen bin ...«

28 Ders., Charisma, S. 3.

29 Diese Tendenz mit dem Ziel, den »Alltag immer sonntäglicher« zu machen um den Preis, »daß darüber der Sonntag immer alltäglicher wird«, beschreibt W. Vorländer, Hoffnung, S. 180 sehr anschaulich.

30 A. J. Heschel, Sabbat, S. 12.

31 Vertrauen soll wachsen, Taizé und die Jugend, S. 109.

32 Vgl. M. Josuttis, Praxis, S. 142–163.

33 Vgl. W. Krusche, Einladende Kirche, in: Theologische Beiträge 1988, S. 188.

34 Schon die Aufklärung stellte die erfahrene Wirklichkeit den »ungeprüfte(n) Wahrheitsbehauptungen der Tradition« (K. Wegenast, Glauben erfahren, S. 4) gegenüber. Empirismus und Positivismus gründeten Wissenschaft und Handlungsorientierung auf Erfahrung. Entgegen der nun doch wieder rationalistischen Aufklärungstheologie entfaltete etwa Schleiermacher seine »Erfahrungstheologie« mit dem Kernbegriff des schlechthinnigen Abhängigkeitsgefühls.

35 M. Luther hat sich der Erfahrungsthematik ausführlich gewidmet, vgl. U. Köpf, Art. Erfahrung III/1, in: TRE Bd. 10, S. 114f: »Unter den Schweizer Reformatoren scheint Calvin den Erfahrungsbegriff besonders zu schätzen« (ebd., S. 115). Nach ihm ergreift die Schrift »uns erst dann recht und ernstlich, wenn sie durch den Geist in unseren Herzen versiegelt ist ... Das ist ein Empfinden, das nur aus himmlischer Offenbarung entstehen kann. Ich rede von dem, was jeder einzelne Gläubige bei sich selber erfährt ...« J. Calvin, Institutio, I,7,5, S. 26.

36 U. Köpf, Art. Erfahrung III/1, in: TRE, Bd. 10, S. 115.

37 E. Feifel, in: ders. u. a., Handbuch der Religionspädagogik, Bd. 1, S. 93.

38 Allein die Titel vieler neuerer Veröffentlichungen zeigen den derzeitigen Stellenwert der Erfahrungsvermittlung an: Zum Kindergottesdienst vgl. z. B. M. Fries/ H.B. Kaufmann, Mit Kindern Glauben erfahren (1987); H. Lindner/P. Morgenroth, Glauben mit Kindern erleben (1987); E. Dieterich/G. Mohr/A. Weidle, Seht die Blumen auf dem Felde (1990). Zum Gemeindegottesdienst vgl. z. B. S. Fritsch-Oppermann/H. Schröer, Lebendige Liturgie (1990); C. von Lowtzow, Mit lieblosen Gottesdiensten Gottes Liebe feiern? (1990); E. Domay, Arbeitsbuch Gottesdienst. Ideen und Modelle für ein ganzheitliches Erleben des Gottesdienstes (1990); H.-C. Schmidt-Lauber, Die Zukunft des Gottesdienstes. Von der Notwendigkeit lebendiger Liturgie (1990).

39 Vgl. z. B. P. Biehl: Erfahrung, Glaube und Bildung (1991) mit seit 1982 erstveröffentlichten Studien zu einer erfahrungsbezogenen Religionspädagogik sowie auf katholischer Seite z. B. H. Halbfas, Das dritte Auge (1982). H. Lenhard, Erfahrungen, in: Ev. Erz. 1987, S. 613–636, geht dagegen scharf mit einer Überbewertung religiöser Erfahrungen, die die Grenzen der Selbsterfahrung nicht überschreiten, ins Gericht, um dann zu Erfahrungen mit dem »biblischen Zeugnis von der verändernden Wirklichkeit Gottes« (S. 633) anzuregen.

40 Vgl. W. Janzen, Okkultismus, in: Ev. Erz. 1989, S. 145; ähnlich F. Hunfeld/T. Dreger, Magische Zeiten, S. 35f.

41 Einen guten Über- und Einblick gibt z. B. U. Birnstein, Neuer Geist in alter Kirche? Die charismatische Bewegung in der Offensive, Stuttgart 1987.

42 P. Biehl, Erfahrung, S. 17.

43 E. Feifel, in: ders. u. a., Handbuch der Religionspädagogik, Bd. 1, S. 90; vgl. S. 88.

44 Vgl. K. Wegenast, Glauben erfahren, S. 5.

45 P. Biehl, Erfahrung, S. 24.

46 Ebd., S. 24–28.

47 Ebd., S. 28 im Anschluß an E. Jüngel.

48 Vgl. E. Feifel, in: ders. u. a., Handbuch der Religionspädagogik, Bd. 1, S. 99f.

49 Vgl. I. Baldermann, Wer hört mein Weinen?, S. 12–16.

50 Ebd., S. 62–66.

51 Vgl. H. Lenhard, Erfahrungen, in: Ev. Erz. 1987, S. 626.

52 M. Josuttis, Der Gottesdienst als Ritual, in: F. Wintzer, Praktische Theologie, S. 49.

53 Vgl. ebd., S. 50; H.-G. Heimbrock, Ritual als religionspädagogisches Problem, in: JRP Bd. 5, 1988, S. 55f, der auf die sozialphilosophische Begriffsbestimmung von Emile Durkheim hinweist.

54 W. Jetter, Symbol und Ritual, S. 93. Nach M. Josuttis, Der Gottesdienst als Ritual, in: F. Wintzer, Praktische Theologie, S. 49, eignet auch jedem Alltagsritual »insofern ein religiöses Element, als es der Herstellung einer Ordnung dient, die den Einbruch eines lebensbedrohenden Chaos abwehren soll.« Die Besonderheit des religiösen Rituals sieht er lediglich darin, daß in ihm »das Ziel und die Funktion jedes Rituals explizit verbalisiert« wird.

55 W. Teichert, in: A. Kiehn u. a., Bibliodrama, S. 12.

56 W. Jetter, Symbol und Ritual, S. 94; vgl. hierzu auch seine Ausführungen zum »Ritual als Verhaltenshilfe« S. 95.

57 Vgl. ebd., S. 119–121; J. Moltmann, Kirche, S. 290.

58 H.-J. Thilo erkennt – aufgrund seiner Erfahrungen als Psychoanalytiker – von daher in der »Recreatio« (»Gottesdienst ist das Rasthaus, in das wir müde einkehren. Hier genießen wir, hier erfrischen wir uns.«) eine »therapeutische Funktion des Gottesdienstes«: »Hier wird das Ritual, in der Kindheit erlebt, bei den verschiedenen Einschnitten in existentieller Form (Konfirmation – Trauung etc.) wiederholt, nach dem psychoanalytischen Dreischritt Erinnern – Wiederholen – Durcharbeiten zur Therapie.« H.-J. Thilo, Die therapeutische Funktion, S. 42.

59 J. Moltmann, Kirche, S. 290; vgl. H.-J. Fraas, Grenzfall Kindergottesdienst, in: P. Stolt, Grenzen kirchlicher Praxis, S. 142f.

60 W. Jetter, Symbol und Ritual, S. 116.

61 Vgl. ebd., S. 107f.

62 In diesem Zusammenhang sei noch S. Freuds grundsätzliche Kritik an jedem religiösen Ritual erwähnt, auf die H.-J. Thilo hinweist: Freuds »großer Vorwurf besteht darin, daß durch die religiösen Rituale das infantile Sicherheitsbedürfnis konserviert bleibe. Ein stets zur Verfügung stehender Vater, der alles verzeiht, eine schützende Macht, die die Angst nimmt und schließlich ein Heimweg in einen väterlich/mütterlichen Schoß, der das Sterben erleichtert: Das alles – so Freud – hindert den Menschen an seiner ureigensten Aufgabe: Erwachsen zu werden.« H.-J. Thilo, Die therapeutische Funktion, S. 40.

63 Vgl. H.-G. Heimbrock, Ritual als religionspädagogisches Problem, in: JRP Bd. 5, 1988, bes. S. 54; 78–80; H.-J. Fraas, Identität, S. 162f.

64 Y. Spiegel, Der Gottesdienst unter dem Aspekt der symbolischen Interaktion, in: JLH 16, 1971, S. 118.

65 Vgl. E. Öffner, Pastoralsoziologische Grundlegung: Der Pfarrer und sein Kommunikationsproblem, in: B. Klaus, Kommunikation, S. 98f.

66 Ebd., S. 99.

67 J. Moltmann, Schöpfung, S. 299.

68 H.-J. Fraas, Identität, S. 171.

69 Weitere Bedeutungsrichtungen, wie z. B. »im feindlichen Sinn ... zusammenstoßen«, vgl. W. Bauer, Wörterbuch zum NT, Sp. 1539.

70 »Das, was Maria hier tut, besteht darin, daß sie die für sie unvereinbaren Dinge zusammenbringt und in ihrem Herzen zu einer Einheit zusammenfügt. ›Sie vollzieht das Symbol‹ schreibt Wilhelm Stählin hierzu.« H.-J. Thilo, Die therapeutische Funktion, S. 33.

71 H. Halbfas, Was heißt »Symboldidaktik«?, in: JRP, Bd. 1, 1984, S. 86f; vgl. ausführlicher: ders., Das dritte Auge, bes. S. 84–141.

72 Ebd., S. 94.

73 J. Scharfenberg, Symboldidaktik zwischen Tradition und Situation (Gedanken zu: Hubertus Halbfas, Das Dritte Auge...), in: JRP, Bd. 1, 1984, S. 213; vgl. J. Scharfenberg/H. Kämpfer, Mit Symbolen leben.

74 P. Biehl, Symbol und Metapher, in: JRP, Bd. 1, 1984, S. 29–64; vgl. ausführlicher: ders., Symbole, bes. S. 44–72.

75 Dies entspricht im wesentlichen dem Symbolbegriff, wie ihn im Anschluß an P. Ricoeur z. B. W. Jetter, Symbol und Ritual, bes. S. 28f; H.-J. Fraas, Identität, bes. S. 171–173 und C. Grethlein, Liturgik, bes. S. 39f entfalten.

76 B. Herrmann, Gleichnis, S. 15.

77 Vgl. ebd., S. 37.

78 Nach J.N.D. Kelly, Altchristliche Glaubensbekenntnisse, S. 57–65, hat erstmals Cyprian das Wort für ein Taufbekenntnis verwendet, wodurch der Begriff »ursprünglich selbst aufs innigste mit der urtümlichen Grundstruktur des Taufritus (sc. Fragen und Antworten, W.N.) verbunden war« (S. 65). Vgl. W. Niesel, Symbolik, S. 1.

79 Vgl. W. Jetter, Symbol und Ritual, S. 75: »Als Vehikel der Glaubensäußerung ist das Symbolische ebenso zweischneidig wie unvermeidlich. Es bedarf immer wieder des die Situation eindeutig machenden Wortes, der Anrede, der Zusage.« Dagegen vertritt etwa L. Boff, Sakramentenlehre, S. 30, einen weiten, sakramentalen Symbolbegriff: Er hält sogar jede weltliche Wirklichkeit für symbolträchtig und schreibt ihr eine »sakramentale Funktion« zu (ähnlich H. Halbfas, Das dritte Auge, S. 140f). Damit behauptet er nicht, daß die Dinge Gotteserkenntnis vermitteln, wohl aber, daß sie uns in dem Moment die Welt und uns selbst tiefer erschließen, wo wir sie nicht nur als Sache, sondern als Zeichen erfahren. Dennoch kann so leicht die Symbolfunktion des Irdischen im Sinne einer natürlichen Theologie überbewertet werden.

80 W.v. Humboldt, zit. nach K. Kraus, Die Sprache, S. 7.

81 P. Biehl, Symbol und Metapher, in: JRP, Bd. 1, 1984, S. 62.

82 C. Grethlein, Liturgik, S. 40.

83 W. Jetter, Symbol und Ritual, S. 49.

84 B. Herrmann, Gleichnis, S. 37; vgl. W. Jetter, Symbol und Ritual, S. 50.

85 Vgl. W. Jetter, Symbol und Ritual, S. 74f.

86 C. Grethlein, Liturgik, S. 40.

87 Der Hang des Menschen zu einer »natürlichen Theologie« darf nicht unterschätzt werden; vgl. W. Jetter, Symbol und Ritual, S. 82–84.

88 H.-J. Thilo, Die therapeutische Funktion, S. 33f. Vgl. J. Scharfenberg/H. Kämpfer, Mit Symbolen leben, z.B. S. 137.

89 Vgl. G. Baudler, Symbolisch-erzählende Theologie, S. 100–103.

90 Nach der Unterscheidung des Wortes Gottes in seiner dreifachen Gestalt durch K. Barth, KD I,1, S. 102.

91 Einen knappen Überblick gibt H.G. Pöhlmann, Dogmatik, S. 231–240.

92 M. Luther, WA 19, S. 78.

93 Das Lima-Papier zeigt wieder eine Tendenz zur Höherbewertung des Sakraments, wenn es etwa von der Eucharistie heißt: »Ihre Feier bleibt der zentrale Akt des Gottesdienstes der Kirche« (Taufe, Eucharistie und Amt, S. 18).

94 Z.B. Schott. Bek.: »Daher zeihen wir diejenigen offenbarster Oberflächlichkeit, die behaupten, die Sakramente seien nichts anderes als bloße Zeichen. Vielmehr sind wir fest davon überzeugt, daß wir durch die Taufe in Christus eingepfanzt und seiner Gerechtigkeit teilhaftig werden« (zit. nach P. Jacobs, Bekenntnisschriften, S. 111f). Vgl. Heidelberger Kat. Fr. 74.

95 Ebd., S. 70. Oder O. Weber, Versammelte Gemeinde, S. 129: »Wir dürfen ja an die Predigt nie denken, ohne an das Abendmahl zu denken!« K. Barth, KD I,2, S. 853 spricht von der »unsinnige(n) Trennung von Predigt und Sakrament«.

96 K.-H. Bieritz, Gottesdienst, S. 26; vgl. ders., Die Taufe als Zeichenhandlung. Überlegungen zu ihren nichtverbalen Elementen, in: H. Riehm, FS F. Schulz, S. 347–362. H. Krimm, Eucharistia, in: Dt. Pfr. Bl. 1991, S. 4f, verdeutlicht die Einheit von Wort und Sakrament am logos-Begriff: Wir haben »im Sakrament

wirklich nichts anderes als eben den logos, nämlich den Christus, der im logos Fleisch ward« (S. 5).

97 H. Graffmann, Heidelberger Katechismus, S. 61. Nach den reformierten Bekenntnisschriften werden die in ihnen sogenannten alttestamentlichen Sakramente Beschneidung und Passah in Taufe und Abendmahl aufgenommen (vgl. P. Jakobs, Bekenntnisschriften, S. 111). Der Heidelberger Katechismus, Frage 74 führt als Argument für die Kindertaufe an, daß die Taufe im NT anstelle der Beschneidung im AT eingesetzt wurde.

98 Bereits in den Bekenntnisschriften ist das Verständnis von Personal- und Spiritualpräsenz gar nicht mehr so weit voneinander entfernt: Konkordienformel (SD VII, 35.38, in: Bekenntnisschriften Bd. 2, S. 983f):»im Brot, unter dem Brot, mit dem Brot«; P. Jacobs, Reformierte Bekenntnisschriften, S. 116: »Diese Mahlgemeinschaft ist eine geistliche Teilhabe, ›in der Christus uns sich selber mitteilt ... und macht, daß wir dabei ihn selber ... genießen ...‹ (Niederl. Bek.)«

99 Leuenberger Konkordie Z. 15 u. 18, in: W. Lohff, Konkordie, S. 16f.

100 O. Weber, Versammelte Gemeinde, S. 129.

101 Vgl. P. Biehl, Religionspädagogik und Ästhetik, in: JRP, Bd. 5 1988, S. 19.

102 A. de Saint-Exupéry, Der Kleine Prinz, S. 52.

103 Etwa Caspar David Friedrichs »Einsamer Baum« (»Dorflandschaft bei Morgenbeleuchtung«), vgl. M. Hüsung, Zeichen seiner Hand, S. 88–91.

104 »Der Mensch merkt sich 20% dessen, was er hört, 30% dessen, was er sieht, 50% dessen, was er hört und sieht, 70% dessen, was er sagt und 90% dessen, was er sagt und tut«. F. Kaspar, zit. nach H.-J. Fraas, Identität, S. 212.

105 R. Volp, Art. Bilder VII, in: TRE, Bd. 6, S. 563.

106 Frère Roger, Versöhnung, S. 55f.

107 D. Trautwein, Lernprozeß Gottesdienst, S. 232. Auch C. Grethlein, Liturgik, S. 90, betont die »Bedeutung der darstellenden Kunst für die Verkündigung«: »Die Kunst (ist) mit ihren Möglichkeiten, Vielschichtiges, ja sich z. T. Widersprechendes darzustellen, dem gesprochenen, an die Regeln von Logik und Syntax gebundenen Wort teilweise überlegen.«

108 D. Trautwein, Lernprozeß Gottesdienst, S. 233.

109 »Durch seine den Blick schärfende Wirkung kann es dazu beitragen, daß Götzenbilder entlarvt werden und die Anbetung ideologischer Leitbilder verweigert wird.« Ebd.; vgl. auch R. Volp, Art. Bilder VII, in: TRE, Bd. 6, S. 563.

110 Vgl. H.-U. Schmidt/H. Schwebel, Mit Bildern predigen, S. 17.

111 H.-U. Schmidt, in: ebd., S. 7; vgl. H. Schwebel, in: ebd., S. 93. H.-U. Schmidt, ebd., S. 9f u. 14, betont die eigenständige Funktion des Bildes bzw. Kunstwerkes gegenüber einer nur den Text illustrierenden und darum ihm untergeordneten Funktion des Bildes.

112 H. Schwebel, in: ebd., S. 93.

113 R. Volp, Art. Bilder VII, in: TRE, Bd. 6, S. 564.

114 Vgl. H. G. Thümmel, Art. Bilder V/1, in: TRE, Bd. 6, S. 532–540; W. Niesel, Symbolik, S. 132–134; M.-L. Perrey, Bilder tragen die Botschaft, in: UK 16/1990, S. 10f.

115 So waren z. B. bei der überwiegend von Jugendlichen besuchten Kindergottesdienst-Gesamttagung der EKD in Stuttgart (14.–17. Juni 1990) im Raum der Stille von Kerzenlicht beschienene kleine Ikonen im Taizé-Stil als Besinnungs- und Gebetsstimulans plaziert.

116 Heinrich Albertz hat an einem Tag die prächtige Marburger Stadtkirche und die schmucklose Halle des Züricher Großmünsters als Vortragender erlebt; unter dem Eindruck dieses krassen Gegensatzes vermerkt er irritiert: »Die christlichen Konfessionsgrenzen laufen nicht zwischen Luther, den Reformierten auf der einen und Rom auf der anderen Seite, sondern zwischen Rom und Luther auf der einen und den Reformierten des Zweiten Gebotes auf der anderen Seite« (Die Zehn Gebote, Bd. 2, S. 10). Zu diesen zählt immerhin ein so renommierter Name wie Karl Barth, z. B. Predigt über Ex 20,4–6, »gehalten zur Eröffnung der zweiten Freien Reformierten Synode in der Nikolaikirche zu Siegen am 26. März 1935«, in: Fürchte Dich nicht!, S. 84–93. Auf dieser Grundlage hat R. Wischnath einen neueren reformierten Beitrag zum Bilderverbot vorgelegt: »Die Aktualität und Notwendigkeit des Zweiten Gebots für die Lebensgestaltung evangelischer Gemeinden«, in: RKZ 1986, S. 295–300.330–336.

117 A. Grözinger, Praktische Theologie, S. 103.

118 Vgl. C. Dohmen, Bilderverbot, S. 277.

119 W. Gesenius, Handwörterbuch, S. 881.

120 So auch C. Dohmen, Bilderverbot, S. 273.277; S. Schroer, In Israel gab es Bilder, S. 13.

121 Vgl. die ausführliche Untersuchung von S. Schroer, In Israel gab es Bilder; z. B. S. 15: »Die IsraelitInnen waren genau wie ihre Nachbarn darauf angewiesen, ihren Gott auch zu schauen.« W.H. Schmidt, Alttestamentlicher Glaube, S. 80, weist darauf hin, daß bei der Erzählung Ri 17–18 »an ein privates Gottesbild zu denken« ist; »auch Gideons ›Ephod‹ (Ri 8,24ff) könnte ein Umhang für ein Gottesbild gewesen sein ...«, von dem ebenso ohne Polemik berichtet wird. »Aber in der Regel erwähnt das Alte Testament ein Gottesbild nur polemisch.«

122 Zur Deutung des Schlangensymbols vgl. H.-J. Thilo, Die therapeutische Funktion, S. 35–39.

123 Vgl. T. Schlatter, Art. Granatbaum, Granatapfel, in: Calwer Bibellexikon, Sp. 456; P. Welten, Art. Bilder II, in: TRE, Bd. 6, S. 519.

124 »Die Menge der Figurationen Gottes im Alten Testament ist überwältigend: als ›Arm‹, ›Hand‹, ›Burg‹, ›Turm‹, ›Stein‹, ›Fels‹, ›Berg‹, ›Auge‹, ›Kreis‹, ›Rad‹, ›Feuer‹, ›Sonne‹, ›Kind‹, usf.« R. Volp, Art. Bilder VII, in: TRE, Bd. 6, S. 562.

125 Vgl. W.H. Schmidt, Alttestamentlicher Glaube, S. 80.

126 K.-P. Jörns, Lebensbezug, S. 241f, betont diesen Antwortcharakter des zweiten Gebotes: »Reagiert worden sein kann aber nur auf Erfahrungen mit Kultbildern, die dem Glauben an den einen Gott und der Abwehr anderer Götter und Götterbilder im Wege standen« (S. 242).

127 Vgl. W.H. Schmidt, Alttestamentlicher Glaube, S. 80.

128 Vgl. P. Welten, Art. Bilder II, in: TRE, Bd. 6, S. 520.

129 H. Graffmann, Heidelberger Katechismus, S. 55. Damit ist nicht die magische Auffassung gemeint, wie sie etwa noch M. Noth, Exodus, ATD 5, S. 131 vertritt, »daß man mit Hilfe eines Bildes Macht über das abgebildete Wesen haben könne«. Diese These wird z. B. von W.H. Schmidt, Alttestamentlicher Glaube, S. 81, mit dem Hinweis darauf abgewiesen, daß das Bild »vielmehr die macht- und heilvolle Gegenwart der Gottheit« bietet.

130 Vgl. G.v. Rad, Theologie, Bd. 1, S. 232: »Tatsächlich hat man sich Jahwe immer menschengestaltig, als Mann vorgestaltig.«

131 K.-P. Jörns, Lebensbezug, S. 242; vgl. C. Dohmen, Bilderverbot, S. 279.

132 K.-P. Jörns, Lebensbezug, S. 241f, gesteht zwar unter Berufung auf Dtn 5 (W.H. Schmidt, Alttestamentlicher Glaube, S. 80 und C. Dohmen, Bilderverbot, S. 273 weisen darauf hin, daß hier »Fremdgötter- und Bilderverbot als ein Verbot« [Dohmen] stehen) Luther »eine gewisse Berechtigung« für die Weglassung zu, aber gerade auch C. Dohmen hebt ebd., S. 277, die das erste Gebot einschließende eigenständige Bedeutung des Bilderverbotes hervor.

133 Ich folge dabei im wesentlichen H.G. Thümmel und W.v. Loewenich, Art. Bilder IV–VI, in: TRE, Bd. 6, S. 525–557.

134 H.G. Thümmel, ebd., S. 536.

135 Ebd.

136 W.v. Loewenich, ebd., S. 543f.

137 Ebd., S. 544.

138 Ebd., S. 545.

139 Vgl. ebd., S. 546; S. 549 bezugnehmend auf WA 76,4ff; 12ff.

140 Vgl. H.-D. Altendorf/P. Jezler, Bilderstreit. Kulturwandel in Zwinglis Reformation, bes. S. 11-18.

141 J. Calvin, Institutio, I,11,5 (S. 43).

142 Vgl. H. Graffmann, Heidelberger Katechismus, S. 61.

143 O. Weber, Versammelte Gemeinde, S. 127.

144 Dieses Begriffspaar findet sich bei P. Biehl, Symbole, S. 23 (vgl. ders., Religionspädagogik und Ästhetik, in: JRP, Bd. 5, 1988, S. 18), der es im Anschluß an die Begründung der theologischen Ästhetik mit dem Bilderverbot durch A. Grözinger, Praktische Theologie, S. 89–104, gewinnt.

145 Vgl. E. Lange, Die zehn großen Freiheiten. Ähnlich auch H.W. Wolff, Anthropologie, S. 203: Im Sabbatgebot sieht er »ein leuchtendes Zeichen dafür, daß die Grundgebote, die Israel gegeben wurden, lauter Wohltaten sind. Sie sind nicht eigentlich Forderungen, sondern befreien von Forderungen.«

146 K. Barth, Fürchte Dich nicht! S. 89.

147 Ich verdanke den Grundgedanken dieser Auslegung einer Bibelarbeit mit einem Taizé-Bruder in Taizé. Dieselbe Dialektik von Offenbarung und Entzug zeigt A. Grözinger, Praktische Theologie, S. 92–102, an der Berufungsgeschichte des Mose Ex 3,1–14 (das Sehen des Dornbusches bedarf des deutenden Wortes – daraufhin verhüllt Mose sein Haupt) und der Emmausperikope Lk 24,13–35 (die dunklen Worte des Gastes bedürfen einer sichtbaren Erkennenshilfe – daraufhin entzieht sich der Erkannte den Blicken).

148 Für die literarische Rezeption des Bilderverbotes mit dieser Zielrichtung ist vor allem Max Frisch bekannt geworden. In seinem Roman »Stiller« läßt er Julika ihrem Mann antworten: »›So also siehst du mich!‹ sagte Julika. ›Du hast dir nun einmal ein Bildnis von mir gemacht, das merke ich schon, ein fertiges und endgültiges Bildnis, und damit Schluß. Anders als so, ich spürte es ja, willst du mich jetzt einfach nicht mehr sehen … Jedes Bildnis ist eine Sünde. Es ist genau das Gegenteil von Liebe …‹« (S. 150). Auch im »Tagebuch 1946–1949« (1950) und im Bühnenstück »Andorra« (1961) wendet er sich gegen die Festsetzung des Menschen in einem Bild. Nicht minder entlarvend wirkt Bert Brechts kurze Geschichte von Herrn Keuner: »›Was tun Sie‹, wurde Herr K. gefragt, ›wenn Sie einen Menschen lieben?‹ ›Ich mache einen Entwurf von ihm‹, sagte Herr K., ›und sorge,

daß er ihm ähnlich wird.‹ ›Wer? Der Entwurf?‹ ›Nein‹, sagte Herr K., ›der Mensch‹« (Gesammelte Werke 12, S. 386). Weitere Texte vgl. H. Albertz, Die Zehn Gebote, Bd. 2.

149 Vgl. A. Grözinger, Praktische Theologie, S. 103.

150 A. Graffmann, Heidelberger Katechismus, S. 62f.

151 O. Weber, Versammelte Gemeinde, S. 126.

152 Vgl. C. Grethlein, Liturgik, S. 41.

153 K.-P. Jörns, Lebensbezug, S. 250.

154 Ebd., S. 255. Ähnlich votiert auch R. Volp, Art. Bilder VII, in: TRE Bd. 6, S. 566, gerade im Hinblick auf die »Bildüberflutung« für die Beachtung der Bildkategorie: »In dem Maße, in dem sich uns die Welt durch Bilder konstituiert, gehören Bilder konstitutiv zur Sprache und Kommunikation auch der Kirche.« Ebenfalls H.-U. Schmidt, in: Ders./H. Schwebel, Mit Bildern predigen, S. 13f.

155 Vgl. H. Schwebel, in: Mit Bildern predigen, S. 93–95: Er macht die Komplementarität von autonomem Bild und biblischem Text unter der bezeichnenden Überschrift »Wer Augen hat, der höre« (S. 93) am Beispiel der Bildpredigt deutlich: »Das vorgestellte Bild verhält sich zum Wort Gottes wie ein assymmetrisches Gleichnis …« (S. 94).

156 K.-P. Jörns, Lebensbezug, S. 245. Auch D. Trautwein stellt trotz seines Eintretens für das Lernmittel Bild im »Lernprozeß Gottesdienst« fest, daß »das Ohr des Menschen Auge ›hermeneutisch übertrifft‹ und nur die Sprache ›zu den höchsten geistigen Kommunikationsformen‹ befähigt …« (S. 228).

157 Vgl. Jo Krummacher, in: H. Albertz, Die Zehn Gebote, Bd. 2, S. 15: »Bildzeitung – die Wirklichkeit mit Bildern strafen.«

158 W. H. Schmidt, Alttestamentlicher Glaube, S. 77; vgl. P. Welten, Art. Bilder II, in: TRE, Bd. 6, S. 520f: »Die explizite Ausweitung des Gebotes auf den gesamten Kosmos in Ex 20,4b macht allerdings deutlich, wie kurz der Weg zu einem generellen Bilderverbot ist.«

159 K.-P. Jörns, Lebensbezug, zeigt auf den Seiten 250–254, daß die Bildersucht und der ihr entsprechende hemmungslose Bilderkonsum, vor allem veranlaßt durch das Fernsehen, die Liebe und den Glauben erkalten, ja sogar die Kulturfähigkeit verkümmern lassen, weil der Bildersüchtige sich nur noch narzißtisch selbst bespiegelt.

160 In: K. Haacker/H. Hempelmann, Hebraica Veritas, S. 74. Vgl. zum Bilderverbot ebd., S. 52f.

161 A. Grözinger, Praktische Theologie, S. 103.

162 Ebd., S. 92–104.

163 W. H. Schmidt, Alttestamentlicher Glaube, S. 83.

164 K. Barth, Predigt zu Ex 20,4–6, in: Fürchte Dich nicht! S. 90.

165 C. Grethlein, Liturgik, S. 31, gibt einen Überblick über die elementaren Wahrnehmungsmöglichkeiten der fünf Sinne.

166 Vgl. K. Tilmann, Meditation, S. 77f.

167 So auch C. Grethlein, Liturgik, S. 32.

168 Vgl. ebd., S. 29–38. 243–246. Eine Reihe weiterer neuerer Veröffentlichungen zu einer auch in diesem Sinne »lebendigen Liturgie« sind bereits unter Anm. 38 dieses Kapitels genannt.

169 Vgl. H. Schwebel, in: H.-U. Schmidt/H. Schwebel, Mit Bildern predigen, S. 95.

170 Vgl. z.B. C. Grethlein, Liturgik, S.32–34; K.-H. Bieritz, Gottesdienst, S.20; M. Josuttis, Praxis, S.169f.

171 Frère Roger, in: Vertrauen soll wachsen, Taizé und die Jugend, S.37.

172 Heute engen viele Gemeindeglieder den Ausdruck (wie Schleiermacher) auf die »liturgischen Stücke« außerhalb der »eigentlichen« Predigt ein; so auch K. Halaski, Anmerkungen, in: RKZ 1985, S.128: »Darum ist die Predigt wichtiger als die Liturgie.« Vgl. zur Bedeutungsgeschichte des Begriffs: C. Grethlein, Liturgik, S.17–19; O. Herlyn, Gottesdienstgestaltung, S.46–49.

173 Vgl. Art. leitourgeo, in: ThWNT, Bd. 4, S.234; O. Weber, Versammelte Gemeinde, S.108f hebt besonders Apg 13,2 hervor.

174 Wie sehr das »Liturgische« als in der Barmherzigkeit Christi gründende »Selbsthingabe« das ganze Leben umfaßt, betont O. Weber, Versammelte Gemeinde, S.107–111: »Liturgie als die konkreteste Vollzugsgestalt der Kirche als des Leibes Christi macht offenbar, daß Leben in der Heiligung Leben im Empfangen und in der Hingabe ist« (S.109). »Liturgie ist, wenn sie recht ist, ein Element der Heiligung« (S.111).

175 Am eindrücklichsten wird diese Ganzheit wohl in den Gottesdiensten der orthodoxen Kirche ge- und erlebt; vgl. M. Josuttis, Art. Gottesdienst, in: PThH, S.292f.

176 D. Trautwein, Die Menschlichkeit des Gottesdienstes, in: Das missionarische Wort 1982, S.19, stellt bündig dar, wie Jesus trotz seines Kampfes gegen eine gesetzlich verstandene Tradition, in den gottesdienstlichen Traditionen Israels lebte: »Er feierte die Feste des jüdischen Glaubens ... Am Sederabend hielt er sich mit seinen Jüngern an das Ritual und die Symbole der Haggada ... Er lebte in den Psalmen Israels ...«

177 H. Schröer, Im Gottesdienst nichts Neues? in: Ev. Erz. 1989, S.530.

178 Es verwundert nicht, daß der Taizé-Bruder Max Thurian im wesentlichen »Die Eucharistische Liturgie von Lima« verfaßt und herausgegeben hat; vgl. C. Grethlein, Liturgik, S.254.

179 R. Guardini, Der Kultakt und die gegenwärtige Aufgabe der liturgischen Bildung, in: Liturgisches Jahrbuch 1964, S.106.

180 Kirchenbuch, i.A. des Moderamens des Ref. Bundes hg. v. K. Halaski u. a., S.15f.

181 Ebd., S.14.

182 Ebd., S.15f.

183 Vgl. z.B. C. Grethlein, Liturgik, S.248, der im Anschluß an das Strukturpapier der Lutherischen Liturgischen Konferenz folgende fünf Teile nennt: Eröffnung, Anrufung, Verkündigung, Abendmahl und Sendung. Das Papier des Pädagogischen Instituts der Ev. Kirche von Westfalen (vervielfältigt im Umlauf) gliedert den Schulgottesdienst in: Einstimmung, Eröffnung, Anrufung, Verkündigung und Bekenntnis, Segen und Sendung.

Vorbereiten

1 Damit widerspreche ich z.B. E. Lade, der empfiehlt: »Das erste Planungsgespräch mit Schülern sollte erst geführt werden, wenn der äußere Rahmen durch die Gespräche mit den evang. u. kath. Kollegen(innen), der Schulleitung und dem Gemeindepfarrer festliegt.« E. Lade, Musterbeispiele, Bd.2, 13/2.4, S.1.

2 Mit dieser Begründung akzeptierte z.B. W. Hollenweger, Leibhaftigkeit, S.178, sogar den Entschluß einer Gruppe, »die Bibellese aus dem vorzubereitenden Gottesdienst (zu) verbannen«.

3 W. Hollenweger, Geist und Materie, S.192.

4 Vgl. D. Trautwein, Lernprozeß, S.290f.

5 Vgl. zum »Problem des Neulings in der Funktionsgruppe« ebd., S.62–65.

6 G. Ruddat, Wie (ein) Kindergottesdienst entsteht, in: Ev. Erz. 1989, S.541. Oder: Gern. Otto, Gottes Reich, S.35.

7 A. Schlatter, Erlebtes, S.98. Im Blick auf die Predigt hat auch R. Bohren, Predigtlehre, z.B. S.87, den »Heiligen Geist als Geber und Gabe des Wortes« und damit dessen Unverfügbarkeit betont.

8 Vgl. R. Bohren, Predigtlehre, S.460–465: »Der Hörer als zweiter Text«.

9 Auch beispielsweise D. Trautwein, Lernprozeß, S.146f, sieht zwei gleichrangige Typen in der vom Text ausgehenden und der von einem Gegenwartsproblem ausgehenden Predigt.

10 Nach M. Pieper, Einander begegnen, in: Das miss. Wort 1988, S.158, »bereitet die Themenfindung die geringsten Probleme«. Dagegen meint E. Lade, Musterbeispiele, Bd. 2, 14/4.2, S.4: »Gottesdienst‹titel‹ sind nicht immer leicht zu finden«.

11 E. Lade, Musterbeispiele, Bd. 2, 14/4.2, S.3.

12 Vgl. die vor allem geschichtlichen Informationen zu Zeit und (Gebets-)Zeiten von C. Grethlein, Liturgik, S.91–99.

13 Vgl. W. Jetter, Symbol und Ritual, S.147: »Gott bevorzugt keine besonderen Zeiten; er kann jede Zeit zu seiner Zeit machen. Der Mensch freilich muß sich Zeit nehmen, um an Gott zu denken.«

14 C. Grethlein, Liturgik, S.97, geht von »durchschnittlich nur etwa 6% aller evangelischen Christen (einschl. Kinder)« als GottesdienstbesucherInnen aus, mit zurückgehender Tendenz.

15 W. Jetter, Symbol und Ritual, S.148.

16 A. Stökl, Taizé, S.128.

17 M. Josuttis, Praxis, S.175f, fordert für den Kirchenbau, »daß die Möglichkeit variabler Raumgrößen geschaffen wird«.

18 W. Jetter, Symbol und Ritual, S.146.

19 O. Herlyn, Gottesdienstgestaltung, S.157.

20 Vgl. K.-H. Bieritz, Gottesdienst, S.22.

21 Vgl. O. Herlyn, Gottesdienstgestaltung, S.159.

22 Vgl. C. Grethlein, Liturgik, S.85.

23 Z.B. R. Wischnath, Aktualität des Zweiten Gebots, in: Reformierte Kirchenzeitung 1986, S.298:
»Das ewige Licht, von dem die Weihnachtsbotschaft redet ... unterscheidet sich von allen Kerzenlichtern dadurch, daß es nicht eine alte, begrenzte Wirklichkeit in einen behaglichen religiösen Schimmer taucht, so daß diese Wirklichkeit unseren Augen wärmer und freundlicher erscheinen, sondern das ewige Licht steckt die alte Welt an und verwandelt sie in eine neue, andere Wirklichkeit, so daß die Welt deshalb einen ›neuen Schein‹ hat, weil sie in der Tat neu geworden ist.«

24 H. Muck, Kirchenraum und Spiritualität, in: E. Domay, Arbeitsbuch Gottesdienst, S.36. Damit ist das von C. Grethlein, Liturgik, S.87–89, referierte Konzept einer sternförmig gebauten und bestuhlten Kirche mit der Kanzel im Mittelpunkt in

Richtung auf kommunikative Vorgänge unter Teilnehmergruppen weiterentwikkelt. Vgl. M. Josuttis, Praxis, S. 176.

25 Ebd., S. 38f.

26 »Der Architekt Prof. O. Bartning faßte dies einmal sehr prägnant folgendermaßen zusammen: ›Der Raum ist die Sichtbarmachung des Bekenntnisses.‹« B. Flick, Die geschichtliche Entwicklung des reformierten Kirchenraumes, in: Reformierte Kirchenzeitung 1990, S. 74.

27 H. R. Preuß, Gemeindearbeit durch Schulgottesdienst, in: Ev. Erz. 1987, S. 682, schildert, wie er für seine Primarstufengottesdienste das Lehrerpult mittels weißer Decke und Kerzen in einen »Altar« verwandelt.

28 W. Jetter, Symbol und Ritual, S. 147.

29 So zeigen es z. B. die »Bilder von niederländischen Kircheninterieurs des 17. Jahrhunderts«, C. Grethlein, Liturgik, S. 87 mit Abbildung.

30 T. Lehmann, Witz, Waschbrett und Wort Gottes, in: Neues Leben 1/89, S. 26.

31 Vgl. O. Herlyn, Gottesdienstgestaltung, S. 157.

32 Z. B. in: W. Hoffsümmer, Kurzgeschichten 2, Nr. 115, S. 87.

33 Eine umfassende und stets aktualisierte Auflistung der Musikverlage und ihrer Editionen bietet E. Lade, Musterbeispiele, Bd. 2, 13/2.7, S. 2–8.

34 Vgl. die eindrucksvolle Beobachtung in: Beratungsstelle für Gestaltung, Liturgie im Kindergottesdienst, S. 34: Dasselbe 4jährige Kind läßt einmal still den imposanten gotischen Kirchenraum auf sich wirken und rennt vier Wochen später, während eines Festgottesdienstes mit vielen Kindern und Erwachsenen, laut schreiend und jubelnd durch die Kirche.

35 Auch D. Trautwein, Lernprozeß, S. 217, spricht sich dafür aus.

36 Vgl. auch D. Trautwein, Lernprozeß, S. 244; verblüffend seine Anmerkung, daß er »1960 durch Kirchenvorstandsbeschluß in Limburg/Lahn gezwungen wurde, sogar im Schülergottesdienst den Talar wieder anzuziehen«. Diese Zeiten sind hoffentlich vorbei!

37 D. Trautwein, Lernprozeß, S. 244f, betont diesen Aspekt auch für die Gottesdienste in anderer Gestalt.

38 In diese Richtung weisen viele neuere Beiträge: C. Grethlein, Liturgik, S. 99–104; D. Stollberg, Stola statt Beffchen, in: Dt. Pfr. Bl. 1990, S. 45–47 samt nachfolgender Diskussion im Dt. Pfr. Bl., darunter bes. H. Wenz, Zur Reform der liturgischen Kleidung, in: ebd. 1991, S. 101f. Entgegengesetzter Meinung ist z. B. F. Merkel, Schwarz – oder heller? Zur Amtstracht evangelischer Pfarrer, in: H. Riehm, FS Frieder Schulz, S. 219–227.

39 Darauf weist K.-H. Bieritz, Gottesdienst, S. 23 mit Recht hin.

40 C. Grethlein, Liturgik, S. 111.

41 Dies deckt sich mit dem »Ergebnis einer Befragung von mehreren hundert jungen Berufstätigen im Alter von 16–22 Jahren« durch K. Koch, Kennen Sie »Narzissus und die Tulipan«?, in: Dt. Pfr. Bl. 1991, S. 62.

42 Auch D. Trautwein, Lernprozeß, S. 218 plädiert für Dosierung.

43 Dies schlagen z. B. auch M. Bartmann/I. Vrsovsky, Licht, S. 11, vor. – Für »Simpelsongs« plädiert dagegen T. Lehmann aus der Erfahrung seiner Jugendgottesdienste: »Mit Liedern, die man einüben, vorsingen muß, Zeile für Zeile, das Ganze bitte noch einmal, und etwas lauter usw. – mit sowas können wir nichts anfangen. Wir brauchen Melodien, die von alleine abzischen, wo jeder gleich

mitsingen kann, Lust kriegt, mitzusingen.« T. Lehmann, Witz, Waschbrett und Wort Gottes, in: Neues Leben 1/89, S. 26.

44 »Mit Hilfe eines Kirchenmusikers in Paris entwickelte die Communauté Gesänge, die aus einem kurzen Satz in Latein oder einer modernen Weltsprache bestehen, der sich ebenso leicht einprägt wie die eingängige Melodie. Sie werden nach Kanonart lange Zeit wiederholt. Auch eine große Menge kann schnell einstimmen« (K. Spink, Frère Roger, S. 193).

45 Vgl. z. B. E. Lippold, Neue Liedtexte und ihr geistlicher Gehalt, in: H. Riehm, FS Frieder Schulz, S. 285–294.

46 D. Trautwein, Lernprozeß, S. 198–220.

47 I. Baldermann, Ich werde nicht sterben, S. 16.

48 T. Lehmann, Witz, Waschbrett und Wort Gottes, in: Neues Leben 1/89, S. 26.

49 Vgl. E. Lade, Musterbeispiele, Bd. 2, 13/2.8, S. 2f.

50 Vgl. C. Grethlein, Liturgik, S. 35.

51 Einen Überblick über diese aus Norwegen importierte und im deutschen CVJM heimisch gewordene missionarische Jugendarbeit gibt die »Ten Sing Arbeitshilfe«: »Was Du schon immer über Ten Sing wissen wolltest ...« hg. vom Ev. Jugendwerk in Württemberg.

52 E. Lade, Musterbeispiele, Bd. 2, 13/2.8, S. 3.

53 H. D. Metzger, Bemerkungen zur Eröffnung des Gottesdienstes, in: H. Riehm, FS Frieder Schulz, S. 93. Der Vf. schildert das Ärgernis eines Gottesdienstbesuchs, in dem seine erwartungsvolle Gestimmtheit schon mit der Eröffnung durch eine breite Erläuterung des Ablaufs zerstört wurde.

54 So auch K. Schwarzwäller, Gottesdienst und Entertainment, in: Dt. Pfr. Bl. 1990, S. 289 und K.-F. Wiggermann, in: G. Ruhbach u. a., Meditation, S. 127f.

55 R. Mokrosch, Jugend '85 und christlicher Glaube – Zur Frage der religiösen Ansprechbarkeit Jugendlicher, in: Ev. Erz. 1985, S. 561–581, legt im Anschluß an K. Barths Kritik der Natürlichen (Anknüpfungs-)Theologie überzeugend dar, daß »religiöse Ansprechbarkeit nicht als Ausgangspunkt, sondern als Ziel religiöser Erziehung« (S. 578) zu verstehen ist.

56 Ebd., S. 579.

57 T. Lehmann, Witz, Waschbrett und Wort Gottes, in: Neues Leben 1/89, S. 26.

58 Vgl. ebd., S. 27.

59 M. E. ansprechende, einleitende Begrüßungen bietet J. Gauer, Hoffnung.

60 T. Lehmann, Witz, Waschbrett und Wort Gottes, in: Neues Leben 1/89, S. 26.

61 K. v. Mering, Deine Güte, S. 83.

62 H. D. Metzger, Bemerkungen zur Eröffnung des Gottesdienstes, in: H. Riehm, FS Frieder Schulz, S. 298: »Lieder mehr lehrmäßigen, bekennenden und verpflichtenden Charakters gehören eher in die Mitte des Gottesdienstes.«

63 Ich nenne einige in der Reihenfolge ihres Erscheinens: E. Cardenal, Zerschneide den Stacheldraht. Lateinamerikanische Psalmen (1967); E. Gerstenberger u. a., Zu Hilfe, mein Gott: Psalmen und Klagelieder eingeleitet, übersetzt und erklärt (1972) K. Meyer zu Uptrup, Tag mit Gott (1976, enthält auch einige von Schülern und Schülerinnen verfaßte Psalmen); J. Hansen, Nach dem Dunkel kommt ein neuer Morgen (1978); Er gebe uns ein fröhlich Herz. Überlegungen-Vorschläge-Texte für die Liturgie im Kindergottesdienst (1985); D. Koller, Laß dir diesen Psalm gefallen: Christen beten mit dem Alten Testament (1986); K. v. Mering, Deine Güte

reicht, so weit der Himmel ist. Mit Psalmen beten (1989); G. Mohr/J. Koerver/A. Weidle, Sagt Gott, wie wunderbar er ist. Alte und neue Psalmen zum Sprechen und Singen (1990).

64 I. Baldermann, Ich werde nicht sterben, S. 110.

65 Weitere Hinweise zum Gestalten von Psalmen mit Worten und Farben gibt K. Meyer zu Uptrup, Zeit mit Gott, S. 149–159. Vgl. ferner die »Gebetswerkstatt« für das Formulieren von Gebeten mit Kindern in: Württ. Ev. Landesverb. für den Kindergd., Er gebe uns ein fröhlich Herz, S. 111–116.

66 I. Baldermann, Ich werde nicht sterben, S. 119.

67 So betitelt D. Bonhoeffer seine Einführung in die Psalmen. I. Baldermann zeigt in seinem Buch »Ich werde nicht sterben, sondern leben«, wie die biblischen »Psalmen als Gebrauchstexte« auch heute direkt zu uns sprechen und zum Nachsprechen aufgeschrieben sind (S. 12).

68 Vertrauen soll wachsen, Taizé und die Jugend, S. 40.

69 Vgl. C. Grethlein, Liturgik, S. 142–144; vgl. ebd., S. 27f. Auch C. v. Lowtzow, Mit lieblosen Gottesdiensten Gottes Liebe feiern? S. 83, wendet sich gegen die »viel zu starke Vorrangstellung« der Predigt. Vgl. auch H. Barié, Predigt, S. 23; R. Bohren, Predigtlehre, S. 139; I. Baldermann, Biblische Didaktik; ders., Die Bibel – Buch des Lernens; P. Bukowski, Die Bibel als Chance des Predigers, in: RKZ 1987, S. 113.

70 T. Lehmann, Witz, Waschbrett und Wort Gottes, in: Neues Leben 1/89, S. 27; etliche dieser »Reden für junge Leute« sind inzwischen unter folgenden Titeln veröffentlicht: »Verrückt nach Liebe«, »Ich wollt', ich wär' ein Teppich …«, »Nimm dein Haar aus der Suppe«.

71 P. Bukowski, Jugendgemäße Verkündigung, in: RKZ 1990, S. 232.

72 Vgl. O. Weber, Versammelte Gemeinde, S. 132: »Verheißung hat die Verkündigung in ihrer ganzen Ungesichertheit und möglichen Armseligkeit, Verheißung hat das Gebet in seiner womöglich so schlimmen Kümmerlichkeit (vgl. Röm 8,26f) …«; K.-P. Jörns, Lebensbezug, S. 148–162: »Der Gang in die Wüste als Weg zur Predigt«.

73 Vgl. T. Sorg, Christus vertrauen, S. 67f.

74 Die Bibel spricht z. B. in der Sprache des Vertrauens, des Lobens, des Klagens, der Angst, der Einsicht, des Tröstens, des Ermahnens, des Erzählens usw., vgl. I. Baldermann, Die Bibel – Buch des Lernens, z. B. S. 21–50.

75 Viele Predigten verfolgen die Intention »auffordern«; dabei bieten die biblischen Texte eine Fülle weiterer Beziehungsrichtungen an, allen voran »ermutigen«, vgl. H. Arens, Positiv predigen, S. 63.

76 A. Stökl, Taizé, S. 125.

77 G. Frank, Botschaft ohne Wirkung? in: Ev. Kommentare 1990, S. 225–227, macht sich als Predigthörer Gedanken über die Wirkungslosigkeit der Predigt und empfiehlt gelegentliche predigtlose Gottesdienste nach dem Muster von Taizé: »Der Wechsel von Gebet, Schriftlesung, Gesang und Stille der Meditation ist eindrucksvoll und nachhaltiger als eine mittelmäßige Predigt« (S. 226).

78 Vgl. B. v. Issendorff, Das Schweigen im Gottesdienst, in: E. Domay, Arbeitsbuch Gottesdienst, S. 46. Vgl. G. Heinz-Mohr, Die Kunst des geöffneten Lebens, S. 71 und die Meditation zu Ps 62 von J. Hansen, Nach dem Dunkel, S. 20.

79 R. Bohren, Predigtlehre, S. 174.

80 Etwa W. J. Hollenweger mit seinen »narrativen Exegesen«, z. B. Konflikt in Korinth

(1978), Erfahrungen in Ephesus (1979); in jüngerer Zeit ist unter den Exegeten besonders Gerd Theißen hervorgetreten, z. B.: Der Schatten des Galliläers (1986).

81 A. Grözinger, Sprache, S. 159f.

82 Vgl. W. Neidhart/H. Eggenberger, Erzählbuch, bes. S. 37–84; E. Dieterich, Erzähl doch wieder! bes. S. 63–104; K. Meyer zu Uptrup, Gestalthomiletik, S. 159–163. P. Bukowski, Predigt wahrnehmen, S. 124f, gibt »10 Faustregeln« zur Auswahl und zum der jeweiligen Geschichte angemessenen Erzählen.

83 Hilfen zum freien Erzählen gibt z. B. E. Dieterich, Erzähl doch wieder! S. 110–112.

84 P. Bukowski, Die Bibel als Chance des Predigers, in: RKZ 1987, S. 108.

85 Ebd., S. 112; vgl. ders., Jugendgemäße Verkündigung, in: RKZ 1990, S. 232, wo er die biblischen Bezüge durch Stellenangaben kenntlich macht.

86 M. Pieper, Einander begegnen, in: Das Miss. Wort 1988, S. 159, hat z. B. die Jothamsfabel in Ri 15 entdeckt und berichtet dazu: »Diese Baumfabel ist sowohl vom Inhalt her – wahre und falsche Herrschaft – als auch von der literarischen Form her ungewöhnlich und interessant. Nach einem Schulgottesdienst über diese Fabel äußerten viele Schüler und Lehrer: ›Wir haben nicht gedacht, daß eine solche Geschichte in der Bibel steht.‹«

87 Entgegen der grundsätzlichen Ablehnung des »Ich auf der Kanzel« durch die dialektische Theologie macht M. Josuttis, Praxis, S. 70–94, bes. S. 92, Mut zum Gebrauch des »konfessorischen Ich«, weil dann auch die Hörerinnen und Hörer zustimmend oder sich abgrenzend »Ich« sagen können.

88 Auch M. Josuttis, ebd., S. 91, wendet sich gegen den Gebrauch des »verifikatorischen Ich«: »Die Wahrheit des Zeugnisses läßt sich nicht mit der Erfahrung des Zeugen beweisen.«

89 Vgl. H. Hirschler, Konkret predigen, S. 37.

90 Vgl. ebd., S. 37–45.

91 Vgl. R. Bohren, Predigtlehre, S. 184.

92 I. Baldermann, Die Bibel – Buch des Lernens, S. 15.

93 Vgl. D. Trautwein, Lernprozeß, S. 55f, wo er sich auch unter Verweis auf den Jakobusbrief gegen den Gesetzlichkeitsbegriff von M. Josuttis abgrenzt.

94 I. Baldermann, Die Bibel – Buch des Lernens, S. 28–33.

95 Ebd., S. 33.

96 Vgl. P. Bukowskis instruktive Gedanken zur indikativischen Predigt in: Predigt wahrnehmen, S. 126–172.

97 Etwas erweitert findet sich diese Form auch in E. Lades Vorschlag eines Podiumsgesprächs mit fünf bis sechs Schülern und Schülerinnen: Musterbeispiele, Bd. 2, 13/2.10, S. 2f.

98 W.J. Hollenweger, Leibhaftigkeit, S. 178–180. Auch K.-P. Jörns, Lebensbezug, S. 137–139, plädiert für eine Beteiligung der Gemeinde an der Schriftauslegung aufgrund »der Gaben des Geistes …, die ein jeder bekommen hat …« (S. 138). Ein Bericht über die Ladenkirche der Ev. Kirchengemeinde am Brunsbütteler Damm in Berlin-Spandau (A. Butenuth, Mehr als das Amen in der Kirche, in: P. Stolt, Grenzen kirchlicher Praxis, S. 104–109) zeigt, daß das Rederecht aller auch zu Verdruß führen kann, daß die Möglichkeit, diesen zu äußern, aber dennoch solche widerspruchsoffenen Gottesdienste fruchtbar bleiben läßt.

99 W.J. Hollenweger, Leibhaftigkeit, S. 180.

100 Ebd., S. 179.

101 Vgl. E. Lade, Musterbeispiele, Bd. 2, 13/2.10, S. 1f. Das »Element der kleinen Gruppe« wird z. B. im Marburger Jugendgottesdienst »Christus-Treff« regelmäßig praktiziert.

102 Aufgrund eines solchen positiven Diskussionsbegriffs plädiert D. Trautwein, Lernprozeß, S. 140–145, für die Diskussion als Form des Dialogs in der gottesdienstlichen Kommunikation.

103 R. Deichgräber, in: G. Ruhbach u. a., Meditation, S. 51.

104 Für unseren Gottesdienst hat ein Religionslehrer Türen und Mauern auf dem Schulgelände fotografiert. Einem Entwurf der Projektgruppe Schulgottesdienst des Dienstes an den Schulen/Pädagogisches Institut der westfälischen Kirche zum Thema »Türen« vom November 1986 sind »Tür-Dias« beigeheftet.

105 Titel einer Biographie über George Williams (1821–1905, Gründer des CVJM in London 1844) von Siegfried Fischer, Wuppertal 1982.

106 Ich folge damit R. Volp, Bilder im Gottesdienst, in: E. Domay, Arbeitsbuch Gottesdienst, S. 31, der als vierten Modus noch die Bilddemonstration hinzufügt.

107 H. Barié, Predigt, S. 68.

108 Ebd., S. 68–71.

109 Vgl. R. Volp, Art. Bilder VII, in: TRE, Bd. 6, S. 565.

110 K. Tilmann, Führung zur Meditation, S. 51f.

111 B. Hintersberger, Mit Jugendlichen meditieren, S. 43; vgl. R. Volp, Bilder im Gottesdienst, in: E. Domay, Arbeitsbuch Gottesdienst, S. 33.

112 B. Hintersberger, Mit Jugendlichen meditieren, S. 8.

113 K. Tilmann, Führung zur Meditation, S. 202f.

114 R. Volp, Bilder im Gottesdienst, in: E. Domay, Arbeitsbuch Gottesdienst, S. 32; vgl. K. Tilmann, Führung zur Meditation, S. 203f.

115 Hinweise zur Einübung in die Stille finden sich z. B. in K. Tilmann, Übungsbuch zur Meditation, S. 23–25.

116 T. Zacharias, Farbholzschnitte zur Bibel.

117 K. Tilmann, Führung zur Meditation, S. 204.

118 So z. B. B. Hintersberger, Mit Jugendlichen meditieren, S. 43.

119 K. Meyer zu Uptrup, Zeit mit Gott, z. B. S. 76.

120 Vgl. B. Hintersberger, Mit Jugendlichen meditieren, S. 89–92.

121 R. Volp, Bilder im Gottesdienst, in: E. Domay, Arbeitsbuch Gottesdienst, S. 34.

122 Vgl. K. Tilmann, Führung zur Meditation, S. 77f.

123 Z. B. stellt K.-H. Bieritz, Die Taufe als Zeichenhandlung, in: H. Riehm, FS Frieder Schulz, S. 347–362, »Überlegungen zu ihren nichtverbalen Elementen« an: Kreuzzeichen, Handauflegung, Wasserritus.

124 E. Lade, Musterbeispiele, 13/2.9, S. 2f.

125 Wie es funktioniert, schildert ebenfalls E. Lade, ebd., S. 3f.

126 Nach J. Gauer, Hoffnung, S. 43f; vgl. ebd. S. 91, wo vorgeschlagen wird, ein Wollknäuel am Altarkreuz zu befestigen und an alle weiterzureichen, wobei jede(r) sein Fadenstück festhält.

127 B. Hintersberger, Mit Jugendlichen meditieren, S. 29, beschreibt eine Pantomime zur Perikope »Jesus und die Sünderin«, die im Schulgottesdienst an die Stelle der Predigt trat.

128 J. Gauer, Weite, S. 12–21.

129 Daran erinnert die Erneuerte Agende (VELKD und EKU), Vorentwurf, S. 504.

130 G. Mittring, Gottes Dienst, S.31; vgl. ferner C. Grethlein, Liturgik, S.134.

131 Vgl. C. Grethlein, Liturgik, S.120 zur Unterscheidung von offener Schuld im gottesdienstlichen Bekenntnis und konkreter Benennung in der Beichte.

132 Vgl. J.N.D. Kelly, Altchristliche Glaubenbekenntnisse, S.36–65, wo er nachweist, daß »die neuen deklaratorischen Bekenntnisse« (S.57) erst seit dem 4. Jahrhundert neben den ihnen verwandten interrogativischen Bekenntnissen in den Taufritus Einzug hielten.

133 Vgl. H. Schröer, Art. Glaubensbekenntnis(se) X, in: TRE Bd.13, S.442.

134 Text: G. Röckle, z.B. in: Ev.-Luth. Kirche in Bayern, Liederheft für die Gemeinde, Nr. 636.

135 D. Trautwein, Lernprozeß, S.162.

136 Vgl. ebd.: »Das Nicaeno-Constantinopolitanum ist das einzige wirklich ökumenische Credo.«

137 Z.B. G. Ruhbach, Glaubensbekenntnisse für unsere Zeit, bietet eine Reihe von Neubearbeitungen des Apostolikums und neueren Bekenntnisformulierungen in meist dreigliedrigem Aufbau.

138 D. Trautwein, Lernprozeß, S.161.

139 So auch D. Trautwein, ebd., S.161f.

140 Einen Überblick gibt H. Höner, Neue Formen der Gemeinschaft, S.19f.

141 Dienst an den Schulen/Pädagogisches Institut der EKvW, Projektgruppe Schulgottesdienst, Gottesdienstliche Kurzformen in der Schule (Juli 1989), S.3.

142 H. Höner, Neue Formen der Gemeinschaft, S.42f; detaillierte Vorbereitungshinweise: S.38–59.61–68.

143 Beispiele solcher »Bibelfrühstücke« bzw. »Frühstücksandachten«, bei denen das gemeinsame Essen z.T. mit einem thematischen Gruppengespräch verknüpft ist, bietet Dienst an den Schulen/Päd. Inst. der EKvW, Projektgr. Schulgd., Gottesdienstliche Kurzformen (1989), S.4–8.15–22.

144 Vgl. W.-D. Hauschild u. A. Niebergall, Art. Agapen I,II, in: TRE Bd.1, S.748–755.

145 Das von J. Gauer, Hoffnung, S.21–35, publizierte Modell eines »meditativen Agapegottesdienstes« unterscheidet sich demgemäß in nichts von einer Abendmahlsfeier, so daß die Diskrepanz zwischen Titel und Vollzug Verwirrung stiften dürfte.

146 H.-J. Thilo, Die therapeutische Funktion, S.187–200 mit englischem Originaltext.

147 Dienst an den Schulen/Päd. Inst. der EKvW, Projektgr. Schulgd., Gottesdienstliche Kurzformen (1989), S.9–14 (Deutsche Fassung).

148 Zum ökumenischen Aspekt der Solidarität der Kirche mit Israel angesichts der Passawurzel des christlichen Herrenmahles gibt O. Herlyn, Gottesdienstgestaltung, S.113, im Anschluß an M. Barth wichtige Hinweise.

149 Vgl. C. v. Lowtzow, Mit lieblosen Gottesdiensten Gottes Liebe feiern?, S.101f; für ihn wird das Abendmahl nur dann stiftungsgemäß gefeiert, wenn die festliche Mahlzeit einen Bestandteil bildet.

150 E. Domay, Schulgottesdienste, S.10.

151 Vgl. E. Lade, Musterbeispiele, Bd.2, 14/5.2, S.5.

152 So auch C. Grethlein, Liturgik, S.242.

153 O. Herlyn, Gottesdienstgestaltung, S.111.

154 E. Lade, Musterbeispile, Bd.2, 11/2.1, S.4.

155 K. Spink, Frère Roger, S.137.

156 Vgl. Ev. Kirche von Westfalen/Dienst an den Schulen, Vom Dienst der Kirche an den Schulen, S. 30, Anm. 40.

157 Zu einer vor dem Ziel der eucharistischen Gemeinschaft verantworteten Gestaltung vgl. die Texte von Accra 1974, z. B. hg. v. G. Müller-Fahrenholz, Eine Taufe – Eine Eucharistie – Ein Amt, S. 13–20; referiert z. B. von A. Niebergall, Art. Abendmahlsfeier IV, in: TRE Bd. 1, S. 325.

158 Die Siegener Zeitung vom 21.10.1989 berichtet über einen ökumenischen Schulgottesdienst mit Erstklässlern und ihren Familien, in dem die Vorsitzende der »Elterninitiative für krebskranke Kinder Siegen« ihre Arbeit vorstellte und so den Kollektenzweck erläuterte. Das Ergebnis lag entsprechend weit über dem Sonntagsdurchschnitt.

159 C. Grethlein, Liturgik, S. 259.

160 Vgl. G. Hennig, Beten im Gottesdienst, in: Das miss. Wort 3/84, S. A 15.14.

161 Diese Form hat zwar unter der Bezeichnung Ektenie ihre Tradition und als Übertragung der Gebetstat an die Gemeinde ihre Berechtigung (vgl. ebd., S. A 15.9), scheint mir aber heute – zumindest für den Bereich des Schulgottesdienstes – der Forderung nach sprachlicher Klarheit des Gebetes nicht mehr gerecht zu werden.

162 Eine erwägenswerte Variation besteht z. B. darin, grundsätzlich die Fürbitten einem/einer Gottesdienstteilnehmer/-in zu übergeben, der/die diese vorher (evtl. mit anderen) formuliert; K. H. Voigt schildert seine guten Erfahrungen mit diesem Modus im Gemeindegottesdienst (Gottesdienst – Fest der Gemeinschaft, in: Das miss. Wort 1980, S. 142).

163 T. Sorg, Christus vertrauen, S. 82.

164 Z. B. im Beiheft '84 zum Ev. Kirchengesangbuch für die Ev. Kirche im Rheinland, Singt und dankt, Nr. 842. Weitere biblische, irische und andere Segenssprüche bietet z. B. U. Seidel, Erfahrungen mit Segen und Segnen, in: S. Fritsch-Oppermann/H. Schröer, Lebendige Liturgie, S. 51–56.

165 Z. B. VELKD und EKU, Erneuerte Agende (Vorentwurf), S. 674–676.

166 So auch C. Westermann, Segen, S. 106 und D. Trautwein, Lernprozeß, S. 182.

167 Vgl. B. J. Diebner, Der sog. »Aaronitische Segen« (Num 6,24–26) – biblischer Text und liturgische Praxis, in: H. Riehm, FS Frieder Schulz, S. 201–218.

168 Ebd., S. 215.

169 Ebd., S. 214.

170 Ebd., S. 210; S. 215. Wird diese Form in der reformierten Tradition verwendet, so soll sie entsprechend dem reformierten Amtsverständnis zum Ausdruck bringen, daß der Pastor nicht wie ein priesterlicher Vermittler zwischen Gott und der Gemeinde steht, sondern mit der Gemeinde vor dem Herrn, der allein segnen kann. Dem widerspricht aber im Falle des Segens der andere reformierte Grundsatz, daß die biblische Überlieferung als alleinige Richtschnur für Lehre und Leben der Gemeinde zu gelten habe (wie er z. B. in der wortwörtlichen Übernahme des Dekalogs aus Ex 20 in den Heidelberger Katechismus Fr. 92 befolgt wurde).

171 Ebd., S. 215.

172 Ebd., S. 216. Ob die Gemeinde allerdings ohne öftere Erläuterung dies nicht gerade umgekehrt auffaßt, bleibt dahingestellt. Es ist aber auch kein allzu großer Schade, wenn sich der einzelne beim Gebrauch der singularischen Form ganz persönlich gesegnet fühlt.

173 Vgl. ebd., S. 207; vgl. auch C. Westermann, Segen, S. 103: »Weil Gruß und Segen auch die körperliche Existenz meinen, gehört zu ihnen die Geste.« In ihr kommt »zum Ausdruck, daß der Mensch als ganzer den Segen empfängt, mit Leib, Seele und Geist.«

174 Ein Beispiel für eine derartige Grundschulentlassung schildert U. Seidel, Erfahrungen mit Segen und Segnen, in: S. Fritsch-Oppermann / H. Schröer, Lebendige Liturgie, S. 50. Noch praktikabler – auch unabhängig vom besonderen Anlaß – erscheint mir die Beschreibung der Schülersegnung (in Gruppen von 6–8 Schülern und Schülerinnen) zu sein, die J. Gauer, Hoffnung, S. 117, gibt. Welche Bedeutung diese Form des Segnens z. B. für Gehörlose oder andere Behinderte und Kranke hat, erwähnt C. Möller, Gottesdienst als Gemeindeaufbau, S. 219.

175 Vgl. C. Westermann, Segen, S. 101.

176 Das Problem des unterschiedlichen Sprachniveaus ist im Schulgottesdienst durch den täglichen Umgang miteinander bzw. die gemeinsame Vorbereitung vergleichsweise gering; vgl. zu diesem soziolinguistischen Aspekt D. Trautwein, Lernprozeß, S. 324–330.

177 F. K. Barth, Gottesdienst menschlich, S. 103.

178 Vgl. E. Lade, Musterbeispiele, Bd. 2, 13/3.1, S. 9; er zeigt recht ansprechend gestaltete Programmblätter mit Liederabdruck ebd., S. 5–8.

179 D. Trautwein, Lernprozeß, S. 239.

180 Umlaufendes Paper, Pkt. 12.

181 D. Trautwein, Lernprozeß, S. 247.

182 Vgl. E. Lade, Musterbeispiele, Bd. 2, 13/3.1, S. 10.

183 D. Trautwein, Lernprozeß, S. 249.

Erleben

1 Vgl. J. Moltmann, Kirche, S. 299; D. Trautwein, Mut zum Fest, S. 19–21.

2 R. Bohren, Fasten und Feiern, S. 33.

3 K. Barth sieht, daß Gott für den durchaus auch anderes begehrenden Menschen »in der eigentlichsten Weise Gegenstand der Lust, der Freude des Wohlgefallens, des Begehrens und des Genusses« ist (KD II/1, S. 737). Vgl. R. Bohren, Fasten und Feiern, S. 36.

4 Vgl. A. Grözinger, Ästhetik, S. 38–43.

5 J. Moltmann, Kirche, S. 133.

6 R. Bohren, Fasten und Feiern, S. 35.

7 C. Möller, Gottesdienst als Gemeindeaufbau, S. 146.

8 Vgl. Frère Roger, Versöhnung, S. 14f: »Wir feiern Christus, den Auferstandenen«; W. Danielsmeyer, Gottesdienst heute, S. 30–35: »Gottesdienst als gefeierte Versöhnung«; W. Jetter, Symbol und Ritual, S. 271–283: »Die Feier des Glaubens«; J. Moltmann, Kirche, S. 129–132: »Das Fest der Freiheit«; S. 287–289: »Gottesdienst als messianisches Fest«; K. H. Voigt, Gottesdienst – Fest der Gemeinschaft, in: Das miss. Wort 1980, S. 139–143.

9 Vgl. K. Rommel, Familiengottesdienste Bd. III, S. 42.

10 Vgl. Arbeitskreis für Gottesdienst und Kommunikation, Liturgische Nacht, S. 167–169.178f.

11 Vgl. H. Lindner, Die Arbeitshilfe zum Feierabendmahl, in: G. Kugler, Forum Abendmahl, S. 199–202.

12 J. Moltmann, Kirche, S. 133. Vgl. F. Steffensky, Feier des Lebens. Spiritualität im Alltag; F.K. Barth, Unser Leben sei ein Fest, in: Das miss. Wort 1980, S. 123–127; Frère Roger, Ein Fest ohne Ende. Tagebuchaufzeichnungen.

13 Vgl. C. Möller, Gottesdienst als Gemeindeaufbau, S. 147f.

14 Frère Roger, Quellen, S. 63.

15 W. Jetter, Symbol und Ritual, S. 138.

16 Vgl. ebd.

17 Vgl. E. Jenni/C. Westermann, THAT 2, Sp. 949; I. Baldermann, Ich werde nicht sterben, S. 23f.

18 H.W. Wolff, Anthropologie, S. 93f.

19 E. Jenni/C. Westermann, THAT 2, Sp. 947.

20 Vgl. R. Bohren, Predigtlehre, S. 92: »Durch das ›nihil nisi Christus‹ ist Jahwe nicht ausgelöscht, sondern zu Ehren gebracht. Christus predigen heißt von Jahwe reden, denn Jahwe hat Jesus von den Toten auferweckt. Wer Jahwe verleugnet, verleugnet die Auferstehung, insofern sie den leugnet, der Jesus von den Toten auferweckt hat.«

21 O. Grether, zit. nach E. Jenni/C. Westermann, THAT 1, Sp. 441.

22 Vgl. E. Jenni/C. Westermann, THAT 2, Sp. 956f.

23 O. Herlyn, Gottesdienstgestaltung, S. 32.

24 Vgl. Dionysius Areopagita, Ich schaute Gott im Schweigen, S. 95: »Wie viele Namen haben wir gefunden,/ mit denen wir, o Herr, Dich mühsam nennen./ Mit ihnen wollten Menschen dich verwunden/ und andere im Lobpreis dich bekennen./ Doch keiner dieser vielen, vielen Namen/ hat Dich und Deine Wahrheit je erreicht./ Sie waren nicht einmal wie kleine Samen/ zu einem großen Wort, das Dich vergleicht ...«

25 C. Möller, Gottesdienst als Gemeindeaufbau, S. 148.

26 D. Trautwein, Lernprozeß, S. 217.

27 M. Luther, zit. nach S. Markowis, in: CVJM-Westbund, Singt mit! Vorwort.

28 Auch das Ev. Kirchengesangbuch bietet mit dem Lied »In dir ist Freude« unter der Nr. 288 eine Tanzweise von Giovanni Giacomo Gastoldi.

29 K. Meyer zu Uptrup, Elementarisierung des Glaubens, in: Die evangelische Diaspora. Jahrbuch des GAW 1990, S. 87.

30 Vgl. M. Josuttis, Praxis, S. 167. Er sieht allerdings ein Problem darin, daß der Gesang nur auf diejenigen kommunikationsfördernd wirkt, »die mit derartigen Ausdrucksformen der jeweiligen Gruppe vertraut sind ...« Dazu verweise ich auf meine Hinweise zur Singbarkeit der Lieder S. 117–120.

31 M. Josuttis, Praxis, S. 167.

32 Handbuch der Praktischen Theologie, Bd. 2, S. 130.

33 Vgl. ebd.

34 Etwa »Jona« und »Josef« von Johannes Nitsch, aber auch schon vor ca. 20 Jahren das »Paulus-Oratorium« von Siegfreid Fietz.

35 Handbuch der Praktischen Theologie, Bd. 2, S. 129.

36 Vgl. R. Bohren, Predigtlehre, S. 470.481–484; E. Rosenstock-Huessy, Die Sprache des Menschengeschlechts, S. 341f.

37 R. Bohren, Predigtlehre, S. 504.

38 Ebd., S. 503.
39 A. Albrecht, in: B. Hintersberger, Mit Jugendlichen meditieren, S. 45.
40 Dionysius Areopagita, Ich schaute Gott im Schweigen, S. 49, vgl. S. 67.
41 K. Tilmann, Führung zur Meditation, S. 108.
42 R. Bohren, Predigtlehre, S. 502; S. 506: »Der Heilige Geist mischt sich ins Hören ein und steuert den Selektionsprozeß.«
43 Vgl. H. Hirschler, Konkret predigen, S. 32; E. Öffner, Der Pfarrer und sein Kommunikationsproblem, in: B. Klaus, Kommunikation, S. 90f.
44 Zit. nach O. Clemen, Luthers Werke, Bd. 7 (hg. E. Hirsch), S. 26.
45 Vgl. E. Dieterich, Erzähl doch wieder! S. 28–30.
46 E. Öffner, Der Pfarrer und sein Kommunikationsproblem, in: B. Klaus, Kommunikation, S. 89.
47 Vgl. C. v. Lowtzow, Mit lieblosen Gottesdiensten Gottes Liebe feiern? S. 89f.
48 Vgl. B. v. Issendorff, Das Schweigen im Gottesdienst, in: E. Domay, Arbeitsbuch Gottesdienst, S. 46.
49 Ebd.
50 Vgl. K.-F. Wiggermann, in: G. Ruhbach u. a., Meditation, S. 127: »Das Schweigen kann … ein Protest nach außen sein. Schweigen wird manchmal als sehr aktiv empfunden. Das hat die Wirkung liturgischen Schweigens in der Diktatur des Nationalsozialismus gezeigt. Aber das liturgische Schweigen ist das Gegenteil des ängstlichen Verschweigens.«
51 Eine Modellsammlung von Bußgottesdiensten mit jungen Christen: H. J. Coenen, Schatten-Bilder, erwähnt zwar das Schweigen nicht eigens, es darf aber wohl unter dem häufig eingesetzten Element »Meditative Musik« verstanden werden.
52 C. v. Lowtzow, Mit lieblosen Gottesdiensten Gottes Liebe feiern? S. 88.
53 K. Meyer zu Uptrup, Zeit mit Gott, S. 48; vgl. ders., Elementarisierung des Glaubens, in: Die ev. Diaspora, Jahrbuch des GAW 1990, S. 88f.
54 K.-F. Wiggermann, in: G. Ruhbach u. a., Meditation, S. 126.
55 K. Tilmann, Führung zur Meditation, S. 44f.
56 Vgl. R. Deichgräber, in: G. Ruhbach u. a., Meditation, S. 18f.
57 Abraham a Sancta Clara nennt die Predigt einen »Spiegel, in dem sich der Mensch anschaut« (zit. nach P. Karner, Neue Zugänge entdeckt, in: Nachrichten des Ev. Pfarrvereins in Westfalen 3/90, S. 11). Ähnlich tief gehen kann nach K. Tilmann, Führung zur Meditation, S. 205, die Wirkung der Bildmeditation: Wir können »vor etwas Letztes geraten, das uns anschaut, richtet, anfordert, läutert, erfüllt«.
58 Jacob Böhme etwa wurde von seinem Görlitzer Pastor für Jahre mit einem Schreibverbot belegt (vgl. E. H. Pältz, Art. Böhme, in: TRE Bd. 6, S. 748).
59 Dionysius Areopagita, Ich schaute Gott im Schweigen, S. 65.
60 Ebd., S. 67.
61 R. Volp, Art. Bilder VII, in: TRE Bd. 6, S. 567.
62 B. Herrmann, Gleichnis, S. 38: »Die Meditation biblischer Bildworte« führt »zu einer Inanspruchnahme unserer weltlichen Erfahrungen durch Gottes Offenbarung. Wir erleben eine Umkehr, nämlich die Umkehr unserer ›Einbildungskraft‹. Das ›Bild‹ einer neuen Wirklichkeit bestimmt unser Leben.« Vgl. ebd., S. 31f.
63 B. Hintersberger, Mit Jugendlichen meditieren, S. 7, bestätigt die »Aufgeschlossenheit« junger Menschen »für Meditation«.

64 M. Buber, Die Erzählungen der Chassidim, S.6. (Zit. auch von P. Bukowski, Predigt wahrnehmen, S.125 und E. Dieterich, Erzähl doch wieder, S.10.)

65 R. Bohren, Predigtlehre, S.17–27. Mindestens ebenso virulent und dazu erfrischend humorvoll wirkt der Vortrag von Peter Karner, Wien, über die Lust am Predigen: Neue Zugänge entdeckt, in: Nachrichten des Ev. Pfarrvereins in Westfalen 3/90, S.4–12.

66 R. Bohren, Predigtlehre, S.18.

67 W. Hollenweger, Leibhaftigkeit, S.221, berichtet von einem ökumenischen Tagungsgottesdienst mit Menschen unterschiedlichster religiöser und nationaler Herkunft, in dem ein solcher Willkommensgruß am Anfang der Feier unter dem Motto »Teilen ist das Geheimnis der Freude« dergestalt ausgeweitet wurde, daß man die Teilnehmer und Teilnehmerinnen einlud, »irgendeinen Gegenstand, der für sie persönlich, für ihr Land oder ihre Kirche bedeutungsvoll sei, nach vorn zu tragen.« Dann wurde nach den Gründen für die Auswahl des jeweiligen Gegenstandes gefragt ...

68 Ebd.

69 Clyde Lee Herring, in: Arbeitsgemeinschaft Missionarische Dienste, Das Vaterunser, S.20.

70 Vgl. J. Scharfenberg, in: ders./H. Kämpfer, Mit Symbolen leben, S.291f.

71 Zit. nach P. Karner, Neue Zugänge entdeckt, in: Nachrichten des Ev. Pfarrvereins in Westfalen 3/90, S.11.

72 Vgl. J. Gauer, Hoffnung, S.22: »Das schulgottesdienstliche Experiment ›Meditativer Agapegottesdienst‹ fand ein durchweg positives Echo bei den Schülern; es stieß auf eine in dem Maß vorab nicht erwartete Bereitschaft, sich einzulassen auf meditative liturgische Feierelemente und das gemeinsame Essen und Trinken im Namen Jesu Christi.«

73 Vgl. K. Rommel, Familiengottesdienste, Bd. III, S.45.

74 Niederländisches Bekenntnis, zit. nach P. Jacobs, Bekenntnisschriften, S.116. Vgl. Heidelberger Katechismus, Frage 75–79.

75 Frère Roger, Versöhnung, S.15.

76 E. Lade, Musterbeispiele, Bd. 2, 14/5.2, S.1.

77 W. Hollenweger, Leibhaftigkeit, S.308f, erinnert daran, daß Zwingli die Eucharistie in dieser Weise »als reale Transsubstantiation verstand«.

78 Vgl. O. Weber, Versammelte Gemeinde, S.129.

79 A. Stökl, Taizé, S.118.

80 Zit. in: Vertrauen soll wachsen, Taizé und die Jugend, S.30f.

81 K. Spink, Frère Roger, S.194.

82 Frère Rudolf, zit. nach A. Stökl, Taizé, S.117.

83 Darauf hat I. Baldermann im Anschluß an C. Westermann nachdrücklich hingewiesen: z.B. Die Bibel – Buch des Lernens, S.38; Ich werde nicht sterben, S.109.

84 T. Sorg, Christus vertrauen, S.76.

85 Nach Ps 13 gestaltet von einer Mädchengruppe aus Münster, in: K. Meyer zu Uptrup, Tag mit Gott, S.23.

86 C. Westermann, Psalter, S.47–51.

87 I. Baldermann zeigt in seinem Buch »Wer hört mein Weinen? Kinder entdecken sich selbst in den Psalmen«, wie sich schon Grundschulkinder in den Klagen der Psalmen wiederfinden und mit deren Hilfe ihre Ängste zu artikulieren vermögen.

88 Vgl. D. Trautwein, Lernprozeß, S. 155f.

89 Vgl. z. B. H. Ruppel, in: I. Baldermann, Ich werde nicht sterben, S. 143–146.

90 Vgl. W. Jetter, Symbol und Ritual, S. 308: »Das Gebet ist der Gottesdienst im ›Steno‹-gramm; es ist Rufen in der Bedrängnis des Herzens und kann zu seiner Befreiung führen.«

91 Vgl. K.-H. Bieritz, Gottesdienst, S. 20, der noch die Mimik hinzuzählt. A. R. Sequeira, Gottesdienst als menschliche Ausdruckshandlung, in: H. B. Meyer u. a., Gottesdienst, S. 28f, unterscheidet vier elementare Bewegungsformen: Haltung, Geste, Gebärde und Tanz, wobei Gebärde den Bewegungsablauf meint, »der Haltungen und Gesten umfaßt«, und der Tanz zusätzlich Haltungen einschließt.

92 C. Grethlein, Liturgik, S. 245.

93 A. R. Sequeira, Gottesdienst als menschliche Ausdruckshandlung, in: H. B. Meyer u. a., Gottesdienst, S. 32.

94 Ebd., S. 33.

95 Ebd., S. 33f.

96 Ebd., S. 31.

97 Vgl. C. Grethlein, Liturgik, S. 33f.

98 Vgl. ebd; W. Hollenweger, Leibhaftigkeit, S. 85–94, beschreibt den Tanz in afro-amerikanischen und chilenisch-indianischen Pfingstkirchen und setzt sich mit dem Verhältnis von Tanz und Sprache als Traditionsträger auseinander.

99 Vgl. D. Trautwein, Lernprozeß, S. 234–238.

100 Z. B. ebd, S. 235f: pantomimischer Tanz; C. v. Lowtzow, Mit lieblosen Gottesdiensten Gottes Liebe feiern? S. 126: »Squaredance«.

101 Vgl. B. Hintersberger, Mit Jugendlichen meditieren, z. B. S. 95–98.

102 Ebd., S. 102f.

103 Vgl. A. R. Sequeira, Gottesdienst als menschliche Ausdruckshaltung, in: H. B. Meyer, Gottesdienst, S. 32.

104 C. Möller, Predigt über Num 6,22–27: »Der Segen als Pointe des Gottesdienstes«, in: ders., Gottesdienst als Gemeindeaufbau, S. 219.

105 K.-P. Jörns, Lebensbezug, S. 277f.

106 J. Scharfenberg, Pastoralpsychologie, S. 61.

107 Vgl. J. Gauer, Hoffnung, S. 117; W. Hollenweger, »Heilt die Kranken!« Heilung als Gabe und Aufgabe der Gemeinde, Studienbrief A 28, in: Das miss. Wort 5/88, beschreibt die Krankensegnung mittels Handauflegung als z. B. monatlich wiederkehrenden Segnungsgottesdienst in einer Gemeinde. Vgl. ferner U. Seidel, Erfahrungen mit Segen und Segnen, in: S. Fritsch-Oppermann/H. Schröer, Lebendige Liturgie, S. 50: »Beispiel Segen in der Gruppe«, »Beispiel Heilender Segen«.

108 B. Herrmann, Gleichnis, S. 24f.

109 Ebd., S. 26.

110 D. Bonhoeffer, Widerstand und Ergebung, S. 259.

111 Z. B. B. Hintersberger, Mit Jugendlichen meditieren, S. 70, wonach die Geschichte bezeichnenderweise aus Taizé stammt; dagegen macht W. Hoffsümmer, Kurzgeschichten Bd. 1, Nr. 81, S. 56f, von dem die Geschichte des öfteren übernommen wurde, keine Quellenangabe.

112 Frère Roger, Versöhnung, S. 14.

113 Zu Recht betont O. Herlyn, Gottesdienstgestaltung, S. 104, die Gleichzeitigkeit der gottesdienstlichen Gemeinschaftserfahrung gegenüber »jene(n) so beliebten

dichotomischen Formulierungen und damit verbundenen Denkungsarten, wonach es immer ›zunächst‹ um die Gemeinschaft mit Gott und ›dann auch‹ um die Gemeinschaft mit anderen Menschen gehe …« In umgekehrter Entsprechung dazu warnt W. Böhme, Gottesdienst als Gemeinschaftserlebnis? in: H. Riehm, FS Frieder Schulz, S.45, davor, »der horizontalen Dimension Priorität zu geben«, denn »es gibt zu solcher Gemeinschaft freilich keinen anderen Zugang als eben die Zuwendung zu Gott in der Vertikalen.«

114 J. Moltmann, Kirche, S.301, gebraucht diesen Ausdruck auch in seinem positiv wörtlichen Sinn: »Das Fest der Auferstehung hat von der Gegenwart des Auferstandenen her immer Elemente der Überschwenglichkeit.«

115 Vgl. W. Langer, Zum Glauben erwecken – mit dem Glauben vertraut machen, in: Katechetische Blätter 1989, S.103: »Glaube kann nicht ›weitergegeben‹ werden, er kann – einmal abgesehen von seiner Gnadenhaftigkeit – auf der Ebene menschlicher Kommunikation nur zum Leben erweckt, also im Wortsinn ›gezeugt‹ werden (1.Kor 4,15).«

116 Vgl. M. Josuttis, Praxis, S.184: »Der einzelne kann sich, wenn er die Teilnahme am Gottesdienst oft praktiziert, als Glied einer Gemeinschaft empfinden, die größer ist als er selber, die ihn umfängt und die ihm inneren Halt vermittelt. Insofern wirkt der Gottesdienst sinnstiftend … auch schon dadurch, daß er den einzelnen in einen größeren gesellschaftlichen Zusammenhang integriert.« W. Jetter, Symbol und Ritual, S.53, zitiert K. Tucholsky und M. Frisch als »zwei eindrucksvolle Stimmen zur ›Wiederholung‹«.

117 Vgl. K. Spink, Frère Roger, S.193: »Der viele Male gesungene Bibeltext durchdringt einen langsam, und das Gebet klingt manchmal noch lange danach inwendig weiter.«

118 K. Meyer zu Uptrup, Neue Chancen für den Schulgottesdienst, Vortragsthesen vom 20.5.1987, S.2.

119 Z.B. E. Lade, Musterbeispiele, Bd. 2, 12/7.1.

120 Z.B. ebd., 12/5.2.

121 Z.B. ebd., 12/3.1.

122 Z.B. ebd., 12/4.1.

123 Dies wird auch aus dem Bericht von K. Wegenast, Gottesdienst mit Schülern, in: Ev. Erz. 1985, S.6f, über einen schulischen Trauergottesdienst deutlich.

124 Bettina Lewalder, in: EKD, Woher-wozu-wohin? S.135f.

125 Eine ausführliche Beschreibung dieser Arbeit gibt die Schrift »Vom Dienst der Kirche an den Schulen«, hg. von Ev. Kirche von Westf./Dienst an den Schulen; zu den ökumenischen Wortgottesdiensten vgl. bes. S.29.

126 Idee: Ev. Bildungswerk Berlin, Kinderbibelwoche: Ich bin einmalig.

Wirken lassen

1 Weitere einschlägige Texte: Jes 58,1–9a; Jer 7,1–11; Micha 6,6–8; Lk 10,25–42. Zum selben Sachverhalt hinsichtlich der Abendmahlsfeier vgl. ferner K.-P. Jörns, Lebensbezug, S.51: »Eucharistie und Diakonie gehören als Teile des Ganzen komplementär zusammen.«; C. v. Lowtzow, Mit lieblosen Gottesdiensten Gottes Liebe feiern?, S.102: »Die beiden Pole des christlichen Gottesdienstes dürfen nicht

voneinander getrennt werden, denn sie sind die zwei Seiten des Christseins: Geborgenheit bei Gott durch den Glauben und nüchterne Weltverantwortung.«

2 H. Luther, Jugend und Religion, in: Ev. Erz. 1989, S. 36.

3 E. Lade, Musterbeispiele, Bd. 2, 13/2.12, S. 1.

4 D. Trautwein, Lernprozeß, S. 181, fordert diese zur Klärung, Ergänzung und Analyse des Ablaufs und seiner Resultate.

5 Dies hält E. Lade, Musterbeispiele, Bd. 2, 13/2.12, S. 5, auch dann für möglich und sinnvoll, wenn nicht alle Schüler und Schülerinnen einer Klasse am Schulgottesdienst teilgenommen haben. Allerdings betont er zu Recht, daß jeder Druck auf die Ferngebliebenen zu vermeiden ist.

6 Vgl. z. B. J. Gauer, Weite, S. 38: Nach einem Passions-Schulgottesdienst, der »durch seine Symbole und seine emotionalen Bezugstexte sehr stark die Gefühle der Schüler« ansprach, setzte man sich »noch für eine Schulstunde im anliegenden Gemeindehaus bei Tee und Gebäck« zusammen, »um über den Gottesdienst, seine Inhalte und über unsere eigenen ›Kreuzerfahrungen‹ miteinander zu reden.«

7 E. Lade, Musterbeispiele, Bd. 2, 13/2.12, S. 2.

8 Vgl. C. Bizer, Rechtfertigung im Schulalltag, S. 22.

9 Ebd., S. 23. Hierin liegt m. E. auch eine Erklärung für die z. B. von W. Bergau, Die neuen Schüler, in: Ev. Erz. 1987, S. 636, beklagte Gleichgültigkeit und Desinteressiertheit seiner Schüler und Schülerinnen im Religionsunterricht.

10 Vgl. H. v. Hentig, Humane Schule, S. 97: »Das auffälligste an den heutigen Kindern ist ihre … ›Unfähigkeit zu trauen‹ (nicht trauern!) – ein sie beherrschendes Gefühl, zu kurz zu kommen, übergangen, übersehen, überhört, ungerecht belastet oder beschuldigt zu werden.«

11 Vgl. H.-J. Fraas, Identität, S. 55; 162f.

12 J. Moltmann, Lebensstil, S. 90.

13 K.E. Nipkow, Bildung, S. 527.

14 J.G. Meier, in: Ev. Kirche von Westf./Dienst an den Schulen, Vom Dienst der Kirche an den Schulen, S. 17.

15 Aus einer Andacht über Phil 2,5, entstanden am Städt. Gymnasium am Markt in Bünde, in: Ev. Kirche v. Westf., Wenn eure Kinder euch fragen, S. 42.

16 J. Gauer, Hoffnung, S. 7.

17 Vgl. E. Lade, Musterbeispiele, Bd. 2, 13/2.11, S. 2.

18 Ev. Kirche von Westf., Wenn Eure Kinder Euch fragen, S. 41.

19 E. Lade, Musterbeispiele, Bd. 2, 14/5.1, S. 3f.

20 Vgl. ebd., 13/2.11, S. 4.

21 Vgl. ebd., S. 2f.

22 Vgl. eine Projektbeschreibung von K. Schiefer, Arbeitsgruppe Blechbläsermusik, in: entwurf 3/86, S. 61f.

23 W. Langer, Zum Glauben erwecken – mit dem Glauben vertraut machen, in: Katech. Blätter 1989, S. 107; er untermauert seine These ebd. mit einem Chrysostomos-Zitat: »Es brauchte keine Belehrungen, wenn wir Taten sprechen ließen. Es gäbe keine Heiden, wenn wir wahre Christen wären, wenn wir die Gebote Christi hielten, wenn wir Unrecht und Benachteiligung ertrügen, wenn wir Beschimpfung mit Segen und Böses mit Gutem vergälten …«

24 H.B. Kaufmann, Die Christen und die Schule, S. 80, zitiert einige Stimmen. W. Bergau, Die neuen Schüler, in: Ev. Erz. 1987, S. 639, beklagt das Desinteresse und

das »zunehmend(e) … Phänomen …, daß Schüler religiöse Fragen als beliebig lösbare Fragen des Individuums ansehen«.

25 A. Feige, Christliche Tradition auf der Schulbank, in: Ders./K.E. Nipkow, Religionslehrer, S.39: »Der RU ist allgemein in den Schulen positiv akzeptiert. 1. Nur 15% berichten von Reserven in der Kollegen-Mehrheit. 2. In den Augen der Religionslehrer ist der RU auch bei den Schülern nicht unbeliebt: Selbst in der Sekundarstufe I liegt die Beliebtheit mit 2.4 nahe beim theoretischen Mittelwert.« – In einer neueren Veröffentlichung (1989) legt P. Kliemann (»Glauben ist menschlich«) eine Fülle von »Argumente(n) für die Torheit vom gekreuzigten Gott« (Untertitel) vor, die aus dem Religionsunterricht in der Sekundarstufe II erwachsen sind; offensichtlich hat er mit aufgeschlossenen – glaubenden und weniger glaubenden – jungen Menschen fruchtbar arbeiten können.

26 Dokumentiert wird der »Gesprächs-, Meinungsbildungs- und Entscheidungsprozeß« z.B. von E. Schwerin, Christenlehre – Religionsunterricht – Religionskunde, in: Die Christenlehre 12/1990, S.362–368: Eine langsame Öffnung für die Vorstellung eines schulischen Religionsunterrichts wird erkennbar aber nicht als Alternative zur bewährten Christenlehre. Auch die Beiträge von I. Baldermann (»Nie wieder Religionsunterricht«? in: Die Christenlehre 12/1990, S.356–361; Christenlehre oder Religionsunterricht – eine gefährliche falsche Alternative, in: RKZ 12/1990, S.311–314; Religionsunterricht – Christenlehre – oder?, in: Ev. Erz. 1/1991, S.6–9) sind von der Wertschätzung der Christenlehre und dem Verständnis für ihre Verfechter durchzogen; darum warnt er vor einer falschen Alternative, plädiert also gleichwohl für die Einführung des Religionsunterrichts, um die Schüler und Schülerinnen – gerade auch solche aus nichtchristlichen Elternhäusern – ebenso im Raum der Schule mit der hoffnunggebenden Botschaft der Bibel bekanntzumachen.

27 Vgl. neben I. Baldermann (s. vorherg. Anm.) G. Martin, Dienst der Kirche an der Schule, in: Die Christenlehre 9/1990, S.270–278, der der Kirche die »Pflicht« zuschreibt, »an der Reform der Schule mitzuwirken« (S.274).

28 I. Baldermann, Religionsunterricht – Christenlehre – oder?, in: Ev. Erz. 1/1991, S.8.

29 D. Trautwein, Lernprozeß Gottesdienst.

30 Vgl. ebd., S.53–68. Auch J. Henkys, in: Handbuch der Praktischen Theologie, Bd. 3, S.54, spricht vom »Lernprozeß in der Planungsgruppe« im Blick auf den Familiengottesdienst.

31 D. Trautwein, Lernprozeß, S.73–87.

32 Ebd., S.87.

33 Eine merkwürdig ambivalente Haltung nimmt m.E. H.-J. Fraas ein: Einerseits drängt seine ganze Abhandlung über »Glaube und Identität« auf die Lebenspraxis des Glaubens als Voraussetzung zur Identitätsbildung (284) und gipfelt in der Erwähnung einer Reihe von potentiellen Erlebnisräumen für religiöse Lernprozesse (Gemeinde-, Studenten-, Spontangottesdienste usw.) (288–291). Andererseits betont er: »Es kann nicht darum gehen, nach dem geschichtlich überholten Modell Schulandachten, Schulgottesdienste usw. neu und vermehrt einzuführen.« (268) Sofern er eine Didaktisierung des Gottesdienstes befürchtet, ist ihm zuzustimmen, jedoch trägt er der Möglichkeit eines genuin zweckfreien Gottesdienstes – obwohl offenbar alle anderen empfohlenen Gottesdienstarten so verstanden werden – als

Erfahrungsraum des Glaubens in der Schule nicht ausreichend Rechnung. – Anders spricht sich etwa H.-G. Heimbrock eindeutig dafür aus, »Rituale auch als elementare Formen des Lernens zurückzugewinnen«, und erwähnt ausdrücklich die »besondere Bedeutung« von »Schulfeste(n), Feiern und Gottesdienste(n)«. Dabei geht es auch ihm um den Lerneffekt »zweckfreier ritueller Feiern«. – H.-G. Heimbrock, Ritual als religionspädagogisches Problem, in: JRP 5 (1988), S.79f.

34 K.E. Nipkow, Religionspädagogik, Bd. 2, S.121.

35 Ebd., S.121f. Vgl. H. v. Hentig, Humane Schule, S.89: »Die Lebensprobleme der Kinder überwältigen ständig ihre Lernprobleme; wer ihnen nicht zuerst auf einer ganz anderen elementaren Ebene hilft zu leben, verhindert, daß sie jenes Curriculum je lernen wollen; die schulische Schule, die auch Lebens- und Erfahrungsraum sein soll, ist zugleich überfordert und überschätzt; soviel kann man an Schulen nicht lernen ...«

36 W. Hollenweger, Leibhaftigkeit, S.251.

37 W. Hollenweger, ebd., schlägt mindestens zwei Gottesdienste pro Jahr vor, was aber nach meiner Erfahrung die meisten Gruppen überfordert.

38 H.R. Preuß, Gemeindearbeit durch Schulgottesdienst, in: Ev. Erz. 1987, S.684–687, schildert, wie in seiner Gemeinde aus den Schulgottesdiensten in der Grundschule Familiengottesdienste entwickelt werden.

39 Vgl. W. Nagel u. E. Schmidt, in: Handbuch der Praktischen Theologie, Bd. 2, S.101f.

40 Wünschenswert ist, daß solche Angebote nicht auf die Schüler und Schülerinnen beschränkt bleiben; vgl. etwa das Beispiel eines Gesprächs mit einem Elternpaar, das einige Wochen nach einem Schulabschlußgottesdienst »um Beratung in einer schwierigen Familiensituation« bat in: E. Domay, Schulgottesdienste, S.64.

41 H.R. Preuß, Gemeindearbeit durch Schulgottesdienst, in: Ev. Erz. 1987, S.687.

42 Die umgekehrte Bewegung, daß nämlich Jugendarbeiter und -arbeiterinnen in die Schulen gehen, um u. a. über die Mitgestaltung von Schulgottesdiensten Jugendliche zu erreichen, die in keine Gruppe kommen würden, wird vor allem in Württemberg modellhaft erprobt; davon berichten: H.B. Kaufmann, Nachbarschaft von Schule und Gemeinde, S.135–141; Martin Weingardt, Schule und Jugendarbeit in Stadt und Land, in: CVJM Mitarbeiterhilfe 4/91, S.30f; CVJM Mitarbeiterhilfe 4/93: Lernen in Schule und Jugendarbeit.

43 Vgl. C. Möller, Gottesdienst als Gemeindeaufbau, S.14f.

44 G. Ebbrecht/G. Hegele, Theologie von unten, in: P. Stolt, Grenzen kirchlicher Praxis, S.97–99, schildern das Projekt eines von Jugendlichen gestalteten Gottesdienstes unter der Überschrift »Gemeindeaufbau im und durch den Gottesdienst«, das den gemeindepädagogischen Aspekt des Gemeindeaufbaus hervorhebt.

45 C. Möller, Gemeindeaufbau Bd. 2, S.236, weist dementsprechend darauf hin, daß »Erbauung« »seit dem 18. Jahrhundert in der deutschen Sprache einen individualistischen, innerlichen Klang bekommen« hat.

46 So der Eindruck des Nichttheologen G. Frank: »Botschaft ohne Wirkung?« in: Ev. Kommentare 1990, S.227.

47 Neuerdings hat K.E. Nipkow eine »übergreifende Theorie kirchlicher Bildungsverantwortung« vorgelegt: »Bildung als Lebensbegleitung und Erneuerung«.

48 Verhandlungen der Westfälischen Landessynode 1989, S.109. Vgl. die Vorlage zur Landessynode »Wenn Eure Kinder Euch fragen ...«, S.44.76–79.

49 Verhandlungen der Westfälischen Landessynode 1989, S. 109.

50 Bildungs- und Schulpolitik, EKD-Texte 34, August 1990, S. 21f.24.28. Ebenso sieht die Katholische Kirche ihre Mitverantwortung für das Bildungswesen; vgl. dazu z. B. das Grußwort von Erzbischof J. J. Degenhardt zum 40jährigen Jubiläum der Religiösen Schulwochenarbeit in Westfalen, in: R. Becker u. a., Mensch und Christ in der Schule, S. 11–13, in dem er etwa auf den »Beschluß Bildungsbereich« der Gemeinsamen Synode der Bistümer in der BRD von 1976 verweist.

51 K.E. Nipkow, Glaube – Gemeinde – Schule, S. 9f.

52 Dies verwundert um so mehr als er der pädagogischen und missionarischen Bedeutung des Kindergottesdienstes ein ausführliches Kapitel widmet: K.E. Nipkow, Bildung, S. 333–358; nur ein einziges Mal wird der Schulgottesdienst als »unvergleichliche Möglichkeit evangelischer Schulen« (S. 527) im Kapitel über kirchliche Schulen erwähnt.

53 G. Martin, Dienst der Kirche an der Schule, in: Die Christenlehre 1990, S. 270–278; vgl. Anm. 27 dieses Kapitels der vorliegenden Arbeit.

54 G. Martin, Aufwachsen und Christ werden II, Studienbrief A 34, in: Das miss. Wort 3/91, S. 8 u.11.

55 Zu derselben Einschätzung kommt D. Steinwede, Schulgottesdienste Primarstufe – Grundsatzerwägungen und Beispiel, in: Ev. Erz. 1989, S. 546: »Im Überschneidungsfeld von Kirche (Gemeinde) und Schule (Schulgemeinde) hat der Schulgottesdienst eine in der religionspädagogischen Diskussion bisher noch viel zu wenig wahrgenommene einmalige Chance. Als Veranstaltung der Schule, von der Gemeinde … unterstützt, kann er in seiner Bedeutung für Gemeindeaufbau, für die Zusammenarbeit von Lehrern (Lehrerinnen) und Pfarrern (Pfarrerinnen) kaum überschätzt werden …«

Literatur

Achter Jugendbericht der Bundesregierung. Bericht über Bestrebungen und Leistungen der Jugendhilfe. Dem Deutschen Bundestag zugeleitet durch den Bundesminister für Jugend, Familie, Frauen und Gesundheit am 28.2.1990.

Albertz, Heinrich (Hg.): Die Zehn Gebote. Eine Reihe mit Gedanken und Texten. Bd. 2: Du sollst dir kein Bildnis, noch irgendein Gleichnis machen. Stuttgart 1986.

Albertz, Rainer: Der Mensch als Hüter seiner Welt. Alttestamentliche Bibelarbeiten zu den Themen des konziliaren Prozesses. Stuttgart 1990.

Altendorf, Hans-Dietrich/Jetzler, Peter (Hg.): Bilderstreit. Kulturwandel in Zwinglis Reformation. Zürich 1984.

Arens, Herbert / Richardt, Franz / Schulte, Josef: Positiv predigen. Homiletische Hilfen und Beispiele. München 1977.

Arbeitsgemeinschaft Missionarische Dienste (Hg.): Das Vaterunser. Sieben Abschnitte über Matthäus 6,9–13. Arbeitsheft zur Bibelwoche 1979/80. Ausgelegt von Otto Betz. Gladbeck 1979.

Arbeitskreis für Gottesdienst und Kommunikation (agok) (Hg.): Liturgische Nacht. Ein Werkbuch. Wuppertal 1974.

Baldermann, Ingo: Die Bibel – Buch des Lernens. Grundzüge biblischer Didaktik. Göttingen 1980.

Ders.: Biblische Didaktik. Die sprachliche Form als Leitfaden unterrichtlicher Texterschließung am Beispiel synoptischer Erzählungen. Hamburg ²1964.

Ders.: »Christenlehre oder Religionsunterricht – eine gefährliche falsche Alternative«. Reformierte Kirchenzeitung (1990): S.311–314.

Ders.: Ich werde nicht sterben, sondern leben. Psalmen als Gebrauchstexte. Neukirchen-Vluyn 1990.

Ders.: »›Nie wieder Religionsunterricht‹?« Die Christenlehre (1990): S.356–361.

Ders.: »Religionsunterricht – Christenlehre – oder?« Der Evangelische Erzieher (1991): S.6–9.

Ders.: Wer hört mein Weinen? Kinder entdecken sich selbst in den Psalmen. Neukirchen-Vluyn 1986.

Barié, Helmut: Predigt braucht Konfirmanden. Wege zu einer einheitlichen Verkündigung an Jugendliche und Erwachsene. Stuttgart 1988.

Barth, Friedrich Karl/Grenz, Gerhard/Horst, Peter: Gottesdienst menschlich. Eine Agende. Wuppertal 1990.

Barth, Karl: Fürchte Dich nicht! Predigten aus den Jahren 1934 bis 1948. München 1949.

Ders.: Gotteserkenntnis und Gottesdienst nach reformatorischer Lehre. 20 Vorlesungen über das Schottische Bekenntnis von 1560. Zollikon 1938.

Ders.: Die Kirchliche Dogmatik. Bd. I/1: Zürich [8]1964. Bd. II/1: Zürich [4]1958. Bd. IV/2: Zürich [3]1978.

Ders.: Predigten 1954–1967. Gesamtausgabe Bd. 12. Zürich 1979.

Ders.: Der Römerbrief. Neue Bearbeitung von 1922. Zürich [11]1976.

Barthmann, Michael/Vrsovsky, Ingetraud: Licht, von dem wir leben. Ökumenische Schulgottesdienste. München 1987.

Baudler, Georg: Einführung in symbolisch-erzählende Theologie. Der Messias Jesus als Zentrum der christlichen Glaubenssymbole. Paderborn, München, Wien, Zürich 1982.

Bauer, Walter: Wörterbuch zum Neuen Testament. Durchges. Nachdruck der 5., verb. u. stark verm. Aufl., Berlin, New York 1971.

Bäumer, Ulrich: Rock. Musikrevolution des 20.Jahrhunderts – eine kritische Analyse. Bielefeld 1988.

Ders.: Wir wollen nur deine Seele. Hardrock: Daten Fakten, Hintergründe. Bielefeld [3]1985.

Becker, Rudolf/Meier, Jörg Martin/Withake, Heinz (Hg.): Mensch und Christ in der Schule. Vorträge und Grußworte zur Feier des vierzigjährigen Jubiläums der Religiösen Schulwochenarbeit in Westfalen am 1. Oktober 1987 in Schwerte. Paderborn 1988.

Begrich, Joachim: Studien zu Deuterojesaja. München 1963.

Die Bekenntnisschriften der evangelisch-lutherischen Kirche. Hg. Deutscher Evangelischer Kirchenausschuß. 2 Bde. Göttingen 1930.

Beratungsstelle für Gestaltung: Liturgie im Kindergottesdienst. Frankfurt a.M. 1985.

Bergau, Wilfried: »Die neuen Schüler. Beobachtungen und Reflexionen.« Der Evangelische Erzieher (1987): S.636–654.

Berg, Carsten: Gottesdienst mit Kindern. Von der Sonntagsschule zum Kindergottesdienst. Gütersloh 1987.

Berkel, Karl: Weißt Du, was in Dir steckt? Wege zur Selbstfindung. Hg. Robert Pfützner. München 1980.

Bethge, Eberhard: Dietrich Bonheoffer. Thoeologe – Christ – Zeitgenosse. 3., durchges. Aufl., München 1970.

Biehl, Peter: Erfahrung, Glaube und Bildung. Studien zu einer erfahrungsbezogenen Religionspädagogik. Gütersloh 1991.

Ders. unter Mitarbeit von Ute Hinze und Rudolf Tammeus: Symbole geben zu lernen. Einführung in die Symboldidaktik anhand der Symbole Hand, Haus und Weg. Neukirchen-Vluyn 1989.

Bieritz, Karl-Heinrich: Im Blickpunkt: Gottesdienst. Theologische Informationen für Nichttheologen. Berlin 1983.

Bildungs- und Schulpolitik aus christlicher Sicht. Eine Zwischenbilanz der Kammer der Evangelischen Kirche in Deutschland für Bildung und Erziehung. EKD-Texte 34. Hg. Kirchenamt der EKD. Hannover 1990.

Birnstein, Uwe: Neuer Geist in alter Kirche? Die charismatische Bewegung in der Offensive. Stuttgart 1987.

Bizer, Christoph: Martin Luther heute – Rechtfertigung im Schulalltag. Vortrag, gehalten auf der Erziehungs- und Schulkonferenz der Ev. Kirche von Westfalen am 30. September 1982 in Siegen-Weidenau. (Vortragsmanuskript).

Bleistein, Roman/Lubkoll, Hans-Georg: Kinder fragen – Eltern fragen. Gemeinsam auf der Suche nach dem Sinn des Lebens. München 1976.

Bloth, Peter C. u. a. (Hg.): Mutuum Colloquium. Festgabe für Helmuth Kittel. Dortmund 1972.

Boff, Leonardo: Kleine Sakramentenlehre. Düsseldorf [4]1980.

Bohren, Rudolf: Fasten und Feiern. Meditationen über Kunst und Askese. Neukirchen-Vluyn 1973.

Ders.: Predigtlehre. München [3]1974.

Ders.: Unsere Kasualpraxis – eine missionarische Glegenheit? München [4]1968.

Bonhoeffer, Dietrich: Das Gebetbuch der Bibel. Eine Einführung in die Psalmen. Neuhausen-Stuttgart [10]1980.

Ders.: Nachfolge. München [10]1971.

Ders.: Widerstand und Ergebung. Briefe und Aufzeichnungen aus der Haft. Hg. von Eberhard Bethge. München [11]1962. Neuausgabe, München [2]1977.

Bornkamm, Günther: Das Ende des Gesetzes. Paulusstudien. Gesammelte Aufsätze Bd. 1. BEvTh 16. München [5]1966.

Brecht, Bertolt: Gesammelte Werke 12. Prosa 2. Frankfurt a.M. 1967.

Breit, Herbert/Westermann, Claus (Hg.): Calwer Predigthilfen. Bd. 4: Die alttestamentlichen Texte der sechsten Reihe. Stuttgart 1965.

Brilla, Michael/Elmer, Konrad: »Im Reich Gottes ist noch Platz!« Pastoraltheologie. Wissenschaft und Praxis in Kirche und Gesellschaft. 76.Jg. (1987): S.64–71.

Buber, Martin: Das Buch der Preisungen. Köln 1963.

Ders.: Die Erzählungen der Chassidim. Zürich [9]1984.

Bukowski, Peter: »Die Bibel als Chance des Predigers«. Reformierte Kirchenzeitung (1987): S.108–114.

Ders.: »Jugendgemäße Verkündigung«. Reformierte Kirchenzeitung 7/8 (1990): S.230–232.

Ders.: Predigt wahrnehmen. Homiletische Perspektiven. Neukirchen-Vluyn 1990.

Calvin, Johannes: Auslegung der Heiligen Schrift in deutscher Übersetzung. Bd. 7: Der Prophet Jesaja. 2. Hälfte. Neukirchen (ohne Jahresang.).

Ders.: Unterricht in der christlichen Religion. Institutio Christianae Religionis. Übers. und bearb. von Otto Weber. Neukirchen-Vluyn [2]1963.

Calwer Bibellexikon. Hg. Theodor Schlatter mit Karl Gutbrod und Reinhold Kücklich. 5.Aufl. der 5. Bearbeitung, Stuttgart 1985.

Cardinal, Ernesto: Zerschneide den Stacheldraht. Lateinamerikanische Psalmen. Wuppertal [3]1973.

Coenen, Hermann Josef: Schatten-Bilder. Bußgottesdienste, Texte zur Besinnung. Düsseldorf 1982.

Comenius-Institut (Hg.): Handbuch für die Konfirmandenarbeit. Gütersloh 1984.

CVJM-Gesamtverband in Deutschland (Hg.): »Herausforderungen der christlichen Jugendarbeit heute.« Mitarbeiterhilfe 5/90.

Ders.: »Jugendarbeit in Stadt und Land.« Mitarbeiterhilfe 4/91.

CVJM-Westbund (Hg.): Singt mit! 109 Lieder zum Mitsingen. Wuppertal ³1989.

Czerwenka, Kurt: »Jugend, Musik und die Frage nach dem Sinn«. Über einen Versuch, anhand musikalischer Werke, sich selbst und andere besser zu verstehen. Der Evangelische Erzieher (1984): S.468–481.

Danielsmeyer, Werner (Hg.): Gottesdienst heute. Materialien für den Dienst der Evangelischen Kirche von Westfalen. Bielefeld 1974.

Dienst an den Schulen/Pädagogisches Institut der Ev. Kirche von Westf., Prokektgruppe Schulgottesdienst in der Sek.I (Hg.): Gottesdienstliche Kurzformen in der Schule. Bibel-Mahlzeiten, Worte in den Tag. Erarb. von Heinrich Halverscheid u. a. Juli 1989.

Dienst, Karl: Die lehrbare Religion. Theologie und Pädagogik: Eine Zwischenbilanz. Gütersloh 1976.

Dieterich, Eberhard/Mohr, Gottfried/Weidle, Andreas (Hg.): Seht die Blumen auf dem Felde. Berichte – Beispiele – Anregungen vom und für das Arbeitsfeld Kinderkirche. Stuttgart 1990.

Dieterich, Eberhard: Erzähl doch wieder! Ein Lese- und Arbeitsbuch zum Erzählen biblischer Geschichten. Stuttgart 1988.

Dionysius, Areopagita: Ich schaute Gott im Schweigen. Mystische Texte der Gotteserfahrung. Übers. und für die Meditation erschlossen von Volkmar Keil. Freiburg i. Br. 1985.

Dohmen, Christoph: Das Bilderverbot. Seine Entstehung und Entwicklung im Alten Testament. Königstein/Ts., Bonn 1985.

Domay, Erhard (Hg.): Arbeitsbuch Gottesdienst. Ideen und Modelle für ein ganzheitliches Erleben des Gottesdienstes. Gütersloh 1990.

Ders. (Hg.): Schulgottesdienste. Entwürfe und Materialien. (Gottesdienstpraxis Serie B). Gütersloh 1989.

Ders. (Hg.): Vorlesebuch Symbole. Geschichten zu biblischen Bildwörtern für Kinder von 6–12 Jahren. Lahr, Düsseldorf 1989.

Duden: Etymologie. Herkunftswörterbuch der deutschen Sprache. Bearb. v. Günther Drosdowski, Paul Grebe u. a. Duden Bd. 7. Mannheim 1963.

Eggenberger, Hans (Hg.): Abendmahl – auch für Kinder? Grundsätzliche Überlegungen, Praxisberichte und Materialien. Zürich 1979.

Eichholz, Georg: Die Theologie des Paulus im Umriß. 2., durchges. u. um Literatur erg. Aufl., Neukirchen-Vluyn 1977.

Die Eucharistische Liturgie von Lima. Sonderdruck aus »Ökumenische Perspektiven von Taufe, Eucharistie und Amt«, hg. von Max Thurian. Frankfurt a.M. 1983.

evangelische information. epd. Nr.10/22.Jg. ausgabe region west, 8.März 1990.

Evangelische Kirche im Rheinland (Hg.): Singt und dankt. Lieder und Gebete. Beiheft '84 zum Evangelischen Kirchengesangbuch. Kassel 1984.

Evangelische Kirche in Deutschland (Hg.): Bildungs- und Schulpolitik aus christlicher Sicht. Eine Zwischenbilanz der Kammer der Evang. Kirche in Deutschland für Bildung und Erziehung. EKD-Texte 34. Hannover 1990.

Evangelische Kirche von Westfalen/Dienst an den Schulen: Vom Dienst der Kirche an den Schulen. Eine Information über die eigene Arbeit aus Anlaß des 40jährigen Jubiläums der Religiösen Schulwochenarbeit in Westfalen 1987. 2., überarb. Aufl., Dortmund 1990.

Evangelische Kirche von Westfalen: Wenn Eure Kinder Euch fragen ... Glauben weitergeben in Familie, Schule und Gemeinde. Hauptvorlage 1989. Bielefeld.

Evangelisch-Lutherische Kirche in Bayern (Hg.): Liederheft für die Gemeinde: Auf und macht die Herzen weit. München ⁹1986.

Evangelisches Bildungswerk Berlin (Hg.): Kinderbibelwoche: Ich bin einmalig. Materialmappe, erarb. v. Arbeitskreis Kinderbibelwoche, verantw. Hort Harbig. Berlin 1979.

Evangelisches Jugendwerk in Württemberg (Hg.): Was Du schon immer über Ten Sing wissen wolltest ... Ten Sing Arbeitshilfe. Stuttgart (ohne Jahresang.).

Expertise zum 5. Jugendbericht der Landesregierung Nordrhein-Westfalen. Organisierungsverhalten von Jugendlichen. Hg. Ministerium für Arbeit, Gesundheit und Soziales des Landes NRW. Düsseldorf Dez. 1989.

Fahlbusch, Erwin (Hg.): Taschenlexikon Religion und Theologie. Bd. 4., 2. verb. Aufl., Göttingen 1974.

»Feiernde Gemeinde«. Das missionarische Wort 4/80.

Feifel, Erich u. a. (Hg.): Handbuch der Religionspädagogik. Gütersloh, Zürich, Einsiedeln, Köln: Bd. 1 1973, Bd. 3 1975.

Feige, Andreas: Erfahrungen mit Kirche. Daten und Analysen einer empirischen Untersuchung über Beziehungen und Einstellungen Junger Erwachsener zur Kirche. Hannover ²1982.

Ders./Nipkow, Karl Ernst: Religionslehrer sein heute. Empirische und theoretische Überlegungen zur Religionslehrerschaft zwischen Kirche und Staat. Münster 1988.

Fend, Helmut: »Zur Sozialgeschichte des Aufwachsens. Welche Formen der Vergemeinschaftung gibt es noch?« deutsche jugend. Zeitschrift für die Jugendarbeit (1989): S.305–312.

Fendt, Leonhard: Einführung in die Liturgiewissenschaft. Berlin 1958.

Flick, Brigitte: »Die geschichtliche Entwicklung des Kirchenraumes.« Reformierte Kirchenzeitung (1990): S.73–75.

Fraas, Hans-Jürgen: Glaube und Identität. Grundlegung einer Didaktik religiöser Lernprozesse. Göttingen 1983.

Ders.: Die Religiosität des Menschen. Ein Grundriß der Religionspsychologie. Göttingen 1990.

Frank, Gerd: »Botschaft ohne Wirkung? Gedanken eines Predigthörers.« Evangelische Kommentare (1990): S.225–227.

Fries, Martin/Kaufmann, Hans Bernhard (Hg.): Mit Kindern Glauben erfahren. Kindergottesdienst – wohin? 2., durchges. Aufl., Gütersloh 1988.

Frisch, Max: Stiller. Roman. Frankfurt a.M. ¹⁰1978.

Fritsch-Oppermann, Sybille/Schröer, Henning (Hg.): Lebendige Liturgie. Texte – Experimente – Perspektiven. Gütersloh 1990.

Gauer, Jürgen: Hoffnung ist wie ein Baum, der blüht. Schulgottesdienste für die Sekundarstufe I. Düsseldorf 1987.

Ders.: Er führt mich hinaus ins Weite. Neue Schulgottesdienste für die Sekundarstufe I. Düsseldorf 1989.

Gerstenberger, E./Jutzler, K./Boecker, H.J.: Zu Hilfe, mein Gott! Psalmen und Klagelieder eingeleitet, übersetzt und erklärt. Neukirchen-Vluyn, Zürich, Braunschweig ⁴1989.

Gesenius, Wilhelm: Hebräisches und aramäisches Handwörterbuch über das Alte Testament. Neudruck der 1915 ersch. 17.Aufl., Berlin, Göttingen, Heidelberg 1962.

Goßmann, Elsbe/Bäcker, Reinhard: Schulgottesdienst. Situationen wahrnehmen und gestalten. Gütersloh 1992.

Graffmann, Heinrich: Unterricht im Heidelberger Katechismus. Erster Lieferteil. Marburg 1951.

Grethlein, Christian: Abriß der Liturgik. Ein Studienbuch zur Gottesdienstgestaltung. Gütersloh 1989.

Ders.: »Kommunion Ungetaufter?« Deutsches Pfarrerblatt (1988): S.448–450.

Ders.: Religionsunterricht an Gymnasien – eine Chance für volkskirchliche Pfarrer. Eine empirische Untersuchung der Einstellung hauptamtlicher Religionslehrer an bayerischen Gymnasien zu ihrem Unterrichtsfach. Frankfurt a.M., Bern, New York 1984.

Grimm, Werner/Dittert, Kurt: Deuterojesaja. Deutung – Wirkung – Gegenwart. Stuttgart 1990.

Dies.: Jesaja 40–55. Das Trostbuch Gottes. Übersetzt und mit Anmerkungen versehen. Stuttgart 1990.

Grözinger, Albrecht: Praktische Theologie und Ästhetik. Ein Beitrag zur Grundlegung der Praktischen Theologie. München 1987.

Ders.: Die Sprache des Menschen. Ein Handbuch. München 1991.

»Grundelemente des Gottesdienstes«. Vorlagen der Schweizerischen Evangelischen Synode. Reformierte Kirchenzeitung (1983): S.301–303.

Guardini, Romano: »Der Kultakt und die gegenwärtige Aufgabe der liturgischen Bildung«. Liturgisches Jahrbuch (1964): S.101–106. Münster.

Haacker, Klaus/Hempelmann, Heinzpeter: Hebraica Veritas. Die hebräische Grundlage der biblischen Theologie als exegetische und systematische Aufgabe. Wuppertal 1989.

Halaski, Karl: »Unordentliche Anmerkungen zur Ordnung des Gottesdienstes.« Reformierte Kirchenzeitung (1985): S.127–130.

Halbfas, Hubertus: Das dritte Auge. Religionsdidaktische Anstöße. Düsseldorf ³1987.

Handbuch der Praktischen Theologie. Hg. Heinrich Ammer u. a. Bd. 2, Berlin ²1979. Bd. 3, Berlin 1978.

Hanselmann, Johannes/Hild, Helmut/Lohse, Eduard (Hg): Was wird aus der Kirche? Ergebnisse der zweiten EKD-Umfrage über Kirchenmitgliedschaft. Gütersloh 1984.

Hansen, Johannes: Nach dem Dunkel kommt ein neuer Morgen. Psalm-Meditationen. Wesel 1978.

Hanusch, Rolf/Lämmermann, Godwin (Hg.): Jugend in der Kirche zur Sprache bringen. Anstöße zur Theorie und Praxis kirchlicher Jugendarbeit. München 1987.

Heidelberger Katechismus. Hg. Moderamen des Reformierten Bundes. Neukirchen-Vluyn [8]1981.

Heinz-Mohr, Gerd: Die Kunst des geöffneten Lebens. Stuttgart 1975.

Hemminger, Hansjörg: »Der Markt des Übersinnlichen. Hoffnung auf Lebenshilfe im New Age.« EZW-Texte. Evangelische Zentralstelle für Weltanschauungsfragen, Stuttgart. Impulse Nr.31, V/1990.

Hennig, Gerhard: »Beten im Gottesdienst.« Das missionarische Wort 3/84: Studienbrief A15.

Hentig, Hartmut von: Was ist eine humane Schule? Drei Vorträge. München, Wien 1976.

Herlyn, Okko: Theologie der Gottesdienstgestaltung. Neukirchen-Vluyn 1988.

Herrenbrück, Walter: »Dem gehörten Wort entsprechen. Anmerkungen zum evangelischen, nach Gottes Wort reformierten Gottesdienst.« Reformierte Kirchenzeitung (1985): S.292–296.

Ders.: »Gemeinde und Gemeindeaufbau.« Reformierte Kirchenzeitung (1978): S.18–21.

Herrmann, Botho: Im Gleichnis leben. Sprachbilder der Bibel für die Meditation in Schule und Gemeinde. Göttingen 1982.

Heschel, Abraham Joshua: Sabbat. Seine Bedeutung für den heutigen Menschen. Aus d. Engl. übers. v. Ruth Olmesdahl. Neukirchen-Vluyn 1990.

Hintersberger, Benedikta: Mit Jugendlichen meditieren. Methoden, Einstiege, Texte. München [4]1988.

Hirschler, Horst: Konkret predigen. Anleitungen und Beispiele für die Praxis. Gütersloh 1977.

Hoffsümmer, Willi: Kurzgeschichten 1. 255 Kurzgeschichten für Gottesdienst, Schule und Gruppe. Mainz [6]1984.

Ders.: Kurzgeschichten 2. 222 Kurzgeschichten für Gottesdienst, Schule und Gruppe. Mainz [2]1984.

Ders.: 133 Kinderpredigten. Mit Gegenständen aus dem Alltag. Mainz [8]1992.

Ders.: 144 Zeichenpredigten durch das Kirchenjahr. Mit Gegenständen aus dem Alltag. Mainz [5]1991.

Hollenweger, Walter J.: Erfahrungen der Leibhaftigkeit. Interkulturelle Theologie. München [2]1990.

Ders.: Erfahrungen in Ephesus. Darstellung eines Davongekommenen. Drei narrative Exegesen zu 1.Mose 8,15–22; Joh 6,1–15 und Offb.21,1–6. München 1979.

Ders.: Geist und Materie. Interkulturelle Theologie III. München 1988.

Ders.: »›Heilt die Kranken!‹ Heilung als Gabe und Aufgabe der Gemeinde.« Das missionarische Wort 5/88: Studienbrief A28.

Ders.: Konflikt in Korinth. Memoiren eines alten Mannes. Zwei narrative Exegesen zu 1.Korinther 12–14 und Ezechiel 37. München 1978.

Höner, Herbert: Praxishilfe: Neue Formen der Gemeinschaft: essen – feiern – meditieren. Gütersloh 1980.

Hüsing, Marie: Zeichen seiner Hand. Moers 1977.

Hunfeld, Frauke/Dreger, Thomas: Magische Zeiten. Jugendliche und Okkultismus. Weinheim, Basel 1990.

Informationen zum Religionsunterricht in Nordrhein-Westfalen. Staatliche und kirchliche Rechtsgrundlagen, Gerichtsentscheidungen. Hg. i.A. der Ev. Kirche im Rheinl., Ev. Kirche v. Westf., Lipp. Landesk. 5., überarb. Aufl., Bielefeld 1.Okt.1987.

Jacobs, Paul: Theologie reformierter Bekenntnisschriften in Grundzügen. Neukirchen 1959.

Jahrbuch der Religionspädagogik (JRP). Hg. Peter Biehl u. a. Bd. 1, 1984. Neukirchen-Vluyn 1985. Bd. 5, 1988. Neukirchen-Vluyn 1989.

Janzen, Wolfram: »Okkultismus in der Schule. Okkulte Praktiken unter Schülern.« Der Evangelische Erzieher (1989): S.138–152.

Jenni, Ernst/Westermann, Claus (Hg.): Theologisches Handwörterbuch zum Alten Testament. Bd. 1: 2., durchges. Aufl., München 1975. Bd. 2: München 1976.

Jetter, Werner: Symbol und Ritual. Anthropologische Elemente im Gottesdienst. Göttingen 1978.

Jörns, Klaus-Peter: Der Lebensbezug des Gottesdienstes. Studien zu seinem kirchlichen und kulturellen Kontext. München 1988.

Josuttis, Manfred: Praxis des Evangeliums zwischen Politik und Religion. Grundprobleme der Praktischen Theologie. München 1974.

Jugendliche und Erwachsene '85. Generationen im Vergleich. Bd. 1: Biografien, Orientierungsmuster, Perpektiven. Bd. 4: Jugend in Selbstbildern. Bd. 5: Arbeitsbericht und Dokumentation. Studie im Auftr. der Deutschen Shell. Hamburg 1985.

Karner, Peter: »Neue Zugänge entdeckt«. Vortrag über die Lust am Predigen. Nachrichten des Evangelischen Pfarrvereins in Westfalen (3/90): S.4–12.

Käsemann, Ernst: Exegetische Versuche und Besinnungen. Bd. 2. Göttingen 1964.

Kaufmann, Hans Bernhard: Die Christen und die Schule in staatlicher und freier Trägerschaft. Neukirchen-Vluyn 1989.

Ders.: Nachbarschaft von Schule und Gemeinde. Gütersloh 1990.

Kelly, John Norman Davidsen: Altchristliche Glaubensbekenntnisse. Geschichte und Theologie. Göttingen 1972.

Kenntner, Eberhard: Abendmahl mit Kindern. Versuch einer Grundlegung unter Berücksichtigung der geschichtlichen Wurzeln der gegenwärtigen Diskussion in Deutschland. Gütersloh ²1989.

Kiehn, Antje u. a.: Bibliodrama. Stuttgart 1987.

Kirchenbuch. Gebete und Ordnungen für die unter dem Wort versammelte Gemeinde. I.A. des Moderamens des Reformierten Bundes neu bearb. und hg. v. Karl Halaski u. a. 3., völlig neu bearb. Aufl., Neukirchen-Vluyn 1983.

Kittel, Helmuth: Vom Religionsunterricht zur Evangelischen Unterweisung. 3., durchges. Aufl., Hannover 1957.

Klaus, Bernd (Hg.): Kommunikation in der Kirche: Predigt – Religionsunterricht – Seelsorge – Publizistik. Gütersloh 1979.

Kliemann, Peter: Glauben ist menschlich. Argumente für die Torheit vom gekreuzigten Gott. Stuttgart 1989.

Kluge, Jürgen: »Thema: Schulgottesdienst«. Studienheft 3/4 des Pädagogischen Instituts der Ev. Kirche v. Westf.: S.4–20. Bielefeld 1969.

Koch, Karl: »Kennen Sie ›Narzissus und die Tulipan‹?« Deutsches Pfarrerblatt (1991): S.62.

Kögler, Ilse: »Jugend und Rockmusik – Momente einer Musikkultur«. Katechetische Blätter (1987): S.260–264.

Koller, Dieter: Laß dir diesen Psalm gefallen. Christen beten mit dem Alten Testament. München 1986.

Kraus, Karl: Die Sprache. Unveränd. Nachdruck der Erstausg., München 1969.

Krimm, Herbert: »Eucharistia«. Deutsches Pfarrerblatt (1991): S.3–5.

Krusche, Werner: »Einladende Kirche«. Theologische Beiträge 19 (1988): S.175–190.

Kugler, Georg (Hg.): Forum Abendmahl. Gütersloh 1979.

Kühn, Adolf: Die gute Hand. Geschichten und Berichte aus dem Netpherland. Netphen 1965.

Kuhn, Jochen: »Der Fundamentalismus und die öffentliche Schule«. Reformierte Kirchenzeitung (1988): S.266–270.

Lade, Eckhard (Hg.): Musterbeispiele für die ansprechende Gestaltung von Schulgottesdiensten. Ökumenischer Ratgeber für alle Altersstufen und Schulformen. 2 Bde. Loseblatt-Ausgabe Kissing 1987, aktualisiert 1990.

Lang, Friedrich: Die Briefe an die Korinther. Das Neue Testament Deutsch, Teilband 7. Göttingen, Zürich 1986.

Lange, Ernst (Hg.): Predigtstudien für das Kirchenjahr 1971/1972. Perikopenreihe VI – Zweiter Halbband. Stuttgart, Berlin 1972.

Ders.: Die zehn großen Freiheiten. Gelnhausen und Berlin [16]1984.

Langer, Wolfgang: »Zum Glauben erwecken – mit dem Glauben vertraut machen. Die katechetische Dimension der Glaubensbegegnung und Glaubensgemeinschaft.« Katechetische Blätter (1989): S.100–108.

Lehmann, Detlef: Reform des Gottesdienstes. Oberurseler Hefte. Heft 2. Oberursel 1974.

Lehmann, Theo: Nimm dein Haar aus der Suppe. Reden für junge Leute. Neukirchen-Vluyn 1990.

Ders.: »Witz, Waschbrett und Wort Gottes«. Neues Leben (1/89): S.26–27.

Lenhard, Hartmut: »Erfahrungen machen im Religionsunterricht. Störende Anmerkungen zu einem religionspädagogischen Trend.« Der Evangelische Erzieher (1987): S.613–636.

Lindner, Herbert/Morgenroth, Peter: Glauben mit Kindern erleben. Kinderbibelwochen – ein Weg zur Gemeinde. Gütesloh 1987.

Lohff, Wenzel/Hahn, Ferdinand (Hg.): Wissenschaftliche Theologie im Überblick. Göttingen 1974.

Lohff, Wenzel: Die Konkordie reformatorischer Kirchen in Europa: Leuenberger Konkordie. Eine Einführung mit dem vollen Text. Frankfurt a.M. 1985.

Lohse, Eduard: Umwelt des Neuen Testaments. 4., durchges. und erg. Aufl., Göttingen 1978.

Lorenz, Konrad: Der Abbau des Menschlichen. München ²1983.

Lowtzow, Christoph von: Mit lieblosen Gottesdiensten Gottes Liebe feiern? Stuttgart 1990.

Luther, Henning: »Jugend und Religion. Auswertung neuerer Untersuchungen.« Der Evangelische Erzieher (1989): S.32–40.

Luther, Martin: Werke. Kritische Gesamtausgabe (Weimarer Ausgabe). Nachdruck Graz 1970.

Luthers Werke in Auswahl. Hg. Otto Clemen. Bd. 1, 6., durchges. Aufl., Berlin 1966; Bd. 7. Hg. Emmanuel Hirsch. Berlin 1932.

Maier, Gerhard: Das Ende der historisch-kritischen Methode. Wuppertal ²1975.

Martin, Gerhard: »Aufwachsen und Christ werden II«. Neue Lebenszusammenhänge. Studienbrief A 34, in: Das missionarische Wort 3/91.

Ders.: »Dienst der Kirche an der Schule«. Die Christenlehre (1990): S.270–278.

Matthes, Joachim (Hg.): Kirchenmitgliedschaft im Wandel. Untersuchungen zur Realität der Volkskirche; Beiträge zur zweiten EKD-Umfrage»Was wird aus der Kirche?« Gütersloh 1990.

Mering, Klaus von: Deine Güte reicht, so weit der Himmel ist. Mit Psalmen beten. Stuttgart 1989.

Meyer zu Uptrup, Klaus: »Elementarisierung des Glaubens.« Die evangelische Diaspora. Jahrbuch des Gustav-Adolf-Werkes (1990): S.79–107.

Ders. (Hg): Tag mit Gott. Psalmen, Bilder, Lieder, Gebete. Stuttgart 1976.

Ders.: Gestalthomiletik. Wie wir heute predigen können. Stuttgart 1986.

Ders.: Zeit mit Gott. Liturgie, Meditation und Gebet. Stuttgart 1982.

Mittring, Gerhard: Gottes Dienst und unser Dienst. Eine Einführung in die Ordnung des Gottesdienstes der Evangelischen Kirche der Union. Witten-Ruhr 1966.

Mohr, Gottfried/Koerver, Jürgen/Weidle, Andreas (Hg.): Sagt Gott, wie wunderbar er ist. Alte und neue Psalmen zum Sprechen und Singen. Stuttgart 1990.

Mokrosch, Reinhold: »Jugend '85 und christlicher Glaube. Zur Frage der religiösen Ansprechbarkeit Jugendlicher«. Der Evangelische Erzieher (1985): S.561–581.

Möller, Christian: Charisma als Begeisterung für das Alltägliche. Vortrag in der Sektion »Praktische Theologie« beim Europäischen Theologenkongress über »Charisma und Institution« in Zürich am 25.9.1984.

Ders.: Gottesdienst als Gemeindeaufbau. Ein Werkstattbericht. Göttingen 1988.

Ders.: Lehre vom Gemeindeaufbau. Bd. 1: Konzepte – Programme – Wege. 2., durchges. Aufl., Göttingen 1987. Bd. 2: Durchblicke – Einblicke – Ausblicke. Göttingen 1990.

Moltmann, Jürgen: Gott in der Schöpfung. Ökologische Schöpfungslehre. 2., durchges. Aufl., München 1985.

Ders.: Kirche in der Kraft des Geistes. Ein Beitrag zur messianischen Ekklesiologie. München 1975.

Ders.: Neuer Lebensstil. Schritte zur Gemeinde. München 1977.

Müller-Fahrenholz, Geiko (Hg.): Eine Taufe – Eine Eucharistie – Ein Amt. Drei Erklärungen erarbeitet und autorisiert von der Kommission für Glauben und Kirchenverfassung. Sonderdruck aus Beiheft Nr.27 zur Ökumenischen Rundschau. Frankfurt a.M. ²1976.

Neidhart, Walter/Eggenberger, Hans (Hg.): Erzählbuch zur Bibel. Theorie und Beispiele. Zürich, Einsiedeln, Köln, Lahr ²1976.

Nembach, Ulrich (Hg.): Jugend und Religion in Europa. Frankfurt a.M. 1987.

Neues Pädagogisches Lexikon. Hg. Hans-Hermann Groothoff u. Martin Stallmann. 5., vollst. neu bearb. Aufl., Stuttgart 1971.

Niesel, Wilhelm: Das Evangelium und die Kirchen. Ein Lehrbuch der Symbolik. Neukirchen 1953.

Nipkow, Karl Ernst: Bildung als Lebensbegleitung und Erneuerung. Kirchliche Bildungsverantwortung in Gemeinde, Schule und Gesellschaft. Gütersloh 1990.

Ders.: Erwachsenwerden ohne Gott? Gotteserfahrung im Lebenslauf. München ³1990.

Ders.: Glaube – Gemeinde – Schule. Irritationen und Möglichkeiten. Vortrag auf der Erziehungs- und Schulkonferenz der westfälischen Kirche am 27.Sept.1989 in Siegen.

Ders.: Grundfragen der Religionspädagogik. Bd. 2. Gütersloh ³1984.

Nitschke, Horst (Hg.): Gottesdienste mit Schülern. Für Schulanfänger – Zur Schulentlassung – Während der Schulzeit – Zum Reformationstag. Gütersloh 1979.

Noth, Martin: Das zweite Buch Mose. Exodus. Altes Testament Deutsch Bd. 5. Göttingen ⁶1978.

Obendiek, Enno: »Schulgottesdienst – so oder anders?« Evangelischer Erzieher 12 (1960): S.204–207.

Orientierungsrahmen Religionsunterricht. Stellungnahme des Comenius-Instituts. (Sonderdruck). Erscheint gleichzeitig in: Erziehen heute. Mitteilungen der Gemeinschaft Evangelischer Erzieher. Heft 3/1977.

Otto, Gernot: Gottes Reich entdecken. Biblische Geschichten erleben und gestalten. Gütersloh 1989.

Philosophisches Wörterbuch. Begr. v. Heinrich Schmidt. neu bearb. v. Georgi Schischkoff. Stuttgart ¹⁹1974.

Pieper, Manfred: »Einander begegnen und Glauben erfahren. Über die Gestaltung von Schulgottesdiensten an einem Gymnasium.« Das missionarische Wort (1988): S.157–161.

Pöhlmann, Horst Georg: Abriß der Dogmatik. 2., verb. und erw. Aufl., Gütersloh 1975.

Praktisch theologisches Handbuch. Hg. Gert Otto. 2., überarb. u. erg. Aufl., Hamburg 1975.

Preuß, Hans R.: »Gemeindearbeit durch Schulgottesdienst.« Der Evangelische Erzieher (1987): S.679–689.

Rad, Gerhard von: Theologie des Alten Testaments. Bd. 1: München ⁶1969. Bd. 2: München ⁶1975.

Die Religion in Geschichte und Gegenwart. Handwörterbuch für Theologie und Religionswissenschaft. Hg. Kurt Galling. Bd. 5. 3.neu bearb. Aufl., Tübingen 1961.

Riehm, Heinrich (Hg.): Festschrift für Frieder Schulz. Freude am Gottesdienst. Heidelberg 1988.

Riewe, Wolfgang: »Einladender Gottesdienst«. Das missionarische Wort (5/90): Studienbrief A32.

Roger, Frère: Der Weg der Versöhnung. Texte zur Orientierung. Hg. Peter Helbich. Gütersloh 1985.

Ders.: Die Quellen von Taizé. Taizé 1980.

Ders.: Ein Fest ohne Ende. Tagebuchaufzeichnungen. Freiburg, Basel, Wien 1980.

Rohr, Richard: Der nackte Gott. Plädoyers für ein Christentum aus Fleisch und Blut. München [2]1988.

Rommel, Kurt (Hg.): Familiengottesdienste im Kirchenjahr. Nach der Perikopenordnung. 3. Bd.: Ostern – Himmelfahrt – Pfingsten. Stuttgart [2]1988.

Rosenboom, Enno: Lehrbare Religion? Hg. Pädagogisches Institut der Evangelischen Kirche von Westfalen. Villigst 1978.

Rosenstock-Huessy, Eugen: Die Sprache des Menschengeschlechts. Bd. 1. Heidelberg 1963.

Roth, Elisabeth: »Religionsunterricht im Fokus des sogenannten Traditionsabbruchs.« Deutsches Pfarrerblatt (1990): S.376–379.

Ruddat, Günther: »Wie (ein) Kindergottesdienst entsteht. Elemente einer liturgischen Didaktik« Der Evangelische Erzieher (1989): S.532–545.

Ruhbach, Gerhard u. a.: Meditation und Gottesdienst. Meditative Zugänge zu Gottesdienst und Predigt. Einführungsband. Göttingen 1989.

Ders. (Hg.): Glaubensbekenntnisse für unsere Zeit. Gütersloh 1971.

Rupp, Hartmut: »Mit Uhren und Nüssen, mit Tauben und Nagelkreuzen. Anregungen für Gottesdienste mit Schülern und Jugendlichen.« entwurf (1985): S.55–58.

Saft, Walter: Symbole und Sinnzeichen des Glaubens. Berlin 1989.

Saint-Exupéry, Antoine de: Der Kleine Prinz. Neuaufl., Düsseldorf 1979.

Saß, Gerhard: »Das Problem des Schulgottesdienstes.« Monatsschrift für Pastoraltheologie 51 (1962): S.367–375.

Scharfenberg, Joachim/Kämpfer, Horst: Mit Symbolen leben. Soziologische, psychologische und religiöse Konfliktbearbeitung. Olten 1980.

Ders.: Einführung in die Pastoralpsycholgie. Göttingen 1985.

Schlatter, Adolf: Erlebtes. 5., erw. Aufl., Berlin 1929.

Schmidt, Heinz-Ulrich/Schwebel, Horst: Mit Bildern predigen. Beispiele und Erläuterungen. Gütersloh 1989.

Schmidt, Werner H.: Alttestamentlicher Glaube und seine Umwelt. Zur Geschichte des alttestamentlichen Gottesverständnisses. Neukirchen-Vluyn 1968.

Schmieder, Tilman/Schuhmacher, Klaus (Hg.): Jugend auf dem Kirchentag. Eine empirische Analyse von Andreas Feige, Ingrid Lukatis und Wolfgang Lukatis. Stuttgart 1984.

Schröer, Henning: »Im Gottesdienst nichts Neues? Ein Plädoyer für lebendige Liturgie als religionspädagogisches Thema.« Der Evangelische Erzieher (1989): S.522–531.

Ders./Zilleßen, Dietrich (Hg.): Klassiker der Religionspädagogik. Frankfurt a.M. 1989.

Schroer, Silvia: In Israel gab es Bilder. Nachrichten von darstellender Kunst im Alten Testament. Freiburg/Schweiz u. Göttingen 1987.

Schuster, Robert (Hg.): Was sie glauben. Texte von Jugendlichen. Stuttgart 1984.

Schwarzwäller, Klaus: »Gottesdienst und Entertainment. Ein grundsätzlicher Rückblick.« Deutsches Pfarrerblatt (1990): S.289–292.

Schwerin, Eckart: »Christenlehre – Religionsunterricht – Religionskunde«. Die Christenlehre (1990): S.362–368.

Sequeira, A.Ronald: »Gottesdienst als menschliche Ausdruckshandlung«, in: Meyer, Hans Bernhard u. a. (Hg.): Gottesdienst der Kirche. Handbuch der Liturgiewissenschaft. Teil 3. Regensburg 1987: S.8–39.

Sorg, Theo: Christus vertrauen – Gemeinde erneuern. Beiträge zum missionarischen Gemeindeaufbau in der Volkskirche. Stuttgart [2]1988.

Spiegel, Yorick: »Der Gottesdienst unter dem Aspekt der symbolischen Interaktion«. Jahrbuch für Liturgik und Hymnologie 16 (1971): S.105–119.

Spink, Kathryn: Frère Roger, Gründer von Taizé. Leben für die Versöhnung. Freiburg, Basel, Wien [2]1987.

Steffensky, Fulbert: Feier des Lebens. Spiritualität im Alltag. Stuttgart [3]1987.

Steinwede, Dietrich: »Schulgottesdienste Primarstufe – Grundsatzerwägungen und Beispiel.« Der Evangelische Erzieher (1989): S.546–556.

Stökl, Andreas: Taizé. Geschichte und Leben der Brüder von Taizé. Gütersloh [4]1985.

Stollberg, Dietrich (Hg.): Praxis Ecclesiae. Festschrift für K.Frör. München 1970.

Ders.: »Stola statt Beffchen. Protestantismus und Sinnlichkeit – anhand eines Details.« Deutsches Pfarrerblatt (1990): S.45–47.

Stolt, Peter (Hg.): An den Grenzen kirchlicher Praxis. Eine Freundesgabe für Peter Krusche. Hamburg 1986.

Taufe, Eucharistie und Amt. Konvergenzerklärungen der Kommission für Glauben und Kirchenverfassung des Ökumenischen Rates der Kirchen. Frankfurt a.M., Paderborn 1982.

Theißen, Gerd: Der Schatten des Galliläers. Historische Jesusforschung in erzählender Form. München [3]1987.

Ders.: Studien zur Soziologie des Urchristentums. Tübingen [3]1989.

Theologische Realenzyklopädie. Hg. von Gerhard Krause und Gerhard Müller. Berlin, New York 1977 ff.

Theologisches Wörterbuch zum Neuen Testament. Hg. Gerhard Kittel u. a. Stuttgart 1933 ff.

Thilo, Hans-Joachim: Die therapeutische Funktion des Gottesdienstes. Kassel 1985.

Tilmann, Klemens: Die Führung zur Meditation. Ein Werkbuch. Bd. 1. Zürich, Einsiedeln, Köln [5]1973.

Ders.: Übungsbuch zur Meditation. Stoffe, Anleitungen, Weiterführungen. Zürich, Einsiedeln, Köln 1973.

Tischer, Rolf: »Religiöse Zeitzeichen in der Rock- und Popmusik«. EZW-Texte. Evangelische Zentralstelle für Weltanschauungsfragen, Stuttgart. Information Nr. 109, V/1989.

Trautwein, Dieter: Lernprozeß Gottesdienst. Ein Arbeitsbuch unter bes. Berücksichtigung der »Gottesdienste in neuer Gestalt«. Gelnhausen/Berlin 1972.

Ders.: »Die Menschlichkeit des Gottesdienstes.« Das missionarische Wort (1982): S.19–22.

Ders.: Mut zum Fest. Entdeckungen, Anstöße, Beispiele für Familien, Gruppen und Gemeinde. München 1975.

Unsere Kirche. Evangelisches Sonntagsblatt für Westfalen und Lippe. Nr. 34/1980; Nr.16/1990; Nr.5/1991.

Vereinigte Evangelisch-Lutherische Kirche Deutschlands / Evangelische Kirche der Union (Hg.): Erneuerte Agende. Vorentwurf. Bielefeld 1990.

Verhandlungen der zweiten (ordentlichen) Tagung der 11. Westfälischen Landessynode vom 13. bis 17. November 1989. Hg. Evangelische Kirche von Westfalen. Bielefeld.

Vertrauen soll wachsen auf der Erde: Taizé und die Jugend. Graz, Wien, Köln 1988.

Voigt, Gottfried: Die bessere Gerechtigkeit. Homiletische Auslegung der Predigttexte der Reihe V. Berlin 1982.

Völker, Alexander: Lebendige Liturgie. Zum Gottesdienst in überlieferter und in besonderer Gestalt. Materialien für den Dienst in der Evangelischen Kirche von Westfalen. Bielefeld 1975.

Vorländer, Wolfgang: Gelebte Hoffnung. Perspektiven eines messianischen Lebensstils. Neukirchen-Vluyn 1988.

Weber, Otto: Grundlagen der Dogmatik. Bd. 2. Neukirchen-Vluyn [5]1977.

Ders.: Versammelte Gemeinde. Beiträge zum Gespräch über Kirche und Gottesdienst. Neukirchen-Vluyn [2]1975.

Wegenast, Klaus: Christliche Erziehung als Aufgabe evangelischer Schulen. Festvortrag zum 25. Jahr Evangelisches Gymnasium Siegen am 11. Nov. 1989 im Evangelischen Gymnasium Siegen-Weidenau.

Ders.: Glauben erfahren. Die Erfahrungsdimension in der Religionspädagogik. Vortrag auf der Erziehungs- und Schulkonferenz in Siegen-Weidenau am 8.10.1986.

Ders.: »Gottesdienst mit Schülern.« Der Evangelische Erzieher (1985): S.3–7.

Wenz, Helmut: »Zur Reform der liturgischen Kleidung«. Deutsches Pfarrerblatt (1991): S.101f.

Westermann, Claus: Das Buch Jesaja, Kapitel 40–66. Das Alte Testament Deutsch Bd. 19. 3., durchges. Aufl., Göttingen 1976.

Ders.: Der Psalter. Stuttgart [3]1974.

Ders.: Der Segen in der Bibel und im Handeln der Kirche. München 1968. Neuaufl., Gütersloh 1981.

Wintzer, Friedrich: Praktische Theologie. Unter Mitarb. von Manfred Josuttis u. a. 3., durchges. Aufl., Neukirchen-Vluyn 1990.

Wischnath, Rolf: »Die Aktualität und Notwendigkeit des Zweiten Gebotes für die Lebensgestaltung evangelischer Gemeinden.« Reformierte Kirchenzeitung (1986): S.295–300, S.330–336.

Woher-wozu-wohin? Orientierung für junge Leute. Im Auftr. d. Jugendkammer d. Evang. Kirche in Deutschland erarb. von: Hartmut Bärend u. a. 2., durchges. Aufl., Gütersloh 1988.

Wolff, Hans Walter: Anthropologie des Alten Testaments. München ⁵1990.

Württembergischer Evangelischer Landesverband für Kindergottesdienst (Hg.): Er gebe uns ein fröhlich Herz. Überlegungen – Vorschläge – Texte für die Liturgie im Kindergottesdienst. Stuttgart ³1989.

Zacharias, Thomas: Farbholzschnitte zur Bibel. Dia-Serie mit Begleitheft von Folkert Doedens. München 1974.

NOTIZEN

Praxisbücher

Bekenntnis — Zweifel — Vertrauen
Das Apostolische Glaubensbekenntnis
kommentiert und ausgelegt von Hans
Lachenmann.
Biblisch-Theologische Grundlagen,
Band II.
229 Seiten. Gebunden.
ISBN 3-7668-3208-5

Der Autor geht auf anschauliche Weise
den historischen Spuren des Bekenntnisses nach, stellt die einzelnen Aussagen in ihren biblischen Zusammenhang
und sucht beides mit existentiellen
Fragen zu vermitteln.

Horst Klaus Berg
Ein Wort wie Feuer
Wege lebendiger Bibelauslegung.
Handbuch des Biblischen Unterrichts
Bd. 1. 488 Seiten.
ISBN 3-7668-3131-6
In Zusammenarbeit mit dem
Kösel-Verlag

Horst Klaus Berg
Grundriß der Bibeldidaktik
Konzepte — Modelle — Methoden
Handbuch des Biblischen Unterrichts
Bd. 2. 224 Seiten.
ISBN 3-7668-3222-0
In Zusammenarbeit mit dem
Kösel-Verlag

Allen, die in Ausbildung und Beruf
biblische Texte auslegen, werden
bewährte und neue Zugänge zur Bibel
vorgestellt. Im Band 1 sind 13 verschiedene Methoden der Bibelauslegung erläutert. Band 2 zeigt realistische Wege
der Umsetzung auf und entwirft somit
eine praxisnahe Bibeldidaktik.

Die Motive Jesu
Das Vaterunser kommentiert und aus-
gelegt von Werner Grimm. Biblisch-
Theologische Grundlagen, Band I.
142 Seiten. Gebunden.
ISBN 3-7668-3141-0

Das Buch behandelt das Vaterunser als
geistige Ordnung und Systematik zur
Einweisung ins Christentum. Es läßt
erkennen, wie in diesem Gebet die
Lebens- und Gotteserfahrungen Israels
und die zentralen Motive der Verkündigung Jesu enthalten sind.

Bernhard Müller
Menschlich — Allzumenschlich
Karikaturen für Religionsunterricht und
Ethik. 125 Seiten, zahlreiche Abb.
ISBN 3-7668-3192-5
In Zusammenarbeit mit dem
Kösel-Verlag

Die Karikaturen stoßen Gespräche an,
provozieren und lassen schmunzeln.
Bildbeschreibungen und didaktische
Hinweise ergänzen dieses Arbeitsbuch
für den Unterricht und die Gemeindearbeit.

Hans-Christoph Schmidt-Lauber/
Manfred Seitz (Hg.)
Der Gottesdienst
Grundlagen und Predigthilfen zu den
liturgischen Stücken. 276 Seiten.
Gebunden.
ISBN 3-7668-3163-1

Ein Kompendium der Liturgik, das
grundlegend über den Gottesdienst
informiert und allen Predigern und
Predigerinnen wertvolle Hilfe bei der
Vermittlung des gottesdienstlichen
Geschehens sein kann.

Praxisbücher

Ulrich Fischer
Konfirmanden gestalten Gottesdienst
30 Beispiele für die Praxis.
154 Seiten, zahlreiche Abb. und
Lieder.
ISBN 3-7668-3122-4

An dreißig Beispielen zeigt der
Autor eine breite Palette von Möglichkeiten auf, Gottesdienste mit
Konfirmanden zu gestalten: In Dia-
logpredigten und Sprechmotetten,
in Schriftlesungen und Bildmedita-
tionen bzw. -beschreibungen, im
Lesen selbstverfaßter Gebete und li-
terarischer Texte, im Darstellen eigener Meinungen, Gefühle und Erfahrungen durch Wort und Bild, im
Singen und Musizieren alter und
neuer geistlicher Lieder, in der Mitwirkung bei Abendmahls- und
Tauffeiern und unter Zuhilfenahme
von Filmen, Lichtbildern, Folien und
Kassetten wird das im Konfirmandenunterricht Erarbeitete in die
Gottesdienste eingebracht.
Die in diesem Buch dargebotenen
Praxisbeispiele machen Mut zu
phantasievoller Gestaltung von
Gottesdiensten und helfen allen
Teilnehmern, sich gemeinsam mit
den Konfirmanden als »Lerngemein-
schaft des Glaubens« zu erleben.

Ulrich Fischer
Der Gottesdienst soll fröhlich sein
Gemeinde gestaltet Gottesdienst.
Praxismodelle und Materialien.
196 Seiten, zahlreiche Abb. und
Lieder.
ISBN 3-7668-3185-2

Gottesdienst der Gemeinde soll ein
erlebter Gottesdienst sein, der von
allen – gleich welchen Alters –
gemeinsam gestaltet und gefeiert
werden kann. Diesem Grundsatz
wissen sich die 22 Beispiele »genera-
tionsübergreifender« Gottesdienste
verpflichtet. Die Auswahl der
Praxismodelle orientiert sich weitgehend am Kirchenjahr: Gottesdienste zur Adventszeit, zur Christ-
nacht, zur Passions- und Osterzeit,
zur Pfingst- und Trinitatiszeit, zum
Erntedankfest sowie zwei Gottesdienste zu Kinderbibelwochen. Die
ausführliche Dokumentation des
Gottesdienstverlaufs wird ergänzt
durch zahlreiche liturgische Gesänge, Lieder, Texte und Abbildungen. Ein Buch, das viele neue Anregungen bietet und alle Gottesdienstteilnehmer und -teilnehmerinnen
zum Miterleben einlädt.

Fordern Sie unseren Prospekt »Gottesdienst und Gemeinde« an!
Calwer Verlag, Scharnhauser Straße 44 , 70599 Stuttgart

Biblische Texte verfremdet

Die Bände dieser erfolgreichen Reihe konfrontieren biblische Grundtexte, geordnet nach wichtigen Aspekten der christlichen Botschaft, mit Verfremdungen von Autoren und Künstlern unserer Zeit. Die zwölf Bände dieser Reihe eignen sich für die persönliche Lektüre ebenso wie als originelles und nachdenkliches Geschenk.

Band 1:
Grundsätze — Methoden — Arbeitsmöglichkeiten
136 Seiten. Mit Abbildungen.
Kartoniert

Band 2:
Warten, daß er kommt
Advent und Weihnachten
96 Seiten. Mit Abbildungen.
Kartoniert

Band 3:
Wer den Nächsten sieht, sieht Gott
Das Grundgebot der Liebe
96 Seiten. Mit Abbildungen.
Kartoniert

Band 4:
Jesus
Anfragen und Bekenntnisse
96 Seiten. Mit Abbildungen.
Kartoniert

Band 5:
Warum ich Gott so selten lobe
96 Seiten. Mit Abbildungen.
Kartoniert

Band 6:
Frauen
96 Seiten. Mit Abbildungen.
Kartoniert

Band 7:
... und alle wurden satt
Vom Brot und anderen Lebens-Mitteln
96 Seiten. Mit Abbildungen.
Kartoniert

Band 8:
Bergpredigt
96 Seiten. Mit Abbildungen.
Kartoniert

Band 9:
Und siehe, es war sehr gut
Schöpfung und Weltverantwortung
96 Seiten. Mit Abbildungen.
Kartoniert

Band 10:
Wege nach Golgatha
96 Seiten. Mit Abbildungen.
Kartoniert

Band 11:
Himmel auf Erden
Wunder und Gleichnisse
96 Seiten. Mit Abbildungen.
Kartoniert

Band 12:
Auferstehung
Verwandlung ins Leben
96 Seiten. Mit Abbildungen.
Kartoniert

Alle Bände in Zusammenarbeit mit dem Kösel-Verlag